KB155886

일본의 가로를 걷다

가리야 유가 지음

하기와라 메구미 · 한필원 옮김

아트에

일러두기

1. 인명과 지명 등 고유명사는 '외래어 표기법'을 따라 표기했으나 우리말에 해당되는 단어가 있는 것은 우리말 단어로 옮겼습니다.
2. 본문에 반복해서 나오는 용어들 중에서 부연 설명이 필요한 것은 ● 으로 표시하고(장별로 맨 앞의 용어에만 표시함) 본문 뒤에 '용어 해설'로 정리했습니다.

머리말

한국의 독자들께

이번에 한남대학교 건축학과 한필원 교수, 그리고 많은 한국 책을 일본에서 번역 출판한 하기와라 메구미 씨의 수년에 걸친 헌신적인 노력으로 한국의 여러분들에게 일본의 역사가로를 소개하는 책을 전하게 되어 매우 기쁘고 자랑스럽다. 일본의 역사와 지명 등 한국 독자들에게는 생소한 것들로 가득한 일본어 문장을 두 분이 적확하게 번역했을 뿐 아니라 이해하기 쉬운 표현으로 변경하고 각주를 추가하고 주변의 많은 역사적 장소를 망라한 자세한 안내지도를 작성해 주었다. 또한 수록된 지역에 대한 한국 관련 칼럼을 집필하는 등 알기 쉽고 알찬 책이 되도록 오랜 기간 노력했다. 깊이 감사드린다.

2016년에 나는 니시무라 유키오西村幸夫 씨(도쿄대 명예교수)와 같이 편저로 『역사문화유산 일본의 가로(상 · 하권)』(야마카와출판사)를 펴냈다. 이것은 나를 포함해 일본 전국의 보존 실무자 · 연구자가 전국의 역사 마을 · 가로의 역사와 현황, 보존사업 등을 사진과 글로 집대성한 것이다. 이 일본어 책이 한 교수의 관심을 끌어 한 교수가 한국에서 일본의 가로에 관한 책을 출간할 결심을 하기에 이르렀다. 상 · 하권 합계 약 680쪽의 이 책에서 나는 전체 편집과 총론 · 해설의 집필을 담당하고 80여 곳에 달하는 많은 지구에 대해 기술했다.

이번에 펴내는 『일본의 가로를 걷다』는 일본어 문장을 하기와라 씨의 조언을 받으면서 한국의 독자가 알기 쉽도록 고쳐 쓰고 많은 주석을 붙였으며, 사진과 그 밖의 정보를 최신의 것으로 작성했다. 또 많은 지구를 새로 추가했다. 그리고 앞서 언급한 바와 같이 상세한 안내지도와 칼럼으로 매우 충실해졌다. 다만, 일본에는 그 밖에도 매우 흥미로운 역사 마을·가로가 있는데 그것들을 지면 관계로 이번에는 실을 수 없어 아쉽다.

내가 역사 마을과 가로에 관심을 갖기 시작한 것은 일본에서 '디자인 서베이'가 활발했던 1960년대 후반이다. 대학 건축학과에 입학했을 무렵, 당시 건축가들이 건축의 개별적인 디자인뿐만 아니라 군집으로서 마을이나 가로의 디자인 원리를 탐구하는 것에 높은 관심을 보였는데 그것이 내 흥미를 끌었다. 그리고 대학원생 시절에는 교토를 비롯한 여러 도시의 역사가로를 조사하고 보존계획을 작성하는 데 몰두했다. 영국의 역사도시 보존재생계획서에 자극받아 혼자 약 2개월간 유럽의 역사도시를 찾아다니기도 했다. 취직해서는 교토시청의 도시계획국에서 교토의 역사도시 경관 보전, 역사가로 보존, 또 관련 정책들을 도시계획으로 결정하는 일을 계속 담당했고, 그 뒤 문화청으로 옮겨서는 뒤에 나오는 전통적 건조물군 보존지구(이하 '전건傳建지구')를 담당했으며, 문화재 건조물의 보존, 세계유산 등재 등에 관여해 국제기념물유적협의회ICOMOS 활동으로 이어나갔다. 현재도 몇몇 지자체의 전건지구보존 심의회 위원을 맡고 있어 심의회에 참석하거나 그 밖의 일로 현지를 찾아가 실제 가로의 상황과 보존사업을 자세히 관찰하는 일이 많다. 또한 개인적으로도 이곳저곳의 역사가로를 견학하러 자주 다닌다. 그리고 그때마다 일본 각지의 역사마을 만들기가 착실히 진전되고 있음을 실감한다.

나는 한국의 서울, 경주 등을 여러 번 방문했고 그때마다 한 선생을 비롯한 한국분들에게 많은 신세를 지고 있다. 그 밖에 내가 방문했던 역사 도시와 마을은 세계유산인 하회·양동과 춘천, 수원 등 몇 군데에 불과하다. 코로나로 인한 규제도 거의 사라진 지금, 『오래된 도시의 골목길을 걷다』에서 한 선생이 소개한 도시를 비롯해 많은 역사 도시·마을을 방문하고자 한다.

마지막으로, 한국분들이 이 책을 들고 일본 각지의 역사 마을과 가로를 찾아 그 역사문화적 가치를 접하고, 긍지를 가지고 보존과 재생에 힘쓰고 있는 지역 사람들과 다정하게 교류하기를 바란다.

가리야 유가

옮긴이의 말

일본의 오래된 가로에서 만나는 역사와 문화

건축학자이자 문화유산 전문가인 가리야 유가 박사가 쓴 이 책은 홋카이도에서 오키나와에 이르는 일본 전국의 73개 가로를 대상으로 그곳의 도시공간과 건축물들을 통해 지역의 역사와 문화를 소개한다. 저자가 오랜 기간의 현장 조사와 연구를 바탕으로 쓴 일본 역사와 문화, 그리고 건축에 관한 백과사전 같은 책이다. 나도 번역을 하면서 그랬지만 독자들도 이 책을 읽으면 마치 지역의 사정을 잘 아는 안내자와 함께 일본의 오래된 가로를 걷는 듯한 착각에 빠지게 되리라.

지은이의 일본어 원고를 우리글로 옮기면서 나 스스로 많은 것을 배우고 깨닫고 재확인하게 됐다. 이 책은 도시의 가로가 사회·문화·경제 활동이 일어나는 중요한 무대임을 확인시켜 주고, 그것이 사람들이 모여 공동체를 이루는 공간적 기반이기도 함을 보여준다. 수많은 사례를 생생하게 전하는 이 책을 통해 지역과 지역에 사는 사람들의 정체성이 일상적으로 거닐고 생활하는 가로와 직접 관련된다는 사실을 확인할 수 있다.

30년 가까이 한국과 일본, 중국의 건축과 도시를 연구하면서 나의 관심은 가로로 모아졌고 동아시아의 수많은 도시의 현장에서 가로를 관찰하고 연구하는 데 많은 시간을 보냈다. 그러한 결실로 2012년에 『오래된 도시의 골목길을 걷다』라는 책을 펴냈다. 한국의 역사도시 아홉 곳에서 내가 듣고 발견한 이야기를 엮은 책이다. 이 책을 펴낸 뒤 기회가 되면 일본과 중국의 특색있는 가로들에 대한 책을 쓰고 싶은 마음이 생겼다. 또한 나는 2018년부터 도시의 가로를 무대로 '애트'라는 이름으로 공간사업을 진행하면서 일본이나 중국에서 참조할만한 자료와 선례를 찾아보고자 했다. 바로 그때 이 책의 저자인 가리야 박사를 만나는 행운이 찾아왔다.

나는 문화유산의 보호에 관한 국제적인 전문가 NGO인 이코모스 활동을 하면서 당시 일본 이코모스의 부위원장인 가리야 박사를 만나게 됐다. 지금부터 5년 전인 2018년 5월의 일이다. 그때 인사로 내 책 『오래된 도시의 골목길을 걷다』의 일본어판을 드렸다. 그 뒤 선생이 일본 전국의 가로에 대한 책을 펴내신 바가 있고 방대한 자료를 가지고 계시다는 사실을 알게 됐다. 바로 선생께 집필을 부탁드렸고 그것을 번역해 출판하겠다고 말씀드렸다.

마음이 앞서 덜컥 일본의 가로에 관한 가리야 박사의 글을 번역해 출판하겠다고 선언했지만 곧바로 그것은 나 혼자 할 수 있는 일이 아님을 깨달았다. 무엇보다도 나는 번역을 잘 할 만큼 일본어에 능하지 않다. 또한 일본의 건축에 대해서는 어느 정도 지식이 있지만 일본의 사회와 문화에 대해서는 깊이 아는 바가 없어서 겨우 우리말로 옮기더라도 원문의 뜻을 제대로 전달할 자신이 없었다. 그런데 나는 이 문제를 아주 쉽게 해결할 수 있었다. 뛰어난 실력을 갖춘 번역가 한 분을 잘 알고 있었기 때문이다. 그분은 바로 『오래된 도시의 골목길을 걷다』를 일본어로 번역한 하기와라 메구미 선생이다.

하기와라 선생은 이 책의 번역과정에서 단지 공동 번역자에 머무르지 않고 내가 할 수 없는 여러 가지 중요한 역할을 해주셨다. 먼저 원문의 내용을 한국의 독자들이 잘 이해할 수 있도록 친절히 해설하는 일을 맡아주셨다. 그것을 모은 것이 맨 뒤에 실은 「용어 해설」이다. 일본의 건축과 도시, 그리고 역사와 문화를 이해하는 데 필요한 용어들을 망라한 좋은 자료라고 생각한다. 또 이 책에는 소개하는 가로마다 맨 앞에 지도를 실었는데 그 지도들에 들어간 상세한 정보는 하기와라 선생이 많은 시간과 노력을 들여 내가 작성한 초벌 지도를 보완한 것이다. 선생이 아니었으면 본문에 나오는 몇몇 지점들만 표기한 썰렁한 지도가 되고 말았으리라.

하기와라 선생의 기여는 여기서 끝나지 않았다. 이 책을 더욱 풍성하게 해 준 아홉 편의 칼럼은 선생이 자청해서 집필하신 것이다. 한 편을 제외한 여덟 편의 칼럼은 모두 우리나라와 관련이 있는 글들로, 한국과 일본의 역사와 문화에 모두 밝지 않고서는 쓸 수 없는 내용을 담고 있다. 이 칼럼들이 이 책을 한국 독자들의 가슴에 안겨

주리라 생각한다.

저자 가리야 박사의 살아있는 지식에 공역자인 하기와라 선생의 충실한 안내지도와 칼럼이 더해져 이 책은 매우 유용한 일본 여행 안내서가 됐다. 지은이와 옮긴이들이 5년 가까이 정성을 쏟은 이 책이 일본의 가로를 걷는 독자들에게 좋은 벗이 되어주기를 바랄 뿐이다.

2023년 여름, 가끔 대전의 오래된 가로를 내려다보며

한필원

총론

일본의 역사 마을·가로 보존을 위한 노력

최근 일본에서는 역사가로와 문화재 건조물의 보존과 활용, 그리고 그것들을 포함한 역사마을 만들기에 전국적으로 많은 관심이 모아지고 있다. 지금까지 오랜 세월에 걸쳐 각지 사람들의 다양한 노력과 시도가 축적되었고, 지역의 역사와 문화를 소중히 여기는 마을 만들기가 널리 확산됐다. 이러한 국민의 가치관 변화에 걸맞게 문화재의 보존·활용과 지역의 역사, 문화, 전통을 중시하는 역사마을 만들기에 관한 법제도와 정책도 충실해졌다.

역사 마을과 가로의 보존을 목적으로 하는 전통적 건조물군 보존지구(이하 '전건傳建지구') 제도는 1975년 문화재보호법을 개정해 생겨났다. 1996년에 등록문화재 제도, 2005년에는 문화적 경관의 보호 제도가 마련됐다. 또한 그 전해인 2004년에 경관법이 제정됐다. 그리고 2008년에는 「지역에서의 역사적 풍치 유지와 향상에 관한 법률」, 약칭 「역사마을법歴まち法」을 문화청, 국토교통성, 농림수산성 등 세 부처가 공동으로 시행했다.

여기에서는 역사 마을·가로의 보존과 이를 바탕으로 한 역사마을 만들기에 대해 제도의 성립과 발전과정, 운영방법 등을 개략적으로 기술함으로써 독자가 이 책을 읽을 때 도움이 되는 기초적인 정보를 제공하고자 한다.

1. 역사가로 보존 운동의 태동

일본에서 최초로 역사가로의 보존을 제창한 사람은 오카야마현岡山縣 구라시키시倉敷市의 당시 구라시키방적주식회사 사장이었던 오하라 소이치로大原總一郎 씨라고 한다. 그는 제2차 세계대전으로 파괴된 도시를 복구하고 복원하기 위해 여러 정책을 추진한 독일 남부의 성곽도시 로텐부르크를 본보기로 '구라시키를 일본의 로텐부르크로 만들자'고 호소했다. 이에 따라 1949년에 「구라시키 도시미倉敷都市美협회」가 설립됐다. 이것이 1968년 구라시키 전통 미관 보존 조례의 제정과 이듬해인 1969년 독자적인 구라시키시의 「미관지구」 지정 등으로 이어져 구라시키시는 아름다운 가로를 보존, 정비해왔다.

역사 마을·가로의 보존에 대해 일본에서 전국적으로 국민의 관심이 높아지기 시작한 것은 1965년경이다. 1955년경부터 일본은 고도 경제성장에 따라 사회경제 상황이 크게 바뀌어 자연환경이 대규모로 파괴되고 극심한 공해가 발생해 지역의 역사나 문화를 말해주는 문화재나 고유의 역사 마을·가로가 급속히 사라져갔다. 이를 우려하는 일본 국민들의 목소리가 높아져 1966년에는 「고도古都에서의 역사적 풍토 보존에 관한 특별조치법」, 약칭 고도보존법이 제정되어 나라시奈良市, 아스카飛鳥(나라현 다카이치군高市郡 아스카촌明日香村)와 교토시, 가마쿠라시鎌倉市 등지에서 역사적 풍토 보존사업이 시작되었다. 그러나 이 고도보존법은 대상이 '고도'로 지정된 지방자치단체에 한정된다는 점과 역사적 경관의 동결 보존을 목표로 한다는 점에서 현대에 활용되는 역사 마을·가로의 보존제도가 될 수는 없었다. 따라서 비슷한 시기부터 일본 각지에서 자생적으로 역사가로의 보존 방안을 모색하는 움직임이 싹텄다.

앞에서 서술한 「구라시키 도시미협회」의 활동 이후 주민에 의한 선구적인 가로 보존 운동으로는 1966년에 발족한 기후현岐阜縣 다카야마시高山市의 마쓰리 수레●조직을 기반으로 한 가로보존회를 들 수 있다. 1967년에는 도쿄대학 건축사建築史 교수들이 나가노현長野縣 나기소마치南木曾町의 옛 쓰마고슈쿠妻籠宿에서 역사가로 조사를 했다. 이듬해에는 모든 집이 참여해 「쓰마고를 사랑하는 모임」이라는 주민단체를 조직했고, 주민과 지자체와 식자들이 연대해 건물, 부지, 농경지, 산림 등을 '팔지 않고', '빌려주지 않고', '부수지 않는다'를 구호로 역참마을의 경관 보존·복원 사업을 시작했다. 그리고 그 무렵부터 다른 지역에서도 가로와 경관을 보전하려는 활동이 시작됐다. 법률 등 국가 차원의 정책이 마련되지 않은 상태에서 독자적인 조례 등으로 현상변경에 대한 규제와 유도, 수리 등에 대한 지원을 추진했다. 1968년 이시카와현石川縣 가나자와시金沢市와 구라시키시를 시작으로 이후 역사가로를 가진 많은 기초지자체에서 보존 조례와 보존 요강을 잇달아 제정했다.

나라현 가시하라시橿原市의 옛 사찰마을●인 이마이초今井町는 「가로 호류지法隆寺」[1]라고도 불릴 정도로 오래된 사찰과 신사, 민가가 밀집한 특별한 역사가로로서 연구자들에게 알려져 있었다. 그러나 1965년경 주위의 해자를 매립하는 등 개발이 진행될 위기 상황에 처했다. 이에 따라 이마이초 사찰마을 결속의 중심인 쇼넨지称念寺 주지들이 1971년에 「이마이초를 보존하는 모임」을 결성해 가로의 보존에 나섰다. 또한 홀치기염색 직물인 아리마쓰시보리有松絞의 산지로서 직물 도매상의 중후한 대규모 건물이 늘어선 아이치현愛知縣 나고야시名古屋市 아리마쓰지구에서도 같은 해에 「아리마츠 마을 만들기 모임」이 발족했다. 이렇게 1971년에 쓰마고, 이마이, 아리마쓰에서 각각 보존단체가 탄생했고 뒤에 이들이 모여서 「전국가로보존연맹」을 결성하기에 이른다. 이처럼 1970년대는 역사가로의 보존에 대한 주민과 지자체의 움직임이 활발해진 시기였다.

한편 문화청은 1970년경부터 역사 마을·가로의 보존 방안을 본격적으로 검토하기 시작했다. 1972년 문화청은 최초의 마을·가로 보존대책연구협의회를 개최했고, 이듬해인 1973년에는 다카야마시, 구라시키시, 야마구치현山口縣 하기시萩市 등 세 개 시의 마을·가로를 조사했다. 1974년에는 기초지자체에 대한 보조금 사업으로 「전통적 건조물군 보존대책 조사」를 시작했다. 그리고 1975년 문화재보호법의 개정으로 역사 마을·가로의 보존 제도가 탄생했다.

---

1 나라현 이코마군生駒郡 이카루가초斑鳩町에 있는 성덕종 총본산 사찰. 607년 창건으로 추정된다. 현존하는 세계에서 가장 오래된 목조 건조물군을 포함, 총 55채 건조물이 국보와 중요문화재이며 미술공예품은 국보가 38건 150점, 중요문화재는 약 3000점이나 된다. 1993년 「호류사 지역의 불교기념물」로 세계유산에 등재됐다.

2. 역사가로의 보존 제도

앞에서 말한 바와 같이 일본에는 역사·문화적 가치가 있는 역사가로가 많이 있으며, 곳곳에서 사람들이 그것의 보존과 활용을 위해 다양한 노력을 계속하고 있다. 전건지구 제도는 이러한 역사가로를 보존·활용하기 위해 국가 차원에서 체계적으로 지원, 촉진하는 제도다. 2020년 이 제도는 창설 45주년을 맞았는데 국가가 선정한 중요 전통적 건조물군 보존지구(이하 '중전건지구')가 이제 126개 지구(총면적 4,024ha)에 이를 정도로 일본 지역사회에 확실히 정착됐다.

- **전건지구 제도의 특색**

1975년의 문화재보호법 개정으로 '주변 환경과 하나 되어 역사적 풍치를 형성하는 전통 건조물군으로서 가치가 높은 것'을 전통적 건조물군이라 하여 문화재 종류의 하나로 추가했다. 전통적인 건조물군은, 예를 들어 역참마을, 문전마을門前町, 성하마을•(무가주택• 등)이나 서양식 건축•군 등으로, 건축된 지 상당한 세월이 흐른 여러 채의 건조물로 구성되며 전체적으로 위치, 규모, 형태, 의장 등에서 특색을 유지하고 있다. 이들 전통적인 건조물군과 경관상 밀접한 관계가 있는 수목, 연못, 정원 등은 환경요소로 지정돼 전통적 건조물과 마찬가지로 보호대상이 된다. 이렇게 전통적 건조물군과 일체화된 환경을 보존하기 위해 일정 범위의 구역을 전건지구로 결정하는 제도가 마련됐다. 전건지구 제도는 문화재인 전통적 건조물군과 그 밖의 일반 건축물, 그리고 주변 환경에 대해서도 현상변경을 규제하거나 유도하는 제도다. 또 그 수리나 복구, 수경•공사 등의 경비를 지원하거나 세제 혜택을 줌으로써 종합적으로 보존·활용을 도모한다는 점에서 다른 문화재 보호제도와는 크게 다르다.

또한 전건지구가 국가나 광역지자체都道府縣가 아닌 기초지자체市町村의 도시계획이나 보존 조례에 따라 결정된다는 사실은 전건지구의 결정이 지역의 마을 만들기와 밀접한 관계가 있으며 지역의 관점에서 판단됨을 의미한다. 전건지구를 결정할 때 기초지자체에서 문화재보호 법령과 도시계획 법령을 적절히 조율해 적용하도록 하며, 전건지구 안 건조물 등의 현상변경을 허가하거나 보존하는 사업은 기초지자체와 그곳의 교육위원회가 주관하도록 규정돼 있다.

기초지자체가 결정하고 신청한 전건지구 가운데 국가급의 가치가 있다고 인정한 곳은 국가(문화청)가 중전건지구로 선정한다. 그 직접적인 효과는 기초지자체가 실시하는 보존사업에 국가가 조언과 경비 보조를 하고 세제상 우대조치 등을 할 수 있다는 점이며, 선정에 따라 국가의 규제가 새로 추가되는 것은 아니다. 이런 점에서 국가(문화청)가 직접 지정하고 보존을 책임지는 중요문화재나 국보 등의 제도와는 크게 다르다. 이같이 전건지구 제도는 다른 문화재보호 제도와 비교하면 기초지자체의 주체성과 자율성을 존중한, 마을 만들기의 관점이 강한 특색 있는 제도다.

- **전건지구의 결정과 중전건지구의 선정**

역사 마을·가로의 보존은 그곳에 거주하는 사람들이 지구의 역사적 가치와 개성에 매력을 느끼고 그것에 자부심과 애착을 갖는 것에서 시작된다. 전건지구 제도에 의한 보존사업의 흐름을 개략적으로 살펴보면, 먼저 역사 마을·가로를 보유한 기초지자체가 문화청 등의 지원을 받아「전통적 건조물군 보존대책 조사」를 실시하며, 그 역사·문화적 가치와 주민들의 의향을 확인하고 마을 만들기 관점에서 과제를 정리하는 일을 한다. 다음으로, 현상변경에 대한 규제의 내용과 보존계획의 수립 등을 규정한「전통적 건조물군 보존지구 보존 조례」를 제정한다.

이 보존 조례에 따라 학식이나 경험이 있는 사람들과 주민대표 등으로 구성된「전통적 건조물군 보존지구 보존심의회」를 설치하고 보존지구의 범위와 보존계획안 등을 심의한다. 그리고 보존심의회의 답신을 받아「보존지구의 결정」이 이뤄진다. 도시계획구역 안에 위치한 보존지구는 기초지자체가 정하는 도시계획으로 결정하고, 도시계획구역 밖에 위치한 보존지구는 보존 조례로 결정한다. 지구 결정을 할 때는 사전에 지역 주민에게 충분히 설명하고 이해를 얻는 것이 필수 조건이다. 전건지구를 지정한 기초지자체는 문화청에 중전건지구의 선정을 신청할 수 있으며, 문화청은 문화심의회의 자문·답신을 거쳐 해당 지구를 중전건지구로 선정한다.

- **전건지구에서 현상변경의 규제와 유도**

전건지구에서는 소유자의 동의를 얻어 보존계획으로 전통적 건조물과 환경요소를 '특정'한다. 전건지구 안에서 전통적 건조물 외관의 일부 개수, 일반 건축물이나 공작물의 신축·증축, 토지의 조성, 수목의 벌채, 토석의 채취 등 현상변경 행위를 하고자 할 때는 기초지자체 교육위원회와 기초지자체장에게 허가를 신청해야 한다. 다만 이 규제는 주로 외관상의 형태나 의장, 구조의 변경을 대상으로 하며 일반적으로 도로 등에서 보이지 않는 건물 내부는 규제 대상이 아니다. 물론 전통적 건조물은 내부도 가치 있는 것이 적지 않지만, 전건지구 제도에서는 보존과 주민의 생활이나 영업 활동을 양립시키기 위해 건조물 내부는 규제 대상으로 삼지 않는다. 전건지구의 핵심 요소로서, 건물 내부도 포함해 보존할 필요가 있는 특히 중요한 건조물은 기초지자체, 광역지자체 또는 국가의 지정문화재로 지정해 좀 더 적극적으로 보존하도록 한다.

- **수리와 수경**

보존지구에서 전통적 건조물로 특정된 건조물은 그 외관을 유지하거나 복원, 복구하기 위해 수리를 한다. 수리할 때는 건조물의 역사적 특성과 기법을 충분히 존중해 가치를 유지·향상시키는 것이 중요하다. 전통적 건조물 이외의 일반 건축물의 개수나 신·증축 등은 수경이라고 불린다. 수경도 현상변경 허가를 필요로 한다. 전건지구에서 수경을 적절히 하면 전통적 건조물군과 그 주변 환경을 좀 더 조화롭게 정비해 전건지구의 가치를 증대시킬 수 있다. 그런 의미에서 수경은 전통적 건조물의 수리 못지않게 중요한 의의를 지닌다. 수경은 전건지구에서 일정한 변화를 허용하면서 창조적이고 동태적動態的인 보존을 실현하는 사업에서 큰 역할을 한다.

3. 역사가로 보존의 확산

국가 차원의 역사가로 보존 제도인 전건지구 제도는 앞서 기술한 바와 같이 1975년의 문화재보호법 개정으로 생겨났다. 전건지구 가운데 국가가 선정하는 중전건지구는 이듬해인 1976년 7개 지구가 선정되었고 이 제도를 바탕으로 보존사업이 시작됐다. 그 뒤 점차 확대돼 현재는 총 126개 지구에 달한다. 중전건지구 중에는 지정 구역을 확대한 경우도 많고, 동일 기초지자체에서 두 곳 이상이 선정된 경우도 여럿 있다. 교토시, 하기시, 가나자와시에는 각각 네 지구, 도야마현富山縣 다카오카시高岡市에는 세 지구, 그 밖에 다카야마시 등 11개 시에는 각각 두 개의 중전건지구가 있다.

일본의 대표적인 역사 마을·가로인 중전건지구는 특별한 지구이므로 희소가치가 높은 것으로 평가된다. 지금도 그 위상이 바뀐 것은 아니지만 제도 출범 이후 48년이 지나면서 중전건지구는 일본 사회에 정착해 상당히 친숙한 존재가 됐다. 중전건지구는 일본에서 자랑할만한 역사문화유산인 동시에 안정과 지속 가능성을 목표로 하는 현대 일본의 마을 만들기에서 선진적이고 근간이 되는 존재다.

최근 지구온난화 등의 영향으로 일본에서도 유례없는 자연재해나 대형사고가 많이 발생하고 있다. 이런 문제에 대응하기 위해 환경보전을 중시하고 지속 가능한 사회의 실현을 목표로 하는 움직임이 더욱 활발해지고 있다. 또한 저출산 고령화가 급속히 진전되고 빈 점포·빈집이 현저히 증가해 지역 활성화가 매우 중요한 과제가 됐다. 이러한 상황에서 기존의 자원과 환경을 소중히 여기고 그것을 살리는 것에서 가치를 발견하려는 노력, 그리고 이것이 지역 지속 가능성의 실현과 지역 활성화로 이어진다는 인식이 확산되고 있다. 그 결과 곳곳에서 등록문화재가 증가해 활용되고 있으며, 「마치야● 재생」과 「고민가 재생」 등 다양한 움직임이 나타나고 있다. 이것들은 개별적인 효과뿐만 아니라 큰 사회적 의미를 가지며 경제적 가치도 창출한다. 국가 차원의 문화재보호 제도로서 수리·수경 등의 보존사업을 지속적으로 이어가는 전건지구는 그러한 움직임의 중심에 있다.

4. 역사가로의 보존사업

• 수리·수경 사업

보존사업의 중심은 수리·수경 사업이다. 수리·수경 사업을 위해서는 대상 건조물의 현황 조사, 수리·수경 방침의 결정, 설계·감리, 시공, 검사가 적절히 이루어져야 한다. 따라서 관계자들은 전통적 건조물에 대한 풍부한 지식과 경험을 가지고 있어야 한다. 또 사전에 현상변경 허가 신청, 건축 확인 신청 등이 필요한 경우도 많다.

문화재로서의 가치를 유지하기 위해 재료, 사양, 공법 등을 가능한 한 계승하는 한편 내진 보강과 방화성능 향상도 도모해야 한다. 각 전건지구에서는 전문직원을 배치하거나 외부전문가에게 위탁해 수리·수경 사업의 질을 유지, 향상하려고 노력하고 있으나 아직 충분하지는 않다. 이러한 수리·수경 사업은 건조물의 소유자 등과 설계자, 시공자, 행정담당자가 면밀히 협의하면서 계획적으로 진행한다. 중전건지구마다 한 해에 몇 건씩 국가에서 보조금을 받아 수리·수경 사업을 하고 있다.

그런데 전통적 건조물 수리든 일반 건조물 수경이든 현상을 변경하는 행위는 지역의 개성을 심화시키고 회복하는 계기가 될 수 있지만 한편으로는 자칫하면 부적절한 현상변경으로 지역의 가치를 훼손할 위험성도 있다. 수리를 할 때는 역사를 충실히 조사하고, 기법에 대한 조사를 통해 가능한 한 진정성을 지키고 전승하기 위해 세심하게 노력해야 한다. 또한 수경은 자칫 가짜 디자인이나 긴장감 없는 디자인이 될 우려도 있으므로 주의해야 한다.

전건지구 안의 도로 개량, 가로등 설치, 하천 개수, 교량 정비 등 공공 토목사업에서 요구되는 기능·형태와 주변의 역사적 풍치, 수경 효과를 양립시키는 일은 쉽지 않다. 행정 내부에서 전건지구 보존 담당 부서와 건설 부서가 충분히 조정해 전건지구에 부합하도록 세심하게 디자인할 필요가 있다. 그 과정에서 지역 주민의 의견을 충분히 수렴해 협력을 얻는 것이 중요하다. 또한 수리·수경 사업에는 새茅 등 지붕재료와 양질의 목재 같은 재료를 확보하고 목수·미장·창호 등 전통적인 건축 기능을 계승하며, 설계·감리를 하는 건축사와 기초지자체 담당 직원의 기능을 향상하는 것이 매우 중요하다.

- **전건지구와 건축기준법**

중요문화재 건조물과 달리 전건지구의 건조물에는 건축기준법의 규정들이 적용된다. 따라서 전건지구에서 전통적 건조물을 수리하거나 활용하고자 할 때 지붕과 외벽의 재료, 채광과 건폐율, 사선제한 등에서 건축기준법의 규정에 저촉되는 일이 많다. 이 문제는 지자체가 건축기준법 완화 조례를 마련해 일부 규정을 완화함으로써 해결할 수 있다. 현재 29개 기초지자체(대상 37개 지구)에서 건축기준법 완화 조례를 제정해 최소한의 완화조치를 마련했다. 또한 문화재 보호에 관한 조례와 기타

조례로 현상변경에 대한 규제와 보존 조치를 적용받는 건축물(「보존건축물」이라 한다)은 건축기준법의 적용을 제외하는 길이 열려 있다. 이렇게 「보존건축물」은 건축기준법의 제약을 받지 않고 공사를 할 수 있다.

- **재해 대비, 종합 방재**

전건지구 제도는 전통적 건조물군을 그 환경을 포함해 일체적으로 보존하려는 것이다. 지구 안에는 보통 수백 채의 목조 건물이 있는데, 그것들은 지구 주민들의 생업의 장이고 또 매일 이용되는 주거다. 또한 공개활용시설로서 많은 사람들이 이용하는 장소이기도 하다. 대개 전통적 건조물은 이미 통상적인 내용 연수를 넘긴 목조건물로, 흰개미 등의 충해를 입었을 가능성도 있어 유지관리가 적절히 이루어지지 않으면 구조적 안정성을 확보할 수 없다. 새지붕 건물 등 화재에 특히 취약한 건물도 적지 않다. 도로가 좁고 피난로 확보도 어려운 지구나 태풍이나 홍수, 산사태의 위험성이 있는 지구도 있다. 이같이 전건지구는 방재 면에서 일반 지구 이상으로 약점이 있으므로 적절한 방재대책이 필요하다. 이에 따라 새지붕 마을인 후쿠시마현福島縣 시모고마치下鄉町 오우치주쿠大内宿지구, 기후현岐阜縣 시라카와무라白川村 오기마치荻町지구 등에서는 새지붕 건물의 소화와 연소 방지를 위해 인근 산 중턱이나 높은 땅 위에 대형 방화 수조를 설치하고 마을과 높이 차이를 이용해 마을 전체에 방수총[•]을 설치했다.

사상 초유의 대지진인 1995년 1월의 효고현兵庫縣 남부 지진(한신 아와지 대지진[•])에서는 고베시神戸市 기타노초北野町 야마모토도리山本通지구, 2011년 3월의 도호쿠東北 지방 태평양해역 지진(동일본대지진[•])에서는 이바라키현茨城縣 사쿠라가와시桜川市 마카베眞壁지구, 지바현千葉縣 가토리시香取市 사와라佐原지구 등의 전건지구가 큰 피해를 입었다. 다행히 두 지진 모두 전건지구 안에서는 화재가 발생하지 않았지만 많은 건물이 대파돼 대규모 복구공사가 필요했다. 이러한 지진재해는 전건지구의 방재에 큰 교훈을 남겼다. 특히 2011년의 지진재해를 통해 평소 유지관리가 중요하다는 점, 수리 시 적절한 구조보강을 해야 한다는 점, 또 지역 주민, 공무원, 기술자·기능인의 네트워크를 구축해 재해 시 신속하고 조직적으로 활동하고 재해 후에 조속히 복구할 수 있는 지역 커뮤니티 체제 마련이 필요하다는 점 등을 절감했다.

- **종합적인 역사마을 만들기**

앞에서 기술한 바와 같이 2008년에 제정된 역사마을법에 따라 「역사적 풍치 유지 · 향상계획」이 수립되고 있는데 현재 90개 기초지자체의 계획이 인정받았다. 이 계획에 따른 사업인 통칭 「역사마을歴まち사업」은 역사도시 역사적 지구의 주요 부분을 계획구역으로 설정하고 그 중점구역에 중전건지구와 중요문화재, 사적 등 국가가 지정하거나 선정한 문화재를 포함해 종합적으로 역사적 풍치를 유지, 향상하려는 사업이다. 이렇게 볼 때 전건지구는 역사마을 만들기 사업과 연계해 그것을 강화하는 제도이기도 하다. 앞으로 이 연계가 강화되고 좀 더 확대될 것으로 기대된다.

5 . 가로 보존을 위한 주민단체의 활동

일본 전역의 역사가로 지구에는 대부분 가로 보존을 위한 주민단체가 있다. 이들 보존단체는 지구 주민뿐만 아니라 주변 지역의 시민, 외부전문가나 해당 지구에 관심이 많은 개인 등과 연계해 활발하게 활동하고 있는 경우가 적지 않다. 보존회에는 회원들의 고령화 문제 등이 있지만 보존 활동의 주체로서 자발적, 자각적 활동이 한층 더 기대된다.

이들 마을 보존 주민단체의 연합체로서 특정비영리활동법인• 「전국마을보존 연맹」이 활약하고 있다. 앞에서 기술한 바와 같이 1974년에 나가노현 나기소마치 쓰마고, 나라현 가시하라시 이마이초, 아이치현 나고야시 아리마쓰 등 세 지구의 역사가로 주민단체를 비롯해 각지의 보존단체와 개인이 가입한 전국조직이다. 현재 가입한 보존단체는 67개(대만의 1개 단체 포함)이고, 개인회원은 약 200명이다. 현재까지 각지의 가로 보존단체 간 교류, 친목과 지원, 국가 · 지자체에 대한 제안 등 활발한 활동을 계속하고 있다. 2023년 10월 홋카이도北海道 오타루시小樽市에서 제46회 「전국 가로 세미나」가 개최될 예정이다.

차례

주부의 가로

간사이의 가로

주고쿠와 시코쿠의 가로

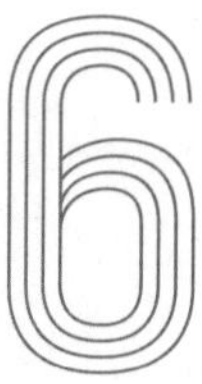

규슈와 오키나와의 가로

홋카이도와 도호쿠의 가로

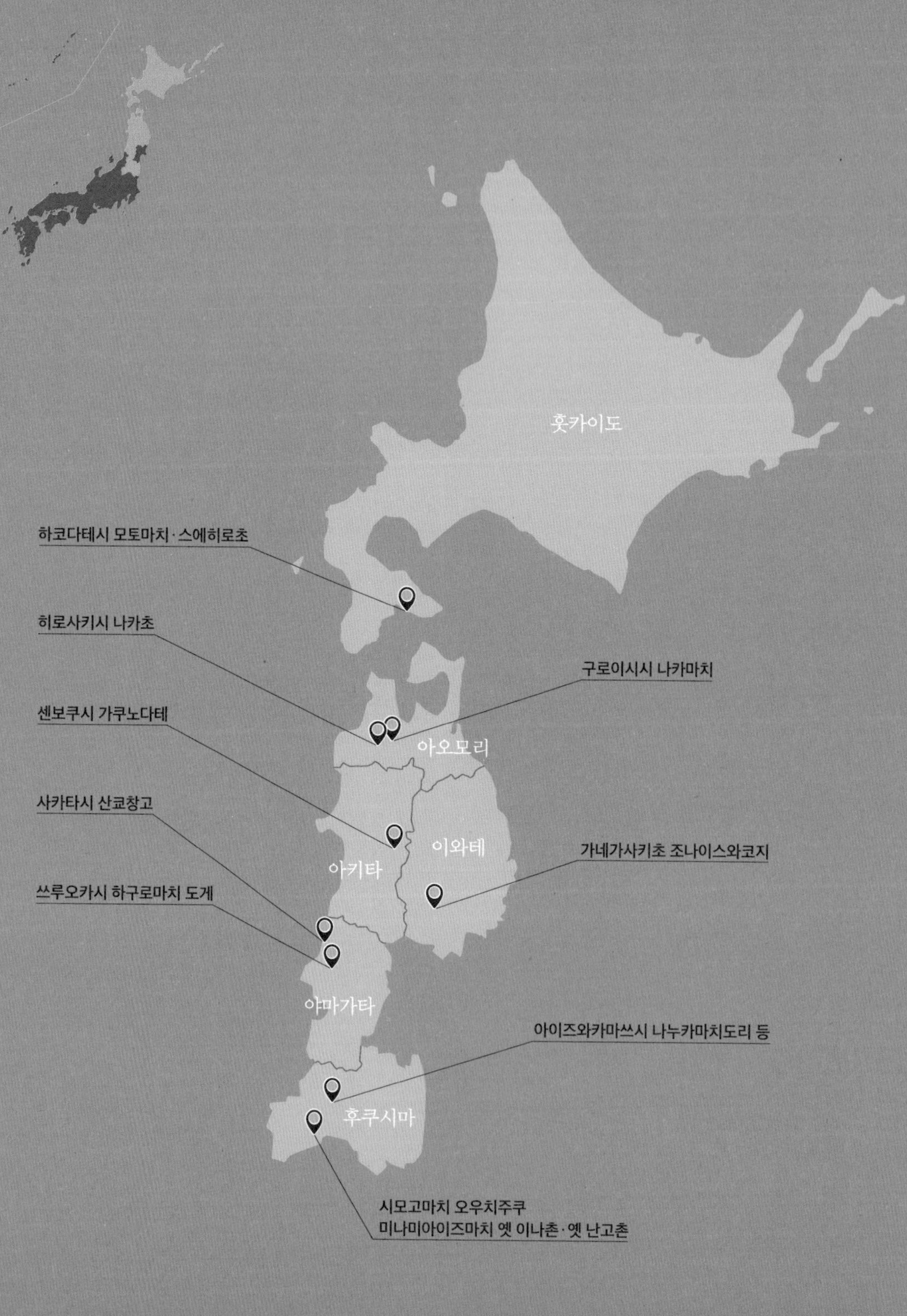

홋카이도
하코다테시 모토마치·스에히로초
히로사키시 나카초
구로이시시 나카마치
센보쿠시 가쿠노다테
아오모리
사카타시 산쿄창고
이와테
아키타
가네가사키초 조나이스와코지
쓰루오카시 하구로마치 도게
야마가타
아이즈와카마쓰시 나누카마치도리 등
후쿠시마
시모고마치 오우치주쿠
미나미아이즈마치 옛 이나촌·옛 난고촌

1-1

하코다테시 모토마치·스에히로초

_홋카이도

중요 전통적 건조물군 보존지구
14.5ha, 1989년 선정

홋카이도의 하코다테는 천혜의 조건을 갖춘 항구로 일찍이 해산물의 집산지로 발달했다. 1450년경 호족豪族 고노 마사미치河野政通가 현재의 모토마치공원 아래쪽 사각형 부지에 집을 지었는데, 이 우스케시야카타宇須岸館가 상자처럼 보인다고 해서 하코다테(函館, 본래 箱館이었으며 1869년에 개칭됨)라는 지명이 생겼다고 한다. 18세기 전반에 마쓰마에번松前藩• 의 번소番所[1]가 설치됐으며, 1799년에는 에도막부•

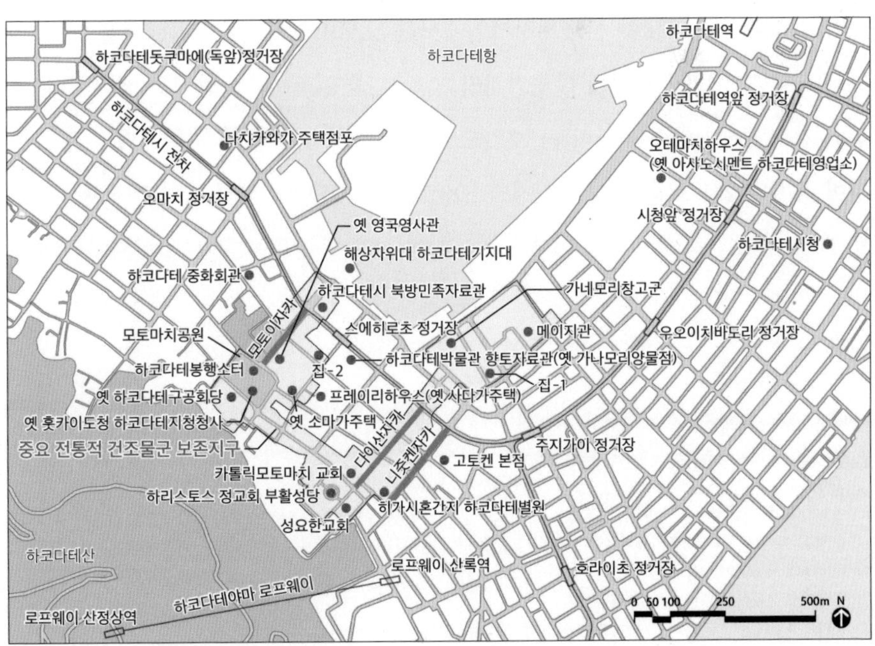

가 에조치蝦夷地를 직할령으로 하고 그 관청을 두었다. 에조치는 에도시대에 일본인이 원주민인 아이누의 거주지를 지칭한 말로, 현재의 홋카이도를 중심으로 사할린과 쿠릴열도를 포함한 광범위한 지역이었다. 1854년 미일화친조약(가나가와조약)[2]에 따라 1859년에 하코다테가 개항[3]되고 러시아와 영국 영사관이 설치돼 외국인들이 하코다테산[4] 기슭의 고지대를 중심으로 거주했다. 19세기 후반에는 메이지 신정부의 개척사開拓使 하코다테지청函館支廳이 설치돼 홋카이도 행정의 중심지가 되기도 했다. 개척사는 홋카이도 개척을 위해 1869년부터 1882년까지 설치됐던 관청으로, 하코다테지청은 1869년부터 1871년까지 설치되었다. 하코다테는 그 뒤 홋카이도의 관문으로서 또 외국 무역항·북양어업항北洋漁業港으로 발전했다.

하코다테산의 북쪽 기슭 일대, 특히 항구가 내려다보이는 현재의 모토마치공원 부지에는 1802년에 막부의 하코다테봉행소箱館奉行所[5]가 설치된 이래 개척사 하코다테지청, 하코다테구청函館區役所, 홋카이도 하코다테지청 등이 설치됐고, 그 주변에 병원, 세관, 외국공관, 은행, 상사商社 등이 집중되어 하코다테의 정치·경제 중심지 역할을 했다. 그 뒤 대화재가 잇달아 그 대책으로 1878년의 대화재 이후 제1차 시구개정市區改正(19세기 말에서 20세기 초에 시행된 도시계획·도시개조사업)사업을 통해 방화선인 대로를 12칸(약 21.6m)으로 확장했다. 그리고 다음 해인 1879년 다시 대화재가 발생한 이후 제2차 시구개정사업에서는 모토이자카基坂의 비탈길을 20칸(약 36m)으로 확장하고 새롭게 니줏켄자카二十間坂, 곧 20칸 폭 비탈길을 정비했다. 그 밖의 가로도 6칸(약 10.8m) 또는 12칸으로 확장해 이 시기에 거의 현재와 같은 도로망이 정비되었다. 그러나 이 지역에서 1907년과 1921년에 다시 대화재가 발생했다. 또 1934년의 대화재로 니줏켄자카를 사이에 두고 동쪽은 대부분 소실되어 서쪽에

---

1 에도시대에 교통의 요지에 설치해 통행인이나 선박 등을 감시하고 징세 등 지역 행정업무를 본 시설.

2 에도막부와 미국이 체결한 조약으로, 미국의 압박을 받고 시즈오카현靜岡縣 시모다下田, 하코다테 등 두 항구의 개항을 약조했다.

3 에도시대, 오랫동안 쇄국● 정책을 유지해온 일본이 19세기 중반부터 미국, 영국, 러시아 등의 압박을 받아 각국과 화친조약을 맺고 이어서 수교통상조약을 체결해 하코다테, 요코하마, 니가타, 고베, 나가사키 등의 항구를 외국 무역항으로 개방했다.

4 하코다테 시가지의 서쪽 끝에 있는, 높이 334m의 산. 예전에 정상에 군사 요새가 있었는데 현재는 전망대가 설치됐고 산기슭에서 로프웨이와 관광도로로 연결된다.

5 무가사회에서 중앙정부(막부)의 명을 받은 각 부문의 행정집행관인 「봉행奉行」이 근무하는 관청.

▲ 옛 하코다테구 공회당
1910년 건축된 일식 기와지붕의 목조 2층 건물, 좌우대칭으로 콜로니얼양식.(중요문화재)

◀ 하리스토스 정교회 부활성당
벽돌조, 동판지붕. 1858년 하코다테에 러시아영사관이 개설됐고 1860년 영사관 건물과 병설 목조 성당이 지어졌다. 그 뒤 일본 하리스토스 정교회의 발상지가 됐다. 현재의 벽돌조 건물은 1916년에 재축된 것이다. 정교회의 성직자였던 가와무라 이조河村伊蔵 설계.(중요문화재)

만 1870년대~1920년대의 분위기가 남아있다.

「스에히로초末広町지구」는 하코다테산 기슭에서 항구로 향하는 경사지에 펼쳐진 니줏켄자카 서쪽 부분의 동쪽 끝에 위치한다. 모토이자카에서 옛 하코다테구 공회당, 하리스토스 정교회 부활성당을 거쳐 다이산자카大三坂를 내려가 항구의 벽돌창고군에 이르는 총 약 1.5km의 ㄷ자형 가로와 그 주변 구역이다. 모토이자카는 옛 세관 부지(현 해상자위대 하코다테 기지대)에서 모토마치공원에 이르는 비탈길인데 하코다테산을 등지고 옛 하코다테구 공회당을 정면으로 올려다볼 수 있는 큰 공간이다. 언덕 왼쪽은 옛 영국영사관[6]과 옛 일본은행 하코다테지점(현 하코다테시 북방민족자료관) 등 공공시설이 많다. 모토마치공원 안의 옛 홋카이도청 하코다테지청 청사는 1909년에 건설된 목조 2층 건물로, 전면 주랑柱廊 현관의 엔타시스•가 있는 기둥이 특징적이다. 이 건물은 홋카이도 유형문화재로 지정됐다. 역시 모토마치공원 안

6 하코다테가 개항한 1859년에 건축되었는데 그 뒤 여러 번 화재를 당했다. 현재 건물은 1913년에 지어졌다. 홋카이도 유형문화재. 현재는 하코다테시의 개항 자료관으로 공개되고 있다.

에 있는 옛 하코다테구 공회당은 1910년에 지어진 좌우대칭의 콜로니얼양식• 목조 2층 건물이다. 청회색과 노랑 도장이 특징적인 이 건물은 중요문화재로 지정됐다.

모토마치공원 동쪽의 옛 영국영사관이 있는 블록에는 녹지가 많은 서양식 혹은 일본식 저택군이 있다. 공회당에서 하리스토스 정교회로 가는 길가의 서쪽 편에는 박공면 진입 혹은 긴 전면 진입방식의 마치야•, 또 동쪽 편에는 비잔틴양식[7]의 하리스토스 정교회 부활성당, 고딕양식•의 가톨릭교회, 일본식 히가시혼간지東本願寺 하코다테별원函館別院(중요문화재, 철근콘크리트조, 1915년 건축), 현대식 건축인 성요한교회(철근콘크리트조, 1979년 건축) 등 서로 다른 양식의 종교시설들이 모여 있다.

이 구역에서 항구로 내려가는 다이산자카를 따라서 일층은 일본식, 이층은 서양식으로 서로 다른 의장을 조합한 하코다테 특유의 일양절충양식• 마치야가 많이 있다. 항구 바로 옆에는 대규모 벽돌조 건물들이 늘어선 가네모리金森창고군이 있고 반대편 니줏켄자카도리二十間坂通에 면해서는 벽돌조의 옛 하코다테우편국을 비롯해 업무시설과 일양절충 마치야가 있다. 1911년 준공된 옛 하코다테우편국은 목골벽돌조• 2층 건물로, 르네상스 양식의 외관이 당당한 건물이다. 1907년 대화재 이후의 부흥건축으로서 현존하는 대표적 건축물 가운데 하나다. 현재는 「하코다테 메이지관」이라는 관광·상업 시설로 쓰인다.

이와 같이 모토마치·스에히로초지구는 길모퉁이가 경관상의 주요 지점이 되며 그곳을 돌아갈 때마다 서로 성격이 다른 크고 눈에 띄는 건물군이 펼쳐진다. 또한 그것들을 연결하는 길가에는 다양한 형식의 주택이 늘어서서 전체적으로 항구도시다운 가로를 이루고 있다. 홋카이도 근대화의 선구가 된 개항장에 조성된 이 지구에는 메이지 이후(1868~) 일본과 서양의 문화가 혼재, 절충하는 형태로 형성된 가로가 잘 남아 있다.

---

7 비잔틴건축은 동로마제국의 건축으로, 5세기에 후기 로마와 초기 기독교 건축에서 발전해 그리스, 이탈리아 등지의 교회건물에 천 년 이상 영향을 주었다. 조적구조, 원형 아치, 펜덴티브pendentive에 얹은 낮은 돔, 풍부한 프레스코 장식, 채색 유리 모자이크, 대리석으로 마감한 내부 벽체 등이 특징이다.

▲ 가네모리창고군
벽돌조, 1909년. 예전에 조선소와 외국인 거류지●가 있던 매립지에 1907년의 대화재 이후 불연재를 사용해 벽돌조의 창고들이 지어졌다. 현재는 맥주집과 레스토랑 등이 들어서 있어 많은 사람들이 찾는다.

◀ 일양절충 마치야의 사례(지도의 '집-1')
왼쪽은 일층은 일본식, 이층은 서양식인 목조 2층 건물. 1909년.

▼ 다양한 양식의 건물이 즐비한 가로(지도의 '집-2')
일본식, 일양절충, 서양식 건물들이 줄지어 있다.

1-2

히로사키시 나카초

_아오모리현

중요 전통적 건조물군 보존지구
약 10.6ha, 1978년 선정

히로사키弘前는 아오모리현青森縣 쓰가루津輕평야의 남쪽에 있는데, 1590년에 이 지역의 유력 무장이었던 난부 다메노부南部爲信가 스스로 쓰가루씨津輕氏라는 성을 지어 히로시키번弘前藩*, 일명 쓰가루번을 창설했다. 쓰가루 다메노부는 1603년, 다카오카高岡의 땅에 새로운 성을 계획하고 다음 해 가로구획에 착수했다. 1611년에는 이것이 거의 완성되어 대를 이어받은 쓰가루 노부히라津輕信枚가 입성했다. 성은

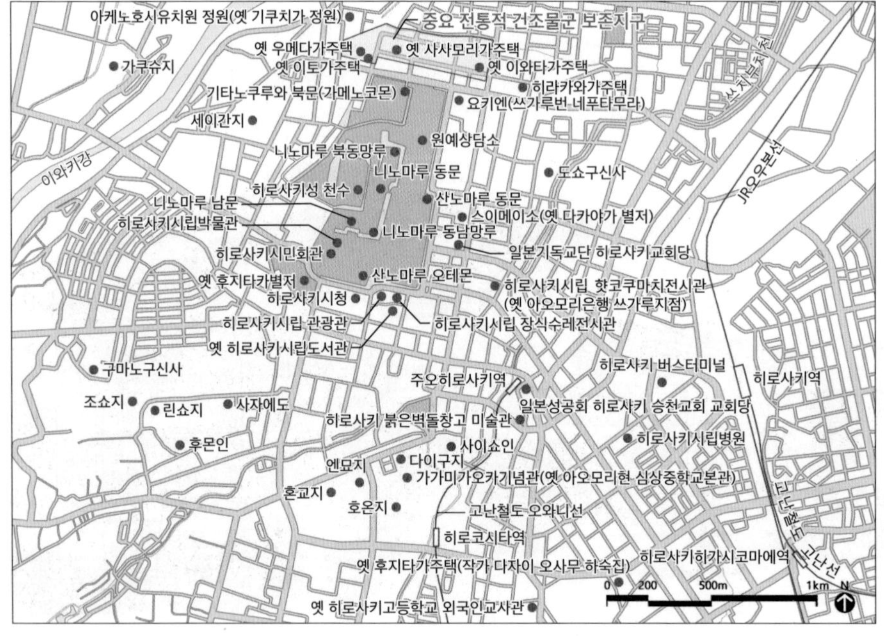

조금 높은 구릉의 북단부에 북쪽을 정면으로 하여 쌓았는데, 고마고시천駒越川(현 이와키강岩木川)과 쓰치부치천土淵川의 사이에 성하마을*을 조성했다. 그리고 성의 동남과 서남쪽에 사찰마을*을 배치해 각각 중심이 되는 사찰의 이름을 따서 사이쇼인最勝院구역, 조쇼지長勝寺구역이라는 이름으로 방비를 했다. 성은 처음에 다카오카성이라 불렸고 주변 동네는 다카오카초高岡町라 불렸는데 1628년에 히로사키로 이름이 바뀌었다. 그 뒤 1697년에서 1705년에 걸쳐서 4대 영주 쓰가루 노부마사津軽信政가 성하마을을 대규모로 재편, 정비했다.

히로사키의 성하마을은 남북으로 긴 직사각형 모양의 히로사키성을 자연지형을 살리면서 사방에서 둘러싸는 방식으로 조성됐다. 히로사키성의 북쪽에는 가메노코마치亀甲町라는 상공인들 주거지 가로를 사이에 두고 몇몇 무가마을이 조성됐다. 나카초 보존지구는 그것의 약 3분의 2에 해당한다.

나카초의 필지구획은 번 통치시대의 모습을 잘 보여준다. 무가주택*은 길에 면해 산울타리(화백나무 울타리)를 두르고 가부키문* 또는 야쿠이문*을 설치했으며, '쓰보'라고 부르는 정원의 안쪽에 우진각 · 새지붕과 맞배 · 널판지붕의 본채를 배치했다. 나카초지구에는 주로 녹봉 200~300석* 이하의 무사가 거주해 당초의 가옥은 대체로 3칸 정도로 구성되는 작은 규모가 많다. 이 지구의 무가주택은 증개축된 것이 많아 전통적인 건조물은 적지만 산울타리와 검은 판자담이 이어지는 경관은 잘

▲ 화백나무 산울타리가 이어지는 가로경관

◀ 검은 판자담
가로의 곳곳에서 보인다. 전선 등을 지중화해서 이와키산이 선명하게 보인다.

옛 이와타가주택
18세기 말~19세기 초 건립.
아오모리현 중보重寶(중요문화재).

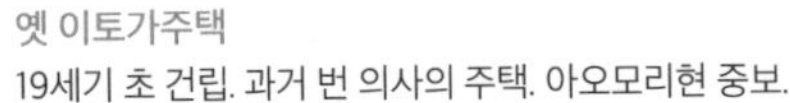

옛 이토가주택
19세기 초 건립. 과거 번 의사의 주택. 아오모리현 중보.

옛 우메다가주택
19세기 중반 건립.

유지되고 있다.

옛 이와타가岩田家주택은 나카초지구의 동쪽 끝 중간쯤에 있는데, 폭 약 16m, 깊이 약 43m의 길다란 직사각형 대지에 18세기 말부터 19세기 초에 건립됐다. 근래에 수리를 해서 우진각·새지붕·단층집 본채에 맞배지붕의 날개채가 딸린 형태로 복원되어 공개되고 있다.

나카초지구에는 옛 이와타가주택 외에 세 채의 무가주택이 공개되고 있다. 옛 이토가伊東家주택은 시내 다른 마을에서 보존지구로 옮겨 지은 집으로, 이축 시 해체 수리해 19세기 초반의 건축양식을 살려, 번 의사의 주택으로 복원됐다. 녹봉 100석 전후의 중급 무사 주거의 모습을 전하는 귀중한 유산이다. 옛 우메다가梅田家주택은 19세기 중엽에 지은 우진각·새지붕의 무가주택으로, 이 집 역시 본래 시내 다른 마을에 있던 것을 옮겨 지은 것이다. 과장된 꾸밈이 없는 집으로 그 당시 중급 무사의 생활상을 느껴볼 수 있다. 그리고 옛 사사모리가笹森家주택은 보존지구 동부에 있던 무가주택을 해체·보관하다 지금의 장소로 이축한 것이다. 1756년의 문헌에 평면도

이시바가주택
18세기 전반 건립.

가 수록된 것으로 보아 지구 안에 현존하는 가장 오래된 무가주택으로 여겨진다. 주요 부분의 공간구성이 처음 건축 당시부터 변함없고 본래의 화백나무 부재도 많이 남아 있는 등 무가주택의 특색을 잘 간직하고 있어 국가 중요문화재로 지정됐다.

이 지구는 전체적으로 축성 이래 필지구획을 유지하고 화백나무 산울타리를 두른 녹지 환경 안에 무가주택의 외관과 평면구성을 전하는 본채와 가부키문과 야쿠이문 등의 전통 건조물이 분포해 지금도 무가지구로서의 특성을 유지하고 있다.

그리고 히로사키성 북문과 나카초 사이에 설정된 상공인들의 주거지인 가메노코마치의 네거리에 위치하는 이시바가石場家주택은 18세기로 거슬러 올라가는 건축으로 추정된다. 현재는 주류판매점이지만 본래는 히로사키번 조달 상인의 상점주택으로, 짚으로 만든 물건과 잡다한 생활용품을 취급했다. 건물은 너른 부지의 서남쪽 모퉁이에 지었는데, 전면 약 16m의 팔작 너와지붕, 박공면 진입방식의 집으로, 도로쪽 날개채에 자시키•를 두고 도로를 따라 눈이 많이 오는 지방에서 잘 발달된 고미세•를 설치했다. 이시바가주택은 전체적으로 나무 골조가 굵은데, 에도시대 중기의 몇 안 되는 상점주택 유산으로서 국가 중요문화재로 지정됐다.

1-3

구로이시시 나카마치

_아오모리현

중요 전통적 건조물군 보존지구
약 3.1ha, 2005년 선정

구로이시시黒石市는 아오모리현青森縣 서부의 쓰가루津軽평야 남동쪽 끝에 위치한 도시다. 쓰가루지방은 1590년에 지역의 무장인 난부 다메노부南部爲信가 쓰가루씨津輕氏라 칭하고, 1603년에 초대 히로사키번弘前藩•의 영주가 된 곳이다. 그 뒤 1656년에 난부 다메노부의 손자 쓰가루 노부후사津輕信英가 히로사키번으로부터 5000석•의 영지를 할당받아 구로이시 쓰가루 가문이 탄생했다. 쓰가루 노부후사는 구로이

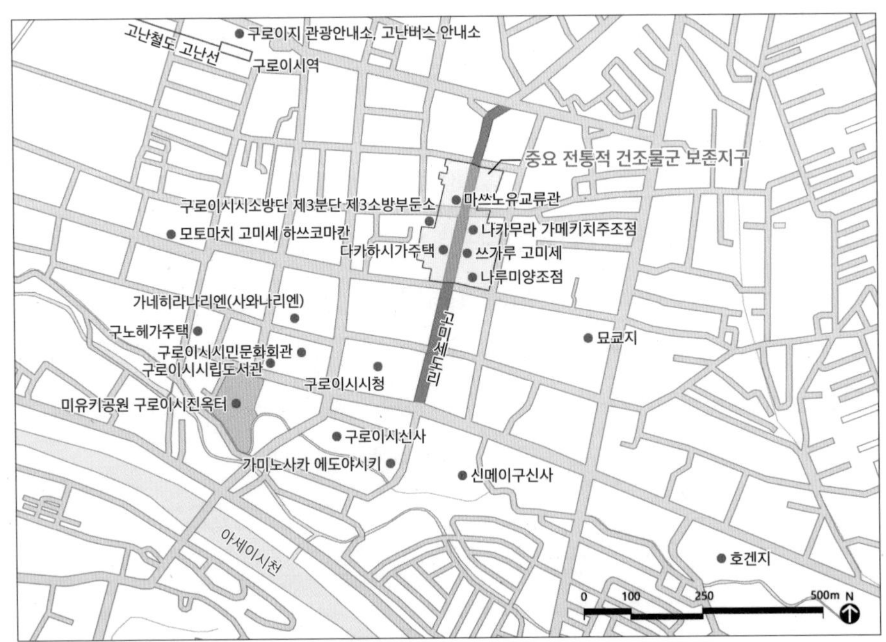

시의 시가지를 정비하고 진옥●의 북쪽에 무가마을武家町, 그 동쪽의 가도를 따라 나카마치中町 등의 상점주택마을商家町, 시가지의 동서에 장인마을職人町을 배치했다. 19세기 초에 구로이시번은 1만 석으로 승급됐다.

구로이시번은 메이지유신● 이후 1869년에 토지와 영지 주민을 조정에 반환했고 1871년 폐번치현●에 따라 구로이시현이 설치됐다. 그 직후 히로사키현이 생겼고 여러 현들과 함께 그곳에 병합된 구로이시에는 출장소가 설치됐다. 그리고 1889년에 구로이시마치黒石町가 탄생했으며 1954년 구로이시시로 승급됐다.

구로이시는 17세기~19세기 중반 아키타秋田에서 홋카이도로 향하는 사람들이 이용하는 내륙부 가도에 위치한 물자유통의 거점으로서 나카마치를 중심으로 발전했다. 나카마치는 19세기 중반 이후 도로와 철도 교통이 발전함에 따라 상업의 중심에서 벗어나 현재에 이르렀다.

나카마치는 에도시대에 정비된 상공인지구의 동부에 해당하는데, 그 남반부의 길가에 늘어선 상점주택의 부지는 전면 폭이 넓고 깊이도 꽤 깊다. 집집마다 본채 외에 여러 채의 창고와 정원을 갖추었고, 앞쪽에 고미세●가 이어진다. 고미세는 길가에 대략 1.8m 마다 기둥을 세우고 본채에 붙여 차양 모양으로 지붕을 얹은 통로다. 기둥과 기둥 사이 상부에는 란마●나 마쿠이타●, 기둥 하부에는 판문이나 장지문을 끼워 넣는 홈을 팠다. 고미세 부분은 사유지이지만 보행자가 자유롭게 통행할 수 있다. 겨울철에는 도로와의 경계에 판문을 끼워 넣어 눈 등으로부터 보행자를 보호하는 역할을 한다.

대규모 상점주택 가운데 가장 오래된 다카하시가高橋家주택은 18세기 초 무렵부터 구로이시에서 쌀과 미소, 간장 등을 제조 · 판매한 거상이다. 다카하시가주택은 부지의 전면 폭이 넓고 길을 따라 본채와 높은 담을 두었는데, 그 앞으로 약 40m에 달하는 고미세를 길게 설치했다. 1763년경에 지어진 본채는 전면 폭 12m 남짓, 깊이 약 22m의 대규모 건물이다. 본채는 박공면으로 진입하는 맞배지붕의 중이층 건물로, 다른 상점주택과 비교해 지붕이 비교적 낮고 앞쪽 박공면에 데고시●를 설치했다. 본채 내부는 넓은 도리니와(흙바닥 내부 마당)가 안쪽으로 통하고 이것을 따라 점포부분과 자시키● 등이 배열됐다. 다카하시가주택에는 본채 외에 쌀창고 · 미소창고, 문서창고가 있는데, 모두 중요문화재로 지정됐다. 현재 도리니와에서 카페를 운영하

고미세 너머로 보이는 가로
가로 양쪽에 고미세가 연속되고 박공면으로 진입하는 특색있는 마치야가 즐비하다.

다카하시가주택　1763년경 건설.

▲ 나루미양조점의 정원
1887년경 조성. 국가 등록기념물 「나루미씨 정원」.

고미세
(왼쪽) 깊이 1.6~1.9m. 햇살과 비바람,
눈으로부터 행인을 보호하는 깊은 차양.
(오른쪽) 나루미양조점 모서리의 고미세 입구.

고 있다.

나루미양조점鳴海釀造店은 1806년에 창업한 양조장으로, 대규모 본채가 도로 쪽에 큰 박공면을 드러내고 있다. 창업한 무렵에 건축된 목조 2층의 팔작지붕 건물이다. 이 본채와 술창고·쌀창고·미소창고 등의 도조•, 작업장, 그리고 전면에 이어지는 고미세가 일체화됐는데, 모두 구로이시시 지정 문화재다. 그리고 본채의 접객실客間과 자시키에 면해 1887년경에 조성된 정원은 오이시부가쿠류•의 정원을 보여주는 것으로서 국가 등록기념물이다. 이 밖에도 앞쪽에 고미세가 이어지는 대규모 상점주택들이 있다.

구로이시시 소방단 제3분단 제3소방부 둔소
목조, 1924년 건축.

나카마치지구의 북반부에는 예전의 목욕탕과 근대기의 주택 등이 있고, 도조도 남아 있다. 「마쓰노유松の湯」는 1911년에 개업한 공중목욕탕으로 1993년까지 영업했다. 2008년에 구로이시시가 취득해 해체·수리한 다음 2015년에 관광·커뮤니티·방재의 거점인 「마쓰노유 교류관」으로 공개하고 있다.

또한 나카마치의 바로 서쪽에는 아오모리현 중보重寶[8]로 지정된 소방둔소消防屯所가 있다. 1924년에 건축된 목조 2층 건물로 일, 이층에 모두 팔작지붕을 씌우고 그 위에 망루를 세웠는데, 망루의 지붕, 창, 난간 등의 디자인이 독특해 흥미롭다.

---

8 아오모리현이 지정한 중요문화재에 대한 호칭. 문화재보호법은 국가 지정 문화재(국보, 중요문화재, 사적, 명승, 천연기념물, 전통적 건조물군 보존지구) 이외에 각 지자체마다 그 지역의 문화재를 보호할 수 있도록 규정하고 있다. 이 규정에 따라 각 지자체는 조례를 제정해 독자적으로 문화재를 지정하고 있는데 호칭은 지자체마다 다르다.

1-4

가네가사키초 조나이스와코지

_이와테현 이사와군

중요 전통적 건조물군 보존지구
약 34.8ha, 2001년 선정

가네가사키초金ヶ崎町는 이와테현岩手縣 기타카미시北上市와 오슈시奥州市 사이에 있다. 기타카미강北上川과 슈쿠나이천宿内川이 합류하는 지점 남서측에서 혀 모양으로 돋은 땅은 고대부터 기타카미강 중류 지역의 군사거점이었다. 1590년 전국 통일을 꾀한 도요토미 히데요시•가 복속의 뜻을 보이지 않던 도호쿠東北지방의 영주들을 쳐서 전국 통일을 이루었다. 이듬해인 1591년에 도요토미군에 져서 많은 영지를 몰

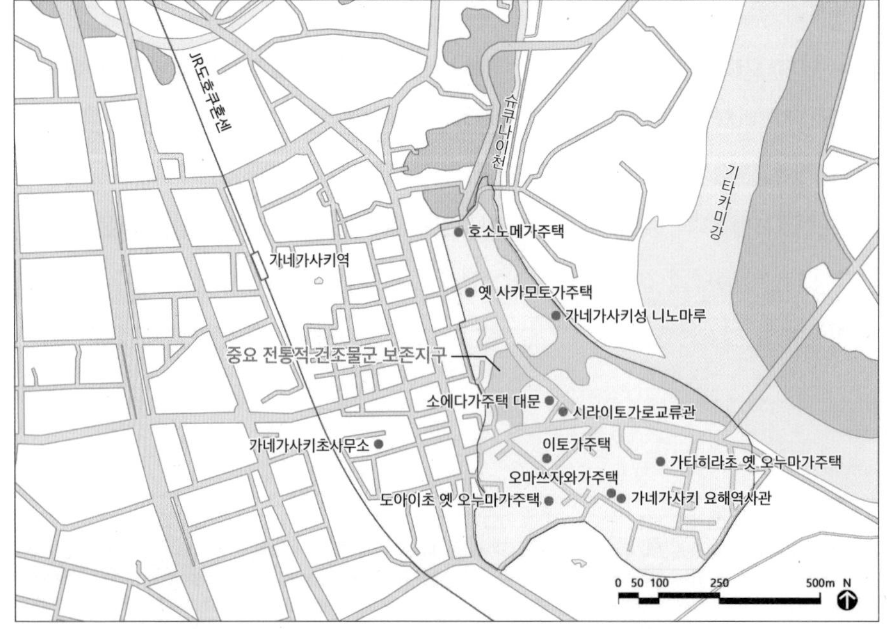

가네가사키 요해(지자체 지정 사적)
니노마루 부근에서 기타카미강을 본 모습.

수당한 다테씨伊達氏와 도요토미군에 적극 협력해 영지를 지킨 난부씨南部氏 사이에서 각각의 영지가 확정되면서 이 지역은 다테씨가 차지하게 되었다. 그러나 가네가사키는 영지의 경계에 위치해 분쟁이 끊이지 않았다. 가네가사키는 1602년에 고오리씨桑折氏, 이어서 1615년에 루스씨留守氏가 지배했는데 1644년 다시 다테씨의 중신重臣인 오마치 사다요리大町定頼에게 봉토로 부여되고 그 뒤 폐번치현• 까지 9대에 걸쳐 오마치씨가 이곳을 다스렸다.

다테씨의 영지인 센다이번仙台藩• 은 가신이 영주로부터 직접 할당받은 봉토지에서 수입을 얻고 각자 생활하는 시스템으로 운영됐다. 이 제도를 바탕으로 신분이 높은 가신들은 센다이번의 본거지이자 120km가량 떨어진 현재의 미야기현宮城縣 센다이시의 센다이성 주변 외에 봉토지인 이곳 가네가사키에도 저택을 지어 자신의 가신단을 거느리고 있었다. 센다이번은 영지 경계, 주요 역참, 교통요지 등의 주요 거점에 요해要害, 곧 요새를 설치했는데, 가네가사키는 센다이번의 북단을 지키는 방어의 요지로서 영지 안 21곳의 요새 가운데 하나가 설치된 곳이다.

가네가사키초의 요새는 기타카미강에 면해 슈쿠나이천을 따라서 혼마루•, 니노마루• 등 6개의 구루와• 를 배치해 견고하게 구성하고 무가구역은 그 둘레를 갈고리

▲ 스와코지의 호소노메가細目家주택
단풍철쭉 등으로 된 산울타리. 산울타리는 휘돌아서 본채 입구까지 이어진다.

◀ 소로의 경관
산울타리와 키 큰 수목으로 녹지가 풍부한 공간이 이어진다.

스와코지 소에다가添田家주택의 대문
19세기 후기.

오모테코지 남쪽의 도아이초 옛 오누마가주택

오모테코지表小路의 옛 사카모토가坂本家주택
18세기 중기. 공개시설.

시라이토 가로교류관
보존지구의 안내소와 자원봉사 해설사들의 거점이자 지역 주민들의 교류시설.

형, 사각형, 활꼴의 소로를 조합한 일곱 개 골목으로 에워쌌다. 그리고 요새와 무가구역의 서쪽을 남북으로 지나가는 오슈奧州가도[9]를 따라서 상공인구역이 위치했다.

과거 요해와 무가지였던 거의 모든 동네가 포함된 조나이스와코지城內諏訪小路 보존지구는 요해터를 비롯해 직각으로 꺾이거나 곡선으로 휘어진 무가지의 소로로 이루어진 가로구성과 필지구획에 에도시대의 모습을 잘 간직하고 있다. 각각의 부지는 노송나무 산울타리와 돌담으로 구획하고 부지의 북서부에는 삼나무를 중심으로 교목을 심어 부지림敷地林을 조성했는데 이를 '에구네'라고 부른다. 부지 안에는 정원과 다양한 수목, 텃밭 등이 있어 전체적으로 녹지가 많은 가로경관이 조성됐다.

이 나무들 사이로 보였다 안 보였다 하는 여덟 가문의 집들이 바로 에도시대에 건립된 무가의 저택이며 그 밖에 대체로 이 형식을 따라 지어진 19세기 후반의 세 가문의 본채와 각각에 딸린 판자 창고, 도조•, 기타 부속채들이 있다. 본채는 폭(도리간) 12~14m, 깊이(보간) 7~9m 공간에 우진각지붕을 이었으며, 지붕재료는 새가 기본인데 금속판으로 바뀐 것도 많다. 각 저택에서는 부지 안의 요새에 가까운 쪽을 높은 자리라 하며 본채의 자시키•는 그 높은 자리에 배치했다. 이러한 무가저택들 가운데 옛 사카모토가坂本家주택, 이토가伊東家주택, 도아이초土合丁 옛 오누마가大沼家주택, 가타히라초片平丁 옛 오누마가大沼家주택, 오마쓰자와가大松澤家주택 등 다섯 집이 수리, 복원되어 공개된다.

보존지구의 대략 중앙, 니노마루 유적 가까이에 시라이토白糸 가로교류관이 있다. 오래된 건물을 재생해 보존지구 안내소를 설치했는데 현지 자원봉사 해설사들의 거점이기도 하다. 지구 안의 옛 무가저택 몇 채는 공개되어 자원봉사 해설사의 안내를 받아 견학할 수 있다. 그리고 2014년 지구 남부의 다테코지達小路에 「가네가사키 요해역사관」이 신설됐다. 여기에서는 가네가사키 요새를 중심으로 지역의 역사문화를 전시한다.

---

9 에도시대(1603~1868) 에도, 곧 현재의 도쿄를 기점으로 각지와 연결되는 5개 주요 도로인 고카이도• 가운데 하나. 현재의 후쿠시마현福島縣 시라카와시白河市까지 이어졌는데 에도에서 현재의 도치기현栃木縣 우쓰노미야시宇都宮市까지는 닛코日光가도(2-2 참조)와 겹쳐 있다. 약 196km 거리에 27곳의 역참이 있다. 넓은 의미에서는 시라카와에서 북쪽으로 현재의 아오모리현青森縣 쓰가루津輕지방까지 가는 623km 길도 포함한다.

1-5

센보쿠시 가쿠노다테

_아키타현

중요 전통적 건조물군 보존지구
6.9ha, 1976년 선정

가쿠노다테角館는 요코테横手분지 북부의 히노키나이천桧木内川 등 네 줄기 하천으로 둘러싸인 지역에 있다. 1590년 도자와씨戸沢氏가 후루시로산古城山에 가쿠노다테성을 쌓고 북쪽 기슭에 성하마을[*]을 조성했는데, 1620년 도자와씨가 다른 곳에 영지를 할당받아 나간 뒤 아시나씨蘆名氏가 들어와서 후루시로산의 남쪽에 새로 구획정리를 해서 성하마을을 조성했다. 오늘날 가쿠노다테는 이렇게 시작됐다. 그 뒤

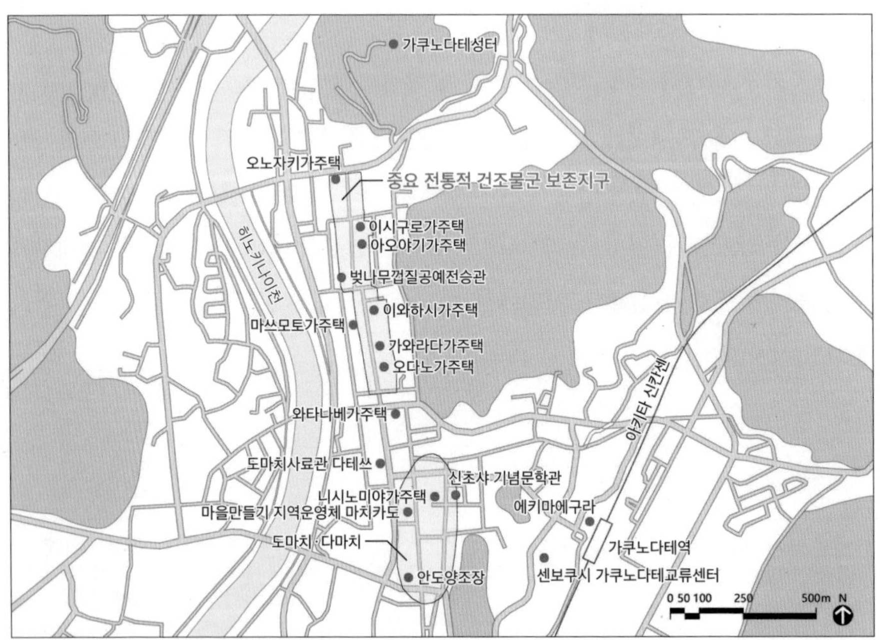

1656년에 아시나씨의 대가 끊어져 아키타번秋田藩●의 영주 사타케씨佐竹氏가 그 일족으로 북가北家라 칭하는 사타케 요시치카佐竹義隣를 영지 관리 대행직으로 가쿠노다테로 보냈다. 북가는 이후 폐번치현●까지 11대 200여 년에 걸쳐 가쿠노다테를 지배했다. 가쿠노다테에서는 북가시대 초기부터 농지개발과 조림이 이루어졌고 요업과 자작나무 껍질 공예, 칠기 등이 장려, 보호되어 상업이 발전해 가쿠노다테는 명실공히 지역 정치 · 경제 · 문화의 중심지가 됐다.

아시나씨가 조성한 가쿠노다테 성하마을은 후루시로산의 남쪽 기슭에 저택을 짓고 그곳에서 남쪽으로 세 갈래의 가로를 내고 무가구역을 조성했다. 그 남쪽에는 상공인구역을 설치했다. 무가구역은 「우치마치内町」, 상공인구역은 「도마치外町」라고 부른다. 상공인구역의 서부와 남부 등에는 사찰들이 위치했다. 17세기 말에서 19세기 중반까지 그려진 네 가지 성하마을 그림지도와 비교해보면 가로와 가구街區의 구성이 현재까지 거의 바뀌지 않았음을 알 수 있다.

무가구역 중앙의 남북 가로인 오모테마치表町, 히가시가쓰라쿠초東勝楽丁의 가로는 폭이 약 11m로 넓은데 상급무사가 거주했다. 그 동쪽은 그에 준하는 무사, 서쪽은 하급무사와 최하급무사의 거주구역으로 가로의 폭은 모두 약 5.4m였다. 이들 가로는 중간쯤을 굴곡지게 만들어 침입자가 직진하지 못하도록 했다. 이를 마스가타●

무가구역의 가로
가로를 따라 무가 저택의 검은 판자울타리와 야쿠이문, 수양벚나무(천연기념물)와 전나무 등 교목이 늘어섰다.

라고 한다. 그리고 무가구역과 상공인구역의 사이에는 남북 약 22m, 동서 약 290m의 방화를 위한 공지를 설치하고 높이 약 3m의 토성과 해자로 두 구역을 차단했다.

무사에게는 그 녹봉에 따라 부지가 배분됐는데, 가쿠노다테의 무가 부지는 대체로 넓은 편이다. 오모테마치, 히가시가쓰라쿠초의 상급무사 부지의 전면 폭은 18세기 전반, 19세기 중반에는 모두 평균 약 20m였고 일부 무가 부지는 전면 폭이 약 36m 이상이었다. 또 부지의 폭과 깊이를 모두 점차 확대해 오늘날도 광대한 부지를 유지하고 있다. 무가 부지의 넓은 정원에는 수령이 2백년 이상 된 수양벚나무(국가 지정 천연기념물)와 전나무, 소나무 등 다양한 수목이 세심하게 유지관리되고 있어 현란한 벚꽃, 신록, 단풍, 설경 등이 건조물과 일체가 돼 사시사철 풍취와 역사적 경관을 연

무가 저택의 검은 판자울타리와 대문
무성하게 뒤덮은 녹음이 눈부시다.
울타리를 따라 석축 수로가 이어진다.

아오야기가 青柳家 주택
판자울타리 너머로 아름다운 도조●가 보인다.

▲ 이와하시가주택 현관
에도 말기에 개조된 것.

◀ 가와라다가주택
판자울타리의 살창.

▼ 벚나무 껍질 공예 전승관
전시실과 카페 등이 있다. 1978년 건축.

출한다. 가쿠노다테의 무가 부지 주위는 판자울타리, 섶울타리, 산울타리 등을 둘렀다. 가로에 면한 부분은 주로 검은 판자울타리를 세우고 판자지붕과 철판지붕을 인 야쿠이문* 등을 냈다. 문의 양쪽 담에는 격자 살창을 설치한 집도 있다. 인접대지 경계에는 섶울타리와 산울타리를 설치한 경우가 많다.

본채의 평면은 대문에 면해 위쪽으로 볼록한 지붕을 인 현관(앞쪽의 이와하시가주택 사진 참조)과 대기실이 있고 이어 바깥쪽으로 자시키* 등 응접공간, 그 안쪽으로 거실과 침실 등 사적 공간을 설치한 4실 구성이 기본으로, 격식을 중요시한 무가 저택의 전통을 간직하고 있다. 본채의 정원 쪽에는 퇴와 토방을 둘렀다. 지붕은 우진각 새지붕이 기본인데, 19세기 후반 이후 맞배 널판지붕도 사용됐다.

이들 무가 저택 가운데 이시구로가石黒家주택, 아오야기가青柳家주택, 이와하시가岩橋家주택, 가와라다가河原田家주택, 오다노가小田野家주택 등이 공개된다. 무가 저택을 복원해 주민센터 등으로 활용하는 오노자키가小野崎家주택, 무가 저택의 풍취를 살려 디자인 한 벚나무 껍질 공예 전승관도 흥미롭다.

그리고 매년 9월에 진행하는, 350년 넘은 전통을 자랑하는 가쿠노다테 축제의 「수레행사」[10](중요민속문화재)는 18대의 장식 수레*를 끌고 다니며 수레를 세차게 맞부딪치는 용맹스러운 볼거리가 장관이다.

상공인구역인 도마치의 부지는 우치마치의 무가 저택과 달리 부지 전면이 좁아 평균 폭이 약 5.4m~7.2m이고 깊이가 깊었으며 건물은 박공면 진입방식의 이층 너와집이었다고 한다. 도마치는 19세기까지 큰 화재가 자주 발생해 건물들을 다시 지었기 때문에 역사적 건물은 거의 남아있지 않다. 그러나 시모신마치下新町에는 벽돌조 창고와 검은 회벽*으로 마감한 한 문서도조를 갖춘 안도安藤양조장이 있어 본채와 창고가 공개되고 있다.

한편 도마치의 동남쪽, 다마치산田町山의 기슭에는 우치마치의 아시나씨 가신과 달리 아키타번 사타케씨 본가와 직접 관계되는 이마미야今宮家 가신들의 무가저택지가 조성됐다. 다마치의 무가저택 부지는 우치마치에 있는 저택들과 비길 만한 크기

---

10 2016년 사와라의 대제佐原大祭(2-9), 다카야마마쓰리高山祭(3-6), 기온마쓰리祇園祭(4-7) 등과 함께 「일본의 장식 수레 축제, 야마山・호코鉾・야타이屋臺 행사」로 유네스코 인류무형문화유산 대표목록에 등재됐다.

도마치
건물은 대개 다시 지은 것이지만 무가풍 대문, 판자울타리, 우거진 나무들이 차분한 경관을 형성하고 있다.

도마치 안도양조장
(왼쪽) 벽돌조 창고. (오른쪽) 회벽으로 마감한 도조.

다마치의 니시노미야가주택
본채와 다섯 채의 도조를 카페와 점포 등으로 활용하고 있다.

는 아니지만 400m쯤 이어지는 도로 양쪽에 전면 폭이 상공인구역 집들의 두 배 정도인 약 11m의 무가주택•들이 늘어섰다. 이곳도 19세기 후반까지 큰 화재로 인해 역사적 건조물이 소실됐지만 지금도 대문과 담을 갖춘 비교적 큰 주택들이 남아 있어 무가저택지의 분위기를 어느 정도 전하고 있다. 무사에서 부유한 지주가 된 니시노미야가西宮家의 주택은 19세기 말~20세기 초에 건립된 본채와 다섯 채의 도조를 보존, 재생해 일본요리점, 카페, 기념품 가게로 활용하고 있다.

1-6

쓰루오카시 하구로마치 도게

_야마가타현

데와出羽[11] 삼산三山이라 불리는 야마가타현山形縣의 갓산月山(1984m), 유도노산湯殿山(1500m), 하구로산羽黑山(414m)은 모두 독립된 봉우리가 아니라 데와 구릉의 주요부를 차지하는 봉우리들이다. 하구로산은 6세기 말에 슈겐도*의 영지로 도량이 열렸다고 전하는데, 이 하구로 슈겐도가 갓산과 유도노산으로 확산됐다. 1193년 미나모토노 요리토모*가 히라이즈미平泉의 후지와라씨藤原氏[12] 토벌을 기원하며 하구

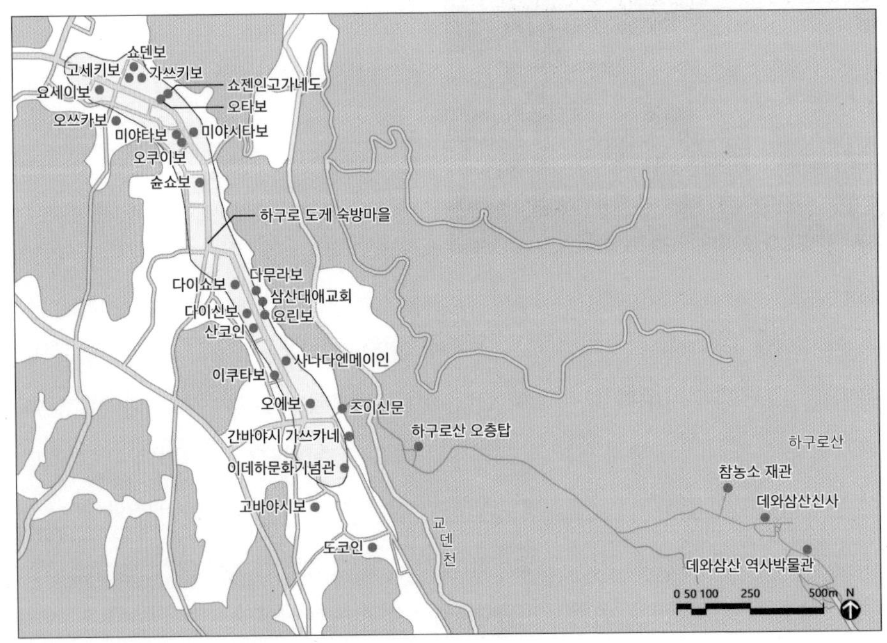

하구로산 쇼젠인 고가네도
1596년 건립. 중요문화재.

로산에 오르는 입구에 해당하는 도게에 고가네도黃金堂[13] 를 건립했다. 13세기가 되자 하구로 슈겐도 집단은 큰 세력을 자랑하며 각 숙방•을 시켜 혼슈本州 북부의 넓은 지역을 가스미바霞場라고 부르는 재정적 지원 구역에 편입해 관리했다. 그 밖에 간토關東지방이나 현재의 시즈오카현靜岡縣보다 서쪽에 위치한 지방에도 신도가 있었다. 이로써 1372년에는 비 도색 목조, 고케라부키•(너와지붕)의 경쾌하고 우아한 오층탑[14]이 도게마을에서 하구로산으로 가는 참배로 옆에 건립됐다. 이러한 하구로 슈겐도의 발전에 따라 데와 삼산으로 오르는 입구에 해당하는 산기슭의 도게마을은 문전마을門前町로서 형태를 갖추어 갔다.

---

11 현재의 야마가타현, 아키타현秋田縣에 해당하는 지역의 메이지시대 이전 명칭.

12 11세기부터 12세기까지 현재의 이와테현岩手縣 히라이즈미를 중심으로 도호쿠東北지방 일대에 세력을 떨친 호족. 강대한 무력을 배경으로 독자적인 정권과 문화를 확립했다. 그 문화유산들은 2011년 「히라이즈미–불교 정토 사상을 대표하는 사찰, 정원, 고고 유적군」으로 세계유산에 등재됐다.

13 현재의 건물은 하구로산 쇼젠인正善院 고가네도로, 1596년에 다시 지었다. 동판을 인 사각모임지붕 건물로, 전면(도리 방향) 폭 9m, 측면(보 방향) 폭 7.2m이며 중요문화재.

14 하구로산 오층탑. 1372년에 재건됐으며 높이 29.2m. 국보.

쇼젠인 고가네도 근처의 경관　「○○보坊」라는 숙방의 간판이 눈에 띈다.

宮田坊

하구로산 오층탑
특별천연기념물인 하구로산 참배로변 삼나무 가로수 속에 서 있다. 예전에는 주변에 수많은 종교 건축물이 있었다고 한다.

1608년 이 지방에 군을 주둔시킨 모가미 요시아키最上義光[15]는 도게마을에 1500석•의 영지를 주고 보호했다. 그 무렵에 도게마을에서 뛰어난 승려가 나와서 산 전체를 통일하고자 산꼭대기까지 참배로에 돌을 깔아 정비했으며 경내에 식재를 하고 용수로 건설을 추진하는 등 사찰 소유지의 유지 발전에 힘썼다. 이렇게 17세기~18세기에 하구로산 슈겐도와 도게마을은 크게 발전했다.

17세기 이후 하구로파 슈겐도의 수행자는 31개 사찰의, 육식이나 대처帶妻를 하지 않는 청승清僧, 산기슭의 대처승, 동일본 일대로 흩어진 말단 사람들, 곧 말파末派 수행자 등의 계층으로 구성되었는데 도게마을에는 대처승들이 거주해 농사도 짓고 슈겐도에도 정진하면서 숙방을 경영했다. 그들은 매년 가을 추수를 마칠 무렵 소원을 빌거나 재앙을 막기 위한 글씨 등을 적은 종이 조각을 준비해 데와 삼산의 각 신사에서 기도를 올린 뒤 겨울이 되면 자신의 가스미바 마을들에 나가 그것을 오후다御札로 칭해 나눠주며 이듬해 데와 삼산 참배를 권했다. 그리고 여름에는 참배객의 숙박을 유치하고 참배를 인도했다. 그러나 1868년의 신불분리령•에 의해 하구로산은 큰 타격을 받았고 도게마을의 수행자도 격감했다.

18세기 중반 도게마을에는 336곳의 숙방이 처마를 맞대고 있었다 하는데 현재

---

15 1546~1614. 데와국出羽国(현재의 야마가타현과 아키타현)을 통일하고 17세기 초까지 57만 석의 대번大藩•인 야마가타번을 이끌었다.

▲ 하구로산 참배로 입구의 즈이신문 근처 숙방
(지도의 '간바야시 가쓰카네')
큰 새지붕과 당파풍.

◀ 현대풍으로 개축된 숙방(지도의 '다이신보')
천조파풍●과 당파풍을 겹쳐 설치했다.
금줄을 건 당당한 가부키문.

는 30곳 정도가 남아 있다. 하구로산 신사의 즈이신문隨神門[16] 근처 사쿠라고지桜小路 일대에는 참배로에 면해 돌담을 쌓고 산울타리를 이어서 멋진 부지림敷地林으로 둘러싸인 대규모 숙방들이 있다. 이들 숙방은 1,000m^2의 부지에 당당한 가부키문●을 설치했다. 숙방의 본채는 거의 현대풍으로 개축되어 현관에 당파풍●을 설치한 새지붕의 숙방은 두세 채에 지나지 않지만 대형 본채와 녹음이 우거진 앞뜰을 갖추고 금줄을 건 가부키문이 길가에 늘어선 경관은 데와 삼산의 숙방마을로서 번창했던 역사를 오늘날까지 전하고 있다.

---

16 하구로산 참배로의 입구에 세워져 데와 삼산 신역神域의 경계를 나타내는 문. 1695년에 건립됐다고 한다.

1-7

사카타시 산교창고

_야마가타현

예로부터 모가미강最上川을 통해 내륙으로부터 일본 서쪽바다까지 쌀을 비롯한 각종 물자가 운송됐다. 강어귀의 도시 사카타酒田는 이 모가미강과 함께 살며 발전했다. 13세기까지 사카타는 모가미강가의 수역水驛[17]의 종점이자 데와出羽 국부國府[18]의 외항으로서 수운과 육운의 집결지였다. 그리고 14세기 이후에는 니가타현新潟縣 나오에쓰直江津[19]와 함께 일본 서쪽바다 북방의 주요 항구로서 위상을 가지고 있었다.

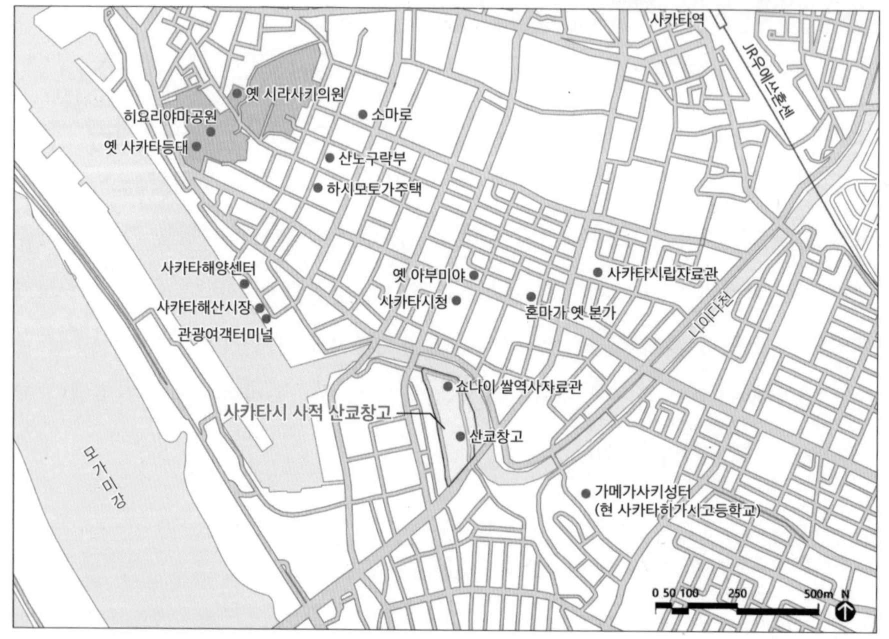

16세기 군웅할거 시대의 말기가 되자 하극상을 통해 영지를 차지한 유력 무장들의 물자 조달과 수송 군역을 수행하는 유력 상인들이 나타났다. 사카다는 니시마와리 항로●를 이용한 해상 운송업 등을 운영하는 유력 상인들을 중심으로 오사카의 사카이堺나 미에현三重縣 구와나桑名 등과 함께 자유도시로 번성했다. 1622년 모가미씨最上氏[20]의 후임자로 사카이 다다카쓰酒井忠勝가 부임했는데 사카이씨는 대규모 토목수리 사업을 시작하고 농지 개간을 실시해 쌀 생산 증대에 힘썼다. 사카타에는 공물 쌀을 보관하는 쌀 창고가 늘어섰고 모가미강을 따라 모여있는 에도막부● 영지와 인근 여러 번●들의 창고도 속속 건설됐다. 1672년 가와무라 즈이켄河村端賢[21]이 모가미강의 수운으로 쌀과 물자를 사카타에 모아 해선海船에 옮겨 싣고 일본 서쪽바다 연안에서 세토내해●, 기이반도紀伊半島를 거쳐 에도로 운송하는 니시마와리 항로를 개발하면서 사카다는 급격히 발전했다. 18세기 중엽이 되자 사카타에서는 신흥 상인이 점차 두각을 나타냈고 그중에서도 혼마가本間家는 광대한 농지를 개간하고 이를 발판 삼아 재산을 모아 현재의 일본 동북지방 전역에 걸쳐 재정 기반이 취약한 지방영주들을 대상으로 현금 대출업무를 시작했다. 그리고 영지 내외의 공물 쌀 매매 업무까지 도맡아 함으로써 이윤을 얻고 그 재력을 이용해 사카타의 행정에 공헌하기도 했다.

메이지유신● 이후, 그때까지 쇼나이번庄內藩[22]의 공용 창고였던 「니이다창新井田倉」은 메이지 신정부가 설치한 사카타 민정국民政局에 소유권이 이전됐다. 1886년에는 다시 모두 혼마가의 소유가 됐고 48채의 「이로하[23]창고」로 이름을 떨쳤으나 1894년 쇼나이 지진으로 무너졌다고 한다.

한편 모가미강 유역의 쇼나이평야에서는 그 무렵부터 쌀농사의 증산에 힘써 생

---

17 과거 일본의 교통·통신 수단이었던 역전驛傳 제도에서 하천이나 호소를 횡단하기 위해 배와 뱃사람을 배치했던 시설.

18 8~13세기 일본 중앙정부에서 지방으로 파견된 행정장관의 관아가 설치된 도시.

19 현재의 니가타현 조에쓰시上越市의 북부. 예로부터 중요한 항만으로 번성했다.

20 14세기 중엽부터 17세기 초까지 데와(현재의 야마가타현山形縣과 아키타현秋田縣) 지방에서 세력을 떨친 무가 세력. 모가미 요시아키最上義光(1546~1614)는 데와국을 통일하고 17세기 초까지 57만 석●의 대번大藩인 야마가타번을 이끌었는데 번주 자리를 이어받은 손자가 후계자 다툼에 휘말려서 해임됐다.

21 1618~1699. 정치적 상인으로 토목·건축을 도급받아 막대한 이익을 얻었고 에도막부의 명을 받아 쌀을 운송하는 항로를 개척했으며 전국 각지에서 치수, 관개, 항구 건설, 광산 채굴 등의 사업을 전개했다.

22 현재의 야마가타현 쓰루오카시鶴岡市를 본거지로 해 사카다를 포함한 모가미강 양쪽의 쇼나이 평야를 지배한 번.

모가미강과 니이다천 사이에 위치한 산쿄지마
창고군이 늘어서 있다.

산량이 증가했다. 그에 따라 1893년에 옛 번주인 사카이가酒井家는 모가미강과 니이다천新井田川 사이에 위치해 배에서 짐을 싣고 내리기 편리한 산쿄지마山居島에 사카타 미곡거래소의 부속 창고로서 7채의 창고를 건설했다.

---

23 「이로하가いろは歌」는 일본어를 표기하는 문자인 「가나」를 중복 없이 모두 사용해 시처럼 의미와 운율을 갖춘 것. 「이로하」로 시작되어서 그렇게 불린다. 과거에 「이로하가」는 문자를 깨치기 위한 교재로 쓰였기 때문에 널리 알려졌으며, 현재도 한글의 「가나다」와 같이 순서나 음계를 표기하는 데 이용된다. 총 47자에 「응ん」을 더한 48자이므로 총수가 48로 완결되는 것의 명칭에 쓰이기도 한다. 예를 들어 관광지로 유명한 닛코日光의 「이로하자카いろは坂」는 굴곡부가 48개라서 그렇게 불린다.

산쿄창고는 하천에 인접한 연약지반에 지어졌기 때문에 성토를 하고 돌담을 설치했으며 약 3.6m 길이의 말뚝을 박아 견고한 기초를 조성했다. 그 덕분에 이듬해인 1894년 대지진 때 창고 자체의 손해는 미미한 수준에 그쳤다. 그 밖에 방습을 위해 60cm 두께까지 간수[24]로 바닥을 다지고 소금을 30cm 두께로 깔았다고 한다. 또한 지붕은 서양기술인 트러스구조로 시공했으며, 전통적인 습도·온도의 조절기능

24 바닷물에서 나오는 염화마그네슘을 주성분으로 하는 식품첨가물로, 두부의 응고제로 사용된다. 전통 민가 등에서는 황토, 자갈, 소석회와 간수를 섞어 반죽해 문간이나 부엌의 흙바닥을 고르고 다졌다.

산쿄창고의 하역용 경사로
오른쪽은 사무소.

과 방화기능을 갖춘 재래의 토벽구조와 덧지붕•구조를 조합했다. 그리고 뒤쪽에 석양과 강풍을 막아주도록 느티나무를 줄지어 심었다. 처음에는 7채였으나 1897년에는 14채, 연면적 약 6,000m² 규모가 됐다. 천변에 선착장도 설치되어 모가미강 수운의 거점 가운데 하나가 조성됐다.

산쿄창고는 엄격한 보관 수법을 채택함으로써 규격이 일정한 양질의 쌀을 대량으로 공급했기 때문에 신용도가 매우 높았다. 배들로 활기찬 항구의 모습은 1914년 철도가 개통하고 그 뒤 트럭 운송이 발달함에 따라 점차 자취를 감췄으나 산쿄창고는 지금도 건립 당시의 모습을 간직하고 있으며 9채가 쇼나이 쌀의 주요 저장시설로 여전히 활용되고 있다.

덧지붕
통풍을 좋게 하고 단열효과를 높여준다. 뒤의 느티나무 가로수는 석양과 강풍을 막아준다.

느티나무 가로수를 배경으로 니이다천을 따라 아름다운 흰 벽이 즐비한 산쿄창고는 사카타의 전통을 말해주고 지금도 유수의 쌀 집산지임

창고군의 뒤쪽과 느티나무 가로수의 경관

줄지어 선 창고들
현존하는 12채의 창고 가운데 9채는 현재도 쌀 창고로 사용된다. 한 채가 「쇼나이 쌀 역사자료관」, 두 채는 관광물산관으로 공개되고 있다.

을 보여주는 상징물이다.

산쿄창고의 북쪽 끝에는 「쇼나이 쌀 역사자료관」이 조성되어 창고의 역사와 농가의 생활상을 전시하고 있다. 그리고 강가 하역장의 경사로에는 과거 모가미강을 오르내렸던 쌀과 물자 운반선인 「고우카이부네小鵜飼船」를 복원해 전시하고 있다. 고우카이부네 건너편 길안내 표지판이 있는 곳으로 들어가서 왼쪽에 넓적돌을 깐 길을 따라 5분쯤 걸어가면 1768년 건축된 혼마가의 옛 본가가 나온다.

혼마가 옛 본가

1-8

아이즈와카마쓰시 나누카마치도리 등

_후쿠시마현

아이즈와카마쓰시会津若松市는 후쿠시마현福島縣 서부의 내륙부인 아이즈会津지방[25]의 중심도시다. 1384년 이 지방의 무장 아시나 나오모리蘆名直盛가 히가시쿠로카와 야카타東黒川舘라는 작은 성을 만든 것을 시작으로 늦어도 15세기 중엽에는 구로카와성黒川城과 그 성하마을*이 형성됐다. 1590년 도요토미 히데요시*의 명으로 가모 우지사토蒲生氏郷[26]가 구로카와성에 들어와 지명을 와카마쓰若松로 바꾸고 본

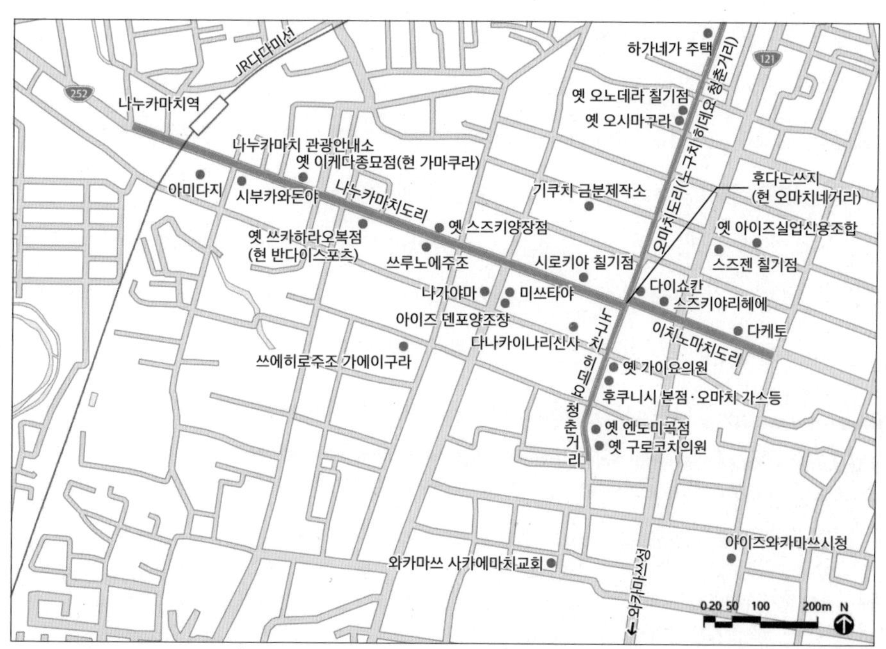

격적으로 성하마을을 만들기 시작했다. 1593년에는 망루형[27] 7층 지붕 천수●를 가진 와카마쓰성, 일명 쓰루가성鶴ヶ城이 준공됐다. 그 뒤 통치자가 여러 번 교체됐는데, 1643년부터 호시나씨保科氏, 이어서 마쓰다이라씨松平氏가 에도시대 말까지 다스렸다. 와카마쓰 성하마을은 와카마쓰성을 둘러싸고 격자형으로 무가구역을 조성했으며, 그 주변에 바깥 해자를 두르고 그 바깥쪽에 상공인구역을 조성했다. 상공인구역의 중심은 남북방향의 오마치도리大町通り와 동서방향의 이치노마치도리一之町通り 가로인데 그 네거리가 후다노쓰지●(현 오마치 네거리)로 옛날 고찰高札을 게시했던 곳이다.

와카마쓰성은 1874년, 메이지 신정부의 방침에 따라 모두 해체됐는데, 혼마루●에 있던 망루의 하나인 「오산가이御三階」는 1870년에 와카마쓰성에서 이축되어 어전의 현관과 함께 아미다지阿彌陀寺[28]에 현존한다. 성터는 1934년에 사적으로 지정돼 보존정비사업이 추진되었다. 또한 천수는 1965년 철근콘크리트조로 외관이 복원됐으며 내부는 향토박물관으로 꾸며졌다.

1971년 오마치 네거리의 동쪽인 이치노마치도리 가로에서 영업하는 전통 산업의 명문 노포 주인들이 「아이즈복고회会津復古会」를 조직해 활동을 시작한 것이 아이즈와카마쓰의 역사적 건조물과 가로를 보존하는 분위기가 고조되는 발단이 됐다. 이러한 시민활동에 힘입어 1992년에는 시가 독자적인 경관조례를 제정했고 경관형성지구와 역사적 경관 지정 건조물의 지정, 경관협정의 인정 등 역사적 경관의 보존사업을 시행하고 있다. 또한 2016년에 경관법에 근거해 경관조례를 개정하고 2017년에는 경관계획을 수립해 한층 더 충실하게 보존활동을 하고 있다.

한편 오마치 네거리에서 서쪽으로 나누카마치역으로 이어지는 나누카마치도리七日町通에서는 1994년에 주민과 상점주 등이 「나누카마치도리 가로협의회」를 결성

---

25 후쿠시마현의 서부에 해당하며, 에치고越後산맥과 오우奥羽산맥 사이에 있는 내륙 지역이다.

26 1556~1595. 오다 노부나가●와 도요토미 히데요시를 따라 숱한 무공을 세운 무장으로, 영주로 봉해진 지역에서 성과 성하마을을 조성했다.

27 초기 성곽의 천수에 흔히 볼 수 있는 형태로, 단층 또는 이층 팔작지붕 건물 위에 망루를 올려놓는 형식. 그 뒤 다층 성곽이 발달했다.

28 아이즈와카마쓰시 나누카마치에 있는 정토종 사찰. 1868~1869년에 메이지 신정부군이 옛 에도막부●와 도호쿠東北지방 여러 번●의 동맹 세력과 싸운 내전에서 전사한 1,300명의 유해가 매장됐고 매년 법요를 치른다.

아미다지
이축한 「오산가이」의 앞에 와카마쓰성 영주의 거주공간이던 어전御殿의 현관이 접목되었다.

이치노마치도리 스즈키야 리헤에鈴木屋利兵衛(칠기점)
19세기 중엽. 중후한 해삼벽●과 검은 회벽●의 미세구라●. 시 역사적 경관 지정 건조물.

해 경관마을 만들기 협정지구로 지정하고 도조●나 중후한 상점주택, 서양식 건물 등의 수리나 경관보존, 그리고 빈 점포 활용을 하고 있다. 또한 오마치 네거리에서 남쪽으로 뻗은 가로변은 「노구치 히데요野口英世 청춘거리」라는 애칭이 붙은 경관마을 만들기 협정지구로, 노구치 히데요(1876~1928)와 관련되는 의원 등 역사적 건조물의 보존과 함께 가로와 공원을 일괄 정비하고 있다.

노구치 히데요는 아이즈와카마쓰에서 약 20km 거리인 이나와시로마치稲苗代町 출신의 의사·세균학자로 황열병과 매독 연구분야에서 국제적으로 활약했다. 그는 1893년부터 3년반, 아이즈와카마쓰의 가이요의원會陽醫院에 서생書生으로 입주해 의학의 기초를 배웠다. 2004년 발행되기 시작한 1,000엔짜리 지폐에 그의 초상이 실려 있는데, 2024년 이 지폐는 페스트균을 발견한 '일본 세균학의 아버지' 기타자토 시바사부로北里柴三郎의 초상을 실은 새 디자인으로 교체될 예정이다.

나누카마치도리

오마치 네거리와 가까운 지역에서는 20세기 전반에 건축된 서양식 건물이 눈에 띈다. 왼쪽이 1914년 건축된 시로키야白木屋 칠기점으로 목조 서양식 건축●이다. 오른쪽은 옛 고리야마郡山 상업은행 와카마쓰지점, 1927년 건축. 오카다 신이치로岡田信一郎 설계. 6개의 이오니아식 열주가 인상적이다. 모두 시 역사적 경관 지정 건조물.
건축가 오카다 신이치로(1883~1932)는 일본과 서양을 막론하고 역사적인 건축양식을 자유자재로 사용해 많은 건물을 설계했다. 대표작으로 메이지생명관, 오사카시 중앙공회당(모두 중요문화재) 등이 있다.

▲ 나누카마치도리의 시부카와돈야渋川問屋
20세기 초 건축. 시 역사적 경관 지정 건조물.

▼ 노구치 히데요 청춘거리의 후쿠니시福西 본점 · 오마치가스등(음식점)
1911~1914년 건축. 미세구라 등이 즐비하다. 왼쪽 끝에
노구치 히데요가 서생으로 배웠다는 1885년에 건축된
가이요의원(아이즈이쓰반칸會津壱番館)이 이어진다.
모두 시 역사적 경관 지정 건조물.

1-9

시모고마치 오우치주쿠

_후쿠시마현 미나미아이즈군

중요 전통적 건조물군 보존지구
11.3ha, 1981년 선정

후쿠시마현福島縣 아이즈会津지방[29] 의 남쪽 산지는 1648년부터 에도막부*의 직할령이 되어 미나미야마 오쿠라이리南山御蔵入, 곧 장군이 친히 소장하는 남쪽 산이라고 불렸다. 그곳의 간선도로인 미나미야마도리南山通り(시모쓰케下野가도, 아이즈니시会津西가도라고도 함)는 아이즈와카마쓰会津若松 성하마을*의 중심부인 후다노쓰지*(현 오마치 네거리)에서 나라하라(후쿠시마현 시모고마치下郷町 나라하라楢原)를 거쳐 오

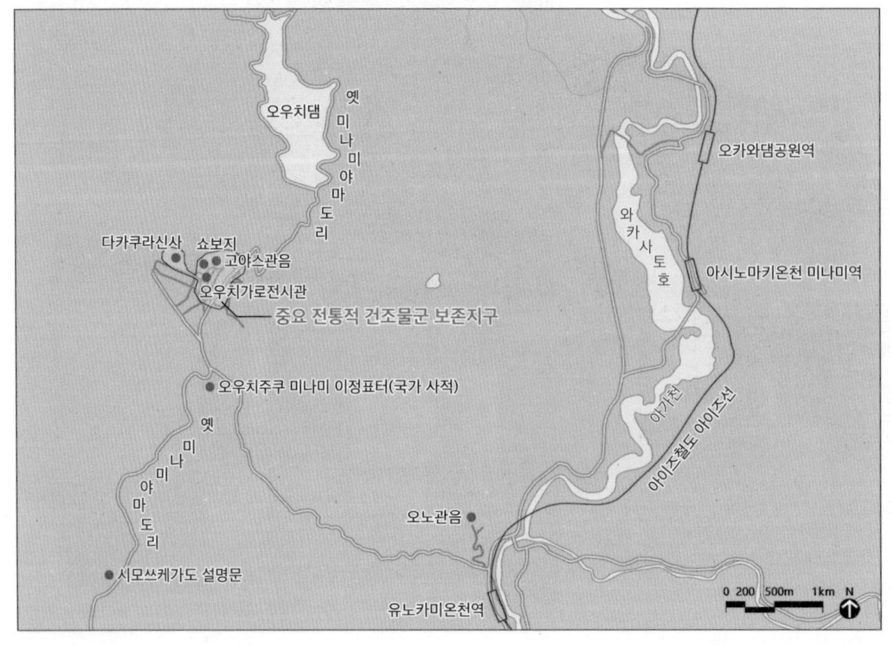

카와천大川이라고도 불리는 아가천阿賀川을 따라서 막부• 직할령의 중심지 다지마(후쿠시마현 미나미아이즈마치南会津町 다지마田島)에 이른다. 그리고 이어서 과거 시모쓰케라고 불렸던 도치기현栃木縣의 이마이치(닛코시日光市 이마이치今市)로 이어지는 약 120km 길이의 가도다. 이 가도는 말을 이용해 쌀을 비롯한 물자를 에도로 운송하는 업체들이 왕래하면서 번성했다.

오우치주쿠大内宿는 미나미야마도리의 역참 가운데 하나로, 역참으로 정비된 것은 17세기 중엽이라고 생각된다. 아이즈번• 영지 내의 세키야마슈쿠関山宿(후쿠시마현 아이즈미사토마치会津美里町 히다마氷玉)에서 오우치고개를 넘어 직할령 안으로 들어가면서 나오는 첫 역참인데, 표고 약 660m의 높은 곳에 있다. 오우치주쿠에는 본진• · 협본진•이 있었지만 하타고야•들이 늘어선 본격적인 역참이 아니라 역마의 중계시설로서 마을 사람들의 수입원은 화물 운송과 농업이 반반이었다. 아이즈번의 쌀과 담배, 소금, 차, 짚신 등 다양한 물자가 말의 등에 실려 가도로 운반됐다.

오우치는 18세기 전반 무렵까지 번성했으나 그 뒤로는 새로운 도로의 개통과 수송 체제의 변화로 서서히 쇠퇴했다. 19세기 중엽에는 오우치 주변에서 메이지 신정부군이 옛 에도막부와 도호쿠東北지방 여러 번의 동맹 세력과 싸운 무진전쟁戊辰戰爭이 있었고 1868년 12월에는 아이즈지방에서 사회개혁을 촉구하는 농민 봉기가 일어나는 등 소란한 상황이 벌어졌다.

1884년 험한 고갯길을 피해 오우치를 우회하며 아가천변을 끼고 가는 신닛코新日光가도가 개통하자 오우치는 역참의 기능을 잃게 됐다. 게다가 1932년 유노카미湯野上까지 국철國鐵[30] 아이즈선이 개통되고 나서는 근근이 이어지던 말 이용 수송도 격감해 담배 재배나 임업으로 생계를 유지할 수밖에 없었다. 또한 농한기에 타지에 나가 새지붕茅葺[31]을 이거나 너와지붕의 재료를 만드는 일을 하기도 했다. 특히 새지붕 장인은 간토關東의 넓은 지역을 누비며 지붕을 이어 아이즈 가야테会津茅手라고 불

---

29 후쿠시마현의 서부에 해당하며, 에치고越後산맥과 오우奥羽산맥 사이에 있는 내륙 지역.

30 일본 국유철도의 줄임말. 1872년 도쿄의 신바시新橋와 요코하마 사이 구간을 개통한 이래 전국에 철도망을 부설해 1987년 분할 민영화되기 전까지 철도 노선 길이가 약 2만km에 달했다. 현재 민영화된 JR그룹은 6개 지방여객철도와 여러 관련 회사, 연구기관 등으로 구성된다.

31 새(억새, 갈대 등의 총칭)를 인 지붕 구조. 과거 일본 농산촌의 건물들은 대부분 새지붕 집이었다. 식물성 재료이므로 20~30년마다 다시 일 필요가 있다.

오우치주쿠의 겨울과 초여름
오우치주쿠 북쪽 끝 산중턱에 순산과 유아의 성장을 지켜주는 고야스관음이 있다. 그곳에서 오우치주쿠 전체를 내려다볼 수 있다. 일부 철판을 이었던 지붕도 대부분 새지붕으로 복원됐다. 겨울철에는 눈이 많이 내린다. 매년 2월 둘째 토·일요일에 눈 축제가 열린다.

렸다.

옛 오우치주쿠는 옛 미나미야마도리 변에 설치된 역참을 중심으로 한 남북 약 500m 범위로, 지금도 당시 역참의 모습을 잘 간직하고 있다. 옛 가도 양쪽에 가지런히 새지붕 집들이 늘어서 있는데, 각각의 부지는 대략 전면 폭이 10.8~12.6m, 깊이가 54~60m로 크기가 거의 같다. 북쪽 끝의 산기슭에 쇼보지正法寺, 고야스관음子安觀音이 있고 가도에서 서쪽으로 조금 떨어진 곳에 마을 수호신사인 다카쿠라高倉신사가 있는데 가로의 모습과 어울러 이 지역의 경관을 특징짓는다. 산들로 둘러싸인 주변의 자연도 아름답다.

가도변의 본채는 가도에서 몇 미터 떨어져서 박공면이 가로를 향해 정연하게 늘어섰다. 가도와 본채 사이 공간은 농작물 건조 등의 작업장으로 사용됐다. 본채는 부지의 북쪽에 붙여 배치하고 남쪽에는 공간을 두어 출입구로 가는 통로로 쓴다. 본채의 뒤편에는 도조●, 헛간 등이 있다. 도로의 양쪽으로 막돌쌓기로 만든 수로가 흐르고 곳곳에 작은 빨래터를 만들어 놓았다. 생활용수로였던 이 수로는 도로 중앙에 나 있었으나 1886년에 매립되고 대신 도로 양쪽에 설치됐다.

본채는 대부분 19세기에 지어진 것인데, 긴 전면으로 진입하는 우진각 새지붕 건물이다. 앞쪽에는 0.9m 너비의 툇마루를 두른 위·아래 2개의 자시키●를 두었으며, 그 안쪽에 난도納戸 혹은 헤야部屋라고 부르는 침실을 나란히 놓고 넓은 흙바닥 공간에 면해 부엌을 배치했다. 처마에는「세가이●」를 설치했다.

▲ 오우치주쿠의 가도 풍경
가도 양쪽의 수로는 가도 중앙에 있던 것을 1886년에 옮긴 것.

◀ 소바가게 앞에서 가도를 본 모습
본채와 가도 사이 몇 미터의 공간은 이전에 농작물 건조 등에 사용됐다. 대파 한 개를 젓가락 삼아 먹는 소바가 이곳의 명물이다. 사발에 꽃을 담아 장식했다.

1981년 중요 전통적 건조물군 보존지구로 선정되자 오우치주쿠에서는 집들을 '팔지 않고 빌려주지 않고 헐지 않는다'라는 3대 원칙을 내세운 「오우치주쿠를 지키는 주민헌장」을 제정하고 가로보존사업을 시행해 지금까지 많은 본채와 도조 등을 수리했다. 그리고 1994년 종합방재사업으로 방수총•과 소화전, 자동화재경보기 등을 설치했다. 그에 따라 방화 대책으로 한때 철판지붕으로 바뀌었던 전통 건건조물을 새지붕으로 복원하고 전선류도 이설해 역사적 풍치를 회복하고 있다.

또한 1998년에 청년들을 중심으로 「오우치주쿠 유이• 모임」이 결성되어 주민이 참여해 새지붕을 복원하고 지붕재료인 새를 교체하는 기술을 전승하기 시작했다. 옛 역참의 중심부인 오우치주쿠 본진 터에 다른 역참 본진을 참고해서 다시 지은 「오우치가로전시관」에는 예전의 생활용구와 새지붕 기술에 관한 자료들을 전시하고 있다.

▲ 새를 인 우진각지붕, 긴 전면 진입방식의 본채
부지의 남쪽 끝(사진의 왼쪽)에 출입구로 가는 통로를 냈다.

▶ 관광객으로 붐비는 오우치주쿠
과거 농작물 건조장소가 관광객이 모이는 곳이 됐다.

오우치주쿠가로전시관
본진 터에 다시 지은 집.

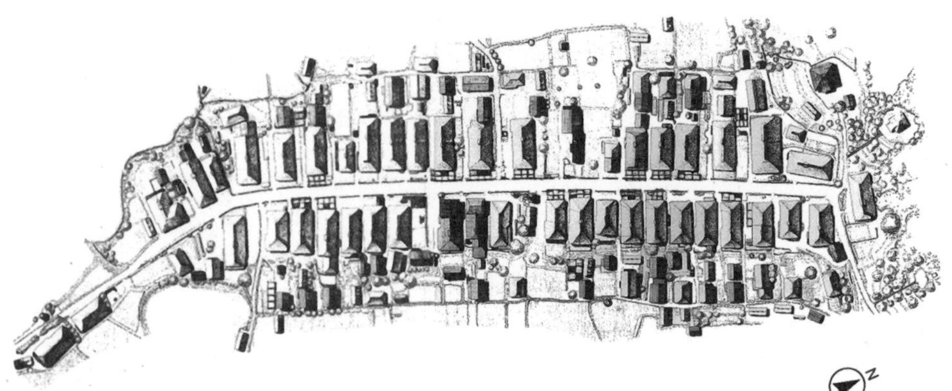

오우치주쿠 지붕배치도
1969년 실측. 고 아이자와 쓰구오相沢韶男 씨 도면.

1-10

미나미아이즈마치 옛 이나촌·옛 난고촌

_후쿠시마현 미나미아이즈군

미나미아이즈마치南会津町는 후쿠시마현福島縣의 남서쪽 끝에 있는데 그 서부에 해당하는 옛 이나촌伊南村과 옛 난고촌南郷村은 오쿠아이즈산奥会津山 골짜기를 따라 흐르는 이나천伊南川 양안의 하안단구에 대략 남북방향으로 주거지와 경지가 펼쳐진다. 옛 이나촌과 옛 난고촌이 포함된 미나미야마 오쿠라이리령南山御蔵入領, 곧 에도막부•의 직할 영지는 에도시대를 거치면서 번•과 막부•의 지배가 여러 번 교체된 지역

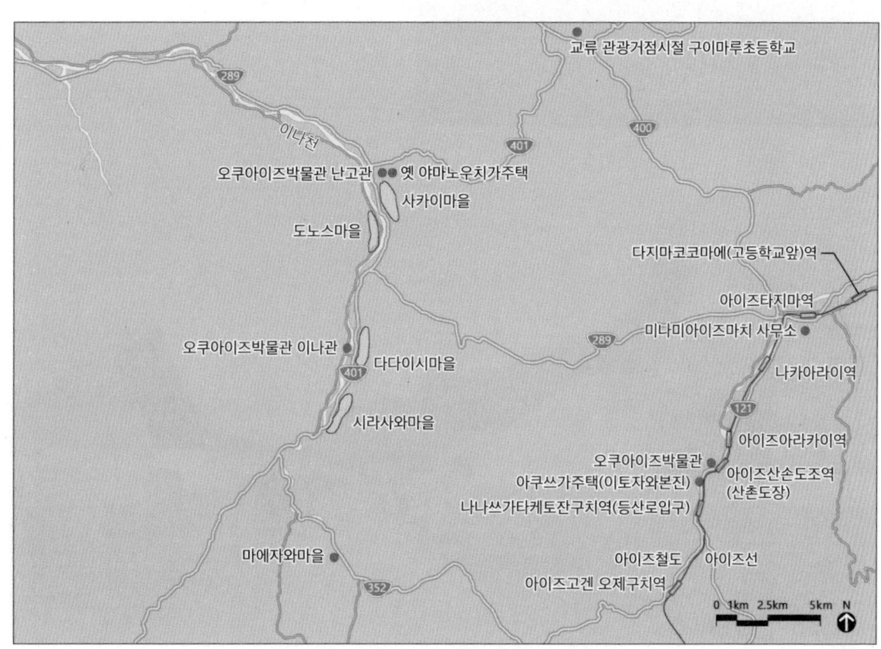

이다. 사람들은 숯이나 땔감을 판매하거나 농경이나 마사麻糸 생산에 종사하고, 혹은 겨울 농한기 타지에 나가 새지붕 장인인 가야테茅手로 일을 해서 생계를 꾸렸다.

이 지역은 때로 눈이 3m 넘게 쌓이는 곳으로 집집마다 비교적 넓은 터를 마련해 본채 주위에 지붕의 눈을 쓸어 내리기 위한 공간을 확보하고 눈을 녹일 수도 있는 못을 팠다. 본채는 중문구조•로, 이층짜리 중문의 박공면이 도로를 향하도록 배치하고 여기에 출입구를 설치했다. 지붕에 눈이 쌓였을 때 눈을 좌우로 떨어뜨려 출입구 앞에 눈이 쌓이지 않도록 궁리한 것이다.

적설량이 많은 서부 산간부에는 마구간 중문구조가 많은데 과거 옛 이나촌 지역에서는 90퍼센트 정도의 집이 이 구조였다고 한다. 새지붕 가옥은 화재에 취약하고 또 이 지역은 역사상 여러 번 큰불이 났기 때문에 부지 안에서 본채와 떨어진 곳에 화재에 강한 견고한 도조•를 짓고 화재 시 쉽게 제거할 수 있는 덧지붕•구조의 지붕

◀ 옛 이나촌 다다이시多々石
마구간 중문구조의 새지붕 본채. 주변에는 철판지붕으로 바뀐 마구간 중문구조 본채와 도조가 분포한다.

▼ 옛 이나촌 시라사와白沢
도로를 따라 철판지붕의 도조가 즐비하다.

을 없은 집이 많다. 일단 집에 불이 나면 모두 소실되기 때문에 생필품 외의 물건은 모두 본채가 아닌 도조에 보관했다고 한다. 그래서 이 지역에는 크고 단단한 도조가 많이 남아 있다.

옛 이나촌과 옛 난고촌의 많은 새지붕 가옥은 개축되기도 하고 지붕이 철판으로 씌워지기도 했지만 아직도 곳곳에서 새지붕 가옥을 볼 수 있다. 도조도 철판지붕으로 바뀌었지만 구조와 평면은 거의 그대로 남아 전통 마을경관을 유지하고 있다.

또 오쿠아이즈박물관 난고관(난고민속관, 미나미아이즈마치 사카이 가와쿠보界川久保)에 옛 야마우치가山内家주택과 옛 사이토가齊藤家주택을 이축해 전시하고 있다. 후쿠시마현 지정 중요문화재인 옛 야마우치가는 1753년에 도노스鴇巣마을에 지어진 상층 농민의 새지붕 민가로 돌출부가 없는 단순한 장방형 건물이다. 그리고 옛 사이토가주택은 1780년대 사카이界마을에 지어진 새지붕의 마구간 중문구조 건물이다.

◀ 옛 난고촌 도노스
수로를 따라 철판지붕의 도조가 늘어섰다.
일부 돌담은 오래된 모습을 간직하고 있다.
부지 안에 못이 있는 집이 많다.

▼ 옛 난고촌 사카이
철판지붕으로 바뀌었지만 마구간 중문조의
본채와 도조가 집중적으로 남아 있다.

BEAMS

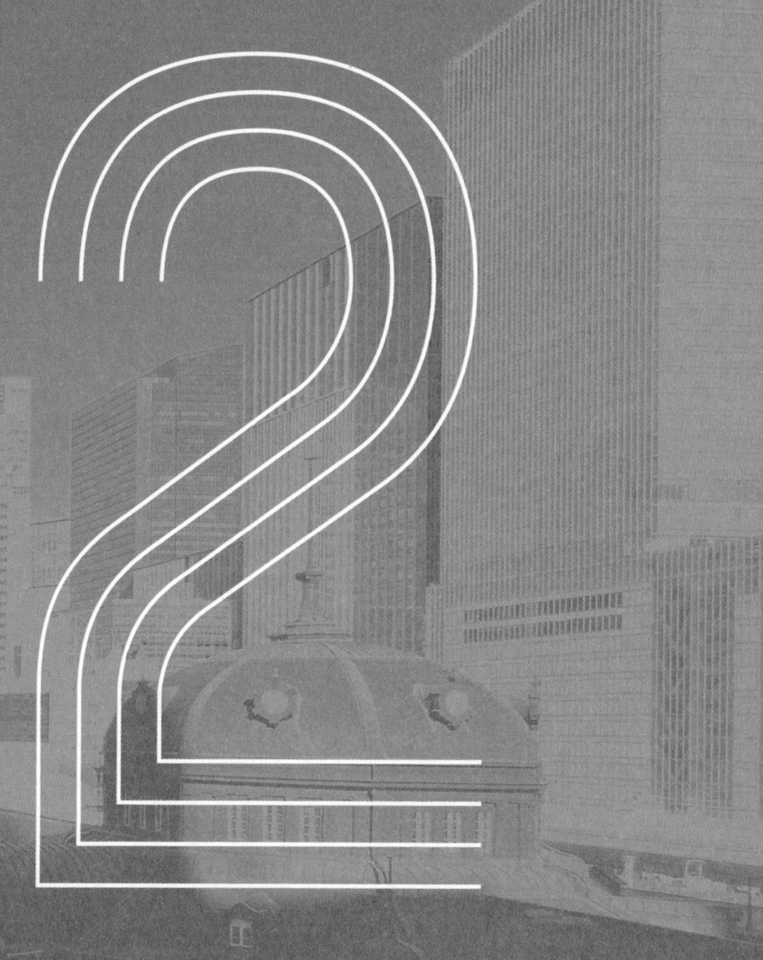

2

간토의 가로

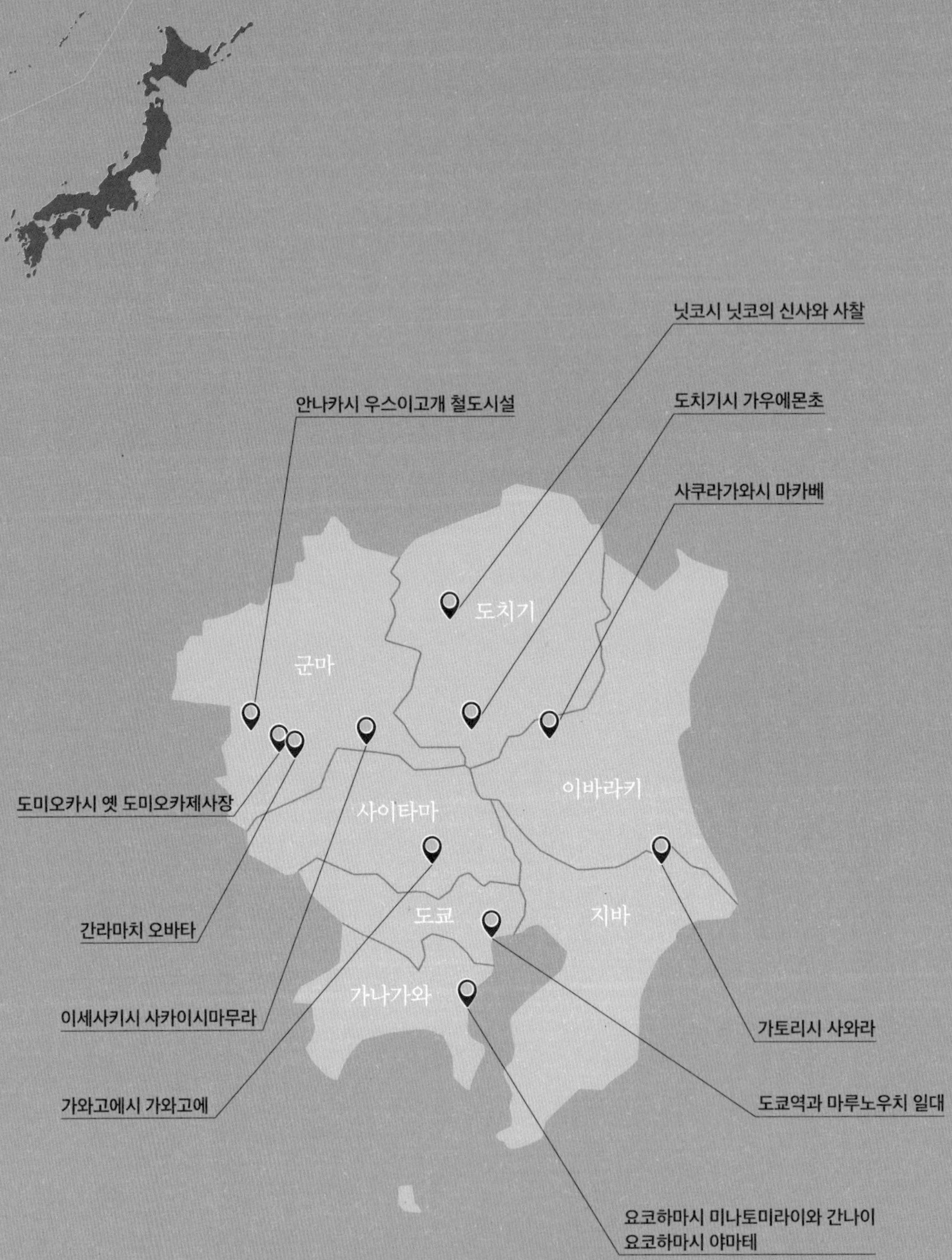

닛코시 닛코의 신사와 사찰

안나카시 우스이고개 철도시설

도치기시 가우에몬초

사쿠라가와시 마카베

도치기

군마

이바라키

도미오카시 옛 도미오카제사장

사이타마

간라마치 오바타

도쿄

지바

가나가와

이세사키시 사카이시마무라

가토리시 사와라

가와고에시 가와고에

도쿄역과 마루노우치 일대

요코하마시 미나토미라이와 간나이

요코하마시 야마테

2-1

사쿠라가와시 마카베

_이바라키현

중요 전통적 건조물군 보존지구
17.6ha, 2010년 선정

이바라키현茨城縣 사쿠라가와시桜川市 마카베마치真壁町는 쓰쿠바산筑波山[1]에서 북쪽 가바산加波山으로 이어지는 산줄기의 서쪽에 위치한다. 그 시가지 동쪽의 경사지에는 12세기 말부터 17세기 초까지 약 430년 동안 마카베군眞壁郡을 다스린 마카베씨의 본거지인 마카베성[2]터(국가 사적)가 있다. 마카베의 성하마을•은 그 서쪽에 조성되어 현재의 시가지와 연결되어 있다. 세키가하라 전투•에서 마카베씨는 패배한

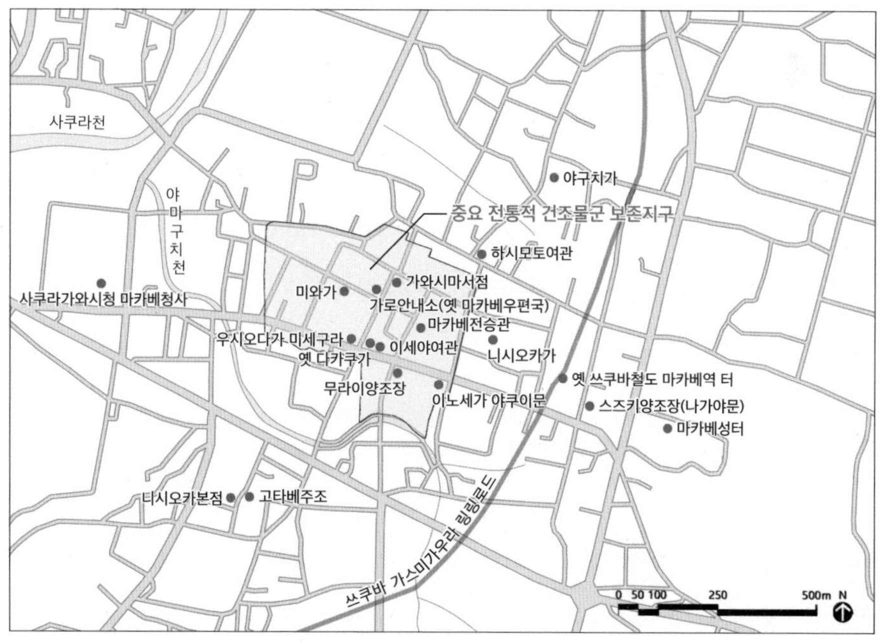

우시오다가潮田家 미세구라(1910년) 및 소데구라●(1912년)

이노세가猪瀬家주택 야쿠이문(19세기 후반)과 담
모두 동일본대지진 복구공사 후 모습.

서군을 편든 바람에 이 땅을 떠나게 됐다. 이후 마카베군에 와서 다스린 아사노씨淺野氏가 1622년 동쪽에 인접한 가사마번笠間藩●의 영주가 되자 마카베군도 그 영지로 병합됐다. 그 뒤 시가지 중심부에 진옥●이 설치됐으며, 시가지는 진옥과 동서방향의 네 줄기 가로를 중심으로 구성되었고 나무대문●과 울타리로 둘려 있었다.

17세기에 마카베는 주변 지역의 농산물이 집산되고 북간토北關東과 도호쿠東北 지방으로 면직물을 판매하는 거점으로 발전했다. 나아가 미곡·주조업이 융성하는 등 이 지역 경제의 중심지로서 계속 번성했다. 1837년 시가지 중심부가 소실되는 큰 불이 나서 그 뒤로는 진옥을 포함해 새지붕 건물만 있던 마카베 시가지에 기와지붕의 도조●와 점포용 도조인 미세구라●가 건설되기 시작했다.

19세기 말부터 제사업 등도 발전해 많은 미세구라, 도조, 야쿠이문●이 건설됐다. 그리고 20세기 초기에는 외목도리(다시게타出桁)[3]로 처마를 받친 이층 주택과 석조 창고, 서양식 건물 등 다양한 건물이 나타났다. 마카베 지역에는 현재도 진옥터 앞 남북방향 길인 고진야마에도리御陣屋前通り를 중심으로 300채가 넘는 다양한 역사적 건물이 분포하며 그 가운데 104건은 등록유형문화재다.

---

1 간토關東지방의 동부, 이바라키현 쓰쿠바시의 북쪽 끝에 있는 표고 871m와 877m의 두 봉우리로 이루어진 산. 낮은 산이지만 독립봉에 가까운 아름다운 산 모양으로 「서쪽의 후지, 동쪽의 쓰쿠바」라고 불리며 사랑받고 있다. 예로부터 신앙의 산으로 여겨져 산꼭대기에는 쓰쿠바산 신사의 본전이 있고 남쪽 기슭에는 배전拝殿 등이 있다.

2 가바산 서남쪽 기슭의 높은 땅에 쌓은 평성平城으로, 1172년에 축성됐다고 전한다. 그 뒤 15세기 중엽에 야카타館, 곧 작은 성을 쌓아 16세기 후반에는 거의 완성했다. 12세기 중엽부터 17세기 초까지 이 지방을 다스린 마카베씨의 거성居城으로 현재 발굴조사와 토루土塁 등의 복원정비가 진행되고 있다.

3 건물에서 바깥 기둥보다 바깥쪽에 위치하는 도리로, 보뺄목이나 가로대 끝에 올려놓는다.

야구치가谷口家주택 점포(1900년)와 야쿠이문·소데구라
동일본대지진 전 모습.

2011년 3월의 동일본대지진●으로 마카베지구도 심대한 피해를 입었다. 마카베 전통적 건조물군 보존지구에 있는 전통 건축물의 90%가 피해를 입었고 약 80채가 크게 손상됐다. 그렇지만 이미 사쿠라가와시의 「역사적 풍치 유지향상계획[4]」(2009년)이 적용되고 있어서 전통적 건조물군 보존지구 안의 건조물뿐만 아니라 주변의 등록유형문화재 26채를 「역사적 풍치 형성 건조물[5]」로 추가해서 충분한 공적 지원을 받아 복구와 수리를 진행했다. 전국 각지의 지자체에서 기술직원 등을 파견해 피해조사나 복구계획의 수립을 지원하기도 했다. 또한 복구과정에서 현지의 건축사와 학생, 장인 등이 역사적 건조물의 수리와 방재에 대해 서로 배우는 광경을 볼 수 있

4 2008년에 제정된 「지역의 역사적 풍치 유지 및 향상에 관한 법률」에 근거해 역사적 건조물이나 전통적 세레행사 등 지역의 역사나 전통을 이루는 환경을 유지·향상하기 위해 기초자치단체가 수립하는 계획으로, 흔히 「역사마을 만들기 계획」이라고도 한다. 계획이 관련 부처에서 인정받으면 국비 지원이나 특별조치를 받을 수 있다.

5 위 계획에 포함된 역사적 건조물로, 지역의 역사적 경관을 유지, 향상하기 위해 보존할 필요가 있다고 인정받아 기초자치단체가 지정한 것. 소유자 등은 적절한 관리와 행위 신고의 의무를 지되, 건조물의 외관 수리와 경관 보전과 관련해 지원을 받을 수 있다.

었다.

고진야마에도리의 옛 마카베우편국(등록유형문화재)은 1927년 은행지점으로 건설된 벽식 콘크리트조의 이층 근대건축으로, 뒤에 우체국으로 사용됐고 다시 가로안내소로 활용되었다. 2011년 지진 후 내진 보강과 내장 개수, 부속건물의 정비를 거쳐 다시금 가로안내소와 갤러리로 이용되고 있다. 또한 마찬가지로 고진야마에도리에 위치한, 20세기 초 무렵에 건축된 것으로 추정되는 목조 2층 건물인 옛 다카쿠가高久家주택(등록유형문화재)은 지진 복구공사를 마치고 시 소유의 시설로서 다양한 행사에 활용되고 있다.

옛 마카베우편국(1927년)
구조보강 등 지진 복구공사를 거쳐
가로안내소로 다시 문을 열었다.

마카베에서는 매년 2월 초부터 3월 3일까지 160여 채의 주택과 점포가 집집마다 히나인형*을 장식하는 「마카베의 히나마쓰리」를 개최하는데 인기가 높아 많은 관광객들이 찾는다. 또한 2011년 옛 진옥터에는 주민센터 · 도서관 · 역사자료관의 기능을 가진 「마카베전승관」이 건설됐다. 이 건물은 '매우 수준 높은 건축공간을 창조하는 데 성공했다'고 인정되어 2012년 일본건축학회 작품상을 수상했다.

마카베전승관
옛 진옥 터에 다기능 문화시설로
신축됐다.

2-2

도치기시 가우에몬초

_도치기현

중요 전통적 건조물군 보존지구
약 9.6ha, 2012년 선정

도치기시栃木市는 도치기현의 남부, 간토關東평야의 북쪽 가장자리에 면해 있다. 도치기시의 중심인 옛 도치기마치栃木町의 도조•가 늘어선 일명 구라노마치藏の街지구 북쪽으로 가우에몬초嘉右衛門町지구가 이어진다. 에도, 곧 현재의 도쿄를 출발한 오슈奧州가도[6]에서 갈라져 닛코日光에 이르는 가도가 닛코 레이헤이시例幣使가도다. 닛코에는 도쿠가와 이에야스•를 모신 신사인 닛코도쇼구日光東照宮[7]가 있으며

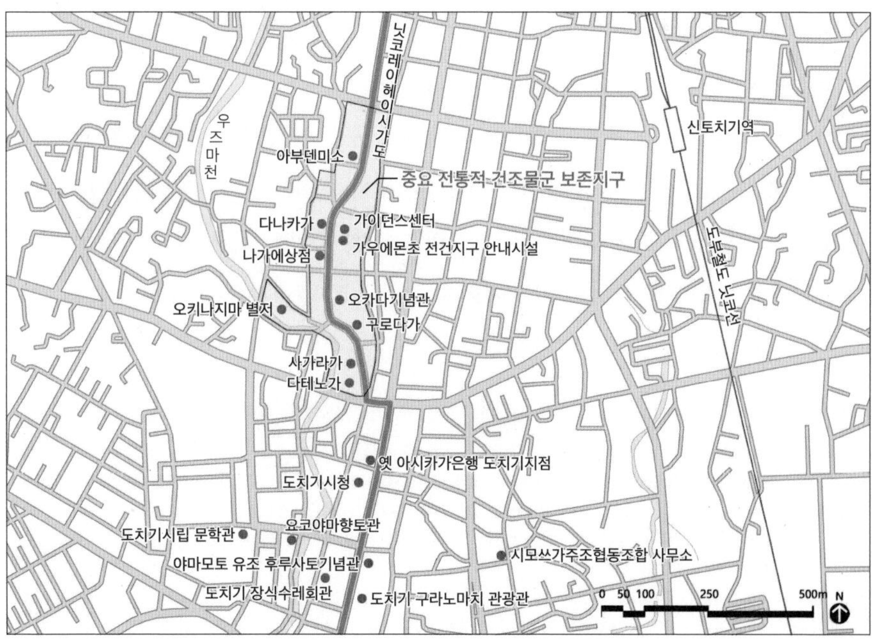

북쪽을 향해 본 옛 레이헤이시가도 동쪽의 집들
휘어지는 가로가 경관을 깊이 있게 연출해 준다.

1646년 이후 매년 4월 대제大祭에 교토의 조정에서 파견한 사신, 곧 레이헤이시가 이 가도를 다녔다고 해서 이런 이름이 붙었다. 그 중간의 역참으로 도치기주쿠栃木宿가 설치되어 사람의 왕래가 잦았다.

이 도치기주쿠의 경계에는 동서남북에 나무대문●이 설치됐고 북쪽 나무대문의 바로 북쪽에는 16세기 말 무렵부터 히라야나기平柳 신개발지, 가우에몬 신전● 등 마을과 경작지가 생겼고 가도변에는 작은 마을이 형성되었다. 가우에몬초는 16세기 말에 이곳으로 이주한 오카다 가우에몬岡田嘉右衛門이 개간한 신전마을이다. 1685년

---

6 에도시대(1603~1868) 에도를 기점으로 각지와 연결되는 5개 주요 도로인 고카이도● 가운데 하나. 현재의 후쿠시마현福島縣 시라카와시白河市까지 이어졌는데 에도에서 현재의 도치기현 우쓰노미야시宇都宮市까지는 닛코가도와 겹쳐 있다. 약 196km 거리에 27곳의 역참이 있다. 넓은 의미에서는 시라카와에서 북쪽으로 현재의 아오모리현青森縣 쓰가루津輕지방까지 가는 623km 길도 포함한다.

7 이전부터 신사가 있었는데 1616년에 도쿠가와 이에야스가 사망하자 이듬해 시신이 그 자리에 이장됐고 이후 여러 번 대규모 개축이 이루어져 오늘날 보는 웅장하고 아름다운 사당이 되었다. 세계유산「닛코의 신사와 사찰」의 주요 구성요소다.

옛 레이헤이시가도 서쪽의 서양식 건물
다테노가舘野家 점포주택(1932년). 목조 2층 건물, 우진각지붕, 긴 전면 진입방식. 등록유형문화재.

하타케야마씨畠山氏[8]가 마을의 영주가 되면서 오카다가岡田家 부지 안에 진옥●을 두었고 오카다가는 농민이면서 대대로 11개 마을을 총괄하는 대표자 역할을 맡았다고 한다.

가우에몬초와 도치기주쿠의 서쪽에는 우즈마천巴波川[9]이 흐르고 히라야나기 나루, 도치기 나루, 가타야나기片柳 나루 등 여러 나루터가 설치되어 수운이 성했으며, 1698년경부터 하역과 도매상을 겸하는 객주들도 모여서 번성했다. 이 수운은 우즈마천, 와타라세천渡良瀬川, 오모이천思川, 도네강●, 에도강江戸川을 거쳐 에도까지 왕복했다. 하천 바닥이 얕은 우즈마천에 맞춰 바닥이 얕은 작은 배에 쌀, 삼베, 목재, 장작과 숯 등을 싣고 중간에 대형 배로 옮겨 실어 운송했다.

1868년 메이지시대가 되자 도치기주쿠의 나무대문이 철거되면서 가우에몬초지구는 도치기마치와 하나가 되어 발전해 19세기 말경까지는 가도변에 크고 작은 다양한 점포와 장인들의 집이 늘어섰다. 그러나 1888년 철도(현재의 JR동일본 료모선両毛線)가 개통됨에 따라 우즈마천 수운은 쇠퇴했고 1932년 레이헤시가도를 우회하는 새 도로가 개설되면서 지구의 점포들은 경제 기반을 잃고 그 수가 감소했다.

가우에몬초지구를 대략 남북으로 지나는 옛 레이헤이시가도는 폭이 7m에서

8 사이타마현埼玉県을 중심으로 한 무가 세력으로, 12세기 중엽부터 막부●의 중신으로 권세를 떨쳤으나 내분으로 인해 여러 갈래로 분열됐다. 그 자손의 하나인 하타케야마 모토쿠로畠山基玄가 1685년 이 지역을 지배하게 됐다.

9 도치기현 남부를 흐르는 도네강 수계인 와타라세천의 지류. 수원이 도치기 시내에 있으며 구라노마치지구를 흘러 도치기시 후지오카마치藤岡町에서 와타라세천에 합류한다. 이 하천의 수운을 통해 에도와 교역을 함으로써 도치기마을은 크게 융성했다.

8m 정도로 비교적 넓은 길이다. 서쪽 우즈마천의 물줄기를 따라 완만하게 휘어져서 길을 따라갈수록 경관이 변화하는 매력이 있다. 길에 면한 부지는 기본적으로 전면이 좁고 안쪽으로 깊은 직사각형 모양으로 구획됐는데 전면 폭과 깊이는 다양하다. 여기에 사이타마현埼玉縣 가와고에川越의 도조 건축(2-8 참조)과 마찬가지로 외벽을 회반죽으로 바른 미세구라*와 목조 기둥을 드러낸 심벽구조의 점포가 늘어섰다. 모두 긴 전면에서 진입하는 이층 또는 단층의 맞배지붕 집이다. 이들 점포에 부속된 도조가 큰길가나 부지 안쪽에 있다. 또한 메이지 이후에 건설된 목조의 일본식 주택이나 서양식 외관을 가진 목조 2층 점포 건물도 있다.

가우에몬초지구의 남쪽 끝 근처, 옛 레이헤이시가도가 크게 휘어지는 부분의 동쪽으로 광대한 부지를 차지한 오카다가는 대대로 「가우에몬」이라는 이름을 계승해 온, 도치기시에서 으뜸가는 명망 높은 가문이다. 앞서 기술한 가우에몬 신전 개간에도 힘썼고 진옥의 운영 관리도 맡아 온 집안으로 당대로 26대째라고 한다. 길에 면해 남쪽부터 단층의 미세구라, 이층 건물의 누리야*, 도조, 옛 진옥의 대문과 담, 본채 등이 늘어선 오카다가주택은 가우에몬초지구를 대표하는 장소다. 부지 안쪽에도 도조와 서재, 소규모 사당 등 여러 채가 있다. 또한 옛 가도의 조금 서쪽에 위치한 우즈마천 변 부지에는 오카다가의 주인이 은거처로 사용한 오키나지마 별저翁島別邸(등록유형문화재, 1920년 건축)가 있다. 본채는 목조 2층, 일부 단층 건물인데, 엄격히 선별한 고급 목재로 지은 본격적인 스키야구조* 건물이다. 이들 건물과 정원 전체가 오카다기념관으로 공개되고 있다.

지구 북부의 옛 레이헤이시가도 서쪽에 18세기 말경에 창업했다고 전하는 아부덴미소油傳味噌 점포가 있다. 길에 면한 넓은 부지에 목조 단층집과 대문이 나란히 지어졌고 북쪽에는 가도와 직교해 회반죽과 널판으로 마감한 담이 이어진다. 중앙의 대문 북쪽에 본채와 다실이 있다. 본채의 서쪽으로는 1885년에 건립된 3층 건물인 분코구라文庫藏, 곧 서류 보관용 도조, 그리고 그 안쪽에 이층의 도조 세 채가 나란히 서 있다. 또한 서쪽의 도로를 사이에 두고 오야석*으로 지은 석조 창고도 남아 있다. 이들 도조는 1890년에 발행된 동판화에도 그려졌다.

가우에몬초지구는 중요 전통적 건조물군 보존지구로 선정되고 전통적 건조물의 수리가 진행되면서 관광객이 늘었고 젊은층이 카페나 꽃가게 등 개성 있는 가게를

옛 레이헤이시가도 동쪽에 위치한 오카다기념관 점포
본래 우편국이었으며 왼쪽에 서양식 외관의 건물이 있다. 오카다기념관에는 마을 이름의 유래인 오카다 가우에몬가에 대대로 내려오는 물품과 미술품을 도조 등 많은 전통적 건조물 안에 전시하고 있다.

▲ 오카다기념관
오키나지마 별저 본채(1924년). 본격적인 스키야구조 건물로 도조(1928년)가 인접해 있다. 모두 등록유형문화재.

◀ 닛코레이헤이시가도 변 아부덴미소 점포 겸 본채
19세기 후반 건축, 20세기 초 증축. 부지 안쪽에 분코구라, 동쪽 도조, 중간 도조, 별채가 있다. 모두 등록유형문화재.

잇달아 열었다. 그리고 오래된 가로를 즐기기 위한 다양한 이벤트를 개최해 활기를 더하고 있다. 또한 가우에몬초지구의 북부에 있는 옛 미소공장터[10] 약 6,000m^2를 도치기시가 취득해 전통적 건조물의 보존과 활용, 편의시설 정비 등을 함으로써 역사적 공간의 매력을 전달하고 있다. 현재 시민과 관광객들이 함께 즐길 수 있는 장소, 방재거점 등을 정비하고 있다.

---

10 1781년에 조운업漕運業과 식물성 기름 제조·판매업 등으로 창업, 19세기 말경에 미소를 양조·판매하기 시작했다. 사업이 발전함에 따라 부지 면적을 늘리고 증축을 계속해 현재의 규모가 되었지만 근래에 폐업했다. 전통적 건조물이 14건 있다.

2-3

닛코시 닛코의 신사와 사찰

_도치기현

1999년 세계유산에 등재된 「닛코日光의 신사와 사찰」은 난타이산男体山, 뇨호산女峰山을 중심으로 한 고대 이래 산악신앙의 근거지인 후타라산二荒山신사, 에도시대 공예의 정수를 모은 에도막부[•]의 성지 도쇼구東照宮, 1200년 동안 불법을 전하는 린노지輪王寺 등 두 신사와 한 사찰(흔히 이사일사二社一寺라고 한다)의 경내에 자리잡은 호화찬란한 총 103채의 문화재 건조물(국보 9채, 중요문화재 94채)과 이들 건조물군

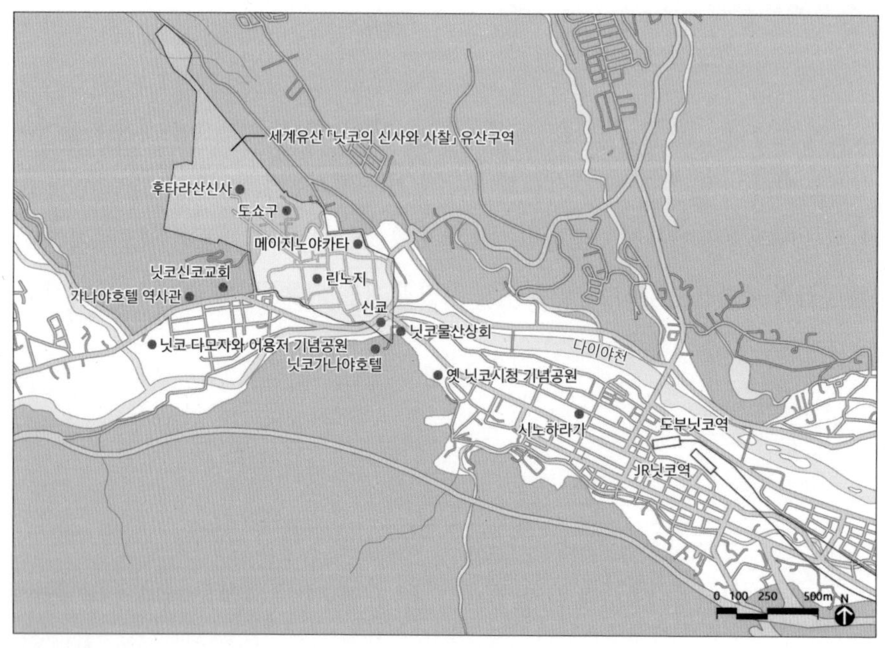

린노지 다이유인大猷院 **야샤몬**夜叉門
1653년. 중요문화재.

을 둘러싼 유적(문화적 경관) 약 51ha(세계유산의 유산구역 면적)로 구성된다. 그 주변 약 370ha는 완충구역으로 설정됐다.

린노지는 766년에 창건되었다고 전하는 시혼류지四本龍寺[11]에 기원을 두는데, 닛코의 중심 사찰로 발전했다. 후타라산신사도 같은 시기인 767년에 문을 열어 닛코는 옛날부터 신앙의 땅이었다. 1617년 도쿠가와 이에야스•를 신격화해 모시는 사당으로서 도쇼구가 건립됐고 그의 손자인 도쿠가와 이에미쓰• 치하에서 현재의 형태로 확충, 정비되었다. 극히 짧은 기간에 건설비를 억수처럼 퍼붓고 막대한 수의 장인을 동원해 지나칠 정도로 화려한 장식과 훌륭한 기술의 솜씨를 갖춘 수많은 건축군을 건설할 수 있던 것은 초기 도쿠가와 정권의 권세와 장인의 기술력 덕이라고 말할 수밖에 없다.

---

11 오늘날 보는 닛코의 신사와 사찰군 가운데 최초로 창건된 사찰. 사찰 자체는 현존하지 않으나 관음당과 삼층탑(모두 1685년에 재건된 중요문화재)이 남아 있다.

도쇼구 투병●(1636년, 국보)
옻칠 등을 수리하는 모습.

「닛코의 신사와 사찰」의 가치를 오늘날까지 유지하고 전할 수 있었던 것은 조영 이래 정성스럽게 유지관리하고 수리·수복을 계속했기 때문이다. 닛코의 역사적 건조물은 한랭한 지역에 있어 비와 습기에 노출되고 거듭되는 재해를 겪었는데 에도 막부는 옻칠·단청·장식용 철물 등을 수리했을 뿐 아니라 끊임없이 일상적인 유지 관리를 했다. 그리고 1879년에 당시 상공인들과 옛 무사 계급 사람들이 호코카이保晃会라는 보존·수복을 위한 조직을 만들었고 1897년「고신사·사찰 보존법[12]」이 제정되면서 정부와 이사일사의 협조 아래「신사·사찰 수선사무소」가 설치됐다. 또한 제2차 세계대전 후 1950년에 문화재보호법이 시행됨에 따라 국고 보조금으로 대규모 수선을 하는「닛코 이사일사 국보건조물 수리사무소」가 설치됐다. 1969년에는 재단법인 닛코신사·사찰문화재 보존회가 설립되어 수리의 설계와 감리, 조사연구, 옻칠·단청의 수리, 방재설비 정비 등을 꾸준히 실시해 닛코 신사·사찰의 웅장하고 화려한 모습을 유지하기 위해 힘쓰고 있다. 또한 수리기능자 양성을 위한 연수도 하고 있다.

닛코는 주위가 산으로 둘러싸여 있고 서늘한 기후와 풍부한 문화유산을 가진 피서지로서 일찍부터 서양사람들이 좋아했다. 이미 일본 유수의 관광지였던 닛코는 일찍이 1890년에 철도가 개통됐다. 현재의 동일본여객철도(JR) 닛코역 건물은 당시 철도원鉄道院 기사였던 아카시 도라오明石虎雄가 설계해 1912년에 준공됐다. 네오르

---

12 1897년에 제정된 문화재 보호에 관한 법률. 신사·사찰의 건조물과 보물류 중에서 역사의 상징이나 미술의 모범이 되는 것을「특별보호건조물」 또는「국보」로 지정하고 그 보존경비를 국가가 보조하도록 규정했다. 한편 신사·사찰에는 보물류의 관리와 박물관 전람을 위한 출품을 의무화했다.

동일본여객철도(JR) 닛코역
1912년.

옛 닛코시청사 본관
1919년. 등록유형문화재. 주변 부지를 정비해 2022년 '옛 닛코시청 기념공원'으로 개장했다.

닛코가나야호텔 본관
오른쪽은 별관. 1935년.
모두 등록유형문화재.

네상스풍 하프팀버half-timber양식의 서양식 목조 2층 건물로, 경쾌한 흰색 외관은 휴양지의 현관에 걸맞은 분위기를 지니고 있다.

닛코역에서 후타라산신사의 신쿄神橋[13]를 향해 옛 문전마을門前町의 완만하게 경사진 길을 20분쯤 걸으면 길의 왼쪽 돌담 너머로 옛 닛코시청사 본관이 보인다. 1919년 건축된 성곽풍의 3층 목조 건물로, 본래 호텔로 건축됐다.

신쿄 부근의 도로 왼쪽으로 전면 폭이 넓은 붉은 금속판 지붕의 이층 건물이 보인다. 20세기 초에 건축된 닛코물산상회(등록유형문화재)다. 그 앞 비탈길 위에 일본에서 가장 오래된 리조트 호텔인 닛코가나야日光金谷호텔이 있다. 1873년에 개업한

---

13 닛코의 신사·사찰 경내로 들어가는 입구에 해당하는 곳에 설치한 검붉은 색과 검정색 옻칠로 색칠한 아름다운 목조 홍예다리. 7세기경부터 다리가 있었다는 전설이 있으나 여러 번 다시 놓았으며 현재의 다리는 1904년에 재건한 것이다. 길이 26.4m, 폭 7.4m. 중요문화재.

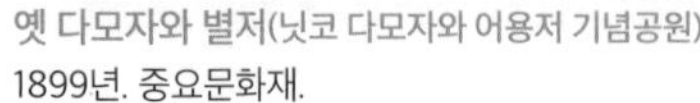

옛 다모자와 별저(닛코 다모자와 어용저 기념공원)
1899년. 중요문화재.

메이지노야카타(옛 혼가주택 본채)
등록유형문화재.

이 호텔의 현재 본관은 1893년에 건축된(1936년 증개축) 목조 3층 건물이며, 신관, 별관 등 5채가 녹음이 풍부한 경사지에 세워져 일본과 서양 디자인의 정교한 조합을 보여준다.

신쿄를 지나 다시 주젠지호中禅寺湖 방면으로 1km 정도 가면 삼나무 숲에 둘러싸인 옛 다모자와田母沢 어용저御用邸(황실 별저)가 있다. 은행가의 별저를 포함 9만m^2의 부지를 사들여 1899년에 다이쇼천황大正天皇(당시 황태자)의 별저로 정비했다. 현존하는 최대 규모의 황실 별저다. 천황과 관련된 업무를 하는 궁내성宮内省의 부서로 정원·토목·건축에 관한 일을 관장하는 내장료内匠寮가 면밀하게 설계했다. 이 대규모 건축군은 검수를 거친 월등한 부재를 사용해 정밀한 구조로 지은 근대 일본식 주택의 한 전형을 보여주어 중요문화재로 지정됐다. 건축과 정원이 잘 조화된 옛 다모자와 별저는 닛코 다모자와 어용저 기념공원으로 공개되고 있다.

또한 닛코산 안의 동북부, 돌담으로 둘러싸인 탑두[●] 등이 줄지어 있는 곳의 한쪽에 있는 서양 음식점 「메이지노야카타明治の館」는 20세기 초 미국의 무역상 혼F. W. Horn[14]이 별장으로 지은 것으로, 본채는 석조 3층 건물, 별채는 석조 단층 건물이다. 이처럼 닛코는 도쇼구 등 신사와 사찰뿐 아니라 근대 휴양지로서 서양식 건축[●]도 풍부하게 전하고 있다.

---

14 1896년 일본에 와서 기계 공구의 수입 상사인 혼상회를 개업했다. 이듬해 음반회사를 설립해 수입판매를 했다. 1910년 일본축음기상회(현재의 일본 콜롬비아㈜)를 설립했다.

2-4

간라마치 오바타

_군마현 간라군

간라마치甘樂町는 군마현群馬縣의 남서부에 해당하는데, 서쪽과 북쪽은 도미오카시富岡市와 접하고 있다. 오다 노부나가*의 차남인 오다 노부카쓰織田信雄가 1615년에 이곳 오바타小幡의 땅을 할당받았다. 그리고 다음 해에 그의 아들 오다 노부요시織田信良가 인접한 후쿠시마福島지구에 와서 초대 영주로서 오바타번*을 다스렸다. 2대 영주인 오다 노부마사織田信昌가 오바타로 이주해 와서 진옥*을 짓고 남쪽에 라쿠산

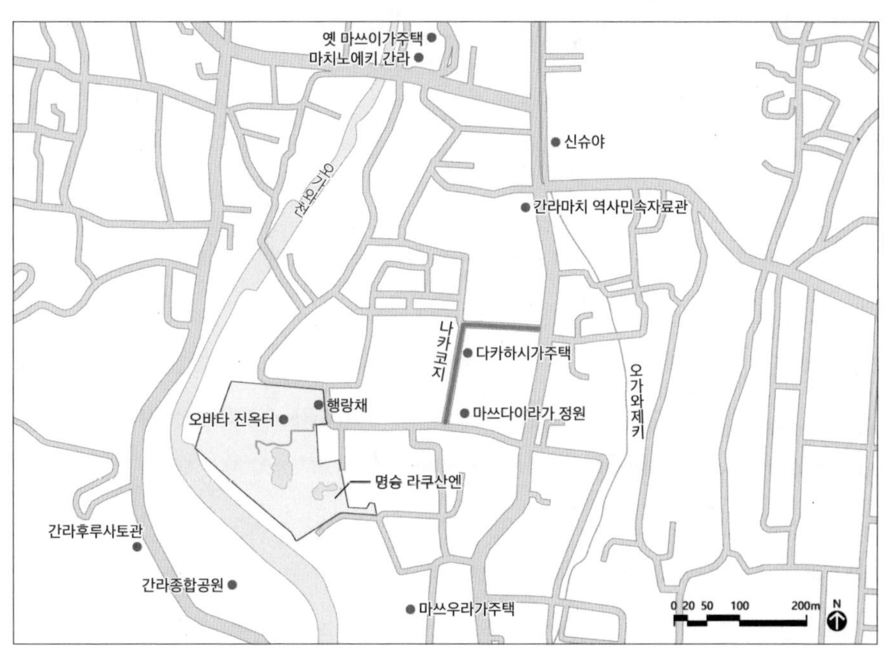

복원된 라쿠산엔
물이 없이 돌만을 배치해 폭포처럼 보이도록 꾸민 다키이와구미•와 연결된 수로, 인공 언덕 위의 정자 등을 복원 정비했다.

엔樂山園(국가 지정 명승)이라 부르는 지천회유식 정원•을 조성했다. 1767년 오다씨가 다른 영지로 옮기라는 명을 받아 떠난 뒤 에도막부•와 가까운 마쓰다이라씨松平氏가 오바타 진옥에 들어와 메이지유신•에 따른 판적봉환•까지 통치했다.

간라에서는 양잠과 제사업製絲業이 1859년의 요코하마 개항 무렵부터 특히 번성해서 명주실의 수출이 증가함에 따라 품질 향상과 수익 증대를 목표로 1878년 마을의 유지들이 제사공장을 설립했다. 이 공장은 그 뒤 주변 지역 13개 제사공장들로

구성된 조합제 간라샤甘樂社의 일원인 오바타조小幡組가 됐고 그들은 1895년 대규모 공장을 지었다. 도미오카제사장富岡製絲場과(2-6 참조) 「청온육淸温育」[15]이라는 양잠법을 개발한 다카야마샤高山社(2-6 참조)의 지도를 받아 여름과 가을 누에 사육이 일

15 누에 사육법의 하나로 온도와 습도를 자연환경에 그대로 놓아두는 청량육淸涼育과 인공적으로 관리하는 온난육溫暖育을 조합해 누에 성육상태에 맞춰 온도 조정과 환기를 하는 수법. 한때 일본 전역에서 보편적으로 사용된 누에사육법이다.

오가와제키 용수룻가에 있는 고민가 가페 신슈야信州屋
1905년 건축된 오래된 점포 건물을 카페, 관광안내소, 행사장으로 재생해 활용하고 있다.

반화되어 고치 수확량이 비약적으로 늘어났다. 이러한 양잠은 1980년경까지 성행했다.

오바타지구 북쪽을 흐르는 오가와천雄川에서 물을 끌어들인 용수로가 오가와제키雄川堰(간라마치 지정 중요문화재, 세계 관개시설물 유산)이다. 처음에는 무가주택* 지구를 그물 모양으로 흘러 라쿠산엔과 무가주택의 정원 연못으로 흘러 들어가는 고세키小堰라 부르는 작은 수로인데 마치야* 지구에서는 생활용수를 공급하는 오제키大堰라 부르는 물길이 되고 다시 하류역에서 논을 적셔준다.

오바타지구의 남쪽 부분인 무가주택지구에는 17~19세기 가로구성이 대부분 남아 있는데, 폭

과거 일상생활에 이용됐던 오가와제키 용수로
여기저기에 빨래터가 남아 있다.

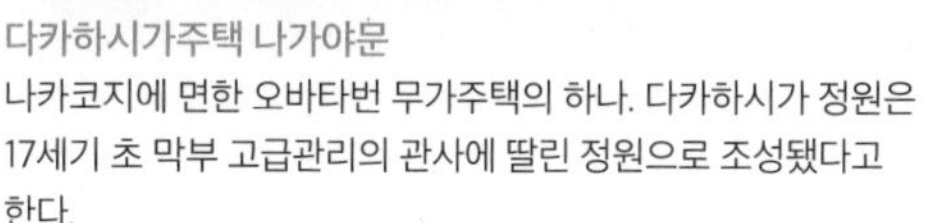

다카하시가주택 나가야문
나카코지에 면한 오바타번 무가주택의 하나. 다카하시가 정원은 17세기 초 막부 고급관리의 관사에 딸린 정원으로 조성됐다고 한다.

간라마치 역사민속자료관
옛 간라샤 오바타조 제사공장 누에고치창고.

12.6m의 나카코지中小路라 불리는 길 양쪽에는 1767년 이전 것으로 추정되는 돌담이 있다. 그 한 모퉁이에 위치한 다카하시가高橋家주택은 나가야문*과 담, 그리고 넓은 정원을 갖췄다.

라쿠산엔은 에도 초기, 오다씨 진옥의 정원으로 조성한 지천회유식 정원으로 봉건영주 저택의 정원으로는 비교적 초기의 것으로 평가된다. 주변 산줄기를 배경으로 여유로움을 연출하는 등 뛰어난 아름다움을 구축했다는 점을 인정받아 국가 지정 명승으로 선정됐다. 근래 복원 정비를 해서 지난날의 넓은 연못과 섬, 인공언덕, 그 위에 여러 채의 정자 등을 갖춘 정원 풍경을 되살려 놓았다. 아울러 진옥터에 안내판을 설치하고 커다란 행랑채拾九間長屋도 복원했다.

무가주택지구의 북쪽으로 이어지는 마치야지구의 중심에는 벚나무 가로수와 오가와제키 수로가 쭉 이어지고 양쪽 가로를 따라 대형 양잠농가와 상점주택이 늘어섰다. 오바타하치만구小幡八幡宮신사의 제례 때는 장식 수레*가 이곳을 다녀간다.

또한 무가주택지구와 상공인지구의 경계 부근에 벽돌조 2층 건물인 옛 간라사 오바타조 제사공장 누에고치창고가 있다. 이 건물은 1926년에 건축되어 누에고치와 명주실의 보관에 사용됐다. 현재는 간라마치의 역사민속자료관으로 활용되고 있다.

2-5

이세사키시 사카이시마무라

_군마현

군마현群馬縣 이세사키시伊勢崎市 사카이시마무라境島村는 도네강[●]의 중류 지역에 있는데, 남쪽으로 사이타마현埼玉縣 후카야시深谷市에 접한다. 이 일대는 예로부터 뽕밭이 드넓고 양잠이 성행했으며, 19세기에 누에씨, 곧 누에 알의 수출로 알려졌다. 1868년경에는 마을 집들 3분의 2에서 누에를 쳤다고 한다. 그 무렵 대형 양잠농가가 많이 건축됐는데, 목조의 높은 이층 맞배지붕 건물로 전면 폭이 10여 미터에서

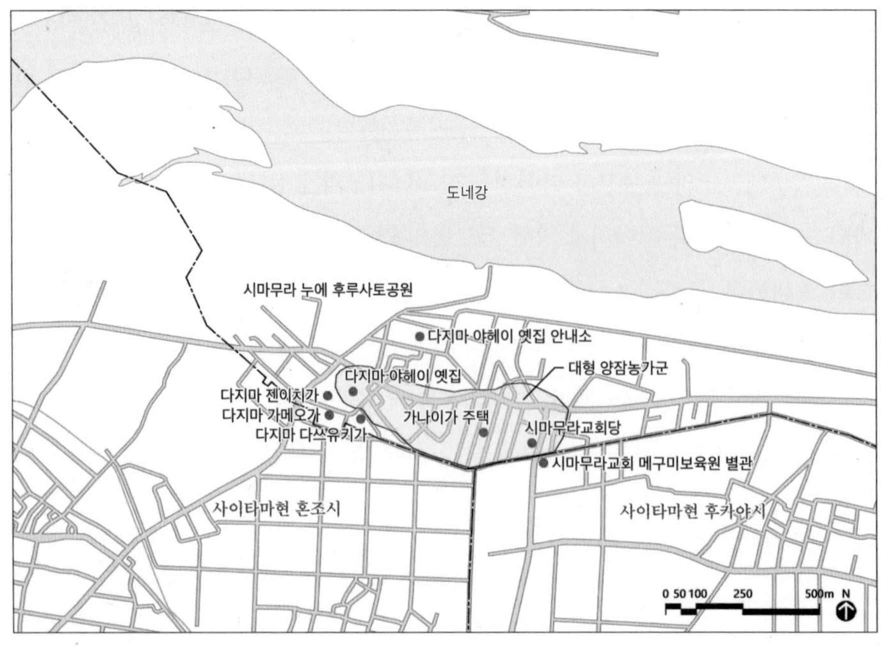

다지마 야헤이 옛집
1863년 건축. 국가 사적. 세계유산. 목조 이층 기와지붕 건물. 전면 폭(도리 방향) 25.4m, 깊이(보 방향) 9.4m.

20여 미터에 달한다.

그 가운데 다지마 야헤이田島弥平 옛집 본채는 1863년에 건축됐다. 다지마 야헤이(1822~1898)는 이세사키시 사카이시마무라에서 태어나 아버지와 함께 누에씨 생산업에 종사했다. 1879년 이탈리아로 건너가 누에씨를 직접 판매하기도 했다. 그는 양잠기술 연구에 힘써 통풍을 중요시하는 「청량육清涼育」 기술을 확립하고 이에 적합한 근대 양잠가옥을 고안했다. 청량육은 기온, 환기, 누에가 먹는 뽕잎의 관리와 양을 매뉴얼로 만든 「청온육清温育」 기법이 19세기 말에 확립되기까지 주류를 이루었던 누에 사육법이다.

청량육이라는 새로운 사육법 실천을 위해 큰 연속 창을 설치했으며, 이층의 지붕용마루 위에는 길이(도리) 방향 전체에 고시야네•를 설치하고 미닫이창을 통해 통풍을 조절했다. 이 건축 수법은 근대 양잠건축의 규범이 되어 이 지역뿐만 아니라 각지에 급속히 전파됐다. 누에씨를 한층 더 개량하는 데 몰두한 다지마 야헤이는 건물의 이층 모퉁이에 현미경실을 설치하고 그 안에 누에씨를 수출할 때 유럽에서 입수한 현미경을 사용해 병원균을 연구하기도 했다. 오늘날 이 부지 안에는 당시 잠실건물터, 뽕잎 저장장, 누에씨 창고 등이 남아 있다.

다지마 야헤이 옛집은 청량육 양잠기술을 확립하고 양잠농가의 건축양식에도 영향을 미친 인물의 고택으로 2012년 국가 사적으로 지정됐다. 그리고 2013년에는 세계유산「도미오카제사장富岡製糸場과 실크산업 유산군」의 구성요소로 등재됐다.

다지마 야헤이 옛집을 포함한 사카이 시마무라의 신치新地지구 등에는 지금도 다지마 야헤이 옛집과 거의 같은 모양으로 같은 시기에 지어진 대형 근대 양잠농가 건물 수십 채가 남아 있다. 이들 건축물의 북쪽과 서쪽에는「가시구네樫ぐね」라고 불리는 6~10m 높이의 가시나무 산울타리와 대나무·느티나무 등의 부지림敷地林이 있다. 이것들이 홍수가 잦았던 역사를 보여주는 돌담과 함께 녹음이 우거진 독특한 마을경관을 이루고 있다.

이세사키시는 이러한 근대 양잠농가 건축물군, 부지림 등의 역사·문화적 마을 경관을 유지·보전하기 위해 경관계획을 수립하고「사카이 시마무라 경관중점구역」을 설정했다. 다지마 야헤이 옛집의 동북쪽에는 옛 사카이시마소학교 건물을 활용한 다지마 야헤이 옛집 안내소가 있다.

◀「가시구네」 오솔길
부지 주변에는 수해 방지를 위해 돌담을 쌓고
그 위에 가시나무를 심었다.
길 끝 쪽에 대형 양잠농가가 보인다.

▼ 대형 양잠농가
본채는 1868년 건축. 목조 이층의 기와지붕 건물.
전면 폭(도리 방향) 23.4m, 깊이(보 방향) 9.0m.

2-6

도미오카시 옛 도미오카제사장

_군마현

군마현群馬縣 도미오카시富岡市에 있는 옛 도미오카제사장富岡製絲場은 2014년 세계유산에 등재된 「도미오카제사장과 실크산업 유산군」의 중심 자산이다. 도미오카제사장은 군마현 이세사키시伊勢崎市에 있는 「다지마 야헤이田島弥平 옛집」, 후지오카시藤岡市의 「다카야마샤高山社」, 시모니타마치下仁田町의 「아라후네후케쓰荒船風穴 누에씨 저장소」와 제휴해서 양질의 고치를 개발·보급했으며 일본에서 고품질 명주실

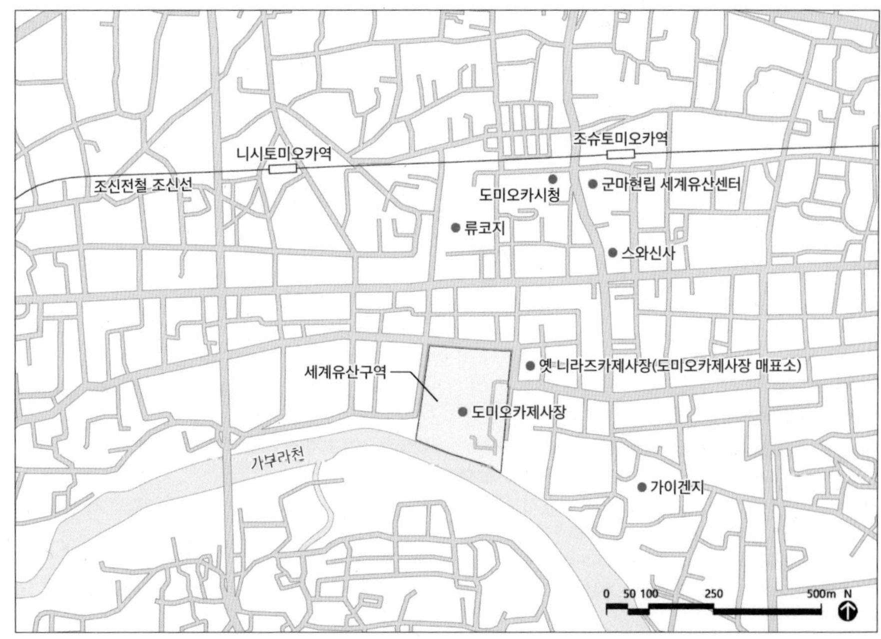

을 대량 생산함과 동시에 해외와 산업기술을 교류한 가치를 인정받아 세계유산이 됐다.

군마현의 남서부에 있는 도미오카시는 시역을 동서로 흐르는 가부라천鏑川과 그 지류들을 중심으로 한 하안단구와 야산에 둘러싸여 있다. 옛 도미오카제사장은 가부라천 북쪽 하안단구 위에, 1868년 수립된 메이지 신정부의 식산흥업殖産興業 정책에 따라 설립된 관영 기계 제사공장이다. 이곳은 전국의 모범공장으로 기획되었는데 프랑스인 제사 기술자 폴 브뤼나Paul Brunat[16]의 지도로 요코스카조선소横須賀造船所[17]의 프랑스인 기사 에드몽 오귀스트 바스티앙Edmond Auguste Bastien[18]이 설계하고 일본인 관리와 목수들이 시공했다. 1872년 실 뽑기 작업을 하는 조사소繰糸所[19]와 고치 저장시설인 동서의 치견소置繭所가 완성되어 개업했다. 주 구조는 모두 요코스카조선소의 주요 건물과 마찬가지로 목조 뼈대에 벽돌벽을 세운 목골벽돌조•이며, 지붕틀은 킹포스트 트러스구조다. 킹포스트 트러스는 삼각형 모양의 중앙에 킹포스트라 부르는 지주를 설치한 형식으로, 주로 대규모 목조건물에 이용된다. 조사소는 부지 중앙에서 약간 남쪽에 있는데, 일식기와를 인 맞배지붕의 단층 건물이다. 길이는 140m인데 전체에 고시야네•가 설치됐다. 동서의 치견소는 모두 100m가 넘는 장대한 이층 건물이다.

비슷한 시기에 증기가마소蒸氣釜所, 브뤼나의 주택으로 건설된 수장관首長館, 프랑스인 여성 제사 교사의 숙소인 여공관女工館, 프랑스인 명주실 검사 기사의 숙소인 검사인관 등이 건설됐다. 그 뒤 데쓰스이류鐵水溜[20]라고 불리는 직경 15m의 커다란 철제 물탱크가 설치됐다. 이것들은 모두 중요문화재인데, 그 가운데 조사소와 동서

---

16 1840~1908. 1871년부터 일본 정부에 고용되어 5년 동안 도미오카제사장의 설립과 운영에 관여했다.

17 에도막부•가 1865년 요코스카에 세운 제철소를 시설을 확장해 1872년에 조선소로 완성, 많은 군함을 제조했다. 제2차 세계대전 후에는 주일미군의 기지가 됐으나 구내에 당시의 유구가 남아 있는 귀중한 근대화유산이다.

18 1839~1888. 1866년에 요코스카제철소(뒷날의 요코스카조선소)의 조선공 겸 제도공으로서 일본에 왔다. 1867년, 제사 기술자인 브뤼나의 의뢰로 관영 도미오카제사장을 설계했다.

19 고치에서 명주실을 뽑는 작업장. 고치를 삶아 견사를 뽑기 쉬운 상태로 만든 다음 실마리를 찾아 몇 개의 고치에서 나온 실을 합해 한 가닥의 실로 만드는데 조업 초기 고치를 삶는 가마가 300대 설치됐다.

20 고치를 삶을 때 사용하는 물을 가부라천에서 끌어들여 담아 두는 물탱크. 수입품 철판을 사용해 리벳 접합을 하는 선박 건조 기술을 가진 조선소가 있는 요코하마에서 제작한 뒤 이곳까지 이송해 조립했다. 1874년 제작. 직경 15m, 깊이 2.4m, 저수량 400톤.

조사소의 내부
목조 킹포스트 트러스구조의 지붕이 아름답다.

서치견소 중앙부
일식기와를 인 맞배지붕. 목골벽돌조 이층 건물.

수장관
제사장 수장 브뤼나의 주택. 일식기와를 인 우진각지붕. 목골벽돌조 단층 건물.

데쓰스이류
증기가마소의 서쪽에 있다. 철판을 리벳으로 접합해 붙여 만든 원통형 공작물.

의 치견소는 2014년 산업유산으로서는 처음으로 국보로 지정됐다. 그리고 전체 부지는 사적으로 지정됐다.

옛 도미오카제사장은 1893년부터 민간으로 경영주체가 바뀌었고 제사 기계도 차례로 개량하면서 1987년까지 조업했다. 그 사이 다양한 건물이 지어졌는데 특히 1896년 건축된 여공 기숙사, 같은 해 건축된 공장장 등 관리자용 사택 세 채가 흥미롭다.

현재 옛 도미오카제사장에서는 다양한 보존정비사업이 진행되고 있다. 서치견소는 내진 보강과 낡은 부분을 수리하고 일층 내부에 별도로 유리와 철골 구조체를 설치해 갤러리, 홀, 화장실 등으로 만들었다. 또한 폭설로 무너진 건조장 · 고치취급장의 복구공사, 사택군의 보존 · 활용공사, 가부라천 둑 비탈의 붕괴방지공사, 종합방재공사 등 세계유산으로서 가치를 지키고 방문객의 이해를 돕기 위한 제반 정비사업을 계획적으로 진행하고 있다.

옛 도미오카제사장은 메이지 정부의 산업근대화 정책을 여실히 보여주는 증거다. 제사 기술 개발의 최첨단인 그 시설군은 양잠업과 연계한 누에씨 기술 향상의 거점으로 근래까지 운영됐으며, 그 전체적인 모습을 오늘날까지 전하고 있다.

2-7

안나카시 우스이고개 철도시설

_군마현

군마현群馬縣 안나카시安中市와 나가노현長野縣 가루이자와마치軽井沢町를 잇는 우스이고개碓氷峠는 에도시대에 에도, 곧 현재의 도쿄와 각지를 연결하는 5개 주요 도로인 고카이도•의 하나로, 내륙부를 거쳐 교토로 가는 나카센도•에서도 중요한 관문이었다. 그런데 길이 너무 험난해 조금이라도 쉽게 갈 수 있도록 여러 차례 노선 개발과 개량 공사가 이루어졌다. 그 중요성을 고려한 메이지 정부도 철도건설에 착

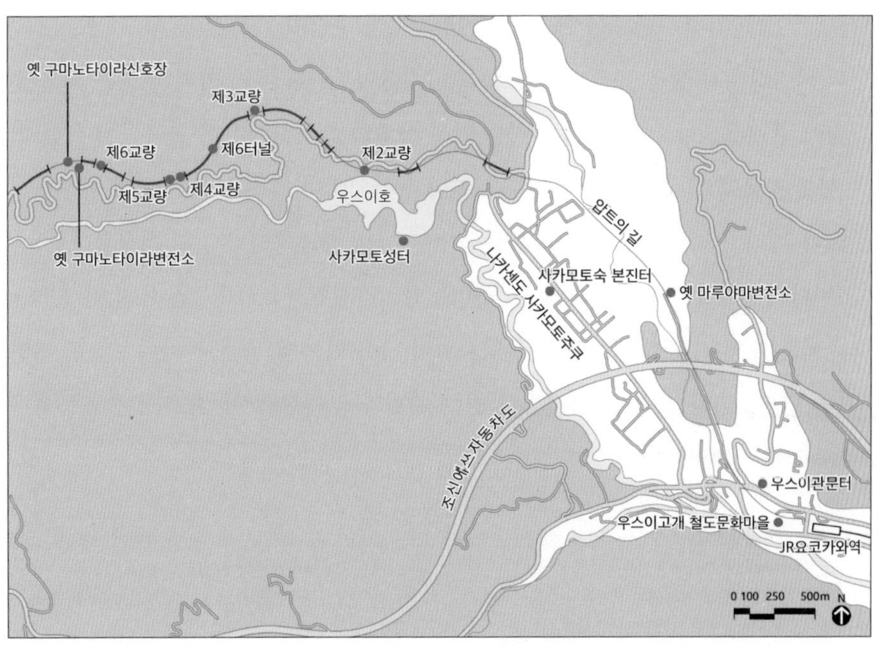

우스이고개 철도시설 제3교량
흔히 안경다리라고 부른다. 4개의 벽돌조 아치로 이루어진 아치교. 근대화유산으로서 처음 중요문화재로 지정됐다.

수해 이미 1885년과 1888년에 우스이고개 구간만 제외한 양쪽 노선을 각각 개통한 상태였다. 표고차 553m를 올라가기 위해 고심 끝에 급경사에서도 운행할 수 있는 압트식[21] 등판기구登坂機構를 채용해 1893년에 이 구간이 개통됐다. 철도 개통은 두 현의 양잠산업과 상품 유통에 큰 효과를 가져왔다. 그 뒤 여러 가지 개량을 해서 수송력이 증대됐으나 1963년 수송력을 더욱 강화하고 소요시간을 단축하기 위해 기존 선로 북쪽에 새 철로를 부설해 복선화가 완성됨에 따라 일부를 제외하고는 폐선되었다. 게다가 1997년에 나가노신칸센長野新幹線이 개통하자 완전히 폐선됐다.

안나카시 요코카와역横川驛과 옛 구마노타이라신호장熊ノ平信号場 사이 약 7.5km 구간에는 개통 시 건설된 수많은 철도시설이 남아 있는데, 벽돌조 아치교 7곳, 터널 11곳, 변전소 3채, 그리고 이것들이 있는 대지가 근대화유산[22]으로서 중요문화재

21 스위스인 카를 로만 압트Carl Roman Abt가 개발한 특수한 철도 등판기구. 철도 레일 사이에 톱니모양의 레일을 추가로 깔고 차량의 차축에 부착한 톱니바퀴를 맞물리게 하며 가파른 경사에서도 안전하게 운행할 수 있도록 했다.

22 19세기 후반~제2차 세계대전 시기에 건설되어 일본의 근대화에 기여한, 근대적 기법으로 만들어진 산업·교통·토목 관련 건조물 등을 말한다. 1990년 이것들에 대한 전국종합조사를 시작하면서 문화청文化廳이 만든 용어다.

◀ 옛 구마노타이라신호장
오른쪽 흰 건물은 1937년 건설된
구마노타이라변전소.

▼ 산책로「압트의 길」
벽돌 터널이 이어진다. 1893년 건설.

옛 마루야마변전소

로 지정됐다.「제3교량」은 경간 약 18m, 높이 약 31m, 길이 약 91m로 일본 최대의 벽돌조 아치교인데 '안경다리'로 불리며 사랑받고 있다. 영국인 기사 파우날Charles Assheton Whately Pownall의 설계다. 터널들은 모두 단면이 말굽형이고 출입구와 내부 벽면은 벽돌조다. 가장 긴 '제6터널'은 길이가 546m에 달한다. 또한 마루야마丸山변전소는 철도가 전기화됨에 따라 1912년에 건축됐는데, 기계실, 축전지실 등 두 채의 벽돌조 건물로 이루어졌다.

이들 우스이고개 철도시설과 관련된 폐선부지는 1994년에 중요문화재로 지정됐다. 그 뒤 2001년에는 JR요코카와역에서 옛 마루야마변전소, 우스이 제3교량 등을 거쳐 옛 구마노타이라신호장까지 11개의 터널을 지나는 전체 길이 5.9km의 철도 폐선 궤도를 따라가는 길이「압트의 길」이라는 산책로로 정비되어 하이킹족 등이 많이 찾는다. 압트의 길 입구 근처에 옛 나카센도의 한 검문소로 1623년에 설치된「우스이관문터碓氷關所跡」가 있다. 관문의 동문東門은 1960년에 복원됐다. 그리고 압트의 길 입구에 해당하는 JR요코카와역에 인접한 곳에 오래된 철도차량 등을 모아 전시하는「우스이고개 철도문화마을」이라는 야외 박물관이 있다.

2-8

가와고에시 가와고에

_사이타마현

중요 전통적 건조물군 보존지구
7.8ha, 1999년 선정

가와고에시川越市는 사이타마현埼玉縣 중앙부에 위치하는 인구 약 35만 명의 지자체다. 옛 시가지는 무사시노대지武蔵野臺地[23]의 동북쪽 끝에 있는데, 북쪽으로 크게 휘어지는 신가시천新河岸川[24]에 접해 있다. 1457년에 이 대지의 동쪽 끝에 가와고에성이 건설됐다. 미카와국三河國(오늘날 아이치현愛知縣의 일부) 출신인 도쿠가와 이에야스•가 세력을 확장해 1590년 간토關東지방에 진출했을 때 중신重臣을 이곳에 배치함

으로써 가와고에는 성하마을•로서 발걸음을 내디뎠다.

가와고에에서는 17세기 초에 사찰과 신사의 이설 정비와 무가구역의 정비 등이 이루어졌으나 1638년에 큰불이 나서 성안과 성하마을이 대부분 소실됐다. 그러나 그 이듬해 다시 본격적인 성하마을 건설이 시작됐다. 가와고에성을 확대하면서 성의 남북에 상·중급 무사를, 성하마을의 주요 가도변에는 하급 무사를 배치했고 이와 함께 성하마을의 토지구획을 정비했다. 1718년에 다시 큰 화재가 발생한 뒤 불을 차단하기 위한 공간인 화제지•가 조성되고 성하마을의 토지구획 일부가 변경됐다. 그러나 그 뒤로는 크게 변경된 부분이 없어서 상공인구역은 17세기 초기의 토지구획 형태가 현재까지 대부분 남아 있다. 에도시대(1603~1868)를 통해 에도의 북서쪽 방어지였던 가와고에에는 대대로 장군과 에도막부• 요직자의 친족들이 지방영주로 배치됐다.

가와고에의 중심 시가지는 주변 지역의 농산물과 기타 물자의 집산지였는데, 17세기 전반 무렵부터 신가시천 변에 하역시설이 정비됨에 따라 에도와 선박 수송을 통한 쌀·직물 등의 상품 유통과 사람의 왕래가 활발해져 한 층 더 활기를 띠었다. 대화재 후 17세기 중엽에 시작된 히카와氷川신사의 제례인 가와고에마쓰리[25]는 19세기 전반 상인구역·장인구역인 중심부 열 개 마을의 유지들이 수레•를 끌고 돌아다니는 축제였는데 장군도 구경했다는 에도의 큰 마쓰리 양식도 차용해 성황을 이루었다.

메이지시대(1868~)에도 가와고에의 번영은 계속되어 시가지 중심부에는 은행 등 금융기관과 비단·무명·삼베를 매매하는 유력 상인의 점포가 줄지어 있었다. 그러나 가와고에는 1893년 사상 초유의 대화재로 시가지의 3분의 1을 잃었고, 중심부의 열 개 마을도 일부 점포와 도조•를 제외하고 거의 전부 소실됐다. 그러나 당시 상인의 재력으로 단기간에 복구가 이루어졌다. 한편, 가와고에에서는 19세기 말에서

---

23 간토평야의 중앙부를 흐르는 아라카와강荒川과 서부를 흐르는 다마강多摩川 사이에 있는 면적 약 700km²의 높은 평지.

24 사이타마현 남중부에서 도쿄도 북부로 흐르다 아라카와강의 지류로 도쿄도 동부를 흐르는 스미다강隅田川과 합류하는 총 길이 약 25km의 하천. 17세기부터 20세기 초까지 약 300년간 많은 배가 오가며 가와고에와 에도를 연결했다.

25 2016년 사와라의 대제佐原大祭(2－9), 다카야마마쓰리高山祭(3－6), 기온마쓰리祇園祭(4－7) 등과 함께 「일본의 장식 수레 축제, 야마山·호코鉾·야타이屋臺 행사」로 유네스코 인류무형문화유산 대표목록에 등재됐다.

20세기 중반에 걸쳐 3개의 철도노선이 정비되었고 기존 시가지에서 떨어진 곳에 설치된 각 역 주변에 상업지가 확대됐다. 그렇지만 기존 시가지의 열 개 마을의 중요성은 약화되지 않았으며 지금도 활발한 경제활동과 시민생활의 중심 역할을 하고 있다.

열 개 마을은 가와고에성의 서쪽 정면에 해당하는 후다노쓰지●를 중심으로 상인구역인 다섯 개 마을과 그 남북으로 장인구역인 다섯 개 마을로 구성됐는데, 두 곳 모두 큰길에 면해 차츰 상점주택이 많아졌다. 후다노쓰지 네거리를 이루는 길은 폭이 넓지만 그 밖의 길은 현재도 폭이 좁고 T자형 길과 막다른 골목이 많아 지금도 성하마을의 운치를 지니고 있다.

가와고에시 가와고에 전통적 건조물군 보존지구는 JR가와고에역에서 시가지 중앙을 남북으로 관통하는 주오도리中央通り의 나카초仲町 네거리에서 후다노쓰지까지 구간(이 구간을 이치반가이一番街 상점가라 함)을 중심으로 한 남북 약 430m, 동서 약 200m, 면적 7.8ha의 범위로, 17세기 이래 열 개 마을 상공인구역의 핵심부를 차지한다. 이 지구 안에 18세기부터 도조구조의 마치야●가 일부 지어졌다. 1893년 대화재 이후 복구할 때 상인들이 모두 방화성능이 높은 도조구조를 채택했으며, 1907년경까지 지구 안에는 40여 채의 중후한 도조구조 마치야가 즐비한 가로가 형성됐다. 여기에 1910년대부터 서양식 건축●과 외관이 서양식인 마치야 등이 추가됐다.

지구의 토지구획은 가로 형태가 복잡해 일정하지 않지만 대체로 전면 폭 8~10m, 깊이 30~40m의 직사각형이다. 전통적 건축물의 약 80%가 마치야인데, 그 대부분은 도조구조 건물이고 일부 목조 기둥을 드러낸 심벽구조나 서양식 외관의 마치야도 있다. 가정집으로는 19세기 후반 이후의 일본식 주택이나 20세기 전반의 서양식 주택이 있으며, 그 밖의 용도로 지어진 서양식 건축이나 사찰·신사 건축 등이 있다. 그 가운데 이 지역의 경관을 특색 있게 만드는 것은 도조구조 마치야다. 큰길에 면해 거대한 귀면기와·가게모리●·하코무네● 등을 설치한 맞배 혹은 팔작지붕, 일식기와지붕, 긴 전면 진입방식, 이층 건물들이다. 검은 회벽●으로 마감한 점포용 도조인 미세구라●를 조성하고 그 안쪽에 자시키●, 별채 자시키, 창고용 도조 등을 배치했다. 대규모 도조구조의 마치야는 앞면에 미세구라와 나란히 부수적인 창고로 박공면을 길 쪽으로 낸 도조인 소데구라●나 벽돌조의 아치문을 설치한 것도 있다. 도조구조 마치야의 일층은 주로 미닫이문이 들어가는 두껍닫이가 문 양쪽 혹은 한

중후한 도조구조의 마치야가 늘어선 주오도리의 가로 경관
1893년의 대화재 이후 가와고에의 상인들은 길에 면해 방화 성능이 높은 도조구조의 점포인 미세구라를 잇달아 지었다.

다이쇼로만유메도리大正浪漫夢通り라는 애칭을 가진 서양식 간판건축● 점포 가로
가와고에 전통적 건조물군 보존지구의 주오도리 동쪽으로 나란히 남북으로 이어진 약 160m의 상점가.
다이쇼大正시대(1912~1925) 무렵 건축된 건물이 많아 그런 이름이 붙여졌다. 길을 따라 8건의 가와고에시 경관중요건조물이 있는데, 각각 역사적 외관을 살리면서 특색 있게 점포를 경영하고 있다.

쪽에 있으며, 문단속은 안에 설치한 목제 내리닫이문으로 했는데 현재는 상부에 유리를 끼운 미닫이문으로 바뀐 것이 많다. 이층 창문은 주로 쌍여닫이창으로, 일부에 가로로 긴 창살창을 설치한 것을 볼 수 있다.

가와고에에 현존하는 도조구조 마치야로서 가장 오래된 것은 1792년 건축된 오사와가大沢家주택(중요문화재)으로, 18세기말 가와고에 도조구조 마치야의 모습을 잘 간직하고 있다. 이들 마치야군에 섞여 1918년 건설된 옛 하치주고은행八十五銀行 본점 본관(등록유형문화재) 등의 서양식 건축이 있다. 그리고 그 뒤편으로 전통적 외관을 가진 일본식 주택과 사찰·신사 등이 분포한다.

대화재 뒤 1894년에 재건된 도키노카네時の鐘(가와고에시 지정 문화재)가 지구의 상징으로 우뚝 솟아 있다. 도키노카네는 종을 울려 성하마을의 사람들에게 시간을 알리는 높은 종루다. 17세기 전반에 가와고에 성주가 현재 위치에 세웠고 현재의 종루는 1893년 대화재 다음 해에 다시 세운 것이다. 현재도 하루 네 차례(6시, 12시, 15시, 18시) 기계장치로 종을 친다.

1960년대부터 가와고에 도조구조 가로를 보존할 필요성이 제기됐다. 1971년에 앞서 말한 오사와가주택을 중요문화재로 지정하고 이듬해인 1972년에 과거 담배 도매점으로 쓰던 도조구조 상점주택을 공유화해 1977년에 가와고에시 도조구조 자료관으로 개관하는 등 1970년대 초부터 시민과 지자체의 구체적인 움직임이 시작됐다. 문화재보호법이 개정되어 전통적 건조물군 보존지구 제도가 생긴 1975년에 가와고에시가 전통적 건조물군 보존대책을 세우기 위한 조사를 했다. 1981년에는 도조구조 상점주택 가운데 16건이 시의 문화재 건조물로 지정됐다. 1983년에 가와고에시 중심부의 상점주, 주민, 건축가, 식견과 경험이 풍부한 사람, 지자체 직원 등 약 220명이 시민단체인 「가와고에 도조회」를 결성했고 2002년 특정비영리활동법인[•]으로 인정받았다. 1987년에는 상점가의 자문 조직으로서 현지 상점주, 마을자치회, 외부 전문가, 시 행정 담당자 등이 「가로 위원회」를 결성했다. 이 조직에서 역사적 자산을 활용한 마을 만들기의 자주 협정인 『마을 만들기 규범』을 제정하고 지역사회에서 건축행위를 자주적으로 유도하기 시작했다. 그리고 1989년부터 이 규범에 따라 점포의 경관 정비 사업에 대해 시가 지원금을 지급하기 시작했다. 또한 1990년부터 전선류를 지하에 매설하는 사업을 진행해 경관이 크게 개선됐다.

가와고에의 대표적인 도조구조 마치야
1783년 창업한 일본과자점(야마자키가山崎家 가메야亀屋)의 본채와 이에 연결된 창고용 도조인 소데구라. 모두 1893년 건축. 시지정문화재.

오사와가주택(왼쪽)과 신축·수경●된 미세구라(오른쪽)
오사와가주택은 간토지방에서 가장 오래된 도조구조 건물인데, 1893년의 대화재 뒤에 건설된 도조구조 마치야와 비교하면 간소하다.

▲ 큰길가의 도조구조 마치야(고바야시가小林家 주택)와 그 뒤의 서양식 건축
고바야시가주택의 미세구라는 1893년, 대화재 직후에 건축되었다. 부지 안쪽의 문서 창고용 도조는 대화재 이전인 1883년의 건축. 모두 시 지정 문화재.
뒤의 서양식 건축은 1918년 건설된 옛 하치주고은행 본점 본관. 설계자는 야스오카 가쓰야保岡勝也.
2024년 봄 지역활성화 시설로 문을 열 예정이다.

▶ 도키노카네
높이 16m의 목조 3층 건조물. 근래에 내진공사를 했다.

그러나 전통적 건조물군 보존지구의 지정 움직임은 지지부진했다. 1997년 도조구조 마치야가 즐비한 주오도리 변 부지에 고층아파트를 건설하려는 계획이 알려지자 이에 대한 반대운동이 일어나 주민들은 시에 보존지구 지정을 요청하는 등의 활동을 시작했다. 이를 계기로 도조구조 마치야의 가로를 보존하고자 민관 모두가 합심해 다시 열띤 노력을 기울였다. 그리고 1998년 6월 전통적 건조물군 보존지구 보존 조례가 제정되었고 이듬해인 1999년 4월에 전통적 건조물군 보존지구의 도시계획이 결정됐다. 보존지구의 중심을 이루는 주오도리는 폭을 약 2배로 확대하려는 계획이 있었는데 이 결정으로 폭을 확대하지 않기로 했으며 현재의 도로 폭을 거의 그대로 두는 것으로 도시계획도로[26]를 변경했다. 또한 주변의 좁은 길들도 현 도로 폭 그대로 도시계획도로로서 새롭게 결정함으로써 지구 전체의 도로를 역사를 살린 가로로 정비할 수 있었다.

가와고에 전통적 건조물군 보존지구는 위에서 설명한 바와 같이 시민과 지자체가 협조하며 경관을 보전하고 정비한 긴 역사를 가지고 있다. 그로부터 얻은 '주민 주체의 마을 만들기'라는 이념과 실천은 그간 큰 성과를 거두었다. 가와고에는 매력적인 역사도시이자 현대에 살아있는 도시로서 현재까지도 다른 도시의 보존지구보다 활발하게 상업 활동이 유지됨으로써 일본 안팎의 역사가로를 사랑하는 많은 사람들과 관광객들을 불러들이고 있다.

가와고에 전통적 건조물군 보존지구 내부뿐만 아니라 그 주변에 많은 도조구조 마치야, 서양식 건축, 일본식 주택, 신사·사찰 건축, 도조구조 양조장 등이 분포한다. 그 가운데 94건이 역사적 풍치 형성 건조물[27]로 지정됐다. 이들 건조물에 대해서는

---

26 도시계획법에 따라, 양호한 시가지 환경을 정비하기 위한 도시계획과 통합해 조성되는 도로. 확폭 등의 계획이 세워지므로 도시계획 도로구역 안에서는 항구적인 건물을 지을 수 없다. 전통적 건조물군 보존지구의 후보지구는 그 지방의 중심적 시가지였기 때문에 일찍부터 확폭을 포함한 도시계획도로가 결정된 경우가 있는데, 확폭 예정 부분에서는 도시계획 제한 때문에 개축 등이 억제됨으로써 오히려 오래된 건물이 남는 결과가 되기도 한다. 한편 보존을 목표로 하는 전통적 건조물군 보존지구는 도로정비를 수반하는 도시계획도로와 양립할 수 없으므로 도시계획도로의 폐지를 전제로 전통적 건조물군 보존지구의 도시계획을 결정한다.

27 역사적 풍치 유지 향상 계획에 기재된 중점구역 안의 역사적인 건축물로, 지역의 역사적 풍치를 형성하고 있으며 그 유지와 향상을 위해 보존할 필요가 있는 것을 지자체가 지정한 것. 소유자 등은 적절한 관리 의무와 행위 신고 의무를 지며, 건조물 외관을 수리하거나 경관을 위해 복원할 경우 지원금을 받을 수 있다. 가와고에시에서는 ①국가 등록유형문화재와 등록기념물, ②사이타마현과 가와고에시의 지정 문화재, ③도시경관조례로 지정된 도시경관중요건축물, ④경관법에 따른 경관중요건축물 중에서 지정한다.

상점가조합商店街組合과 소유자 등의 독자적인 노력, 가와고에시의 역사적 건조물 보존 활용 촉진 사업 등을 통해 보존·활용·공개가 추진되고 있다.

역사적 건조물의 보존·활용을 촉진하는 사업은 '경관중요건조물' 등 역사적 건조물의 소유자와 이용자의 요구를 조정해 보존과 이용·활용에 연결하는 정책으로, 견학회, 자금조달 세미나, 실증실험 등을 한다. 이 밖에 가와고에시는 등록유형문화재인 옛 양조장(옛 가가미야마주조鏡山酒造)을 산업관광관으로서 보존·재생하는 사업, 시 지정 문화재인 옛 가와고에 직물시장의 정비사업 등을 자체적으로 실시하고 있다. 또한 「가와고에시 역사적 건축물의 보존과 활용에 관한 조례」에 의한 건축기준법 적용의 예외 조치를 정해 소유자 등이 역사적 건조물을 적극 활용하도록 유도하고 있다.

가와고에와 지바현千葉縣 가토리시香取市 사와라佐原, 도치기현栃木縣 도치기시는 모두 지난날 에도와 수운으로 교류해 번창했다. 이들 도시에는 도조구조 건물을 중심으로 한 역사가로와 에도의 마쓰리로부터 영향을 받은 호화로운 수레 축제가 있다. 이렇게 에도의 번화함과 문화를 전해 온 이들 지자체를 「고에도小江戸(작은 에도)」라고 부른다. 이 세 개 도시에서는 1996년부터 매년 차례로 장소를 바꾸어가며 세 개 시의 시장과 시민이 한자리에 모여 「고에도」를 키워드로 마을 만들기에 대해 논의하는 행사인 「고에도 서밋summit」을 개최해 함께 도시의 매력을 전하고 있다.

가와고에 거리에서 재현된 조선통신사 행렬

하기와라 메구미

2022년 11월 13일 화려한 의상을 입은 300여 명의 내외국인들이 가와고에 중심가를 행진했다. 코로나 팬데믹의 영향으로 3년 만에 개최된 제18회 '가와고에 도진소로이唐人揃い 퍼레이드' 행사다. 여기서 '도진唐人'은 당나라 사람이 아니다. 섬나라인 일본에서는 그 옛날 바다 건너 전래된 문물들을 사람들이 귀하게 여겨 아꼈다. 그런 물품들을 원산지를 구분하지 않고 '가라모노'라고 불렀고 한자는 唐物, 韓物 양쪽 다 썼다. 외국인 또한 국적과 상관없이 '가라비토唐人' 즉 다른 발음으로 '도진唐人'이라고 했다. 일본의 전통 회화, 도자기 등에 많이 그려진 '가라코唐子'는 조선통신사 일행 중 춤추는 소동을 소재로 한 것이다.

17~19세기에 모두 12차례에 걸쳐 이루어진 후기 조선통신사(4-2 칼럼 참조) 가운데 4차(1636), 5차(1643), 6차(1655) 통신사는 에도江戶를 거쳐 도쿠가와 이에야스*의 묘소가 있는 닛코日光까지 다녀왔지만 가와고에는 그 경로에 포함되지 않았다. 그런데 상거래로 에도와 직결되었던 만큼 가와고에 사람들은 통신사를 구경하러 에도까지 갔던 모양이다. 거상 에노모토 야자에몬榎本弥左衛門은 통신사의 행렬을 구경했을 때의 감동을 일기장에 적어 놓기도 했다.

1700년경부터 히카와氷川신사의 제례행사인 가와고에마쓰리의 구경거리 중 하나로 조선통신사의 모습을 흉내낸 가장假裝 퍼레이드인 '도진소로이'가 시작됐다고 한다. 히카와신사에는 도진소로이를 그린 '히카와 제례 두루마리 그림'(1826)과 에도의 조선통신사를 그려 봉납된 대형 나무판인 에마繪馬(1716)가 전해지는데 둘 다 시 지정 유형민속문화재이다. 또한 뉴욕공립도서관에 소장된, 도진소로이가 그려진 '히카와 제례 두루마리 그림'(18세기)의 복제본을 가와고에마쓰리회관에서 전시하고 있다.

가와고에마쓰리 때의 도진소로이는 메이지시대(1868~)에 중단됐다. 그러나 21세기 들어 역사적 배경을 바탕으로 다문화 상생과 국제교류라는 새로운 가치를 담아 시민들이 퍼레이드를 부활시켰다. 2005년부터 시작된 새로운 '도진소로이 퍼레이드'는 그 주제에 맞게 종교행사인 가와고에마쓰리와 별도로 매년 11월 중순에 진행됐다. 매년 한국에서 참가 단체를 초빙한 것 외에 여러 외국인 단체와 일본 국내 소수민족인 아이누와 오키나와 사람들까지 참가해 각양각색의 민족놀이를 선보이는 등 다양해졌다. 또한 조총련계와 민단계 양측 재일동포들이 참가하며 합동 풍물패를 구성해 시민과 관광객들에게 큰 호응을 받았다. 한반도의 정세와 상관없이 이곳에서는 작은 통일이 이루어지고 있었던 것이다.

그러나 아쉽게도 21세기의 도진소로이 퍼레이드는 여러 사정 때문에 2022년 18회로 그 역사를 마무리하게 됐다. 주최 단체의 대표는 앞으로 다른 형태로 국제교류 행사를 계속하겠다고 말한다. 18년 동안 뿌리내린 국제교류와 다문화 우호의 씨앗은 또 다른 모습으로 꽃피울 것으로 기대된다.

참고

2022年川越唐人揃いパレードイベント情報
https://toujinsoroi5-kawagoe.amebaownd.com/

埼玉新聞 2022. 11. 15.「'川越唐人揃い' 多彩に最後のパレード」
https://saitama-np-jukennavi.com/column-news/「川越唐人揃い」多彩に最後のパレ＿ド/

朝鮮新報 2005. 12. 3.「唐人揃い in 川越」朝鮮通信使の仮装行列を再現 市民と参加者心一つに
http://korea-np.co.jp/j-2005/01/0501j1203-00001.htm

カワゴエ・マス・メディア 2019. 12. 29. 川越お天道様もにっこり市民同士の多文化交流「第15回川越唐人揃いパレード」
https://koedo.info/191229kawagoetojinzoroi/

川越市立博物館だより 第20号 1997. 3. 31.
https://www.city.kawagoe.saitama.jp/welcome/kankospot/hommarugotenzone/hakubutsukan/kankoubutsu/hakubutsukandayori1.files/20.pdf

川越市立博物館だより 第23号 1998. 3. 31.
https://www.city.kawagoe.saitama.jp/welcome/kankospot/hommarugotenzone/hakubutsukan/kankoubutsu/hakubutsukandayori1.files/23.pdf

川越市立博物館だより 第49号 2006. 12. 16.
https://www.city.kawagoe.saitama.jp/welcome/kankospot/hommarugotenzone/hakubutsukan/kankoubutsu/hakubutsukandayori2.files/49.pdf

川越まつり会館
https://kawagoematsuri.jp/matsurimuseum/

川越まつり会館の氷川祭礼絵巻がすばらしかった川越まちあるき
https://4travel.jp/travelogue/11243107

2-9

가토리시 사와라

_지바현

중요 전통적 건조물군 보존지구
7.1ha, 1996년 선정

지바현千葉縣 가토리시香取市[28] 사와라佐原는 도네강[•]의 수운과 함께 번영한 상업 도시다. 도네강은 예전부터 도쿄만에 흘러 들어갔는데, 도중에 복잡하게 분류와 합류를 반복했다. 도쿠가와 이에야스[•]가 에도에 거점을 마련한 16세기 말부터 17세기 중반 사이에 도네강은 유로를 개착하고 여러 하천과 결합 또는 분리하는 큰 공사를 통해 유로가 크게 동쪽으로 바뀌어 지바현 조시銚子에서 태평양으로 흘러 들어가게

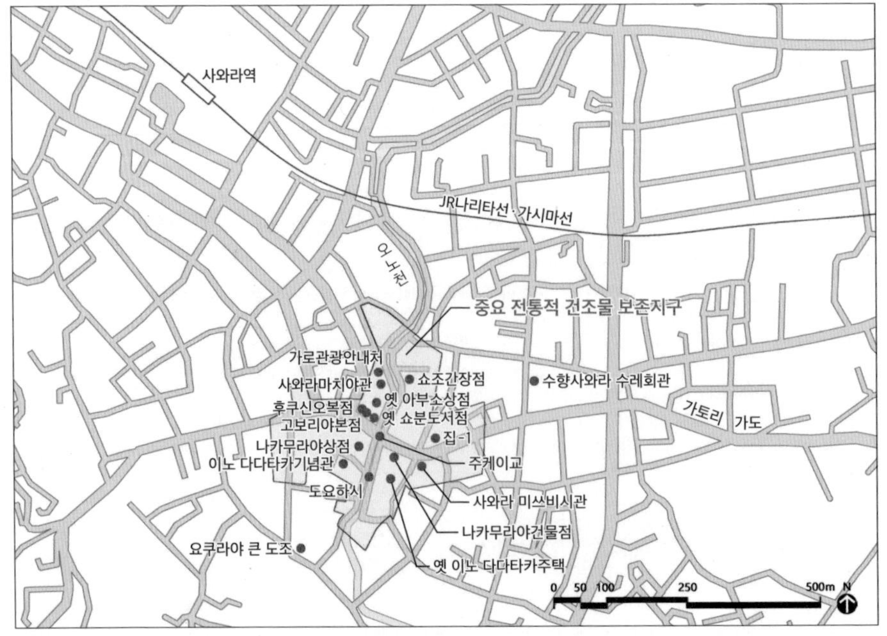

됐다. 이에 따라 도네강의 본류와 지류, 그리고 주요 유로와 연결된 못이나 늪의 연안에 다수의 하역장이 조성돼 수운이 발달하고 여러 산업이 번성했다.

사와라의 시가지는 남쪽의 홍적대지洪積臺地와 북쪽의 도네강으로 둘러싸인, 표고 3~4m의 저지대에 조성됐다. 오노천小野川[29]이 그 중심부를 흘러 도네강에 합류한다. 사와라라는 이름은 13세기 초에 가토리신궁[30] 영지로 등장했으며, 13세기 후반에 시장이 형성된 것으로 알려져 있다. 사와라에 주거지가 조성된 것은 1580년경이며, 이 무렵부터 오노천 오른쪽 기슭에 이어 왼쪽 기슭에도 마을이 생겼다.

17세기 이후 사와라는 에도막부• 직할지와 무사들 영지로 작게 나뉘었으며 때로는 사쿠라번佐倉藩•[31]의 영지가 되는 등 지배자가 계속 바뀌었다. 도네강은 여러 차례 선형 변경 공사가 이루어졌고 18세기 전반의 대홍수 이후 오노천과 도네강이 연결되자 사와라는 도네강 하류 지역의 물자 집산지로서 중요한 입지를 갖게 되었다. 또한 사와라는 가토리신궁으로 향하는 가토리가도 등 많은 가도의 시작점 혹은 통과점으로, 육상 교통의 요충지였다.

사와라의 오노천 변은 「사와라 가시河岸(하역장)」라 불렸는데, 평저선들이 오가며 에도로 쌀·장작·술·간장 등을, 에도로부터는 무명 등 의류와 그 밖의 생활용품이나 잡화를 실어날랐다. 천변에는 「다시」라 불리는 하역용 돌계단이 다수 설치되어 숙박업을 겸한 도매상과 여인숙이 즐비했다.

17세기 후반 이노伊能 가문이 처음 주조업을 시작했다고 한다. 그 뒤 18세기 후반, 17세 때 사와라의 거상 이노가의 양자가 된 이노 다다타카伊能忠敬(1745~1818)가 가문을 이어받았고 쇠퇴했던 가운의 회복에 힘써 주조량은 이 무렵 최고에 달했다. 19세기 전반 사와라에서 주조업체는 31개나 됐다고 한다. 이노 다다타카는 사와라의 행정에도 크게 공헌했으며, 은퇴한 다음 50세 때인 1795년부터 에도에서 천문

---

28 지바현의 북동부에 위치하며, 인구는 약 7만 5천 명. 2006년에 사와라시를 중심으로 인근의 여러 개 지자체가 합병해 발족했다.

29 가토리시를 흐르는 도네강의 지류로, 일찌기 수운의 집산지로서 사와라의 번영을 가져왔다. 예로부터 농업용수로도 이용됐다.

30 8세기 이전부터 지바현 가토리시 가토리에 존재한 일본 굴지의 오래된 신사. 1700년에 지어진 본전과 누문이 중요문화재로 지정됐다.

31 현재의 지바현 사쿠라시를 중심으로 17세기 초부터 1871년까지 존재했던 무가의 영지.

오노천 변의 경관
쇼조正上간장점(1832년 건축, 지바현 지정 유형문화재)과 오노천 언저리의 다시.

학을 공부하고 측량을 시작했다. 그리고 1800년부터 1816년까지 에도막부의 허가와 명을 받아 전국 각지를 도보로 돌아다니며 측량해 일본 최초의 실측지도를 작성했다. 그가 죽은 뒤 1821년에 제자들이 축척 1/36,000의 총 214매로 이루어진 일본 최초의 실측지도 「대일본연해여지전도」를 완성했다. 가토리시 사와라에 있는 「이노 다다타카 기념관」에 소장된 지도 · 도면 · 측량기구 등 총 2,345점이 국보로 지정됐다.

사와라 중심부는 1892년에 큰 화재가 발생해 큰 타격을 입었지만 도네강 수운을 배경으로 1898년의 철도 개통 뒤에도 상업활동이 활발했다. 오노천의 양쪽 기슭과 오노천과 교차하는 가토리가도 변에는 목조 2층 마치야•와 중후한 도조•구조 건축

그리고 서양식 건축●이 어우러져 독특한 상점주택의 가로가 형성됐다. 시가지의 북쪽을 가로지르는 도네강을 향해 마을의 중앙부를 남북으로 완만하게 구불거리며 흐르는 오노천에는 지금도 과거 하역장으로 사용됐던 돌계단인 다시와 그 흔적이 남아 있어 옛 하항河港의 모습을 떠올려준다. 예전에는 천변에 있는 대부분의 집들 앞에 이런 돌계단이 있었다고 한다.

전통적 건조물군 보존지구는 오노천과 가토리가도가 만나는 주케이교忠敬橋 부근을 중심으로 오노천 변 남북 약 500m와 가토리가도 변 동서 약 400m의 대체로 십자형 구역으로, 사와라 옛 중심가의 핵심 부분을 차지한다. 건물의 부지는 오노천과 가토리가도와 각각 거의 직교하는 직사각형으로, 하역장을 활용한 도매상이 많았던 오노천 변 부지의 전면 폭은 7.2m 정도, 일상 잡화 소매업 위주의 가토리가도 변 부지는 5.4m 정도다.

사와라의 역사적 건조물은 주로 전통적인 마치야다. 오노천 변에는 하역장 거리로서 번성했던 역사를 반영해 선박 운송을 이용한 도매업, 양조업, 창고업 등을 운영했던 우진각 지붕, 박공면 진입방식의 비교적 큰 마치야가 즐비하다. 한편 가토리가도 변에는 일상 잡화용품을 팔았던 상점주택이 많다. 건축물은 도조구조나 누리야● 구조, 모르타르씻기 마감● 서양식 건축이나 벽돌조·목조의 마치야를 개조한 간판건축● 등 시대적으로나 양식적으로 다양하다. 규모는 부지 전면 폭의 차이만큼 오노천 변 쪽이 가토리가도 변보다 약간 크다. 도조구조 건축 이외의 일반 마치야는 도로 정면에 대고 커다랗게 점포를 만들고 그 안쪽에 흙바닥 통로를 따라 거실을 나란히 배치한다. 단층 건물 마치야는 소규모 상점 등에서 볼 수 있으며, 우진각지붕, 박공면 진입방식이 많다. 모두 일층 정면에 게야●를 설치하고 기본적으로 몸체 개구부는 시토미문●, 게야 바깥쪽은 살창으로 하며, 이층이 있는 건물은 이층에도 살창을 설치한다. 중후한 도조구조의 마치야는 가토리가도 변에 많은데, 모두 이층 건물, 맞배지붕, 긴 전면 진입방식으로 정면에 게야를 설치했다. 이 밖에 20세기 초 이후의 벽돌조나 철근콘크리트조 혹은 목골벽돌조● 모르타르씻기 마감의 서양식 건물 등이 남아 있어 사와라의 가로 경관은 다채롭다.

사와라에서는 1974년에 전통적 건조물군 보존 대책을 수립하기 위한 조사가 실시됐지만 시민들이 가로를 보존하려는 분위기는 그리 높지 않았다. 1983년에 다시

▲ 가토리가도 변 경관
오른쪽 끝은 쇼분도正文堂서점(1880년 건축, 목조 2층 건물, 도조구조), 현재는 고구마 과자 가게가 됐다. 왼쪽 끝은 고보리야小堀屋 본점(1900년 건축, 메밀국수집, 목조 2층 건물). 모두 지바현 지정 유형문화재. 동일본대지진으로 피해를 입은 뒤 복구됐다.

▶ 가토리가도 변 가로
오른쪽 끝은 1930년경 건축된 가구점(지도의 '집-1'). 외관을 모르타르씻기로 마감한 간판건축.

가로조사를 하고 그 뒤 벽돌조의 옛 미쓰비시은행三菱銀行 사와라지점과 도조구조 마치야 5건이 지바현 지정 문화재가 됐다. 그리고 가로 보존에 대해 논의하는 심포지엄을 개최하는 등 시민들의 보존에 대한 관심도 점차 높아졌다. 1991년에 지역의 유지들과 가로를 사랑하는 시민들이 「오노천과 사와라의 가로를 생각하는 모임」을 발족해 1989년 시에 기증된 옛 미쓰비시은행 사와라지점의 관리를 위탁받아 가로안내소로 활용하기 시작했다. 1993년에는 이 모임이 독자적으로 「사와라지구 가로 형성 기본계획」을 작성해 동네마다 설명회 등을 개최하는 한편, 당시 사와라 시장 등에게 역사적 경관에 관련된 조례 제정을 요청했다. 이렇게 해서 1994년에는 사와라시에서 역사적 경관 조례가 제정돼 수리 등을 위한 경비를 지원하는 사업이 시작됐다. 1996년에는 이 일대의 역사적 가로가 사와라시로부터 경관형성지구[32](18.6ha)로 지정되고 그 중심부가 전통적 건조물군 보존지구(7.1ha)로 지정됐으며, 같은 해 국가에 의해 중요 전통적 건조물군 보존지구로 선정됐다.

그 뒤 지속적으로 국가의 지원을 받아 보존정비사업을 진행해 역사적 풍취를 돋우었다. 또한 이 지구에서 열리고 있는 「사와라의 대제大祭」가 2004년에 국가 중요무형민속문화재●로 지정돼 역사와 문화를 간직한 마을로 알려지게 되었다. 매년 봄과 가을에 열리는, 사와라지구에 있는 두 신사의 마쓰리를 통틀어 이르는 사와라의 대제 때는 큰 인형과 짚으로 만든 대형 장식물을 얹고 정교한 조각물로 장식한 이층 구조의 수레●를 끌고 음악을 연주하며 시가지를 돌아다닌다. 사와라의 대제는 2016년 가와고에마쓰리川越祭, 다카야마마쓰리高山祭, 기온마쓰리祇園祭 등과 함께 「일본의 장식 수레 축제, 야마山 · 호코鉾 · 야타이屋臺 행사」로 유네스코 인류무형문화유산 대표목록에 등재됐다.

사와라 미쓰비시관(옛 미쓰비시은행 사와라지점)
1914년 건축된 벽돌조 2층 건물, 목골 동판지붕. 르네상스 양식의 서양식 건축. 2021년 2월 내진보강과 외관 수리공사를 마쳤고 이어서 내부 복원공사를 했다.

여러 기초자치단체가 통합해 가토리시가 된 2006년 이후에도 많은 관광객이 방문해 역사적 가로는 지역 활성화와 경제의 기둥이 되는 관광자원으로 중요시되고 있다. 그런데 2011년 3월, 동일본대지진●이 발생해 사와라지구도 심한 좌우 흔들림으로 인해 역사적 건조물의 절반이 손상을 입었다. 오노천 양쪽 기슭도 액상화[33] 등으로 넓은 지역이 붕괴됐다. 지진 후 곧바로 공기관 및 기업, 단체, 시민, 연구자 등이 속속 달려와 피해상황 파악과 피해의 확대 방지 등 대응책을 강구해 큰 혼란이 일어나지는 않았다. 그러나 그때까지 가토리시와 주민들이 추진해온 보존정비사업은 큰

---

32 가토리시 사와라지구에서 시의 역사적 경관 조례에 따라 지정된 가로보전지구. 지구 안에서 건축행위를 하려면 사전에 현상변경 신고를 할 의무를 지며, 사전에 시와 협의해야 한다. 지구 안에 있는 건조물의 수리, 수경●은 전통적 건조물군 보존지구 안의 건조물 수리, 수경에 준해 시로부터 보조금을 받을 수 있다.

33 지진 발생 시 지하수위가 높은 모래 지반에서 진동으로 모래와 물이 뒤섞여 액체 상태가 되는 현상. 진흙물이 지상으로 분출해 지반이 붕괴되거나 기울게 된다. 동일본대지진 때는 간토關東지방을 중심으로 광범위하게 발생했다.

타격을 입어 문화·관광자원 면에서도 크게 후퇴할 수밖에 없었다.

지진으로 인한 역사적 건물의 피해는 대부분 지붕 기와와 용마루 기와가 어긋나거나 파손되는 것이었다. 피해가 몸체까지 이른 건물은 비교적 적었는데, 이는 1994년부터 계획적으로 보존수리를 추진한 성과로 여겨진다. 반면 그동안 수리나 관리를 소홀히 한 건조물은 피해가 컸다. 특히 가로 보존의 핵심인 지바현 지정 유형문화재 건조물(8건 13채)과 국가 지정 사적 「옛 이노 다다타카주택[34]」은 전통적 건조물군 보존지구 보존사업의 대상에서 제외된 탓에 그때까지 적절한 수리와 보강이 이루어지지 않아 지진 피해가 몹시 컸으며 그 수리·복구가 큰 과제로 남았다.

전통적 건조물군 보존지구 제도에 의한 보존수리·복구는 전문 기술자 부족과 건축자재 가격 앙등 등으로 지지부진했지만 재해복구사업의 적용을 받아 3년 만에 거의 완료됐다. 한편 지바현 지정 유형문화재들은 현과 시의 보조율을 각각 올림으로써 소유자의 부담을 최대한 줄이는 조치를 해서 수리가 가능해졌다.

특정비영리활동법인[●] 「오노천과 사와라의 가로를 생각하는 모임」은 지진 뒤에 즉시 지원조직을 만들어 건축물 소유자 지원에 나서 모금활동을 벌이는 한편 월드 모뉴먼트재단[35]을 통해 아메리칸 익스프레스사로부터 20만 달러를 지원받았다. 그 자금을 이용해 지바현 지정 문화재 7건 12채를 비롯해 지구 안에 있는 중요한 역사적 건물들을 철거하지 않고 약 3년 만에 수리, 복구했다.

위와 같이 전통적 건조물군 보존지구로 지정된 사와라에서는 많은 수리·수경·재해복구 사업이 진행됐다. 이런 상황 속에서 전통적 건조물군 보존지구 지정 당시부터, 또 지진복구 기간을 포함해, 보존지구 안 곳곳에서 전통적 건조물을 면밀히 조사하고 새로운 가치를 발견한 건축가들이 건조물을 현대적으로 활용해 가로를 창조적으로 재생하는 데 성공했다. 고오리 유미郡裕美와 엔도 도시야遠藤敏也는 그 공헌을 인정받아 2015년도 일본 건축학회상(업적 부문)을 수상했다. 또한 몇 채의 전통적

---

34 이노 다다타카가 이노가에 데릴사위로 들어온 17세부터 은퇴한 50세(1794년)까지 30여 년을 이 집에서 보냈다. 도조구조의 단층 건물 점포 외에 본채와 도조가 남아 있다. 본채는 1793년에 이노 다다타카가 몸소 설계해 건축했다. 동일본 대지진 뒤 수리와 구조보강을 했다.

35 World Monument Fund. 뉴욕에 거점을 둔 비영리 민간조직으로 지원금 교부 등을 통해 전 세계의 역사적 건조물과 문화유산 보존에 힘쓰고 있다.

건조물을 수리하고 내부를 개수해서 소규모 분산형 호텔(NIPPONIA 사와라 상점주택 마을 호텔) 등으로 활용하는 사업도 전개되고 있다. 이러한 사업은 관광객들에게 사와라의 역사적 건조물과 가로의 매력을 느끼는 새로운 체험의 기회를 제공한다.

오노천 변의 경관
옛 이노 다다타카주택의 점포와 오노천 변의 다시. 오른쪽 끝은 「도요하시樋橋」. 예전에는 사와라촌 용수를 오노천을 가로질러 공급하는 큰 송수관이었는데 그 위에 다리가 놓여 현재는 관광용으로 30분마다 물이 떨어진다. 동일본대지진으로 훼손된 뒤 수리, 복구됐다. 물이 떨어지는 소리에서 따온 '자자교'라는 애칭으로 불린다.

보존수리·개수된 마치야
개조 혹은 개축되어서 역사적 가치가 작은 마치야, 도조, 서양식 건축, 창고를 음식점, 판매점, 갤러리 등으로 복원, 재생했다. 전통적 건조물군 보존사업, 지진재해 부흥사업 등을 지속적으로 실시해 2012년 완성했다. 2015년 일본건축학회상의 대상 중 일부이다.

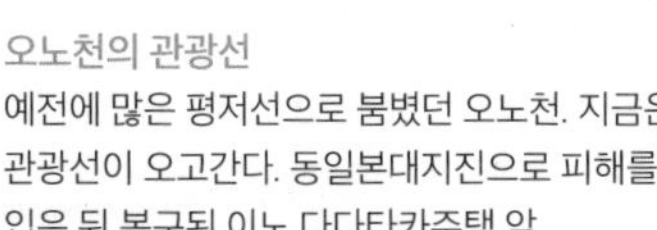

오노천의 관광선
예전에 많은 평저선으로 붐볐던 오노천. 지금은 관광선이 오고간다. 동일본대지진으로 피해를 입은 뒤 복구된 이노 다다타카주택 앞.

2-10

도쿄역과 마루노우치 일대

_도쿄도 지요다구

도쿄는 간토關東평야의 중앙부, 도쿄만에 면한 대도시로 일본의 수도다. 1603년부터 막부•가 설치된 에도江戶는 1868년 메이지 신정부가 들어서면서 도쿄로 개칭됐다. 같은 해 천황이 교토에서 도쿄로 옮겨왔고 옛 막부의 본거지이자 장군의 거처였던 에도성에 살았다. 이후 에도성은 여러 변천을 거쳐 1948년 황거皇居로 이름이 바뀌었다.

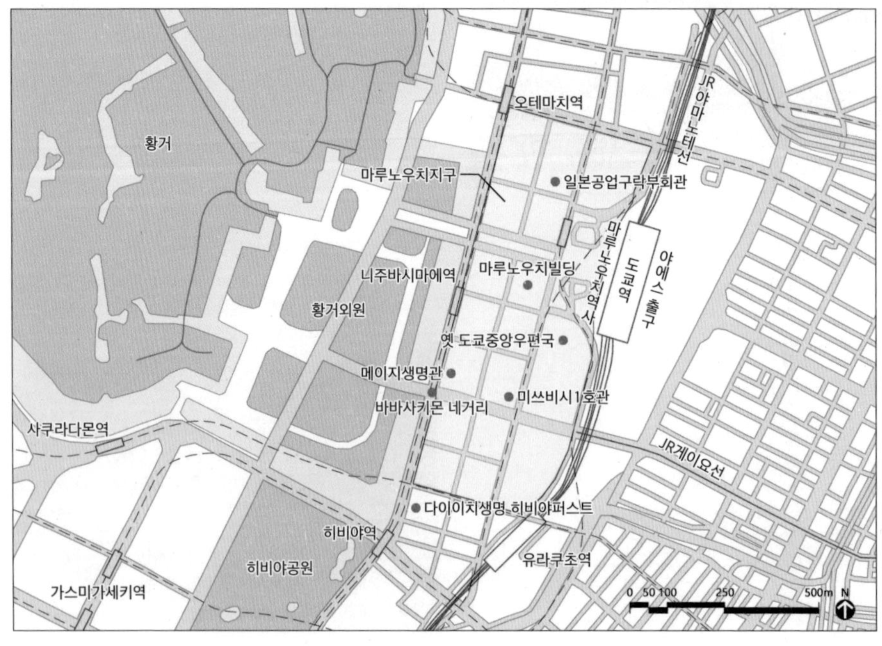

에도시대 지방 영주에게는 그 재력을 압박하기 위한 막부• 정책의 하나로 해마다 자신이 다스리는 지방과 수도인 에도 사이를 오가야 하는 의무가 부과됐다. 따라서 적어도 몇 십 명 규모의 일행이 거처할 광대한 부지를 가진 저택이 에도 시중에 마련됐는데 메이지시대 들어 그들이 지방으로 돌아갔기 때문에 여기저기에 저택들이 빈집으로 남게 되었다. 특히 막부의 중심이었던 에도성 주변에 이러한 저택들이 많았는데 신정부는 이를 관공서 시설이나 군용지로 이용했다.

도쿄의 마루노우치는 위와 같은 경위로 육군성陸軍省 등이 사용하던 옛 에도성과 중앙정거장(도쿄역) 건설 예정지 사이 저택터 등 35ha를 1890년 미쓰비시 재벌•의 핵심 기업인 미쓰비시사三菱社가 구입해 개발한 지역이다. 미쓰비시는 스미토모住友, 미쓰이三井와 함께 일본의 3대 재벌 가운데 하나다. 도사번土佐藩•(현재의 고치현高知縣) 출신의 이와사키 야타로岩崎彌太郎가 창립한 미쓰비시상회를 기반으로 발전해 해운, 조선, 광업, 철도, 무역 등 다양한 방면에 진출했다. 제2차 세계대전 후에 재벌해체의 대상이 됐으나 미쓰비시상사, 미쓰비시UFJ은행, 미쓰비시중공업 등의 기업그룹인 미쓰비시그룹으로 존재하고 있다. 미쓰비시사는 미쓰비시 재벌의 창시자 이와사키 야타로의 동생이자 제2대 총수인 이와사키 야노스케岩崎彌之助가 1885년에 창설한 회사로, 광업과 조선사를 비롯해 은행, 보험사, 창고업을 했다.

1894년, 영국인 조사이아 콘도르Josiah Conder[36]와 그의 제자 소네 다쓰조曾禰達藏[37]가 설계한 퀸앤양식[38]의 지상 3층 · 지하 1층 벽돌조 사무소빌딩 「미쓰비시 1호관」이 마루노우치의 바바사키몬馬場先門 앞 모퉁이에 지어졌다. 그 뒤 1911년에 미쓰비시 13호관(1960년 철거)이 완공됨에 따라 처마 높이 15.15m(50자)로 통일된 벽돌조 건물이 즐비한 수도의 근대적 경관이 형성됐는데 런던의 경관을 닮았다고 해서

---

36 1852~1920. 영국의 건축가. 고부工部대학교(현재의 도쿄대학 공학부)의 건축학 교수로 일본에 와서 다쓰노 긴고 등 초창기의 일본인 건축가를 육성해 일본 근대건축계의 기초를 닦았다. 교육과 동시에 정교회의 대성당인 니콜라이도Nicholai堂(1891년, 중요문화재), 본래의 미쓰비시 1호관, 쓰나마치 미쓰이구락부綱町三井俱樂部(1913년) 등 수많은 건축물을 설계했다.

37 1853~1937. 일본의 건축가. 다쓰노 긴고 등과 함께 고부대학교에서 조사이아 콘도르에게 배운 제1기생. 「잇초 런던」이라고 불린 마루노우치의 미쓰비시계三菱系 임대사무소군의 설계에 관계했다. 게이오기주쿠慶應義塾 도서관 구관(1912년, 중요문화재), 옛 가고시마현청鹿児島縣廳 본관(1925년, 현 현정기념관, 등록유형문화재) 등을 설계했다.

38 18세기 전반 영국에서 앤 여왕 시대에 유행한 건축 · 가구의 장식 양식. 건축은 좌우 비대칭으로 우진각지붕에 팔각탑을 얹고 처마 장식과 베이윈도를 많이 사용하는 것이 특징이다.

JP타워에서 바라본 도쿄역 마루노우치역사(오른쪽, 중요문화재)
10여 년에 걸친 조사와 보존·복원공사를 거쳐 창건 당시의 화려한 모습을 되살렸다.

「잇초-丁 런던」이라 불렸다. 관동대지진● 이후 부흥 재개발사업으로서 1923년부터 도쿄역에서 황거로 향하는 큰길을 내면서 도쿄해상보험사 사옥, 일본우편선 사옥, 동양 제일의 빌딩이라고 일컬어진 마루노우치빌딩 등 거대한 철골철근콘크리트조의 건물들이 건설되어 형성된 처마 높이 31.3 m(100자)로 통일된 경관은 「잇초 뉴욕」이라고도 불렸다. 도쿄해상보험사 사옥과 일본우편선 사옥은 1970년대에 개축되었으며, 마루노우치빌딩은 1999년에 철거되고 2002년에 재건축됐다. 재건축 후 마루노우치빌딩의 저층부는 이전 건물의 디자인을 어느 정도 계승했고 그때까지 마루노우치의 처마선 높이인 31m를 지키고 고층부를 후퇴시킨 디자인을 채택했다.

중앙정거장은 다쓰노 긴고●가 설계한 철골벽돌조 3층 건물로, 총 길이 약 335m의 대건축이다. 1908년 마루노우치의 현재 부지에 착공되었고 1914년에 준공된 뒤 도쿄역으로 명명됐다. 1923년 관동대지진도 잘 견뎠고 붉은 벽돌과 흰색 화강암을 조합한 화려한 외관으로 다쓰노식 르네상스라고 불렸으나 제2차대전 말기인 1945년 5월 25일의 미군 폭격으로 일부가 소실됐다. 복구공사로 3층 부분이 철거됐고 양 날개의 돔에 응급조치로 지붕을 씌워 임시로 복구한 모습이 그 뒤로 오래 지속됐다.

도쿄역 앞 광장 북쪽 모퉁이에는 1920년 일본공업구락부회관이 본격적인 세세션●양식으로 건설됐다. 같은 광장의 남쪽 끝에는 1931년 도쿄중앙우편국이 준공됐다. 체신성遞信省[39]의 건축가 요시다 데쓰로吉田鉄郎[40]가 설계한 모더니즘건축[41]의 걸작으로 평가된다. 그리고 황거의 해자와 바바사키몬도리馬場先門通의 교차점에는 외부에 거대한 코린트식● 열주를 드러낸 메이지생명보험상호회사 본관이 1934년에 준공됐다.

마루노우치, 그리고 인접한 유라쿠초有楽町, 오테마치●는 도쿄의 업무, 상업, 교통

---

39 1885~1949년 우편과 통신을 관할했던 일본의 중앙 관청. 현재는 중앙 관청으로 남은 총무성(정보통신 부문)과 민영화된 일본우정주식회사(우편 부문), 일본전신전화주식회사(NTT, 전신전화 부문)로 분리됐다.

40 1894~1956. 1919년 도쿄대학 건축학과를 졸업하고 체신성 영선과에 들어갔다. 동시대의 야마다 마모루山田守 등과 함께 체신성 건축의 전성기를 이루며 일본 근대건축 발전에 큰 영향을 미쳤다. 도쿄, 오사카, 교토의 각 중앙우편국을 비롯해 수많은 근대건축의 걸작을 설계했고 또한 일본의 건축을 서구에 소개하는 책도 여러 권 출간했다.

41 기능적·합리적 조형 이념에 기초한 건축으로, 산업혁명 이후의 공업화 사회를 배경으로 19세기 말부터 각국에서 나타나기 시작했는데 초기에는 특히 독일에서 발전했다. 그 뒤 그로피우스, 미스 반 데 로에, 르 코르뷔지에, 라이트 등이 이념을 확립해 국경을 넘어 발전했다.

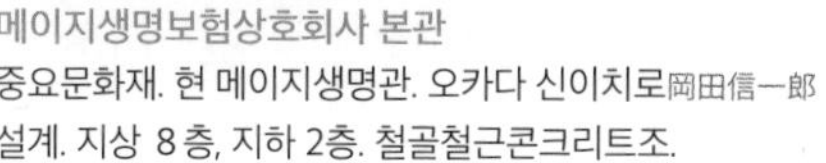

메이지생명보험상호회사 본관
중요문화재. 현 메이지생명관. 오카다 신이치로岡田信一郎 설계. 지상 8층, 지하 2층. 철골철근콘크리트조.

공개광장
메이지생명관과 인접한 고층의 메이지야스다생명 빌딩 사이에 유리 지붕을 씌워 아트리움을 만들었다.

의 중심지다. 이곳에서는 제2차 세계대전 후 일본 경제의 부흥과 발전 과정에서 항상 토지의 고도 이용을 위한 움직임이 있었으며, 한편으로는 일본 근대화의 상징인 여러 역사적 건물을 보존·활용해야 한다는 의견도 꾸준히 제기되었다.

도쿄역의 붉은 벽돌 역사(마루노우치역사)는 오랫동안 임시 복구된 채 사용됐다. 옛 국철은 여러 번 이 역사의 재건축을 계획했지만 1987년에는 옛 국철이 분할, 민영화되어 자산으로서 도쿄역을 승계한 동일본여객철도(JR동일본)가 재건축, 고층화를 구체적으로 제안했다. 이에 대해 붉은 벽돌 역사 보존을 위한 시민운동이 광범위하게 전개돼 보존으로 크게 방향이 바뀌었다. 1999년에는 도쿄도와 JR동일본 사이에 역사의 복원에 대한 기본 합의가 이루어졌다.

2000년 도시계획법의 개정으로 한 부지에서 이용하지 않은 용적을 다른 블록으로 이전할 수 있는 「특례용적률 적용구역제도」가 만들어져 역사의 보존과 주변 지역의 개발이 양립할 수 있게 됐다. 2002년에 도쿄도는 도쿄역을 포함한 「오테마치·마루노우치·유라쿠초지구」 약 117ha를 특례용적률 적용지구로 지정했다. 2003년에 도쿄역 마루노우치역사는 임시 복구된 모습인 채 중요문화재로 지정됐고 그 뒤 창건 당시의 모습으로 되돌리는 복원을 상세하게 검토해 문화청의 허가를 받았다. 그리고 2002년부터 2012년까지 10여 년에 걸친 조사와 보존·복원공사를 통해 대규모 교통·상업문화시설로 재생됐다. 그 기간 지상의 중요문화재로서 보존·복원하는 공사와 대규모 면진免震 장치를 포함한 지하층 공사를 철도역의 기능을 하루도 정지시키지 않고 진행했다. 아울러 마루노우치 쪽 역 광장이나 황거로 향하는 큰길도 재정비했다. 또한 특례용적률 적용구역제도를 활용해 도쿄역 마루노우치역사의 미이용 용적 약 10만m²가 도쿄역 동쪽인 야에스八重洲 출구 앞 개발계획 등에 이전됐다.

황거의 해자에 면한 메이지생명보험상호회사 본관은 1997년에 중요문화재로 지정됐고 2001년부터 보존과 개수 공사가 진행됐다. 이 건물을 중요문화재로서 보존하고 공개하는 계획에 대해 부지의 기준 용적률 1000%에 500%의 용적이 더해졌고 인접해서 30층 규모의 메이지야스다생명明治安田生命 빌딩이 2004년에 준공됐다. 중요문화재 건물과 신축 건물 사이는 유리 지붕을 씌운 아트리움으로 조성해 하나의 복합시설로 연결했다.

옛 미쓰비시 1호관은 중요문화재 지정을 바라는 목소리가 있었음에도 소유 기업이 경제성을 우선시해 1968년에 해체, 철거했고 그 자리에 일반적인 사무소 건물을 건립했다. 그러나 약 40년 후 이 부지를 재개발하게 됐을 때 옛 미쓰비시 1호관은 마루노우치 도시문화의 부흥을 선도하는 역할을 맡아 2010년 건물 내부와 외관 모두 창건 당시와 똑같은 규모와 의장으로 복원되었다. 면진구조의 기초 위에 벽돌조 구조로 복원된 미쓰비시 1호관은 미술관과 역사자료실, 카페 등으로 이용되고 있다. 이 사업부지는 앞에서 소개한 것처럼 도쿄도로부터 「오테마치·마루노우치·유라쿠초지구」의 특례용적률 적용지구로 지정된 결과 복원건물 옆에는 기준용적률 1300%에 265%의 보너스 용적을 더한 초고층 빌딩이 들어섰다.

복원된 미쓰비시 1호관
미쓰비시 1호관은 1894년 마루노우치에 미쓰비시가 건설한 최초의 사무소 건물이다. 노후화되어 1968년에 해체됐고 2010년 충실히 복원되었다.

1999년에 등록유형문화재로 등록된 일본공업구락부회관은 2003년에 서쪽 부분을 보존, 그 밖의 부분은 재현했다. 그리고 면진공사 등을 해서 지상 30층, 지하 4층의 고층빌딩인 미쓰비시UFJ신탁은행 본점 빌딩에 안기는 형태로 재생됐다. 이 사업도 역사적 건물의 보존에 대한 기여를 감안해 용적률 할증을 받았다. 그러나 옛 도쿄중앙우편국은 2005년에 일본건축학회와 일본건축가협회가 보존요망서를 제출하고 2007년에는 초당파 국회의원들이 보존을 요청했으며 같은 해 문화청도 중요문화재 못지않은 가치가 있다고 했지만 아쉽게도 2009년 도쿄역 쪽 두 스팬만 남겨놓고 철거됐으며 2012년에 38층의 대규모 복합시설인 JP타워로 재건축됐다.

도쿄역과 마루노우치 일대는 일본에서 가장 정연한 근현대 도시경관을 보여주는 지역으로, 19세기 말~20세기 전반에 건설과 재개발을 되풀이하면서 건축물의 보존과 계승, 재정비를 둘러싼 다양한 논의를 불러일으켰다.

▲ 옛 도쿄중앙우편국
도쿄역 쪽 두 스팬을 보존하고 초고층빌딩으로 재건축됐다.

◀ 일본공업구락부회관
지상 5층의 철근콘크리트, 일부 철골조 건물. 요코가와 다미스케橫河民輔 설계. 정면에 도리아식 오더의 입구 포치가 부가됐다.

2-11

요코하마시 미나토미라이와 간나이

_가나가와현

가나가와현神奈川縣 요코하마시橫浜市는 일본에서 도쿄도의 구부區部[42] 다음으로 인구가 많은 대도시다. 이 지역은 오래전에 개발되기 시작해 14세기 이전에 이미 가나가와 항구가 에도만(현 도쿄만)의 거점 항구가 됐으며 에도시대(1603~1868)에 도카이도•의 역참으로 가나가와 슈쿠宿 등이 번성했다. 그러다 1859년에 미일수호통상조약•을 체결함으로써 가나가와 항구의 건너편 요코하마무라橫浜村에 이 조약

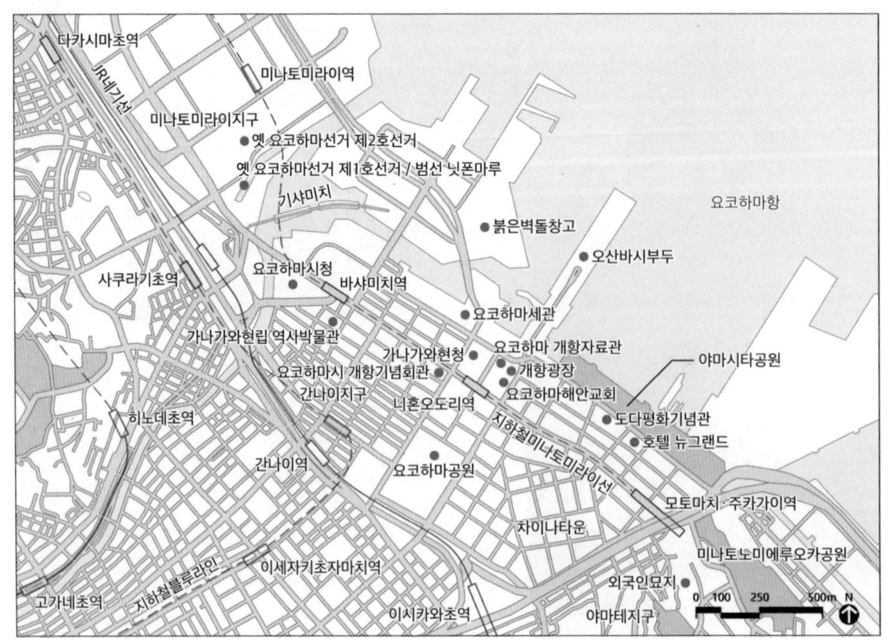

옛 요코하마선거 제2호 선거
현존하는 가장 오래된 민영 석조 선거. 중요문화재.

에 따른 무역항인 개항장이 단기간에 건설됐다. 개항장은 하천과 운하로 구획되었는데 그곳에 들어가려면 다리를 건너야 하고 다리마다 관문을 설치해 통행을 통제했다. 그래서 개항장 안을 관문 안쪽, 곧 간나이關內라고 불렀다. 개항장 안의 중앙부, 현재의 가나가와현청 부근에 가나가와 운조쇼運上所(현재의 세관)가 건설되었고 그 서쪽은 일본인 거주지, 동쪽은 외국인 거류지•가 됐다. 그 뒤 간나이를 중심으로 한 요코하마 핵심부는 메이지 정부가 고용한 제1호 외국인 기술고문인 영국인 브런튼Richard Henry Brunton[43]에 의해 근대적인 도시계획 이론과 기술이 도입되고 1899년 거류지 제도가 해제되는 등 마을 조성의 양상이 크게 바뀌었다.

근대적인 항만시설 정비는 1889년에서야 시작돼 방파제, 등대, 부두, 연락철도 등이 정비되었다. 또한 요코하마선거회사橫浜船渠會社가 설립돼 선박의 수리용 시설로서 먼저 요코하마선거주식회사 제2호 선거dock가 1897년, 같은 회사의 제1호 선거가 1899년에 준공되었다. 그리고 같은 해 항만의 제2단계 공사가 시작되었는데 매립을 통해 신항新港부두가 정비되어 1906년에 준공됐다. 요코하마항의 가운데에 있는 이 부두는 거룻배를 사용하지 않고 직접 육지에서 배로 물자를 실을 수 있는 근대적인 부두다. 흔히 붉은벽돌창고라고 부르는 보세창고는 대장성(현 재무성) 임

---

42 도쿄도의 23개 특별구로 구성된 지역. 이전의 도쿄시 권역에 해당한다. 도쿄도는 구부 외에 서쪽 교외의 시군부와 태평양 상의 도서부로 이루어진다.

43 1801~1901. 영국의 토목기술자로, 메이지 정부에 고용돼 1868년에 일본에 와서 초기의 등대 26기 건설을 지휘했다. 1876년까지 체류하면서 요코하마 거류지의 니혼오도리日本大通り 등 가로 정비에 관여했다.

붉은벽돌창고
붉은벽돌공원으로 인기를 끌고 있다.

시건축부의 쓰마키 요리나카妻木頼黄[44] 등이 설계해 2호 창고가 1911년, 1호 창고가 1913년에 완공됐다. 이 창고 건물들은 보세창고 건축의 모범이자 조적조 기술의 최고 단계를 보여주는 건축으로 평가된다.

1923년의 관동대지진● 으로 요코하마는 도쿄 이상의 피해를 입어 그 이전의 건물은 대부분 붕괴되거나 화재로 소실됐다. 게다가 제2차 대전 중 요코하마대공습[45]으로 큰 피해를 당했다. 그러나 복구과정에서 요코하마는 항구도시로서 활성화를 도모하면서 많은 매력적인 건조물과 도시경관을 만들어냈다.

1971년부터 다무라 아키라田村明[46] 씨를 주축으로 시작된 요코하마의 도시디자

---

44 1859~1916. 고부工部대학 조가학과造家学科(현재의 도쿄대학 공학부 건축학과)에서 조사이아 콘도르에게 배웠고 뒤에 코넬대학에 유학했다. 요코하마정금은행 본점(현 가나가와현립 역사박물관), 옛 요코하마 부두창고(현 요코하마 붉은벽돌창고), 도쿄 니혼바시日本橋, 옛 야마구치현청사山口縣廳舍 등 많은 중요한 건조물을 설계했다.

45 1945년 5월 29일 미군이 목표물을 불살라 없애는 포탄인 소이탄으로 요코하마시 중심부를 무차별 공격해 약 8,000~1만 명의 사망자를 냈다.

46 1926~2010. 지역계획가. 대학 졸업 후 도시계획 컨설팅 등에 종사했는데, 1971년부터 요코하마시의 기획조정국장이 되어 요코하마시의 도시 만들기를 종합화하고 도시디자인을 추진했다. 1981년 호세이法政대학 교수가 됐고 2000년에 「도시 만들기의 이론 및 수법의 구축과 실천」으로 일본건축학회 대상을 받았다.

◀ 옛 요코하마정금은행(현 가나가와현립 역사박물관)
벽돌 및 석조 지하 1층·지상 3층 건물, 쓰마키 요리나카 설계.

▼ 요코하마시 개항기념회관
벽돌·철골벽돌 및 철근콘크리트조, 지하 1층·지상 2층 건물.
요코하마 개항 50주년을 기념해 건축했다.「재크」라는
애칭으로 사랑받고 있다.「킹」가나가와현청 본청사(1928년),
「퀸」요코하마세관 본관 사무소와 함께 요코하마 3탑이라 불린다.

인 행정은 지역의 역사적·문화적 자산을 존중하는 것을 주요한 목표에 포함시켰는데 간나이지구를 중심으로 시내 각지의 많은 근대건축물을 보존·활용하고 매력을 연출하는 성과를 올렸다.

간나이지구의 근대건축물은 일일이 셀 수 없을 정도로 많다. 대표적인 것으로는 1904년의 옛 요코하마정금은행横浜正金銀行 본점 본관(현 가나가와현립 역사박물관, 중요문화재), 1917년의 요코하마시 개항기념회관(중요문화재), 1928년의 가나가와현청 본청사(등록유형문화재), 1934년의 요코하마세관 본관 청사가 있다. 또한 개항광장에 면해 1931년의 옛 요코하마 영국영사관(현 요코하마 개항자료관 구관, 요코하마시 지정 문화재)과 1933년 요코하마해안교회横浜海岸教會(요코하마시 인정 역사적 건조물)가 있다. 이와 함께 가이간도리海岸通에는 1922년의 옛 영국7번관(현 도다戸田평화기념관, 요코하마시 인정 역사적 건조물), 1927년의 호텔 뉴그랜드(와타나베 진渡辺仁[47] 설계, 요코하마시 인정 역사적 건조물) 등이 있다.

「요코하마 미나토미라이21」은 요코하마 도심부를 일체화·강화하는 것을 목표로 진행한 수변 도시재개발사업으로, 미쓰비시중공업 요코하마조선소 터 등을 재정비하고 매립을 통해 약 186ha의 복합 신도심을 건설하려는 사업이다. 1983년 사업

47 1887~1973. 도쿄제실東京帝室박물관(현 도쿄국립박물관 본관), 도쿄의 중심 시가지 긴자의 얼굴로 유명한 와코和光빌딩, 2차 대전 후 일본을 통치한 연합군 최고사령부 청사로 사용됐던 옛 제일생명보험 본사(현 다이이치세이메이칸第一生命館) 등을 설계했다.

◀ 요코하마해안교회와 개항광장
개항광장은 로터리(환상 교차로)였던 곳을 개선해서 도심에 상징적인 쉼터인 광장을 창출했다.

▼ 호텔 뉴그랜드
클래식 호텔로서 요코하마를 대표하는 건축물. 철골철근콘크리트조 5층 건물. 현관, 로비 등도 본래 모습을 유지하고 있다.

요코하마세관
본관 사무소
「퀸」이라는 애칭으로 사랑받고 있다.

을 시작했고 현재도 정비를 계속하고 있다. 이를 통해 앞에서 기술한 요코하마선거는 초고층 오피스·상업 빌딩 아래의 광장 독야드가든으로 보존·정비됐다. 여러 해 동안 붉은벽돌창고를 복구하고 주변을 정비했는데, 벽돌조의 구조체 안에 현대적인 점포·레스토랑·전시시설을 집적시킴으로써 수준 높은 보존과 활용, 그리고 상업적 가치와 역사문화적 가치의 양립을 도모했다.

애초에 요코하마역으로 문을 연 현 사쿠라기초역桜木町驛과 신항지구를 연결했던 옛 요코하마 린코선臨港線의 폐선터는 「기샤미치汽車道」, 곧 기찻길이라는 이름으로 정비했는데 1909년 건설된 강철 트러스교 2기 외에 1기의 트러스교를 보전해 사람들이 즐기면서 거니는 인기있는 역사의 산책로가 됐다.

이와 같이 요코하마의 간나이지구와 미나토미라이지구는 요코하마의 근대 역사를 보여주는 많은 역사적 건조물의 보존·활용과 정교한 도시디자인을 통해 시민과 관광객에게 매력적인 공간으로 재생됐다.

2-12

요코하마시 야마테

_가나가와현

요코하마시横浜市 야마테山手지구는 해발 10~40m의 언덕 위에 위치하는데, 1862년에 일어난 나마무기生麦사건[48]을 계기로 이듬해 영국과 프랑스가 야마테의 주둔권을 얻어 병영을 설치하면서 개발이 시작됐다. 야마테는 지대가 높아 건조하고 조망도 뛰어나 저지대인 간나이關內지구의 외국인 거류민의 요청에 따라 1868년부터 주택지, 묘지 등을 개발하기 시작해 두 갈래의 능선도로를 중심으로 토지를

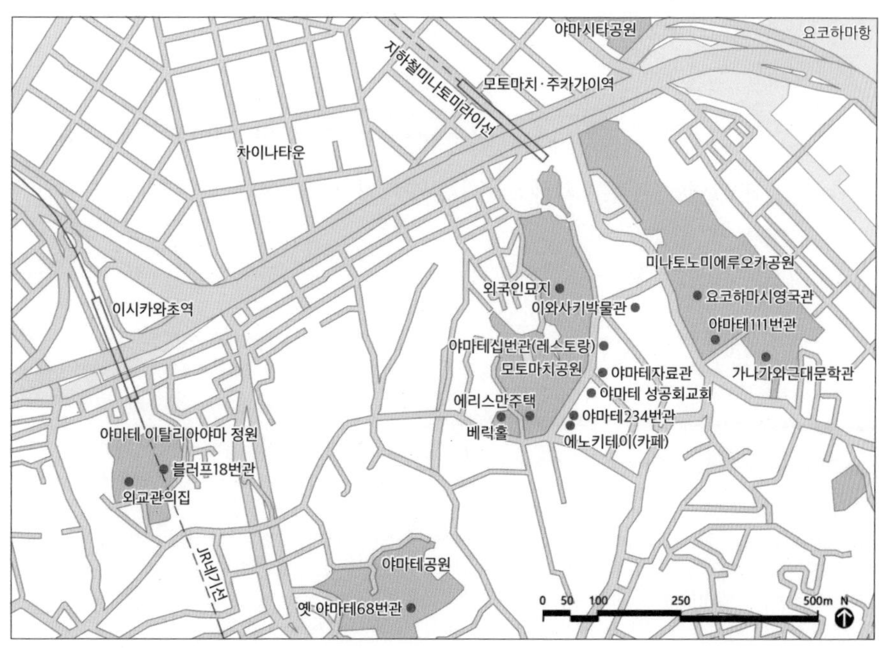

구획했다. 1880년대 이후 가스와 상하수도가 부설됐고 외국인 건축가가 설계한 주택, 교회, 극장, 병원, 학교 등이 세워졌으며 공원이 정비되었다. 간나이지구와 같이 1899년에 거류지* 제도는 폐지됐지만 외국인은 계속 거주했다.

1923년 9월 관동대지진*으로 요코하마는 치명적인 피해를 입었고 야마테도 한때 황폐화되었으나 머지않아 외국인도 야마테로 돌아와 다시 학교와 교회, 주택 등을 건축했다. 오늘날 남아있는 서양식 건축*군은 대체로 이 시기에 지어진 것이다. 야마테지구는 제2차 대전 때 요코하마대공습[49]으로 다시 피해를 입었지만 지금도 많은 서양식 건축물이 남아 있다.

1965년경부터 양호한 주택지로서 매력적인 입지를 찾는 개발업체들이 야마테지구에서 아파트 건설 계획을 잇달아 발표하자 요코하마시는 무분별한 개발을 막기 위해 1972년 도시디자인 행정의 일환으로 「야마테지구 경관풍치보전요강[50]」을 제정하고 독자적인 조망경관 확보와 건축용도·건폐률 제한 등의 행정지도를 시작했다. 나아가 시 전역의 역사적 자산을 상세히 조사하고 이를 토대로 1988년에는 역사적 건조물 등의 보전·활용을 지원하는 「역사를 살린 마을 만들기 요강[51]」을 제정해 야마테지구에서도 주민, 소유자와 함께 많은 서양식 건축물을 복구·복원·활용하는 일을 해 왔다. 이에 따라 야마테지구는 거주환경의 유지·향상과 함께 교육·문화지구, 관광지구로서 매력을 더하고 있다.

야마테지구에는 약 70채의 서양식 건축물이 있는데, 그 가운데 요코하마시가 관리해 보존·공개하는 것은 7채다. 모토마치元町공원에 면한 야마테234번관Bluff No.234[52]은 1927년에 건축된 외국인용 공동주택이다. 모토마치공원 안에 있는 에리

---

48 1862년 9월 14일 나마무기무라生麦村(지금의 요코하마시 쓰루미구鶴見區 나마무기지구) 부근에서 에도를 출발해 고향으로 향하는 사쓰마번薩摩藩*(지금의 가고시마현鹿児島縣) 영주 아버지 일행의 행렬에 말을 타고 난입한 영국인을 사쓰마번의 무사가 살상한 사건. 이 갈등으로 이듬해 사쓰마번과 영국 사이에 전쟁이 일어났다.

49 1945년 5월 29일 미군이 목표물을 불살라 없애는 포탄인 소이탄으로 요코하마시 중심부를 무차별 공격해 약 8,000~1만 명의 사망자를 냈다.

50 요강要綱이란 법률이나 조례에 근거하지 않는 행정지도의 기준을 말한다. 야마테지구 및 그 주변의 경관 풍치 보전과 조망 확보 등을 목적으로 보전구역과 특별보전지구를 지정한다.

51 이를 바탕으로 역사적 건조물을 등록(현재 205건), 인정(현재 95건)하고 역사적 지구를 지정한다. 이것들의 현상을 변경할 경우에 소유자나 사업자에게 통지 혹은 신고 의무를 부과하며 그 보전·활용에 대해서 지원한다.

52 관동대지진 복구사업의 하나로, 요코하마를 떠난 외국인을 다시 불러들이기 위해 건설됐다. 건설 당시에는 동일한 평면의 네 집이 현관 포치를 사이에 두고 마주 보고 위아래로 중첩되는 구성이었다. 1999년부터 요코하마시가 공개하고 있다.

야마테234번관
1927년, 관동대지진 후에 야마테도리山手通り 변의 현 부지에 지어진 외국인용 공동주택. 현재는 갤러리 등으로 활용된다.

스만주택Ehrismann Residence[53]은 레이몬드Antonin Raymond의 설계로 1916년에 건축된 것을 1990년에 이축한 것이다. 베릭 홀Berrick Hall은 모건Jay Hill Morgan[54]의 설계로 1930년에 준공됐다. 그리고 이시카와초역石川町驛 근처 야마테 이탈리아야마 정원[55]에 있는 「외교관의 집」(옛 우치다가內田家주택, 중요문화재)은 가디너James McDonald

53 스위스 태생 생명주실 무역상의 저택. 디자인에 설계자 레이몬드의 스승인 프랭크 로이드 라이트의 영향이 보인다. 1990년에 이축, 공개되고 있다.

54 1873~1937. 미국의 건축가. 1920년 건설회사의 설계 기사장技師長으로 일본에 와서 요코하마를 중심으로 많은 건축물을 설계했다. 자신이 정문을 설계한 야마테지구의 외국인 묘지에 잠들어 있다.

55 야마테지구에 있는 공원으로, 1880년부터 1886년까지 이탈리아 영사관이 있었기 때문에 이런 이름이 붙었다. 서양식 정원으로 정비되었고 이곳에 블러프18번관Bluff No.18과 외교관의 집(옛 우치다가주택)이 이축, 복원됐다. 블러프18번관은 본래 호주 무역상의 주택이었다. 뒤에 가톨릭 야마테교회의 사제관으로 사용되었으며 1993년에 이축, 복원됐다. 목조 2층 건물로, 프랑스기와 지붕 등 서양식 주택의 외관을 갖추고 있다.

에리스만주택
전시장과 찻집 등으로 활용된다.

베릭 홀
영국인 무역상의 저택으로 야마테지구의 외국인 주택 가운데 최대 규모. 공개 시설.

외교관의 집
옛 우치다가주택. 외교관의 생활을 전시하고 있다.

야마테 성공회교회
철근콘크리트조, 오야석 마감.
성채 같이 생긴 단정한 디자인.

야마테자료관
일양和洋 절충 주택. 요코하마시 전체와
야마테지구에 관한 자료를 전시하고 있다.

Gardiner[56]가 설계해 1910년 도쿄 시부야구渋谷區에 지은 외교관 우치다 사다쓰치内田定槌의 주택을 이축한 것이다.

이 밖에도 야마테234번관의 북쪽에 오야석*을 마감재로 사용한 야마테 성공회교회가 있다. 이 건물은 1931년에 모건의 설계로 건축됐다. 또한 그 북쪽에 야마테자료관이 외국인 묘지를 마주보고 있다. 1909년 요코하마시 혼모쿠本牧지구에 지은 주택을 이축한 것이다.

야마테지구는 녹지가 많은 환경에서 구부러지고 오르내리는 가로를 따라 많은 서양식 건축물이 여유롭게 분포해 이국적인 느낌이 넘치는 매력적인 마을이다.

---

56 1857~1925. 미국의 건축가, 교육자. 1880년에 일본에 왔다. 옛 우치다가주택 이외에 교회, 학교, 대사관 등 많은 건축물을 설계했다. 그 가운데 세 채는 중요문화재로 지정됐다.

3

주부의 가로

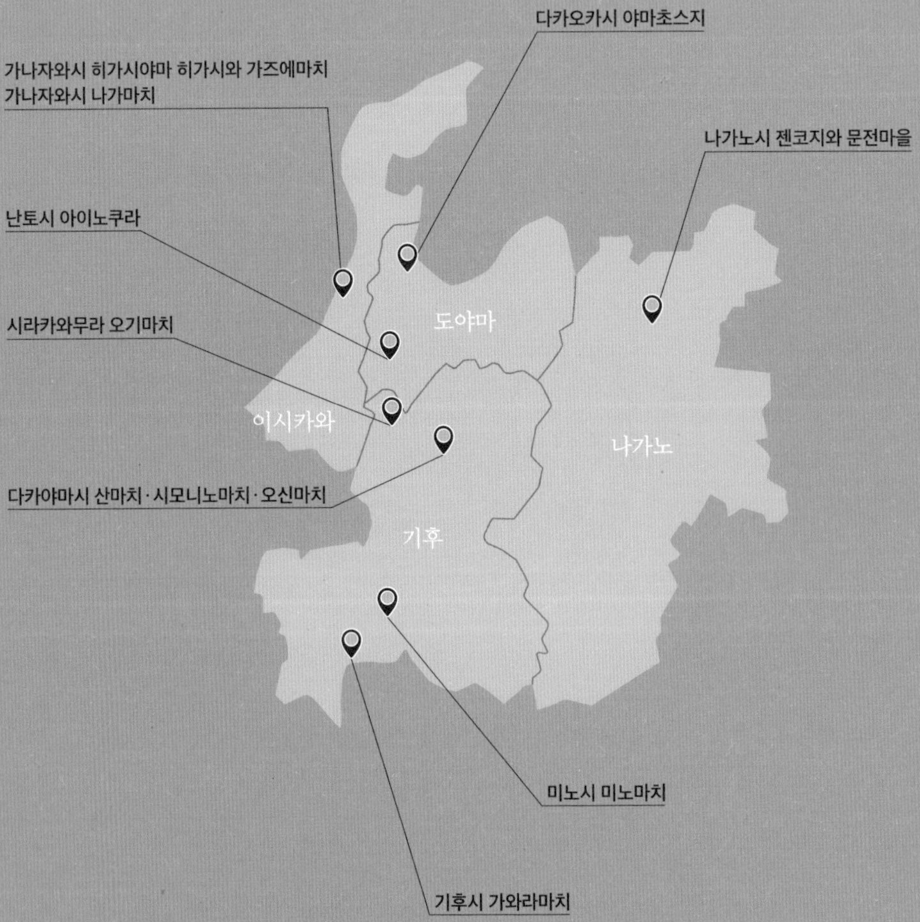

다카오카시 야마초스지

가나자와시 히가시야마 히가시와 가즈에마치
가나자와시 나가마치

나가노시 젠코지와 문전마을

난토시 아이노쿠라

도야마

시라카와무라 오기마치

이시카와

나가노

다카야마시 산마치 · 시모니노마치 · 오신마치

기후

미노시 미노마치

기후시 가와라마치

3-1

다카오카시 야마초스지

_도야마현

중요 전통적 건조물군 보존지구
5.5ha, 2000년 선정

다카오카高岡는 도야마현富山縣의 서북부에 위치하는 도야마현 제2의 도시다. 다카오카의 기반이 형성된 것은 현재의 이시카와현石川縣 가나자와시金沢市를 본거지로 한 가가번加賀藩[*]의 제2대 영주 마에다 도시나가前田利長[1]가 1609년 주위보다 약간 높은 대지에 다카오카성[2]을 건립하고 성하마을[*]을 계획한 것에서 비롯됐다. 남북으로 이어진 언덕의 윗단에 성과 무가구역을 조성하고, 아랫단은 바둑판 모양으로

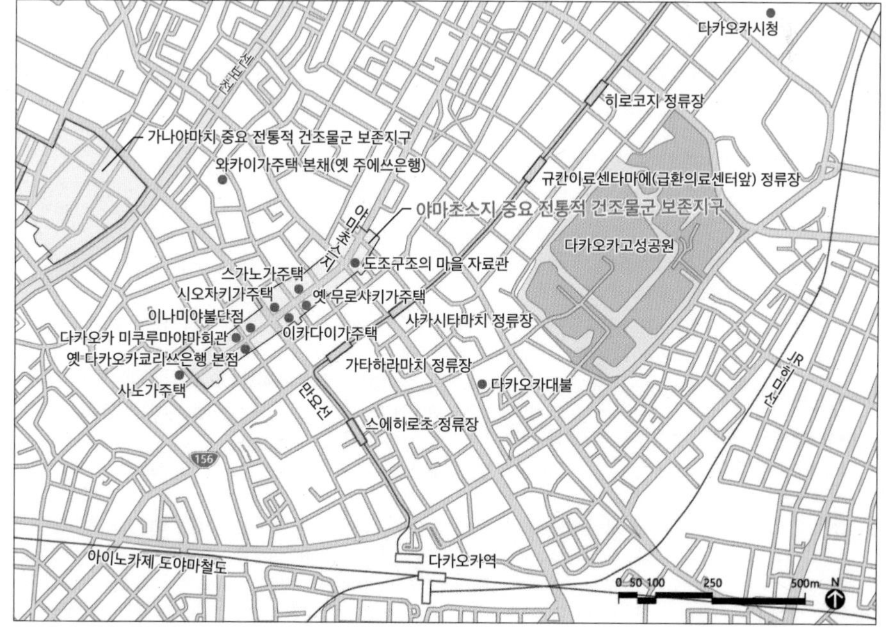

구획해 상공인구역을 배치했다. 다카오카성은 일국일성령●에 따라 불과 6년 만인 1615년에 폐지됐지만 그 뒤 3대 영주인 마에다 도시쓰네前田利常의 지원책으로 다카오카는 상공업 도시로 발전했다. 중심부인 야마초山町 일대에 쌀과 무명 등을 매매하는 상인이 집중되었고 가나야마치金屋町[3] 등 장인 마을도 번성했다. 유통의 대동맥이었던 호쿠리쿠도●를 따라 야마초의 마을들이 조성됐는데 다카오카 미쿠루마야마마쓰리高岡御車山祭[4]에 수레●를 끌고 참가하는 동네들 중 호쿠리쿠도에 면한 부분을 야마초스지山町筋라고 부른다. '스지'는 줄기라는 뜻으로 길이나 하천에 면한 곳을 가리킨다.

1900년 다카오카는 대화재에 휩싸여 시역의 60%가 소실됐다. 시가지 중심부의 부흥은 이전의 도시구조를 유지하면서 도로의 폭을 늘려 불길 확산 방지 성능을 높임과 동시에 대화재가 발생하기 전해에 제정된 도야마현의 「건물제한규칙[5]」에 따라 건물은 방화구조인 도조●구조로 지었다. 야마초스지에 있는 도조구조의 마치야●는 긴 전면으로 진입하는 맞배 기와지붕의 이층 건물로, 외벽과 처마 밑을 회반죽으로 발라 굳히고 용마루를 높이 만들어 중후하다. 일층 게야● 기둥을 주두 장식[6]을 붙인 주물기둥으로 하고 인접대지 경계에는 돌기둥과 벽돌로 방화벽을 설치한 건물도 있다. 건물 내부는 선별한 재료를 사용해 섬세한 스키야구조●로 만든 집도 있다. 야마초스지에는 이 밖에 기둥과 보를 드러낸 심벽구조의 마치야, 서양식 외관의 마치야, 벽돌조의 서양식 건축● 등 19세기 후반에서 20세기 전반에 건축된 건조물이 즐비하

---

1 1562~1614. 현재의 가나자와시를 본거지로 하는 가가번을 아버지 마에다 도시이에前田利家로부터 상속받았고 1601년 전쟁을 통해 현재의 이시카와현, 도야마현에 걸친 광대한 영지를 차지하고 지배했다.

2 성을 이루는 요소들을 방어에 유리하도록 배치했는데, 담이나 해자 같은 방어시설로 둘러싸인 획지인 구루와●의 형태는 약 400년이 지난 현재까지 잘 보존되고 있다. 국가 사적.

3 1611년 다카오카시 교외의 니시부카나야무라西部金屋村에서 주물사鑄物師를 성 근처로 이주시켜 만든 마을. 쇠 제품과 구리 제품, 그 밖에 다양한 철물을 생산했다. 그 역사를 말해주는 가로가 남아 2012년 중요 전통적 건조물군 보존지구에 선정됐다.

4 다카오카 세키노高岡關野신사의 예제例祭로, 매년 5월 1일에 7대의 우아하고 화려한 수레가 시가지를 돌아다닌다. 행사는 중요무형민속문화재●이며, 수레는 중요유형민속문화재로 지정됐다. 2016년 가와고에마쓰리川越祭(2-8), 사와라의 대제佐原大祭(2-9), 기온마쓰리祇園祭(4-7) 등과 함께 「일본의 장식 수레 축제, 야마山·호코鉾·야타이屋臺 행사」로 유네스코 인류무형문화유산 대표목록에 등재됐다.

5 혼슈本州 중부 서안지방은 예로부터 휀현상의 영향도 있어서 대화재에 시달렸다. 도야마현은 화재 예방을 위해 1887년에 가옥의 지붕을 기와로 해야 한다는 등 최초로 가옥제한령을 내렸고 그 후 여러 차례 개정했다. 1899년에는 도야마시의 대화재를 계기로 건물의 외벽을 두꺼운 흙벽 같은 방화구조로 하는 것 등의 규칙을 제정했다.

6 기둥 상부의 장식. 시대와 지역에 따라 디자인이 다양하다. 그리스 신전의 도리아식, 이오니아식, 코린트식●이 유명하다.

스가노가주택
도조구조 2층 건물. 중후한 외관과 화려한 세부 의장에 특색이 있다.

다. 그중에서도 기후네마치木舟町의 중요문화재 「스가노가菅野家주택」은 실업가의 주택으로서 대화재 뒤 얼마 지나지 않은 1902년에 막대한 경비를 들여 지은 집이다. 검은 회벽•의 중후한 외벽과 하코무네•, 방화벽의 돌기둥과 처마의 천장 장식, 철 주물 기둥 등의 서양식 디자인, 내부의 스키야풍 의장 등에 특색이 있는, 다카오카를 대표하는 마치야다. 이와 같은 도조구조의 마치야로 1903년에 건축된 「이카다이가筏井家주택」(도야마현 지정 문화재), 「옛 무로사키가室崎家주택」(다카오카시 지정 문화재) 등이 있다. 옛 무로사키가주택은 1945년까지 무명실과 무명 도매업을 했던 집인데, 2002년부터 도조구조 건물의 역사와 가로의 자료 등을 전시하는 「다카오카시 도조구조의 마을 자료관」으로서 공개되고 있다. 또한 주물제 당초모양•으로 장식한 한

이카다이가주택 이층(부분)
이층에 쌍여닫이 흙문짝이 달린 창문이 네 개 있는데, 창문을 활짝 열면 양쪽 창문의 문짝들이 만나 벽에 쏙 들어간다.

이나미야불단점
1905년. 정면은 한 쌍의 큰 아치창으로 장식하고 이층에 테라스를 설치했다.

옛 다카오카쿄리쓰은행 본점
「붉은 벽돌의 은행」으로 시민의 사랑을 받고 있다. 내부는 수리됐다.

다카오카시 미쿠루마야마회관
철근콘크리트 2층, 일부 3층 건물. 외관은 야마초스지의 도조구조를 따름으로써 경관의 특색이 유지됐다. 미쿠루마야마 수레의 상설전시와 마쓰리에 대한 해설을 하는 대규모 시설로, 2015년 야마초스지에 개관했다.

쌍의 큰 아치로 정면을 구성한 서양식의 이나미야불단점井波屋佛壇店, 그리고 다쓰노 긴고•가 감수하고 다나베 준키치田辺淳吉[7]가 설계해 1914년 건설된 철골벽돌조 이층 건물인 옛 다카오카쿄리쓰高岡共立은행 본점(현재 「붉은 벽돌의 은행」) 등이 있다.

야마초스지는 성하마을의 구조 위에 1900년 대화재 이후 건축된 중후한 도조구조의 마치야, 근대의 숨결을 느낄 수 있는 서양식 건축 등 과거 그곳의 번영을 말해주는 건조물을 계승하고 미쿠루마야마 마쓰리 때에는 전통 공예기술의 정수를 모아 만든 화려한 수레가 순행하는 역사가로다.

---

7 1879~1926. 20세기 초에 활약한 건축가. 도쿄제국대학(현재의 도쿄대학) 건축학과에서 다쓰노 긴고에게 배웠다. 시미즈구미清水組(현재의 시미즈건설)에서 기사로서 은행, 학교, 저택 등을 설계했으며, 뒤에 독립했다. 붉은 벽돌의 은행 외에 세이시도誠之堂(1916년), 시부사와사료관渋沢史料館 반코로晩香廬(1917년) 등의 작품이 있다.

3-2

난토시 아이노쿠라

_도야마현

중요 전통적 건조물군 보존지구
18.0ha, 1994년 선정

난토시南砺市 아이노쿠라相倉는 도야마현富山縣의 서남쪽 끝자락에 있는 하쿠산白山[8]을 중심으로 하는 산악지대, 깊은 계곡을 따라 흐르는 쇼가와천庄川의 왼쪽 기슭에 위치한다. 아이노쿠라 일대는 5개의 산골짜기가 있어 고카야마五箇山, 곧 다섯 개 산이라고 불리는데, 일본에서 눈이 많은 지방으로 손꼽힌다.

아이노쿠라의 쇼가와천 연변 퇴적지층에서는 조몬시대•의 토기가 다수 발굴되

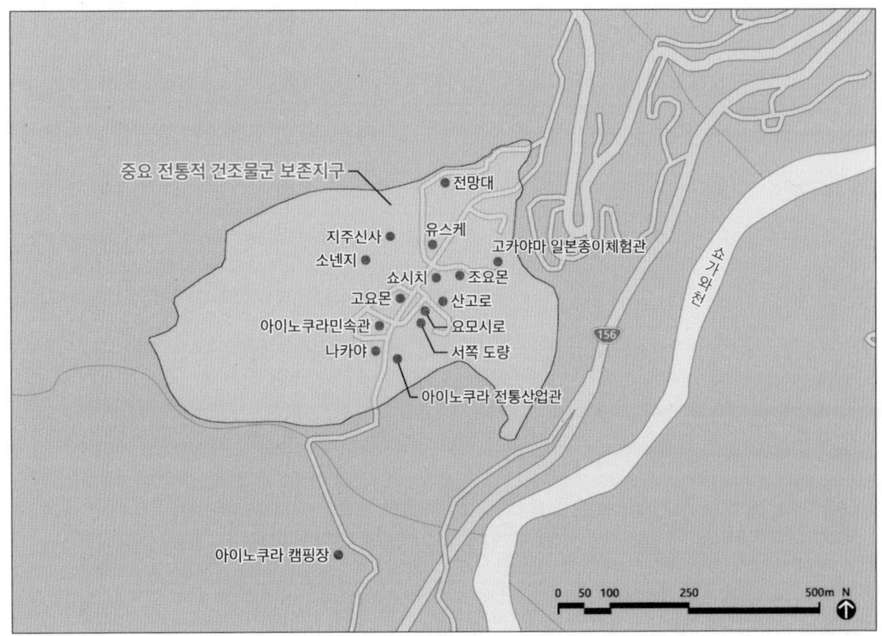

어 그 시기에 이미 마을이 형성됐음을 알 수 있다. 8세기 말 이후에는 하쿠산을 근거지로 한 슈겐도*가 그 자연환경을 도량으로 삼기도 했다. 중세 후기 무렵부터는 쇼가와천 유역의 마을들에 정토진종*의 신앙이 깊이 침투해 각 마을에는 절이나 도량이 설치됐다. 17세기에서 19세기의 아이노쿠라는 노토반도能登半島 일대를 지배하는 가가번加賀藩*의 영지인 엣추고카야마越中五箇山에 속했다. 17세기 초 자료에 의하면 아이노쿠라에서는 벼농사를 하기 어려워 약간의 밭과 화전에서 피, 조, 메밀 따위를 재배했으며, 이에 더해 숯이나 장작, 옻 등을 생산하는 정도였다. 마을의 경제를 떠받친 것은 산림에 자생하는 닥나무 등을 원료로 한 일본종이였고, 가가번의 비호 아래 고카야마의 특산물로 발전한 것은 흑색 화약의 원료인 질산칼륨[9]이었다. 양잠은 16세기 전기에 시작됐다는 기록이 있는데, 안정적인 수입원으로서 근래까지 계속됐다.

아이노쿠라 마을은 하안단구 지형인 남북 500m, 동서 200m의 좁고 긴 완경사지에 있는데, 마을 뒤에는 눈사태로부터 마을을 보호하는 숲인 설지림雪持林이 있다. 집터와 경작지는 경사를 따라 돌담을 설치해 조성했다.

아이노쿠라의 주된 전통 건조물은 고카야마와 기후현岐阜縣의 시라카와고白川鄕에 특징적인 합장조* 민가인데, 20채가 현존한다. 이 밖에 합장조가 아닌 목조의 본채, 도조*, 판창板倉, 정토진종의 사찰인 소넨지相念寺와 포교소인 도량도 남아 있다. 현재 남아 있는 합장조 민가의 대부분은 19세기에 지어졌지만 가장 오래된 것은 17세기로 거슬러 올라가는 것으로 추정된다. 고카야마의 합장조 민가는 박공면 진입이 많은데, 박공면 아래에 설치된 게야*가 큰 지붕과 결합돼 언뜻 팔작지붕처럼 보인다. 시라카와고의 합장조 민가는 맞배지붕, 긴 전면 진입방식으로 박공면에 게야를 설치하지 않는다. 한편 구조는 시라카와고의 합장조 민가와 마찬가지로 사람이 깍지를 낀 것처럼 보이는 지붕틀을 견고하게 짜고 지붕 속 높고 넓은 내부공간에 두

8 혼슈本州 중앙부의 서안西岸 지역, 표고 2,702m의 봉우리를 중심으로 위치하는 수려한 여러 산봉우리들의 총칭. 분화구와 화산호를 가진 활화산이다. 예로부터 산 자체를 신의 상징으로 보는 원시 산악신앙의 대상으로서 숭배된다.

9 고카야마와 시라카와고에서는 가가번의 지시를 받아 민가의 지하에서 폐기물을 몇 년에 걸쳐 발효시킨 것을 졸여서 질산칼륨의 결정을 만들었다. 이 질산칼륨을 가가번의 본거지인 가나자와金沢로 운송, 유황과 숯가루를 배합해서 흑색화약을 제조했다.

아이노쿠라마을의 경관
지형을 따라 계단식 논과 밭이 펼쳐진다. 대지와 마찬가지로 필요에 따라 돌담을 쌓았다.

아이노쿠라마을의 중심부
합장조 가옥은 맞배지붕, 박공면 진입으로, 박공면에 게야가 설치된다. 오른쪽 끝에 도량이 보인다. (지도의 '서쪽 도량')

합장조 민박집
마을 안에 7채의 민박집이 있다.

아이노쿠라민속관
민속자료와 일본종이 생산 관련 자료를 전시하고 있다.
이 밖에 아이노쿠라전통산업관이 있다.

소넨지 본당
팔작 새지붕. 1859년 건립.

세 층의 바닥을 설치해 양잠 등에 이용했다. 이 공간은 박공벽을 통해 통풍과 채광을 한다. 일층에 있는 넓은 흙바닥 공간은 질산칼륨이나 일본종이를 생산하는 데 없어서는 안 되는 공간이었다.

아이노쿠라의 합장조 마을은 스가누마菅沼마을과 함께 지역적 특색과 역사적 가치가 일찍부터 주목받아 1960년경부터 마을을 보존하려는 노력이 시작됐다. 그리고 1970년에 합장조 가옥을 중심으로 한 마을 주거지와 그 뒤의 설지림, 새밭茅場 등 넓은 범위(약 46ha)를 「엣추고카야마 아이노쿠라 마을」이라는 국가 사적으로 지정하고 보존사업을 시작했다. 또한 1994년 아이노쿠라와 스가누마 두 지구는 시라카와무라 오기마치荻町지구와 함께 중요 전통적 건조물군 보존지구로 선정됐고 그 다음 해인 1995년에는 세계적으로 그 가치를 인정받아 「시라카와고와 고카야마 역사마을」로 세계유산에 등재되었다.

3-3

가나자와시 히가시야마 히가시와 가즈에마치

_이시카와현

중요 전통적 건조물군 보존지구
히가시야마 히가시: 1.8ha, 2001년 선정
가즈에마치: 0.6ha, 2008년 선정

가나자와시金沢市는 이시카와현石川縣의 중앙부에 위치한다. 그 중심 시가지의 지형은 우타쓰산卯辰山을 비롯한 세 개의 언덕과 아사노천浅野川 · 사이가와천犀川 등 두 하천으로 형성됐다. 15세기 후반부터 16세기 후반 사이 일향일규*라고 불리는 무장 항쟁의 중심지 가운데 하나가 되어 이 봉기를 주도한 혼간지本願寺 교단의 거점 사원으로 1546년에 언덕 위 끝부분에 건립된 오야마고보尾山御坊(가나자와고보라고도 함.

고보는 사찰이나 승려를 뜻하는 높임말)와 그 사찰마을[•]을 시작으로 가나자와가 형성됐다. 오야마고보는 물이 없는 해자와 울타리 등을 갖춘 성城 구조의 사찰이었는데, 1580년에 오다 노부나가[•] 휘하의 무장에게 함락됐다. 1583년 오야마고보의 터에 오야마성이 축조됐고 가나자와성 성하마을[•]의 정비가 시작됐다. 성하마을은 이중의 소가마에[•]가 설치되어 해자를 둘러 방어를 강화한 환호環濠도시였다. 그리고 그때까지 여러 곳에 흩어져 있던 사찰들을 성하마을의 방어를 겸해 언덕이나 높은 지대에 모아서 우타쓰산 사원군[10], 데라마치寺町 사원군[11], 고다쓰노小立野 사원군[12]을 형성했다.

아사노천의 동북쪽에 위치한 우타쓰산 사원군과 그 주변의 상공인구역은 대체로 17세기 후반까지 형성됐는데, 그 일부가 점차 우타쓰 자야[•]가이茶屋街라고 불리는 유흥가로 번성했다. 히가시야마지구에 있는 히가시(동쪽이라는 뜻) 자야가이는 우타쓰 자야가이라고 했던 이곳 약 1.2ha를 사들여 1820년에 사이가와천 서쪽에 위치한 니시(서쪽이라는 뜻) 자야가이와 함께 새롭게 공인된 유흥가로 건설됐다. 동서방향 4갈래 길과 남북방향의 중앙 가로로 대체로 정형으로 구획해 전면 폭이 좁고 깊이가 깊은 부지를 배열했다. 자야가이의 경계부에는 판자울타리를 둘렀던 것으로 추정되는데, 서쪽 중앙부에 나무 앞대문을 설치해 정면 입구로 삼고 안쪽에 방화대防火帶로 가로를 일부 넓혀 놓았다. 남동쪽 모퉁이에는 뒷대문, 북동쪽 모퉁이에는 마을을 수호하는 신사를 배치했다. 이런 토지구획은 현재까지 변하지 않았다.

히가시야마의 히가시 자야가이에서는 메이지 이후(1868년~)에도 많은 자야가 영업을 계속했다. 현재 건축물은 약 140채인데 그 3분의 2가 전통 건조물이다. 가로변 건물은 대부분 특징적인 자야 양식의 건물로, 자야가이 조성 초기부터 19세기 후반 사이에 지어진 것들이다. 자야 양식의 건물은 높은 이층 건물로, 이층에 손님용

10 우타쓰산 기슭의 사찰마을은 약 24ha를 차지하는데, 그 안쪽에 중요 전통적 건조물군 보존지구 「히가시야마 히가시」 1.8ha가 포함된다. 이곳을 제외한 주변 약 22.1ha가 중요 전통적 건조물군 보존지구 「가나자와시 우타쓰산 산록」으로 선정됐다.

11 데라마치 사원군은 가나자와의 사찰마을에서 최대 규모이며, 그 가운데 약 22.0ha가 중요 전통적 건조물군 보존지구 「가나자와시 데라마치다이寺町台」로 선정됐다.

12 고다쓰노 사원군은 「가나자와의 역사적 문화자산인 사찰·신사 등의 풍경 보전에 관한 조례」에 따라 「사찰·신사 풍경 보전구역」으로 지정되어 행위의 신고와 보조금 제도 등을 통해 보전사업이 추진되고 있다.

옛 자야「시마」
내부도 공개한다.

자시키•를 두고 가로 쪽에는 툇마루를 설치하고 덧문을 달았다. 일층은 기무스코•라 불리는 가는 세로 격자 나무 살창을 설치한 데고시•인데, 그 하부가 돌로 된 것이 많다. 기무스코는 단면이 사다리꼴인데, 사다리꼴의 넓은 쪽을 밖으로 향하게 해서 안쪽에서 보는 시야를 확보하면서 바깥에서는 안이 잘 보이지 않도록 고안된 창살이다.

중요문화재로 지정된 옛 자야「시마志摩」는 1820년 자야가이가 창설됐을 때 건축되어 1960년경까지 자야로 이용됐다. 전면 폭 약 7.2m의 본채는 이층 건물인데 부분적으로 3층을 두었으며, 맞배 일식기와지붕으로 일층 정면에 동판을 씌운 차양을 설치했다. 자시키와 그 주변부의 기둥에 면피주•를 사용해 전체적으로 짙은 색을 입히고 자시키의 벽도 벤가라•색이라고 하는 선명한 적갈색으로 칠했다. 인방의 못가리개•와 맹장지(나무 등으로 만든 뼈대의 양면에 종이나 천을 발라 만든 창호) 문고리 등은 세련되고 화려한 독특한 디자인으로 만들었다.

히가시야마의 히가시 자야가이는 중앙을 동서로 관통하는 니반초二番丁 거리를 중심으로 늘어선 높은 자야 건물들이 돌을 깔아 정비한 길과 함께 특유의 정취를 전하는 곳이다.

가즈에마치主計町는 가나자와성의 북동쪽에 있으며, 예로부터 주요 가도였던 국도 159호(359호)가 아사노천을 건너는 아사노천대교의 서쪽 다릿목에 위치한다. 북

니반초 거리
히가시야마 히가시 자야가이의 중심 가로. 방화대로 넓혀진 가로 부분에서 동쪽으로 쭉 이어진다.

옛 이치반초一番丁 거리
동쪽을 본 모습. 좁은 가로에 자야 건물이 즐비하다.

▲ 니반초 거리의 북향 집들
레스토랑과 찻집이 많이 생겼다.

◀ 니반초 거리의 남향 집들
기무스코를 설치한 자야 건축물이 즐비하다.

아사노천과 가즈에마치의 가로
3층짜리 자야 건물이 즐비하다. 정면은 3연속 아치가 아름다운 아사노천대교(등록유형문화재).

▲ 아사노천 맞은편에서 본 가즈에마치
개방적인 창을 낸 3층짜리 자야 건물이 즐비하다.

◀ 아사노천 변의 경관
오른쪽이 아사노천. 천변을 따라 벚나무 가로수가 이어지는 쾌적한 산책로다.

쪽 경계가 성하마을의 북쪽을 흐르는 아사노천이고 남쪽에 하안단구의 벼랑이 솟는, 동서로 좁고 긴 지역이다. 가즈에마치라는 지명은 16세기말~17세기 초무렵 이곳에 저택을 두었던 도미타 가즈에富田主計에서 비롯됐다고 하는데, 그는 에도시대에 이 지방을 지배했던 가가번加賀藩*의 신분이 높은 가신이었다. 가즈에마치는 1970년에 인접한 오와리초尾張町 니초메二丁目의 일부로 간주되어 지명이 변경됐지만 1999년에 전국에서 처음으로 옛 지명을 되찾아 이 일로도 널리 알려져 있다.

가즈에마치는 아사노천대교를 사이에 두고 히가시야마 히가시 자야가이와 마주보고 있다. 아사노천 변에 동서로 뻗은 가즈에마치는 아사노천의 수운으로 사람과 물자가 빈번히 오가는 번화한 장소였는데, 자야마을에 가까운 성격을 띤 곳이었다.

가즈에마치의 동쪽 끝 부근에는 이 지구를 가로질러 동쪽 안 소가마에 해자(현재는 일부를 제외하고 복개됨)와 서쪽 안 소가마에 해자가 있고 각각 아사노천으로 배수구가 나 있다. 서쪽 안 소가마에 해자의 서쪽에 있는 옛 무가구역(현재는 「가즈에마치 료쿠스이엔緑水苑」이라는 공원으로 정비됨)에도 1920년대에 음식점과 무용 연습장, 자야가 들어섰다. 그 무렵, 현재의 료쿠스이엔 부근까지 아우르는 가즈에마치 전체가 자야마을로 가장 번성했다고 한다. 그 시기, 3층으로 증축하고 지붕을 돌을 얹은 너와지붕에서 기와지붕 또는 금속판지붕으로 변경하는 일도 활발히 일어나서 오늘날 보는 것과 같은 독특한 경관이 만들어졌다.

아사노천 변에 늘어선 자야 건물은 3층

가즈에마치사무소(게이기藝妓 등의 연습장) 뒷골목인 「구라가리자카(어둠 언덕길이라는 뜻)」로 가는 입구 모퉁이에 있다.

자야의 자시키
벤가라색의 흙벽이 곱다. 툇마루와 난간 너머로 아사노천이 바라보인다.

이 많고 2, 3층 모두 유리문을 달아 자시키에서 아사노천을 바라볼 수 있는 구조인데 비해 남쪽(안쪽) 길가에는 이층 건물이 많다. 가즈에마치의 자야 건물은 대부분 전면 폭이 6.3m 이하이며 다른 자야가이의 건축물과 마찬가지로 정면에 데고시를 설치한 경우가 많다. 살창은 기무스코와 굵은 살창이 있는데, 데고시의 하부 난간벽에는 샤쿠다니석笏谷石[13]을 사용한 경우가 많다. 히가시 자야가이에서 볼 수 있는 정면 출입구에 큰 문을 설치한 집은 찾아볼 수 없다. 이층의 정면은 본래 외부를 향해 열린 툇마루로, 그 바깥쪽으로 미닫이 목제 덧문을 단 자야가이 특유의 형식이었으나 현재는 대부분 하부에 난간벽이 있는 유리문으로 바뀌었다.

아사노천을 따라 왕벚나무 가로수가 있어 쾌적한 산책로가 조성됐다. 그리고 료쿠스이엔 근처에는 예전에 일문교一文橋[14]라고 불린, 보행자 전용 다리 나카노하시中の橋가 있어 아사노천을 건널 수 있는데, 이 다리에서 가즈에마치와 아사노천대교의 전망을 즐길 수 있다.

가나자와시는 가즈에마치가 전통적 건조물군 보존지구로 지정된 이후 지역 주

---

13 후쿠이현福井縣 후쿠이시의 산에서 채굴되는 응회암의 일종. 부드럽고 청록색을 띠며 물에 젖으면 짙은 청색으로 변한다. 예전에는 지붕을 이는 돌로도 썼다.

14 다리를 건널 때마다 1문文(에도시대의 화폐 단위. 에도시대 중·후기를 기준으로 할 때 현재의 화폐가치로 약 12엔임)을 지불한 것에서 유래한다. 20세기 초까지 사이가와천에는 개인이 설치한 1문을 받는 다리, 곧 일문교가 몇 개 있었던 것으로 보인다.

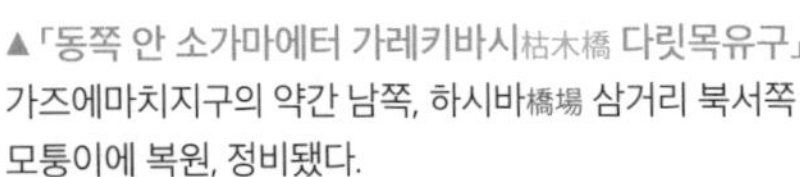

▲「동쪽 안 소가마에터 가레키바시枯木橋 다릿목유구」
가즈에마치지구의 약간 남쪽, 하시바橋場 삼거리 북서쪽 모퉁이에 복원, 정비됐다.

▶ 소설가 이쓰키 히로유키●가 이름붙인 「아카리자카(빛 언덕길이라는 뜻)」 골목에서 본 모습. 이 길의 계단을 올라가면 이즈미 교카●기념관에 이른다.

민들과 「마을 만들기 협정」과 「걷기 좋은 마을 만들기 협정」을 체결해 세심하게 가로와 경관의 보존에 힘쓰고 시민과 관광객이 즐길 수 있도록 환경을 정비하고 있다. 가즈에마치의 서쪽에 인접한 옛 히코소 이치반초彦三一番丁 · 호로마치母衣町에는 무가의 집들이, 남쪽에 인접한 옛 신초新町에는 마치야●들이 남아 있어 가나자와시는 「고마치나미 보존구역[15]」으로 지정해 가로 보존을 추진하고 있다. 또한 동·서의 안 소가마에 해자터도 정비해 공개하고 있다.

이와 같이 히가시야마 히가시지구를 포함한 가즈에마치 일대는 성하마을이 조성된 이래 가나자와시가 쌓아 올린 역사의 깊이를 느낄 수 있는 지역이다.

---

15 1994년에 시행한 가나자와시 고마치나미 보존 조례에 따라 시내의 전통적 건조물군 보존지구 이외에 역사적 가로구역을 지정하고 각각의 보존 기준을 정해 행위 신고와 수리 등에 대한 지원을 통해 역사적 가로를 보존하고 있다. 현재 10개 구역이 지정됐다.

3-4

가나자와시 나가마치

_이시카와현

가나자와시金沢市 나가마치長町 무가주택•군지구는 가나자와시의 중심가 근처, 구라쓰키鞍月 용수로[16]와 오노쇼大野庄 용수로 사이에 위치한다. 에도시대 이 지방을 지배했던 가가번加賀藩•에 속했던 중·하급 무사의 주택이 늘어선 마을이다. 완만하게 휘어진 동서방향의 돌 포장 길과 오노쇼용수로를 따라 토담이 이어지는데 나가야문•도 설치됐다. 토담 너머로 소나무 등 정원수가 무성한 모습이 보여 고즈넉한

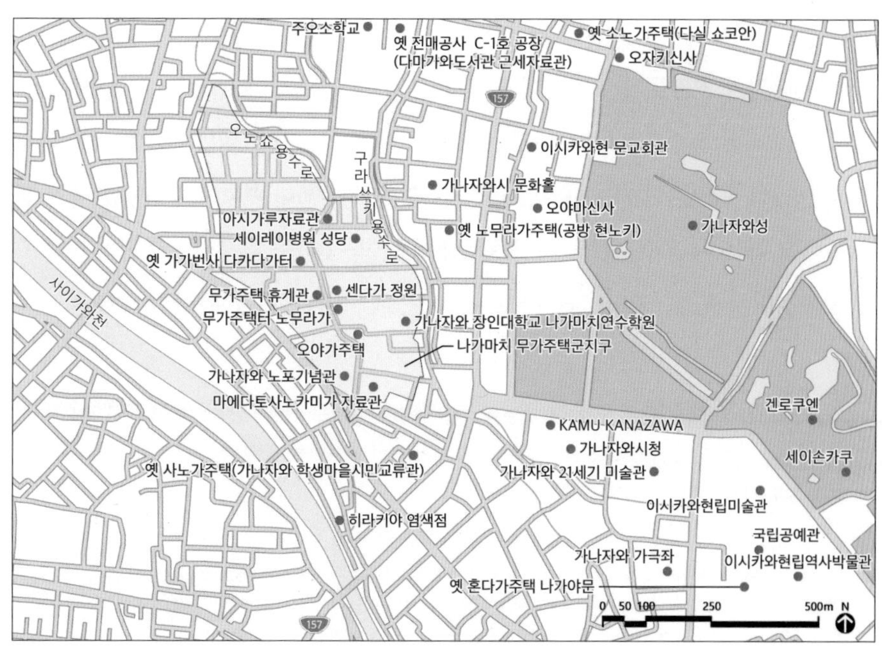

나가마치의 무가주택 토담과 대문이 이어지는 거리
담 너머로 정원의 우거진 나무들이 보인다.

분위기를 자아낸다.

나가마치의 거리들과 교차하며 남북으로 흐르는 오노쇼용수로는 가나자와시에서 가장 오래된 용수로로서, 사이가와천犀川에서 끌어들인 물이 약 10.2km에 걸쳐 흘러간다. 약 400년 전 가나자와성을 쌓을 때 항구에서 대량의 목재를 운반하기 위해 팠다고 하는 이 용수로는 관개, 동력, 방화, 눈 녹이기 등 다목적으로 사용되고 무가주택 정원에 흐르는 인공 물길에도 활용됐는데, 지금도 그 맑은 물이 마을을 적셔준다.

나가마치 무가주택군지구는 가나자와시가 최초로 전통 경관의 보전에 힘쓴 지

---

16 1644~1648년경 수력을 이용해 유채기름을 짜는 방앗간이나 농경지에 물을 댈 목적으로 만든 용수로. 1874년 무가주택 지구 북쪽의 현 가나자와시립 주오中央소학교 부지에 문을 연 가나자와제사장金澤製絲場은 이 물을 이용해 물레방아를 돌려 명주실을 생산했다. 당시 도미오카제사장(2-6 참조)에 버금가는 일본 제2의 제사공장이었다.

◀ 아라이에가新家家주택 나가야문
가나자와를 대표하는 나가야문으로,
가나자와시 지정 문화재.

▼ 나가마치를 흐르는 수량이 풍부한 오노쇼용수로
가나자와성의 축성에 큰 역할을 했다.

아시가루 자료관의 시미즈가清水家주택
1990년까지 주거로 사용되었다.

역인데, 1964년부터 시에서 독자적으로 토담을 수리하고 전선류 지중화 사업 등을 했다. 또한 오노쇼용수로의 돌담과 수로의 유지보수 공사를 계속해 가나자와의 전통 경관이 갖는 운치를 유지하기 위해 노력하고 있다. 19세기 후반 지구 안에 지어진 건물을 개수해서 가나자와시립「가나자와 장인職人대학교[17]」의 부속시설로서 강의와 전통 예능 연습장으로 활용하면서 관광객들에게도 개방한다.[18]

또한 나가마치 무가주택군의 북쪽에 아시가루足輕[19], 곧 하급무사의 집 두 채를 시내에서 이축해「아시가루 자료관」으로 공개하고 있다. 돌을 얹은 너와지붕의 단층 건물인 이들 하급무사 주택에서 하급무사의 직무와 일상생활에 관해 전시하고 해설해 준다.

---

17 가나자와시가 1996년에 목수·미장공 등 건축과 조경 관련 장인을 양성하기 위해 설립한 전문학교로 공익사단법인이다. 경력 10년 이상의 장인이 3년간 배우는 본과와 본과 수료생, 건축사, 시 직원 등이 3년간 배우는 수복修復전공과가 있다.

18 전통적인 일본식 건물을 개수한 연수원과 신축한 다실인 쇼신안匠心庵, 그리고 일본 정원이 있다.

19 신분이 낮은 최하층 무사로, 평시에는 주군 집의 허드렛일을 맡아 했고 전시에는 도보로 종군했다.

3-5

나가노시 젠코지와 문전마을

_나가노현

나가노시長野市는 나가노현의 현청 소재지로 현의 북부에 위치한다. 그 중심부는 예로부터 젠코지善光寺의 문전마을門前町이었는데, 이곳은 홋코쿠北國가도라고도 불리는 옛 호쿠리쿠도*의 역참마을로서 발전했다. 642년에 현재 위치로 옮겨 온 젠코지는 정토신앙*의 융성과 더불어 성장했으며 전란으로 파괴되기도 했지만 복구를 거쳐 전국적인 서민신앙의 사찰로 발전했다. 참배로가 정비되고 정문 앞이 번성해

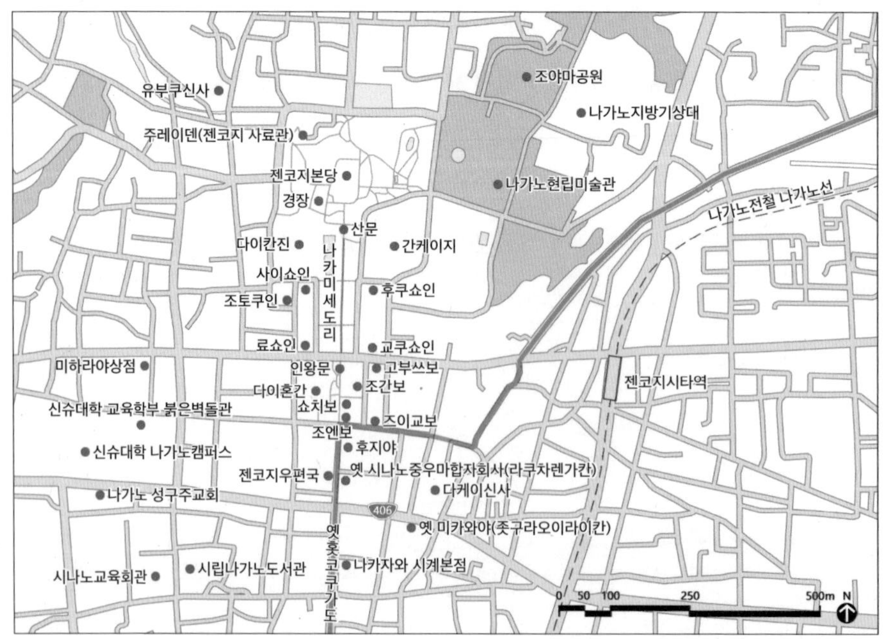

젠코지 본당
하나로 통합된 형태의 지붕 주위에 차양이 붙어 있다. 지붕의 마룻대는 위에서 보면 T자형인데 종을 치는 T자형 나무방망이인 당목을 닮았다고 해서 당목조撞木造라고도 한다. 전면 폭 약 24m, 깊이 약 54m, 높이 약 29m의 대가람이다. 국보.

1611년에 정문 앞에 홋코쿠가도의 역참인 젠코지주쿠善光寺宿가 설치됐다. 1707년에는 에도막부•의 지원과 일본 전역을 순회하며 본존상을 보여주는 회국개장•을 통해 확보한 자금으로 현재의 거대한 본당을 지었다. 그리고 1750년에 산문•, 1759년에는 경장•이 준공되어 가람의 모습을 갖추었다. 중요문화재인 젠코지 경장은 평면이 정방형이고 지붕에는 노송나무 껍질을 이었다.

산문에서 남쪽으로 400m 가량 이어지는 돌 포장의 참배로는 1714년에 설치됐다. 이 참배로를 따라 참배객을 위한 상점가인 나카미세仲見世, 사찰집단인 젠코지에서 중요한 역할을 하는 혼보本坊라고 부르는 두 개의 대형 사원이 있다. 그리고 그 바깥쪽에 혼보가 거느린 39개의 숙방•이 있다.

숙방은 불상을 모신 방을 갖추고 주지가 있는 종교시설인 동시에 일본 각지에서 온 많은 참배객이 묵을 수 있는 숙박시설이다. 숙방의 건물은 1891년의 대화재로 대부분 소실됐다가 복구되었다. 참배자가 증가함에 따라 증축을 거듭했으며 현재 절반 이상이 목조 3층 건물이다. 다만, 니시노몬도리西之門通り에 있는 숙방 조토쿠인常徳院은 18세기 후반~19세기 전반의 건물로, 1891년 대화재의 피해를 입지 않았다. 이 건물은 일부 증축되기도 했으나 전체적으로 젠코지 숙방의 특색을 잘 간직해 등록유형문화재가 됐다.

나카미세는 이전에는 가람지였지만 현재는 여관, 불구점佛具店, 토산품점 등 약 60개의 점포가 이어져 문전마을의 활기를 보여준다. 남쪽으로 내려가면 나카미세나 숙방과는 분위기가 다르지만 역사적 경관을 보여주는 가로가 이어진다. 다이몬大門 네거리 북쪽의 후지야藤屋는 원래 젠코지주쿠의 본진•이었다. 1924년에 전면도로가 18m로 확장된 후 목조 3층으로 신축된 현재 건물은 목조 바탕에 철망을 대고 모

숙방의 가로
젠코지의 정문 앞에 모두 39곳의 숙방이 줄지어 섰다.

르타르를 두껍게 바른 철망콘크리트조에 타일을 붙인 외관을 갖추고 있다. 특색있는 아르데코풍의 디자인으로 널리 사랑받는 이 건물은 현재 레스토랑 등으로 활용된다. 또 현재의 젠코지 우편국은 예전에 협본진•으로 사용되던 여관을 재건축한 건물이다. 1932년에 지은 긴 전면 진입방식, 팔작지붕의 목조 2층 건물로, 이층 창가를 장식하는 여관풍의 붉은 난간에 특색이 있다. 이 밖에 1912년에 운송회사 사옥으로 지어진 오지벽돌의 기와지붕 이층 건물이 프랑스 음식점으로 활용되고 있다. 앞서 1924년 도로를 확장했다고 했는데 그때 이 건물을 통째로 들어 뒤로 옮겨 놓았다. 그리고 젠코지 문전마을의 남쪽에 있는 다이몬 네거리의 남쪽 지구에서는 민관이 함께 목조 2층의 도조•구조 건물들을 중심으로 가로를 정비하고 있다.

젠코지의 문전마을지구에는 이 지역의 근대화과정을 보여주는 등록유형문화재 건조물을 비롯해 많은 역사적 건조물이 분포한다. 이곳에서는 이들 문화재의 보호사업과 더불어 풍치지구 경관계획, 역사마을 만들기 계획, 주민에 의한 경관협정 등을 통해 역사를 살린 마을 만들기가 추진되고 있다. 특히 나카미세나 숙방군을 중심으로 한 역사적 가로를 전통적 건조물군 보존지구로 지정하는 것을 검토하고 있다.

▲ 후지야
젠코지 정문 앞의 랜드마크(등록유형문화재).

◀ 젠코지 우편국

다이몬 네거리 남쪽 지구
도조구조 건물을 개수한 점포들이 늘어선 가로.

옛 시나노중우마信濃中牛馬합자회사
(현 라쿠차렌가관楽茶れんが館)
벽돌조 2층 건물. 1912년 건축, 1924년 도로를 확장할 때 건물을 통째로 들어 옮겼다. 중우마는 에도시대(1603~1868) 역참제도에 의한 공적인 운송업이 폐지된 이후 메이지 시대(1868~)에 설립된 민간의 우마 이용 운송사업을 말한다.

3-6

다카야마시 산마치·시모니노마치·오신마치

_기후현

중요 전통적 건조물군 보존지구
산마치: 4.4ha, 1979년 선정(1997년 확대)
시모니노마치·오신마치: 6.6ha, 2004년 선정

다카야마시高山市는 기후현岐阜縣의 북부인 히다飛驒지방의 중심 도시다. 히다지방은 주위가 3,000m 정도의 산들로 둘러싸여 있는데, 예로부터 목공기술이 고도로 발달했으며 7세기 중반부터는 「히다 장인」[20]으로 불리는 세공인이 당시 도읍이었던 나라나 교토에서 이루어진 궁전 건축 등에서 활약했다.

1585년, 현재 후쿠이현福井縣의 일부인 에치젠국越前國 오노성[21]주大野城主 가나

모리 나가치카* 가 히다를 침공해 그때까지 다카야마를 지배하던 미키씨三木氏를 멸망시켰다. 가나모리 나가치카는 1590년부터 표고 약 700m의 산 위에 다카야마성을 건설하기 시작해 그 북쪽의 미야가와천宮川과 에나코천江名子川 사이에 있는 동서 500m, 남북 600m의 범위를 성하마을* 로 조성했다. 성하마을은 성의 주위와 동쪽 고지대를 무가구역, 서쪽 저지대를 상공인구역으로 하고 북쪽 끝에 정토진종* 의 사찰, 에나코천 너머 동쪽에 다른 종파의 사찰군을 배치했다.

다카야마 성하마을은 히다지방 정치·경제의 중심지로, 동서남북에서 가도가 연결되어 상공인구역에는 세 갈래의 남북방향 길가에 상인마을이 형성됐다. 이 세 갈래의 길에 면한 집들로 이루어진 마을이 동쪽에서부터 이치노마치一之町, 니노마치二之町, 산노마치三之町인데 이 세 마을을 합쳐 산마치三町라 부른다. 가나모리씨는 오미상인* 과 연고가 있는 각지의 상인들을 불러들여 상업활동을 활성화하고자 했다. 또한 가미가타* 문화, 나중에는 에도(지금의 도쿄) 문화를 적극적으로 도입했다.

그 뒤 1692년 가나모리씨가 영지를 옮김에 따라 히다의 영지는 에도막부* 직할지가 되어 다카야마성과 무가구역이 파괴됐다. 이로써 옛 성하마을 전역이 상인과 장인의 마을이 됐다. 다카야마의 상인은 에도와 교토·오사카 등지에 목재·명주실·견직물 등을 팔고, 다른 지역에서 소금이나 쌀 등을 매입해서 파는 상업활동으로 부를 축적해 다카야마는 히다지방의 중심지로 더욱더 발전했다.

이러한 번영은 가나모리씨가 지배했던 시대에 원형이 생겼다고 하는 다카야마마쓰리[22]에서도 잘 나타난다. 다카야마마쓰리는 남북으로 이어지는 옛 상인마을을 중간에서 둘로 나누는 동서방향의 길인 야스가와도리安川通り 남쪽인 가미초上町의 주민들이 지역신으로 모시는 히에日枝신사의 산노마쓰리山王祭(춘제春祭), 북쪽인 시모초下町 등지의 주민들이 모시는 사쿠라야마하치만궁櫻山八幡宮의 하치만마쓰리八幡祭(추제秋祭)로 이루어진다. 이 마쓰리는 세련되고 정교하게 만든 호화찬란한 수레*

---

20 7세기 후반 이후, 천황을 중심으로 하는 정치 체제 아래에서 조세의 일환으로 노역을 제공하기 위해 히다지방에서 조정에 출사한 목공 노무자. 1년 교대로 관청 등의 건축에 종사했다. 높은 목공 기술을 지녔다고 한다.

21 후쿠이현 오노시大野市의 분지 중앙에 높직이 솟은 산 위에 1580년 가나모리 나가치카가 완성한 성. 1871년에 철거되었고 1968년에 철근콘크리트조 건물로 재건됐다.

22 2016년 가와고에마쓰리川越祭(2-8 참조), 사와라의 대제佐原大祭(2-9 참조), 기온마쓰리祇園祭(4-7 참조) 등과 함께 「일본의 장식 수레 축제, 야마山·호코鉾·야타이屋臺행사」로 유네스코 인류무형문화유산 대표목록에 등재됐다.

를 끌고 시가지를 돌아다니는데 이 수레는 에도시대 동안 계속 에도의 산자마쓰리三社祭[23]를 비롯한 여러 마쓰리의 가마나 수레의 양식을 본떠서 만든 것이다. 각각의 수레는 수레조직인 야타이구미屋臺組[24]가 보유, 관리하는데 그들은 지금도 마쓰리 운영의 주요 조직이자 견고한 자치조직, 경관보존 조직으로 역할을 다하고 있다.

다카야마는 1724년 이래 여러 차례 대화재에 휩싸였다. 산마치도 1832년의 대화재로 일부 도조●를 제외하고 전소됐다고 하는데, 현재 남아 있는 마치야● 본채는 모두 대화재 이후에 지은 것들이다. 각 집의 부지는 길쭉한 직사각형으로, 폭이 좁고 깊이가 깊은 본채가 가로에 면해 빼곡히 늘어섰고 부지 안쪽에 도조를 배치한 경우가 많다. 부지 안쪽에 남은 도조들은 지금까지 화재에서 뛰어난 연소 방지 효과를 보여주었다. 마치야 본채는 맞배지붕, 긴 전면 진입방식, 중이층 건물이다. 지붕은 경사가 완만한데 4.2m 정도 높이의 낮고 깊은 처마에 작은 차양과 햇빛 차단 차양을 달아내 통일성 있는 경관을 형성하고 있다. 또한 입구에는 들어올려 매단 대문을 설치했으며, 입구 이외의 기둥 사이에는 시토미문●을 설치하거나 낮은 벽 위에 장지문을 달고 그 바깥쪽에 데고시●를 설치했다. 창살은 다소 굵고 간격이 넓어 독특하다. 목재 부위는 벤가라●에 그을음을 섞어 짙은 색으로 칠하고 차양 받침목의 끝은 하얀 호분●칠을 해 돋보인다.

국가 지정 문화재인 다카야마시 산마치 중요 전통적 건조물군 보존지구는 가미이치노마치上一之町, 가미니노마치上二之町, 가미산노마치上三之町 등 성하마을 시절의 상인마을 중에서 남쪽 부분, 히에신사를 모시는 사람들이 거주하는 지역의 중심부다. 이 지역에서는 1960년대부터 지구의 서쪽을 따라 흐르는 미야가와천에 잉어를 방류하고, 청소·미화 활동을 하는 등 환경보전을 위한 시민운동이 시작됐고 1966년에 「가미산노마치 가로보존회」가 결성되었다. 그 밖의 지역에서도 야타이구미를 중심으로 시민들의 가로보존운동이 활발해졌다. 다카야마시도 이에 적극 호응해 다

---

23 도쿄도 다이토구台東區 아사쿠사淺草의 아사쿠사신사에서 매년 5월 벌이는 마쓰리. 사람들이 신사의 가마와 신사를 받드는 44개 마을의 가마를 매고 신사 경내와 시가지를 돌아다니며 음악과 무용을 바친다. 매년 200만 명 가까운 관람객이 모이는 큰 마쓰리다.

24 원래는 지역공동체의 마을조직인데 다카야마마쓰리의 발전과 함께 마쓰리와 결합되었고 마을조직마다 수레를 소유하게 되어 「야타이구미」라고 통칭하게 됐다. 다카야마마쓰리의 수레를 수리하거나 보존하는 일을 하고 마쓰리 때에는 수레를 끌고 다니며 마쓰리를 화려하게 연출한다.

▲ 산마치의 가로
낮고 깊은 처마, 햇빛 차단 차양이 이어진다.
창살은 굵고 간격이 넓다.

◀ 산마치의 양조장(지도의 '집-1')
입구 위 처마에 새 술을 빚었음을 알리는 표식인
삼나무 잎으로 만든 공 모양 장식물을 걸었다.
계절이 바뀌면서 당초의 선명한 녹색이 갈색으로
변한다. 넓은 전면에 깊은 처마와 차양이 인상적이다.
차양 받침목 끝에는 흰색 호분을 칠했다.

정연한 의장의 마치야(산부인과)(지도의 '집-2')
차양 받침목의 끝은 흰색 호분칠로 액센트를 주었다.

산마치의 점포(지도의 '집-3')
양측 길가의 수로는 방화용수를 겸한 시설이다.

른 지역보다 이른 1972년에 시가지경관보존조례를 제정했다. 다카야마시는 1978년에 산마치지구를 전통적 건조물군 보존지구로 지정했고 이어서 이듬해 국가가 중요 전통적 건조물군 보존지구로 선정했다. 나아가 1997년에는 보존지구를 확대해 보존사업을 확충해나가고 있다. 이로써 옛 시가지의 대부분을 시가지경관보존구역으로 지정함과 동시에 산마치 중요 전통적 건조물군 보존지구의 북쪽으로 이어지는 역사적 가로를 2004년에 「다카야마시 시모니노마치下二之町 · 오신마치大新町지구」로 지정하고 같은 해 국가가 중요 전통적 건조물군 보존지구로 선정했다. 또한 시가지경관보존구역의 내부 전역에서 주민들의 보존회가 조직됐다.

시모니노마치 · 오신마치지구는 동서방향의 야스가와도리를 사이에 둔, 남북으로 긴 구역이다. 그 중 남쪽 부분인 시모니노마치구역은 상인마을로 번창했으며, 오신마치구역은 북쪽으로 이어지는 엣추越中가도를 중심으로 형성되었다.

다카야마에서는 1875년에도 야스가와도리 북쪽인 시모초 지역 전역과 남쪽인 가미초 지역의 북쪽 절반을 태운 대화재가 일어났다. 당시 다카야마는 에도시대 이래로 물자의 집산지로서 경제적 위상이 날로 강화돼 활기를 띠고 있었다. 화재 뒤 복구 시에 많은 건물은 대체로 옛 모습대로 재건됐다. 또한 사용 재료 제한 등 에도시대의 구시대적 규제에서 벗어나 재력을 쏟아부으며 독자적으로 궁리해 지은 건물도

다카야마시정기념관
1895년 건축. 목조 2층 건물. 1968년 시로 승격되기 전에는 마치町사무소로 사용됐다. 보존지구의 남쪽 끝에 위치한다.

오신마치의 한 가로 서쪽 면(구사카베민예관)
구사카베가주택, 요시지마가주택 등 중후한 마치야가 즐비하다.

오신마치의 다른 가로 동쪽 면(지도의 '집-4')
규모는 다소 작지만 단정한 외관의 마치야가 즐비하다.

구사카베가주택
1879년 건설. 깊은 처마, 두꺼운 판자 차양, 가늘고 조밀한 창살 등 의장이 뛰어나다.

▲ 요시지마가주택
의장과 기술에서 일본 민가의 한 정점을 보여준다.

◀ 요시지마주택의 노출천장 공간
옻칠을 한 기둥과 보의 골조, 지붕틀이 정교한 구조미를 보여준다.

나타났다. 그런 건물인 오신마치의 거상 구사카베가日下部家주택(중요문화재)은 대화재 직후인 1879년에 건축된 전면 길이 17.4m의 대형 마치야로, 에도시대의 평면과 외관 의장을 계승하면서도 곳곳에 철저히 선별한 목재를 사용했다. 내부 마당을 겸한 문간과 그것에 접한 '오에'라고 불리는 거실, 다이도코로[25]의 상부를 천장이 없는 광대한 공간으로 만들어 멋진 골조를 보여준다. 이웃에 있는 요시지마가吉島家주택(중요문화재)은 1905년의 화재 뒤 1907년에 건축된 대형 마치야다. 마찬가지로 문간과 오에, 다이도코로의 상부에 천장을 설치하지 않아 하나로 통합했고 옻칠을 한 기둥과 보의 골조가 화려한 구조미를 보여준다. 두 주택 모두 다카야마의 목수가 지은 것으로, 히다 장인의 전통을 이어받은 기술과 디자인에서 일본 민가의 한 정점을 볼 수 있다.

호오다이鳳凰台 수레 창고
각 수레조직이 수레 창고를 보유, 계승하고 있다.

시모초지구에서는 가미초지구에서와 마찬가지로 건축을 할 때 항상 지역 내 다른 건물과의 관계를 의식하면서 진행하는 관습이 이어져왔다. 이는 역사가로의 경관을 유지하는 데 도움이 됐다. 이 지역에는 19세기 후반에서 20세기에 지어진 다양한 양식의 마치야들이 있는데, 야타이구미마다 일정한 통일성이 있어서 지역이 전체적으로 뛰어난 전통적 경관을 유지하고 있다.

다카야마시는 일본에서 대단히 인기있는 관광지로, 연간 방문객이 400만 명이 넘는다. 이에 따라 매력 있는 역사가로의 보존과 계승을 관광과 양립하는 것이 이 도시의 큰 과제가 됐다.

---

25 부엌으로 사용되는 다이도코로에는 보통 마루를 까는데, 구사카베가주택에서는 다다미를 깔았다.

3-7

미노시 미노마치

_기후현

중요 전통적 건조물군 보존지구
9.3ha, 1999년 선정

기후현岐阜縣 남서부 미노美濃지방에서 아이치현愛知縣 북서부 오와리尾張지방에 걸쳐 노비濃尾평야가 펼쳐진다. 기후현 남부의 중앙부에 위치하는 미노시는 노비평야의 최북단에 해당한다. 그 중심 시가지인 미노마치美濃町는 고치현高知縣의 시만토강四万十川, 시즈오카현静岡縣의 가키타천柿田川과 함께 일본 3대 청류清流 가운데 하나로 꼽히는 나가라강長良川 연변에 입지한다. 기후현 북부의 산중에서 발원해 기후현

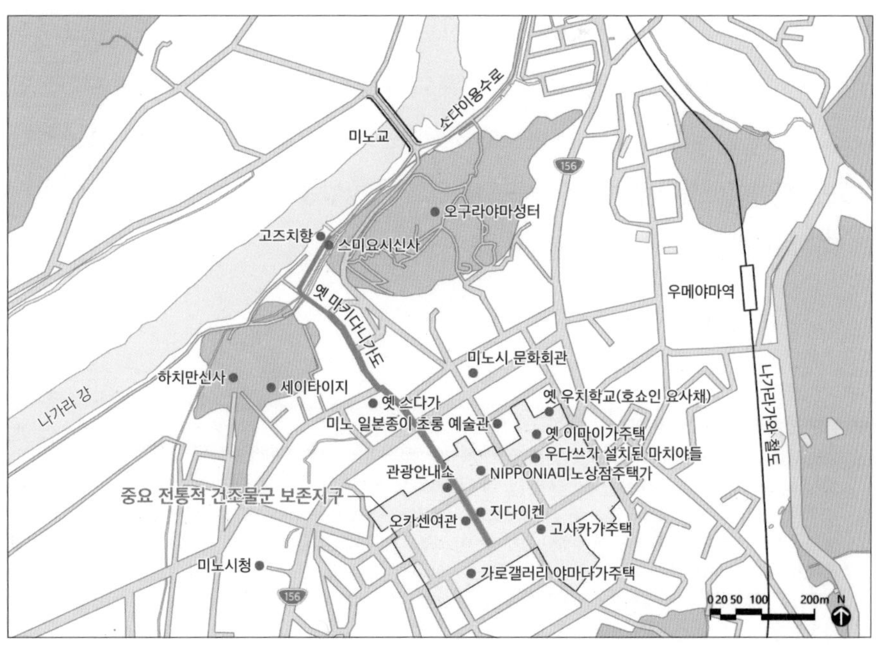

남쪽으로 내려와 미에현三重縣을 거쳐 이세만伊勢灣으로 흘러 들어가는 나가라강에서는 예로부터 가마우지를 길들여 물고기를 잡는 은어잡이가 성행했다. 또 나가라강의 물을 이용해 만든 미노 일본종이美濃和紙(이하 '미노지')는 수운을 통해 각지에 운송됐고 우산, 초롱, 부채 등의 재료로도 이용됨으로써 유역 경제의 발전에 기여했다.

현재의 시가지 골격은 히다飛驒(기후현의 북부인 히다산맥 서쪽 일대를 지칭하는 옛 지명으로 중심 도시는 다카야마시高山市, 3-6 참조)지방에서 지배하는 영지 외에 1600년에 이곳의 2만 석● 영지를 지배하게 된 가나모리 나가치카●가 다카야마에서 시행한 시가지 조성의 경험을 살려 고즈치上有知에 거성居城과 그 성하마을●을 건설하기 시작한 데서 비롯됐다. 나가라강의 동쪽 강변에서 솟은 독립 구릉을 교토 사가嵯峨의 명승지 이름을 따서 오구라야마小倉山[26]라 이름 붙이고 남쪽 기슭에 오구라야마성을 쌓았다. 무가구역은 성의 남쪽에 설치했다. 상공인구역은 16세기 전반 이래로 나가라강 변 저지대에 있었으나 1602년 나가라강의 대홍수로 큰 피해를 입어 가나모리 나가치카가 현재의 위치인 동쪽의 단구段丘 위로 옮겨 다시 조성했다. 1606년경 시가지 구성이 대체로 완성된 것으로 보인다.

1611년 가나모리씨가 물러나자 성은 파괴됐고 고즈치번●은 한때 에도막부● 직할령이 되었다가 1615년 이후에는 도쿠가와 이에야스●의 연고지로 권세를 부린 오와리번의 영지가 됐다. 아이치현 나고야시名古屋市의 나고야성을 본거지로 한 오와리번은 에도막부의 친족이 다스렸다. 현재의 아이치현뿐만 아니라 기후현과 나가노현長野縣의 일부를 영지로 삼은 큰 번으로 지방영주 가운데 최고 문벌이 다스린 오와리번은 오구라야마성터에 지방관사무소를 두고 이 지방을 관할했다. 오와리번의 지배는 1871년 번 제도가 폐지될 때까지 이어졌다.

---

26 본래 교토시 우쿄구右京區에 있는 표고 295m의 산 이름. 가쓰라가와천桂川의 북안에 위치하며 남안의 아라시산嵐山과 마주보고 있다. 풍광이 빼어난 곳으로, 7세기~13세기까지 100명의 가인歌人이 지은 뛰어난 정형시 와카●를 선정한 「오구라 백인일수小倉百人一首」는 유명한 가인 후지와라노 데이카藤原定家가 오구라산 산장에서 골랐다고 한다.

27 17세기 초 고즈치 성하마을에서 물자 수송의 관문으로 나가라강 변에 문을 연 하항河港. 40척의 배를 두고 나가라강 하류로 가는 수운의 거점 역할을 했다. 이 지방의 물자 유통과 교통의 중심으로 번성했으나 1911년 철도가 개통하면서 쇠퇴했다. 높이 9m의 나가라항 등대, 선착장으로 가는 돌계단, 배의 안전을 기원하는 스미요시住吉신사, 석등 등이 남아 기후현의 사적으로 지정됐다. 나가라강에는 고즈치항 외에 기후시의 나카가와라항中川原湊, 나가라항長良湊, 가가시마항鏡島湊 등이 있었다.

지방행정의 중심이었던 고즈치는 기후가도, 세키関가도, 마키다니牧谷가도 등 6개 가도의 결절점이면서 나가라강 변의 고즈치항上有知湊[27]을 통한 수운도 발달해 주변의 물자가 모이는 거점이 됐다. 그리고 주변의 산간에서 생산되는 미노지를 거래하는 중심지로서 경제활동이 활발해져 상업도시로서 번성했다. 기후현에서 제조되는 닥나무 등 천연 식물섬유를 원료로 만든 미노지는 1,300년의 역사를 가지고 있다. 메이지 이후에도 미노지의 생산과 거래는 전국과 해외로 확대돼 1910년에는 고즈치초上有知町의 이름을 미노마치로 바꾸기에 이르렀다.

미노마치는 성하마을 시대부터 동서방향의 두 가로와 그것을 잇는 남북방향의 네 갈래 길로 구성된 「목目자형」의 가로구성을 유지하고 있다. 이 가로를 따라 직사각형 필지들이 이어지며 마치야•나 도조• 등의 전통적 건조물이 집중적으로 남아 있다. 사찰과 신사 부지는 주로 목자형 구획의 주변부에 위치했다. 우오야초魚屋町의 길은 북쪽으로 뻗어 마키다니가도가 되는데 고즈치항을 거쳐 미노교로 나가라강을 건너 미노지의 생산지인 마키다니지구에 이른다. 마키다니에서는 장인의 옛 주거 겸 종이뜨기 작업장을 수리, 정비해 공개하고 있다.

나가라강에 걸쳐 있는 미노교

길이 113m, 폭 3.1m로 일본에서 가장 오래된 근대 단경간單徑間 보강補剛 현수교다. 철근콘크리트조 주탑主塔의 높이는 9.8m다. 미노지의 주 생산지인 마키다니(강 오른쪽)와 미노지 도매상이 모여있는 미노마치(강 왼쪽)를 육로로 잇기 위해 건설됐다. 1916년 준공. 중요문화재.

우다쓰가 설치된 마치야가 즐비한 미노의 가로

마치야의 본채는 주로 중이층 혹은 이층의 맞배지붕, 긴 전면 진입방식의 건물로, 가로를 따라 벽면 위치를 맞춰 정연하게 연속된다. 이것들의 지붕은 본래 돌을 얹은 너와지붕이 대부분이었으나 18세기 후반 이후 차례로 기와지붕으로 바뀌었다. 이층 건물은 19세기 후반부터 나타나 20세기 초 무렵에 증가하기 시작했다. 양쪽 박공면 쪽에서 경쟁하듯 올라간 우다쓰●, 다양한 형상의 창살과 무시코창●, 건물 정면 게야●의 지붕 위에 설치한 지붕 신屋根神様[28] 등은 미노마치 가로의 특색을 잘 보여준다. 또한 일층 외벽의 격자창살문은 대개 19세기 후반 이후에 설치된 것인데, 예전에는 시토미문●이 설치돼 있었다.

아름다운 조형을 뽐내는 우다쓰. 조금鳥衾, 귀와鬼瓦, 파풍와破風瓦, 현어● 등 네 종의 기와로 구성된다.

미노마치의 대표적 상점주택인 고사카가小坂家주택의 본채는 1773년에 건립됐는데, 중요문화재로 지정되었다. 부지 안쪽에 다수의 주조장 도조와 근대 일본풍의 별채 등이 있으며, 이들 건물에 대해서도 문화재 지정을 검토하고 있다. 옛 이마이가今井家주택(미노시 지정 문화재)은 에도시대에 촌장을 맡았고 19세기 후반~20세기 전반 미노지 도매상을 경영한 집인데, 미노시에서 가장 큰 상점주택이다. 18세기 말에 건축된 본채는 전면 폭 약 22m, 깊이 약 14.5m다. 본채의 안쪽에는 도조 여러 채가 중정을 둘러싸고 있다. 이들 건물군은 현재 시립 「미노사료관」으로 공개되어 미노 상점주택의 옛 모습을 전하고 있다.

1920년경 이 도조군의 뒤, 전면 폭 약 18m, 깊이 약 35m의 부지에 미노지 도매상의 은거였던 옛 마쓰히사 사이지로가松久才治郎家주택이 건립됐다. 여러 개의 스키야● 자시키●와 다실 등을 갖춘 11채의 크고 작은 건물들이 정원이나 중정과 적절히 조합되어 있다. 미노시는 2009년 이 건물과 토지를 기증받아 2017년에 보존활용

28 기후현과 아이치현 등에서 볼 수 있는 지붕 위에 모셔진 작은 사당. 화재와 홍수를 예방하는 제사를 지낸다. 일층 지붕 위, 지붕 아래, 지면 위 등에 설치된다.

고사카가주택 본채
위로 휜 큰 지붕의 양 측벽에 우다쓰가 있다. 입구 위쪽 이층 처마 밑에는 주조가酒造家를 표시하는 삼나무 잎으로 만든 공 모양의 장식물이 걸려있고 중앙에는 상자 모양의 터주신이 있다.

옛 이마이가주택
처마 밑에 「미노지 초롱 예술전」의 작품이 줄지어 놓였다.

사업자를 공모했다. 당선된 사업자가 시로부터 대여받아 보존수리와 개수정비를 한 다음 2019년 7월에 고급 숙박시설과 미노지 전시 판매시설인 「NIPPONIA미노상점주택가美濃商家町」[29]를 개관했다. 이를 위해 미노시민들이 여러 가지 자원봉사를 했다고 한다.

전통적 건조물군 보존지구인 목자형 가로에서 고즈치항으로 향하는 옛 마키다니가도 변에도 옛 스다가須田家주택 등 전통 마치야가 있다. 스다가는 17세기부터 이어온 미노의 명망 높은 집안으로, 종이 도매상으로 성공해 고즈치 제일의 대지주가 됐으며 지업회사도 운영한다. 대규모 저택은 2009년에 미노시에 기증되어 현재는 마을 만들기 회사 「㈜미노마치야」가 고민가古民家 호텔로 활용하고 있다. 세이타이지清泰寺와 하치만八幡신사도 옛 마키다니가도 변에 인접해 있다. 오구라성 부지 안, 오구라산 서쪽 고지대에 있는 세이타이지는 1605년에 가나모리 나가치카가 현재

29 고민가의 재생 분야에서 실적이 풍부한 ㈜NOTE와 현지의 제지 기업이 마을 만들기 회사 「㈜미노마치야」를 조직해 운영하고 있다.

하치만신사의 제례인
미노마쓰리의 「꽃가마」 행사
매년 4월 둘째 토요일에 열리며
다음 날에는 수레● 행렬이 있다.

위치로 이축했다. 1767년에 재건된 본당과 19세기 전반 개축됐다고 전하는 요사채 등이 있다. 본당 뒤편의 정원은 시 지정 명승이다. 예로부터 이 지역의 수호신으로 추앙받는 하치만신사는 세이타이이지의 서쪽, 나가라강가에 위치하는데, 250m에 이르는 참배로 양쪽에 26쌍의 오래된 석등이 늘어섰다. 나가라강 변에는 고즈치항 유적과 나가라강 항구 등대, 소다이용수로曽代用水[30]가 있고 조금 더 가면 미노교가 나가라강을 건넌다. 이들 지역도 전통적 건조물군 보존지구로 확대, 지정하는 것을 검토하기 시작했다.

미노마치의 경제적 번영과 가로를 지탱해 온 미노지는 예로부터 높은 품질을 인정받아 각지에서 창호지 등으로 사용되며 일본종이의 대명사가 됐다. 그 전통적인 제지 기법은 중요무형문화재 혼미노시本美濃紙로 혼미노시보존회에 의해 오늘날까지 전승되어 왔다. 그리고 2014년에는 「와시和紙: 일본의 전통 수공예 제지술」로 유네스코의 세계무형문화유산에 등재됐다. 미노마치에 있는 「미노 일본종이 초롱 예술관」은 과거 미노마치 산업회관으로, 1941년 건설됐으며 등록유형문화재다. 길이 22m, 깊이 11m의 목조 2층 건물로 외벽은 비늘판벽이고 하부에는 타일을 붙였다. 이 건물에서는 매년 10월 개최되는 길거리 축제인 「미노 일본종이 초롱 예술전」을 언제나 볼 수 있도록 재현해 전시하고 있다.

---

30 미노 시가지 북부 소다이지구의 나가라강에서 물을 끌어와 옛 소다이촌, 고즈치촌 등을 거쳐 남쪽 세키시関市 등으로 흐르는 간선로 13km의 농업용수로. 1667년~1676년에 부농 등에 의해 건설됐다. 2015년 「세계관개시설유산」에 등재됐다.

3-8

기후시 가와라마치

_기후현

기후시岐阜市의 중앙을 흐르는 나가라강長良川은 예로부터 물자의 운반로로서 중요한 역할을 했다. 현재의 나가라교의 남단 부근은 16세기 중엽부터 나카가와라中川原라고 불렸는데, 시장이 열리고 중요한 하항河港[31]이 있어 상업의 거점이 됐다. 기후성 성하마을* 을 둘러싼 토성의 바로 밖에 위치한 이곳은 나가라강 상류로부터 운송한 물자를 뭍으로 운반하는 거점이었다. 16세기 후반 오다 노부나가* 가 나카가와라

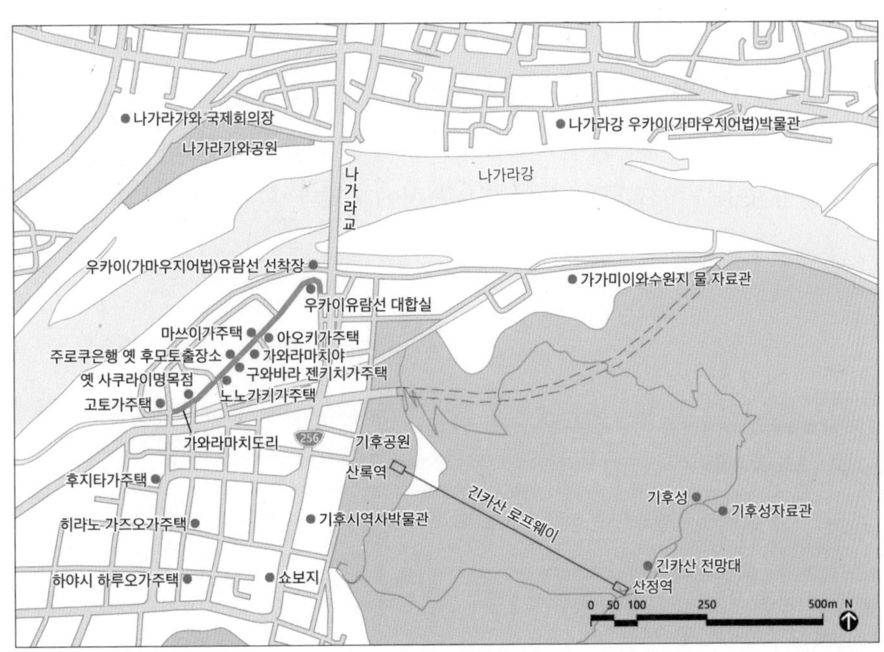

항中川原湊의 재목시장에서 선박 건조용 재목 상인들의 특권적 동업조합인 후나키자舟木座●를 결성하는 것을 인정해 상류에서 보내온 재목을 독점적으로 취급하게 함으로써 기후가 번영하는 기초를 놓았다.

기후는 1619년부터 오와리번尾張藩●[32]의 지배 아래 들어갔지만 나카가와라항은 계속 이 지역 하천교통과 물자수운의 중요한 거점으로서 목재나 미노 일본종이美濃和紙(이하 '미노지')[33], 차 등을 파는 상점주택과 선원들의 숙식 제공과 선박 정비, 자금 조달 등을 도운 시설인 후나야도船宿 등으로 번성했다. 1636년 항구에 인접해 오와리번의 나가라강 사무소가 설치돼 나가라강으로 내려오는 재목 뗏목, 뱃짐과 화물선 수를 파악해 세금을 징수했다.

나카가와라항에서 나가라강을 따라 남서쪽으로 뻗은 길이 약 400m의 마을이 현재의 가와라마치川原町(미나토마치湊町, 모토하마초元浜町, 다마이초玉井町의 총칭)이다. 지금도 미노지의 도매상, 미노지로 만든 기후초롱[34]이나 기후부채[35], 기름종이를 제조·판매하는 가게, 재목상 등 19세기부터 20세기 전반에 걸친 오래된 마치야●와 창고가 남아 있어 번성했던 항구의 분위기를 전하고 있다. 실제로 가와라마치도리川原町通 양쪽에는 기후시가 지정한 「경관중요건조물」 20채 중 14채가 분포한다. 길의 중앙부 동쪽에 있는 후카오深尾상점은 19세기 후반 무렵에 지어진 목조 2층 마치야다. 창호는 촘촘한 창살문, 처마 안쪽은 장식용 서까래, 일층 처마 밑에는 기리요케●라고 부르는 판벽이 매달려 있다. 예전에 가와라마치에는 미노지 도매상이 모여 있었는데, 지금까지 영업을 계속하고 있는 집은 후카오상점 뿐이다. 그 북쪽에 인접해 「가와라마치야川原町屋」라는 이름이 붙은 마치야가 있다. 후카오상점과 마찬가지로

---

31 나가라강에는 현 미노시美濃市의 고즈치항上有知湊과 기후시의 나카가와라항, 나가라항長良湊, 가가시마항鏡島湊 등이 있었다.

32 아이치현愛知縣 나고야시名古屋市의 나고야성을 본거지로 한 번. 도쿠가와 이에야스●의 연고지인 관계로 대대로 에도막부●의 친족이 다스렸다. 현재의 아이치현뿐만 아니라 기후현과 나가노현長野縣의 일부를 영지로 삼은 큰 번으로 지방영주 가운데 최고의 문벌이었다.

33 기후현에서 제조되는 닥나무 등 천연 식물섬유를 원료로 사용해 만든 종이. 미노지美濃紙라고도 한다. 1,300년의 역사가 있으며, 미노시 「혼미노시本美濃紙」의 손으로 종이를 뜨는 전통 기술은 중요무형문화재로 지정됐고 유네스코의 세계무형문화유산에 등재되었다.

34 가는 뼈대에 얇은 미노지를 붙인, 보통 달걀 모양의 매단 등이다. 표면에 아름다운 무늬를 넣는다. 전통 공예품.

35 15세기 무렵부터 그 이름이 나타나는 기후의 전통 공예품. 미노지가 나가라강 상류의 미노로부터 나카가와라의 도매상에 납품돼 주변 지역에서 많이 제조되었다.

마치야 가로
길에 면해 미노지의 도매상과 기후초롱 가게 등 전면 폭이 넓은 중후한 마치야가 줄지어 있다. 처마에 기후초롱이 매달려 있다.

▲ 가와라마치야
리모델링을 해서 개성 있는 카페로 운영하고 있다. 수해를 대비하기 위해서인지 일층 바닥이 노면보다 높다.

▶ 구와바라 젠키치가주택
16세기 말부터 영업을 한 목재상(현재는 건축업을 운영)의 집. 창호는 촘촘한 창살문, 처마 안쪽에 장식용 서까래가 설치됐다.

후카오상점 본채
가와라마치야와 인접해 있다. 오늘날 남아 있는 유일한 일본종이 도매상 건물이다.

길가 부지의 돌담
부지 뒷편 땅이 낮은 곳에 둥근 돌로 돌담을 높게 쌓아 용수로 둔치 사이에 숨은 산책로가 조성됐다.

창호는 촘촘한 창살문, 처마 안쪽에는 장식용 서까래, 일층 처마 밑에는 기리요케가 설치됐다. 건물 내부와 안쪽의 창고는 리모델링해 개성 있는 카페로 만들었다. 마찬가지로 경관중요건조물로 지정된 구와바라 젠키치가桑原善吉家주택은 16세기 말부터 영업을 한 목재상의 건물이다. 넓은 전면에 굵은 창살이 연속되는 외관에서 거상의 옛 모습을 엿볼 수 있다. 길의 동쪽 뒤편에 부지를 따라 돌담이 이어지는 산책로가 있다.

가와라마치에서는 2001년 주민 등이 「가와라마치 마을 만들기 모임」을 조직해 2004년에 마을 만들기 협정을 체결하고 역사적 가로경관과 좋은 환경을 보전하기 위해 노력하고 있다. 가와라마치 입구에 해당하는 나가라교 남단의 서쪽에는 나가라강 우카이•의 승선장이 있는데 이 또한 기후시의 큰 관광 거점이다.

3-9

시라카와무라 오기마치

_기후현 오노군

중요 전통적 건조물군 보존지구
45.6ha, 1976년 선정

기후현岐阜縣 오노군大野郡 시라카와무라白川村는 기후현 북서부의 쇼가와천庄川변의 마을로, 남쪽에 인접한 옛 쇼카와무라莊川村(현 다카야마시高山市 쇼카와초莊川町)와 함께 시라카와고白川鄕라고 불렸다. 시라카와고는 쇼가와천 하류의 고카야마五箇山지방(도야마현富山縣 난토시南砺市 스가누마菅沼와 아이노쿠라相倉 지구 등, 3-2 참조)과 함께 하쿠산白山[36] 주변의 깊은 산악지대에 있는데, 마을 대부분은 쇼가와천의 좁은

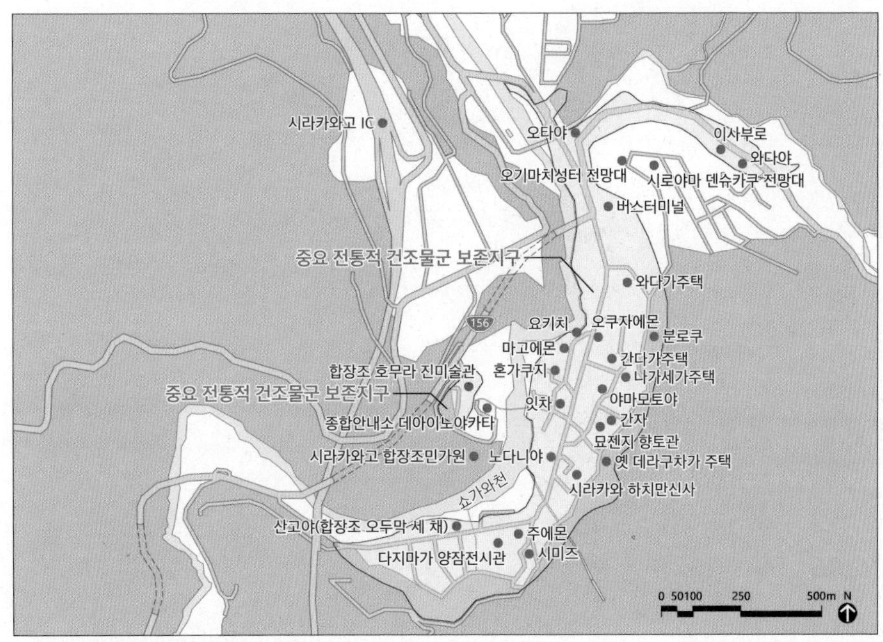

시라카와무라 오기마치마을

오기마치성터(16세기 후반의 소규모 성, 시라카와무라 사적史蹟)에서 남쪽을 바라본 모습.
오른쪽 끝 쇼가와천의 하안단구에 마을이 자리했다.

하안단구에 위치한다.

시라카와고와 고카야마는 8세기경부터 시작된 하쿠산을 신앙대상으로 하는 산악신앙인 슈겐도•의 수행장으로 형성되어 장기간 불교의 한 종파인 천태종天台宗의 영향 아래에 있었다. 13세기 중기 이후에는 정토진종•이 들어와 마을마다 사찰과 도량(포교소)이 설치됐다. 1586년에 가나모리 나가치카•가 히다飛騨[37]지방을 통일했고, 시라카와고는 가나모리씨와 정토진종 사찰인 쇼렌사照蓮寺의 지배지가 됐다. 1692년 히다지방은 에도막부• 직할령이 됐고 시라카와고도 1868년까지 막부의 직할 토지를 관할하는 관리인 다이칸代官의 지배를 받았다.

에도시대, 시라카와고는 벼농사는 거의 짓지 못했고 약간의 밭과 화전에서 거둬들이는 농업생산이 자급할 정도에 불과해 생활이 어려웠다. 17세기 말 무렵부터는 양잠이 본격화됐고 질산칼륨[38]도 제조했다. 양잠에는 뽕나무를 쌓아두고 누에를 사육할 넓은 실내공간이 필요했으므로 양잠업의 발전이 가옥의 지붕 아래 공간을 활용하는 합장조• 가옥의 성립과 발전을 촉진했다. 급경사 지붕을 합장형 경사재로 지지하고 지붕과 천장 사이 공간을 동자기둥 없이 넓은 공간으로 만들었다. 넓은 박공벽에서 바람과 빛을 받아들이며, 내부에 1단에서 3단으로 보를 걸어 여러 층으로 구분해 이용했다. 급경사 지붕은 폭설이 내려도 많이 쌓이지 않아 유리하다. 합장조는 합장형 경사재의 크기가 그대로 박공면에 나타나므로 박공널이 매우 크고 지붕들이 장대한 경관을 이루는 것이 특색이다. 합장조는 지역 조건에 맞게 구조적으로나 기능적으로 고도로 발달한 건축양식이다.

비교적 풍족한 평탄지에 쇼가와천을 따라 가도를 중심으로 펼쳐진 시라카와무라 오기마치지구는 일찍이 시라카와고의 중심 마을 가운데 하나였다. 맞배지붕, 새지붕, 긴 전면 진입방식의 합장조 민가 약 60채와 작은 창고 등이 산재하며 그 주위에 논밭과 수로가 펼쳐진다. 일 년 내내 북쪽에서 불어오는 바람에 맞춰 박공벽을 남

---

36 일 년의 절반 이상 흰 눈에 덮여 있는 모습이 아름다워 이런 이름이 붙었다. 해발 2702m, 휴화산.

37 기후현의 북부인 히다산맥 서쪽 일대를 지칭하는 옛 지명. 중심도시는 다카야마시이다.

38 연기가 나는 화약의 원료. 고카야마와 시라카와고에서는 가가번加賀藩•의 지시를 받아 민가의 지하에서 폐기물을 몇 년에 걸쳐 발효시킨 것을 졸여서 질산칼륨의 결정을 만들었다. 이 질산칼륨을 가가번의 본거지인 가나자와金沢로 운송, 유황과 숯가루를 배합해서 흑색화약을 제조했다.

겨울의 시라카와무라 오기마치마을
합장조 가옥은 풍향을 고려해 박공벽이 남과 북을 향한다.

눈에 덮인 와다가주택
정삼각형에 가까운 큰 박공벽이 설치됐다.

합장조 민가 박공벽의 중첩

쪽과 북쪽에 두어 통풍이 잘 되도록 했기 때문에 거의 모든 합장조 민가가 같은 방향을 향하고 있어 독특한 마을경관이 조성됐다.

오기마치의 합장조 민가 가운데 가장 규모가 큰 것은 와다가和田家주택이다. 와다가는 1573년부터 이어지는 가문으로, 마을 대표직 등을 역임해 묘자대도•를 허락받았다. 19세기 전반에 지어진 이 집의 본채는 길이 22.3m, 깊이 12.8m에 달하는데, 도조•, 변소와 함께 중요문화재로 지정됐다. 현재도 주거로 사용되는데, 내부도 관람객에게 개방한다.

▲ 방수총을 쏘는 일제 방수훈련
11월 상순 무렵. 본채마다 2기의 방수총이 비치됐다.

◀ 합장조 민가의 지붕 눈 쓸기
위험이 따르는 중노동이다.

19세기 말에는 시라카와고와 고카야마를 합쳐 93개 마을에 1,800채 이상의 합장조 민가가 남아 있었는데, 그 뒤 대부분 철거되거나 이축되어 사라지고 말았다. 그 때문에 시라카와무라에서는 1969년~1971년 다른 마을에서 철거될 예정인 합장조 민가를 오기마치지구의 쇼가와천 서측에 모아 1972년에 「시라카와 합장촌」을 개설하고 그 뒤 현재의 야외 박물관 「합장조민가원」[39]으로 재정비했다. 거의 같은 시기에 주민들은 「시라카와고 오기마치마을의 자연환경을 지키는 모임」을 결성하고

39 기후현 중요문화재 건조물 9채를 포함 모두 25채의 건조물을 보존·공개한다.

「팔지 않고 빌려주지 않고 부수지 않는다」는 보존 원칙을 내건 주민헌장을 제정하는 등 마음을 모아 보존 활동을 전개했다. 이러한 활동이 결실을 맺어 1976년에 시라카와무라는 오기마치지구를 전통적 건조물군 보존지구로 지정했고, 이어서 국가가 중요 전통적 건조물군 보존지구로 선정했다. 이에 따라 건조물뿐만 아니라 그것과 일체가 되어 역사적 풍치를 형성하는 논, 밭, 마을길, 산림 등을 포함한 지역 환경 전체의 보존사업이 전개됐다. 유이●라는 두레가 공동으로 새지붕을 교체하는 관습도 유지돼 매년 초봄에 주민과 전국에서 온 자원봉사자가 협력해 새지붕을 교체하는 작업은 계절의 볼거리가 됐다. 또한 이들 새지붕을 지키기 위한 화재경보기와 방수총● 등의 방화시설, 초기 소화시설 등도 정비됐다. 매년 11월 상순에는 방수총을 이용한 일제 방수 소화훈련을 실시한다.

1995년에 시라카와무라 오기마치는 고카야마의 아이노쿠라, 스가누마 지구와 함께 「시라카와고와 고카야마 역사마을」로 세계유산에 등재됐다.

4

간사이의 가로

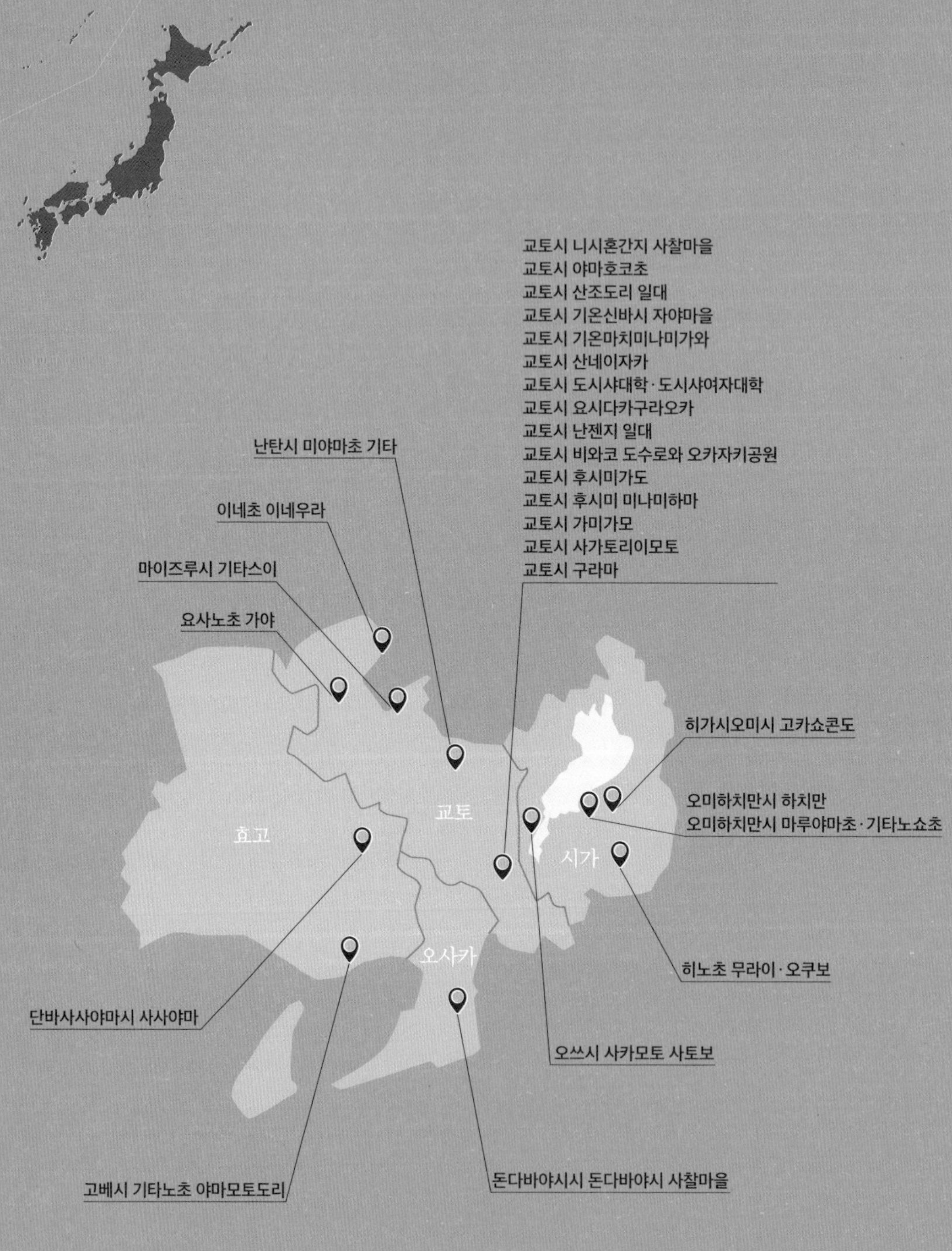
교토시 니시혼간지 사찰마을
교토시 야마호코초
교토시 산조도리 일대
교토시 기온신바시 자야마을
교토시 기온마치미나미가와
교토시 산네이자카
교토시 도시샤대학 · 도시샤여자대학
교토시 요시다카구라오카
교토시 난젠지 일대
교토시 비와코 도수로와 오카자키공원
교토시 후시미가도
교토시 후시미 미나미하마
교토시 가미가모
교토시 사가토리이모토
교토시 구라마
난탄시 미야마초 기타
이네초 이네우라
마이즈루시 기타스이
요사노초 가야
히가시오미시 고카쇼콘도
오미하치만시 하치만
오미하치만시 마루야마초 · 기타노쇼초
교토
효고
시가
오사카
히노초 무라이 · 오쿠보
단바사사야마시 사사야마
오쓰시 사카모토 사토보
고베시 기타노초 야마모토도리
돈다바야시시 돈다바야시 사찰마을

4-1

오쓰시 사카모토 사토보

_시가현

중요 전통적 건조물군 보존지구
28.7ha, 1997년 선정

시가현滋賀縣 오쓰시大津市 사카모토坂本는 히에이산比叡山[1] 동쪽 기슭 오미야천大宮川이 비와코*로 흘러내리는 지점에 생긴 선상지의 높은 곳에 위치한다. 788년 사이초*가 히에이산에 일본 불교의 종파인 천태종의 본산本山 사원인 엔랴쿠지延曆寺를 창건했는데 이 가람은 12세기까지 여러 차례 정비됐다. 엔랴쿠지는 히에이산 전역을 경내로 하며, 전성기에는 3,000곳이 넘는 사찰과 신사를 거느렸다고 한다.

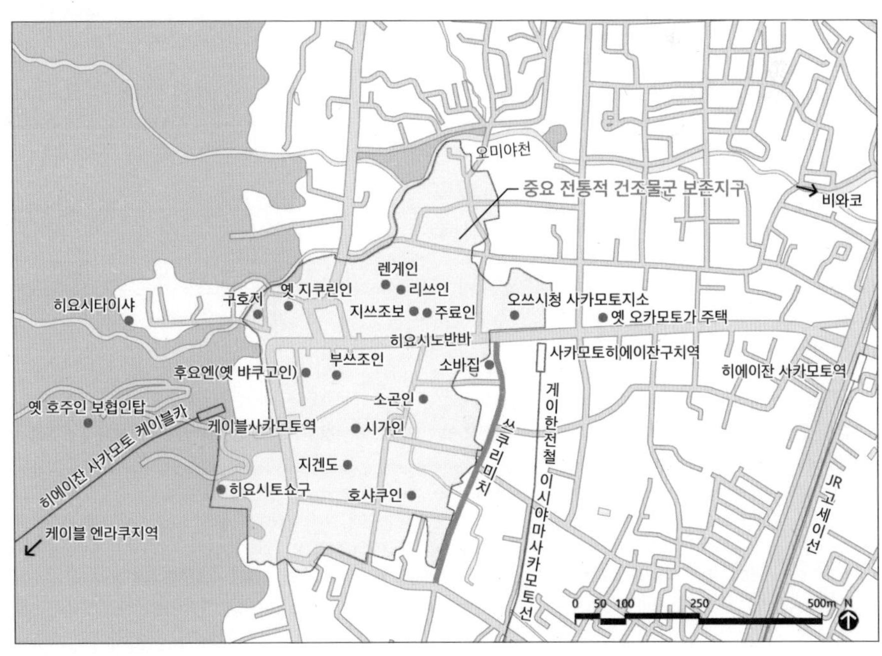

산기슭에 형성된 사카모토에서 산에 가까운 가미사카모토上坂本지구는 엔랴쿠지 · 히요시타이샤日吉大社[2]의 문전마을門前町이다. 호숫가의 시모사카모토下坂本(현재는 下阪本라고 씀)지구는 각지의 엔랴쿠지 영지에서 배로 운송해온 세금으로 거둔 공물 쌀이나 물자의 하역항으로 발전했다. 16세기 경까지 사카모토는 여전히 엔랴쿠지, 히요시타이샤와 긴밀한 관계를 가지고 오미近江(현재의 시가현)지방 최대의 도시로 번성했는데, 1571년 오다 노부나가●의 산문화공山門焼き討ち[3]으로 가미 · 시모 사카모토 모두 불태워졌다. 그 직후에 아케치 미쓰히데●가 비와코 호반에 사카모토성을 건설해 시모사카모토는 군사도시가 됐으나 1582년 그가 죽은 뒤 급속히 쇠퇴했다. 그러나 1584년에 도요토미 히데요시●가 히요시타이샤와 엔랴쿠지를 부흥할 것을 허용함으로써 가미사카모토에 다시 문전마을이 형성됐다.

승려는 엄격한 수행 도량인 히에이산 위에서 기거할 때 야마보山坊라고 하는 암자를 사용하는데, 산 아래의 사카모토에는 수행을 마친 승려가 은거하며 여생을 보내는 사찰인 사토보●가 설치됐다. 히에이산에서 내려온 엔랴쿠지 주지(천태좌주天台座主)가 시가인滋賀院[4]을 만들고 가미사카모토에 상주하게 되자 시가인이 엔랴쿠지의 으뜸 사토보인 혼보本坊(總里坊)가 됐다. 사토보는 18세기에 78곳, 1868년경에는 90곳을 헤아렸다고 하는데 현재도 50여 곳이 남아 있다.

사토보지구의 중앙부에는 히요시타이샤의 참배로인 히요시노반바日吉馬場가 동서로 나서 히요시타이샤와 히에이산으로 향하는 혼자카本坂로 이어진다. 히요시노

---

1 시가현 오쓰시 서부와 교토시 북동부에 걸쳐 있는 산. 높이는 약 848m. 예로부터 신앙의 대상으로 여겨졌으며, 산속에 엔랴쿠지와 히요시타이샤가 있어 찾는 이가 많다. 일본 불교의 역사에서 저명한 승려는 대부분 젊은 시절에 히에이산에서 수행했다 해서 일본 불교의 어머니산으로 불린다.

2 사카모토의 히에이산 기슭에 있는 신사. 전국 3,800여 개의 히요시日吉, 히에日枝, 산노山王 신사의 총 본궁本宮. 도읍이 교토(헤이안쿄●, 794~1869)로 옮겨온 이후에는 도읍의 액막이, 재난막이 신사로서, 그리고 히에이산에 엔랴쿠지가 개창된 뒤에는 천태종의 수호 신사로 많은 사람들의 숭앙을 받고 있다. 사적으로 지정된 경내에 많은 국보와 중요문화재 건조물이 있다.

3 오다 노부나가의 천하통일사업으로, 히에이산 엔랴쿠지와 대립해 일으킨 화공火攻 사건. 산문은 히에이산에 있는 엔랴쿠지를 가리킨다. 3만 명의 군사로 엔랴쿠지의 모든 건물과 탑을 불태우고 승려, 여자, 어린이를 가리지 않고 수천 명을 살육했다고 한다. 이 화공으로 히요시타이샤와 가미 · 시모 사카모토 마을도 모두 파괴됐다.

4 천태종의 유력한 승려 덴카이天海가 1615년에 천황으로부터 건물을 하사받아 건립한 사찰. 1655년에 천황으로부터 시가인이라는 이름과 사찰 영지를 받았다. 1871년까지 황족이 엔랴쿠지의 주지를 맡음으로써 그가 거주하는 시가인은 격이 높은 사원으로 여겨졌다.

시가인
히에이산 엔랴쿠지의 으뜸 사토보인 혼보.

반바는 히요시산노사이日吉山王祭[5] 때 신을 모시는 가마인 미코시神輿가 행차하는 길인 중앙대로, 그 양쪽의 석조 상야등常夜燈과 소나무·벚나무 가로수가 늘어선 녹지대, 다시 그 양옆의 사람을 위한 통로로 구성된다. 길가에는 히에이산에서 내려온 맑은 물이 흐르며 돌담이 이어진다.

사토보지구에는 동서방향의 큰길인 히요시노반바와 남북방향으로 난 덜 정연한 격자 모양 가로가 있으며, 사토보는 이들 가로에 면해 지어졌다. 사토보는 부지 주위를 아노슈穴太衆[6] 쌓기로 쌓은 독특한 돌담과 토담, 산울타리로 둘러싸고 야쿠이문● 이나 무나카도● 등의 대문을 냈다. 부지 안에는 쓰키야마치센● 양식의 정원이 있고 그 안쪽에 본채 등을 배치했으며, 그 배후를 수목으로 둘러쌌다. 정원은 바깥 둘레에 쌓은 돌담의 아름다움을 살리고 돌담을 이용해 쓰키야마●라고 하는 작은 산을 만들었다. 그리고 히에이산에서 비와코로 흐르는 오미야천과 후지노키천藤ノ木川의 맑은 물을 끌어들여 못과 작은 물줄기를 설치해 보기 좋게 꾸몄다. 이들 가운데 10곳의 사토보 정원이 정원의 걸작으로서 국가의 명승으로 지정됐다. 또한 사토보지구의 중앙부에는 시가인, 지겐도慈眼堂[7], 남서쪽 끝에는 도쿠가와 이에야스●를 모시는 신

---

5 히요시타이샤의 제례. 791년에 두 기의 미코시가 새로 건조된 것을 계기로 시작됐다고 한다. 현재는 4월 중순에 개최되는데, 젊은이들이 7기의 큰 미코시를 메고 참배로를 오르내린다.

6 16세기 후반 일본 전역에서 사원과 성곽의 돌담 쌓기에 능숙한 기술을 발휘한 석공 집단. 사카모토의 사토보지구에서 남쪽으로 약 2km 떨어진 곳에 그들의 출신지인 아노穴太지구가 있다.

7 17세기 초 오다 노부나가의 히에이산 화공 이후 도쿠가와 이에야스의 참모로 엔랴쿠지 부흥에 힘쓴 승려 덴카이(시호 지겐대사慈眼大師)의 사당. 사당 내에 안치된 목조 지겐대사좌상은 국가 중요문화재이며 1646년에 건립된 건물은 시가현 지정문화재.

▲ 사토보의 돌담과 산울타리

▶ 히요시타이샤로 향하는 히요시노반바 아노슈 쌓기 돌담이 이어진다.

사로 1623년에 조성된 히요시토쇼구日吉東照宮(본전, 대문, 담이 중요문화재) 등 이 지구의 역사를 전하는 건물들이 짙은 녹음 속에 자리하고 있다.

사토보의 본채는 단층 기와집으로 지붕은 팔작지붕이 많은데, 일부 우진각지붕이나 맞배지붕도 있다. 새지붕을 인 사토보도 여러 채 남아 있다. 본채는 18세기 전반에서 19세기 중반에 지어진 것이 많은데 갸쿠덴客殿과 구리庫裏로 나뉜다. 손님을 맞이하는 공적 공간인 갸쿠덴은 팔작지붕이나 당파풍* 지붕을 인 시키다이*를 거쳐 자시키*와 부쓰마仏間(불상을 모신 방)로 이어지고 정원으로 열려 있다. 승려가 평소 기거하는 요사채인 구리는 대문간으로 출입하는데 거실 · 침실 등으로 구성된 사적 공간이다. 이 지역의 사토보는 이미 폐지되거나 개축된 것들도 있지만 대부분 과거의 건축과 정원을 그대로 유지하고 있어 전체적으로 정원도시의 경관을 보여준다.

사토보지구의 동쪽 끝, 비와코 쪽에서 히요시노반바와 직교하는 남북방향 길(쓰쿠리미치作り道라고 부른다)은 히요시타이샤의 참배로로서 번성했던 곳이다. 완만하게 휘어진 가로를 따라 높은 이층 건물의 소바집이나 무시코구조*의 농가풍 마치야* 등 다양한 역사적 건조물들이 즐비해 사토보와 대조적인 경관을 전하고 있다.

사토보의 하나인 옛 지쿠린인竹林院의 정원

다실과 정자를 갖춘 정원. 다채로운 정취를 선사하는 다키구미•와 쓰키야마가 아름답다. 국가 지정 명승.

사토보의 하나인 소곤인雙嚴院

본채를 대문에서 본 모습. 오른쪽 안쪽으로 정원이 펼쳐진다.

쓰쿠리미치의 소바집

목조 2층 건물로, 1887년경 건설. 등록유형문화재.

4-2

오미하치만시 하치만

_시가현

중요 전통적 건조물군 보존지구
13.1ha, 1991년 선정

시가현滋賀縣 오미하치만시近江八幡市는 비와코•의 동쪽 기슭 중간쯤에 있는데, 1585년에 도요토미 히데쓰구•의 성하마을•로 건설됐고 뒤에 많은 오미 상인•이 본가를 둔 재향마을•로 발전했다.

도요토미 히데요시•로부터 이 지역에서 20만 석• 규모의 영지를 부여받은 도요토미 히데쓰구는 북쪽으로 비와코를 바라보며 호수 동쪽의 평야 지대를 한눈에 볼

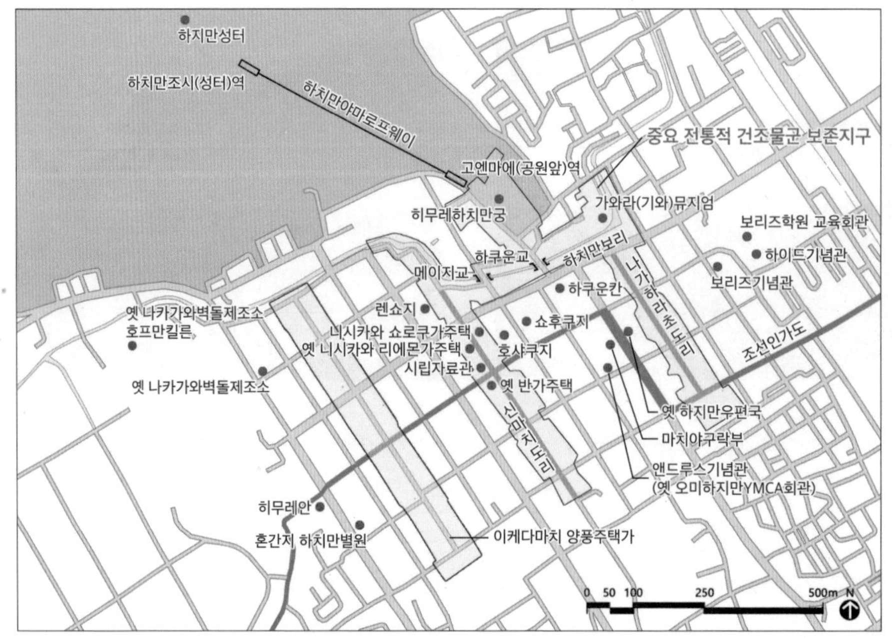

수 있는 하치만산[8]에 거성居城을 쌓고 그 남쪽 기슭에 성하마을을 건설했다. 16세기 말의 인근 지역 그림 등에 의하면, 하치만산의 남쪽 기슭으로 비와코의 물을 끌어들이는 하치만보리八幡堀[9]를 파서 이를 경계로 북쪽 산기슭은 가신의 거주지로 하고 남쪽은 남북방향 12갈래, 동서방향 4갈래의 바둑판 모양 가로로 분할해 상공인 거주지를 조성했다. 상공인 거주지는 서쪽의 상인마을, 동쪽의 장인마을, 그리고 하치만보리 안쪽, 동쪽 끝의 총포마을鉄砲町로 구성됐다.

토요토미 히데쓰구는 근교의 상공업자를 성하마을에 모아 라쿠이치라쿠자● 정책으로 상업을 진흥했는데 1591년에는 오미하치만을 떠났다. 1595년에 하치만성이 헐렸고, 성하마을은 건설 후 불과 10년만에 폐지되고 1600년에는 에도막부●의 직할령이 됐다. 성하마을 상인으로서의 특권을 잃은 상인들은 이 지방의 특산품인 모기장, 다다미 겉 돗자리畳表[10], 삼베, 염주 등을 파는 행상을 하며 활동 범위를 넓혀 서서히 전국 각지에 가게를 차렸다. 이들이 바로 오미 상인 중에서도 특히 일찍부터 활약한 이른바 하치만 상인이다. 하치만의 마을은 하치만 상인들의 본가가 즐비한 재향마을●로 번성했다.

19세기 중반 이후(메이지시대)에는 면포, 제약 등 새로운 산업이 일었지만 마을은 점점 쇠퇴했다. 그러나 결과적으로 축성 이래 옛 성하마을의 형태는 크게 변경되지 않고 유지됐다. 오미하치만의 역사가로는 구시가지의 동쪽 절반 정도의 지역으로, 하치만산 남쪽 기슭에 있는 히무레하치만궁日牟礼八幡宮[11] 주변과 이와 인접한 동서방향의 하치만보리 주변, 거기서 남쪽으로 뻗은 신마치도리新町通り와 나가하라초도리永原町通り 주변에 옛 모습이 잘 남아있다. 하치만보리 주변은 물길에 접해 수많은 도조●들이 늘어서 있고, 물길의 돌담과 돌계단, 나루터 등이 과거 호상湖上 교통에

---

8 표고 271.8m, 비고比高 210m의 산으로 정식 이름은 가쿠요쿠산鶴翼山이다. 정상의 남쪽 사면에 하치만산성을 쌓았다.

9 16세기 말경 하치만산성의 축성에 맞춰 하치만산의 남쪽 기슭에 조성한 인공 수로. 비와코와 연결해 비와코의 수운을 끌어들여 마을이 발전하게 됐다. 폭 약 15m, 길이 약 6km.

10 일본의 주택에 쓰이는 전통적인 바닥재인 다다미의 표면에 대는 것으로, 골풀의 한 종인 이구사藺草의 줄기 등을 삼실로 짜서 만든다. 다다미는 건조한 볏짚을 길이 약 1.8m, 폭 약 0.9m, 두께 5cm 정도로 삼실로 꿰매 만든 매트 위에 겉 돗자리를 대서 만든다.

11 하치만산 위에 있던 신사인데 하치만산성을 쌓을 때 하치만산의 남쪽 기슭으로 옮겨졌다. 성하마을이 폐지된 뒤에는 하치만 상인의 수호신으로 받들어졌다.

하치만보리의 흰 벽 도조들이 늘어선 경관
메이지교明治橋에서 하쿠운교白雲橋 쪽을 본 모습.

흰 벽 도조들이 늘어선 하치만보리의 경관
하쿠운교에서 동쪽을 본 모습.
예전에는 비와코로 이어지는 수운의 동맥이었다.

의한 물자 집산지의 역사를 전한다. 이곳은 히무레하치만궁 주변과 수변공간의 녹지와 함께 뛰어난 역사적 풍치를 유지하고 있다.

오미하치만의 마치야•는 기본적으로 일식기와를 인 맞배지붕, 긴 전면 진입방식의 목조건축인데, 주로 하치만보리로 통하는 신마치도리와 나가하라초도리를 따라 지어졌다. 본채는 중이층 건물이 가장 많지만 단층이나 이층 건물도 있다. 전면 폭이 넓은 부지에서는 가로에 면해 본채와 나란히 흰 벽의 도조가 박공면을 드러내고 서 있다. 마치야의 정면은 격자창살, 데고시•, 중이층의 무시코창• 등으로 이루어졌으며 우다쓰•를 설치한 집도 있다. 전체적으로 세련되고 수준 높은 의장이 하치만 마치야의 특색이다.

신마치 니초메新町二丁目 주변은 오미하치만을 대표하는 역사가로로, 1706년에 건축된 옛 니시카와 리에몬가西川利右衛門家주택(중요문화재)을 비롯해 큰 규모의 하치만 상인 본가가 즐비하다. 이들 마치야는 대개, 길에 면해 기거실 부분을 두었고 그 안쪽에 마룻대를 약간 낮게 만든 자시키• 부분이 이어진다. 자시키 부분과 도로 경계에 세운 담 사이에 앞마당을 조성하고 그곳에 심은 소나무들이 담 너머로 보이는 모습이 가로에 정취를 자아낸다. 나가하라초도리를 걸어가면 크고 작은 마치야, 근대의 저택, 도조, 판자울타리, 담 너머의 소나무 등이 차례로 보이는 다채로운 풍경을 경험할 수 있다.

하치만보리는 고도성장기에 오니나 쓰레기가 쌓이는 골치 아픈 공간이 되어 1965년경에는 매립해 도로로 만드는 계획이 세워지기도 했다. 그러던 것을 오미하치만 청년회의소 등의 시민들이 청소와 준설 같은 하치만보리의 재생을 위한 활동을 자발적으로 시작하고 이어서 시 행정부와 함께 역사가로의 보존과 수경•을 지속적으로 추진함으로써 오늘날 아름다운 하치만보리와 매력적인 역사가로를 볼 수 있게 됐다.

또한 오미하치만은 건축가 보리즈•가 근거지로 삼은 도시이기도 하다. 시내에는 이케다마치池田町의 서양풍 주택군을 비롯해 병원, 우체국, YMCA, 학교, 교회 등 그가 설계한 30채 가까운 건물이 남아 지금도 소중히 보존, 활용되고 있다.

신마치도리의 경관
하치만 상인의 본가가 즐비하다. 왼쪽이 옛 니시카와 리에몬가주택, 오른쪽은 니시카와 쇼로쿠가西川庄六家주택이다. 담 너머로 소나무가 보이고 정면에 하치만산이 보인다.

신마치도리
니시카와 쇼로쿠가주택(시가현 지정 문화재). 담 너머의 소나무가 멋지다.

▲ 옛 반가伴家주택 본가
반가는 17세기 초부터 활약한 하치만 상인. 1840년 준공. 소학교, 관공서, 여학교, 도서관으로 사용됐으며 수리·복원되어 현재는 하치만 교육회관으로 공개되고 있다.

◀ 옛 하치만 우편국
보리즈 설계. 목조 2층 건물. 1921년 준공. 오랫동안 비어 있었는데, 민간 마을 만들기 단체인 「히토쓰부노카이一粒の會('한 알의 모임'이라는 뜻)」가 보존, 재생해 공개하고 있다.

▼ 신마치도리 동쪽 가로입면도
과거 하치만 상인의 본가가 즐비하다. 중앙이 니시카와 쇼로쿠가주택.

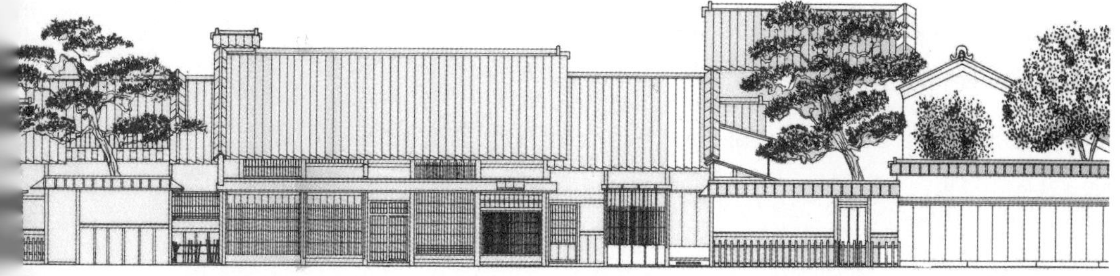

출처: 『오미하치만 가로조사보고』, 오미하치만시 교육위원회, 1977

조선통신사가 다녀간 길

하기와라 메구미

앞의 지도에 표시한 것처럼 오미하치만 시내에 1607~1764년 11차례에 걸쳐 조선통신사가 다닌 길이 관통한다. 모두 12차례 다닌 에도시대의 조선통신사朝鮮通信使 가운데 1811년의 마지막 차례는 쓰시마對馬까지여서 이곳까지 오지는 않았다.

17세기 초 도요토미 히데요시의 승계자 세력과의 권력 다툼에 승리해 정권을 잡은 도쿠가와 이에야스*는 임진왜란으로 단절된 조선과의 외교관계를 회복하려고 노력해 교토 후시미성伏見城에서 조선 사절과 직접 만나기도 했다(4-17 참조). 그 결과 1607년에 다시 통신사가 파견됐다.(1차에서 3차의 정식 이름은 '회답 겸 쇄환사回答兼刷還使')

조선통신사는 정사, 부사를 비롯한 외교사절 외에 문인, 의사, 선장, 악사 등 총 400~500명으로 이루어졌다. 한양을 출발한 일행은 약 두 달만에 부산에 도착, 부산 영가대에서 해신제海神祭를 지낸 뒤 일본으로 떠났다. 현해탄을 건너 쓰시마와 이키壹岐섬을 거쳐 일본 혼슈 서남쪽 끝인 아카마가세키赤間關(현 야마구치현山口縣 시모노세키시山口縣下関市)에서 간몬關門해협을 통과, 세토내해* 연안을 따라 오사카로, 오사카에서 요도가와강淀川을 거슬러 올라간 뒤 배를 내리고 육로로 교토, 에도로 향했다.

에도까지 가는 데는 주로 고카이도* 중 나카센도*와 도카이도*를 이용했다. 그런데 비와코 동쪽 약 41km 구간은 나카센도와 별도로 정비된 길이 있었다. 국가를 통일한 오다 노부나가*가 자신의 거성 아즈치성安土城(하치만성터에서 동쪽으로 약 5km 거리인 오미하치만시 아즈치초安土町 소재, 완공 3년만인 1582년 소실돼 현재 특별사적으로 지정된 터만 남아 있다.)에서 교토로 가기 편리하도록 정비한 길이다. 나중에 도쿠가와 이에야스도 도요토미군에 승리했다는 보고를 천황에게 올리러 교토에 갈 때

이 길을 이용했다. 이후 평상시 에도에 거주하는 장군이 행사 등으로 교토를 다녀갈 때에도 이 길을 다녔다.

에도시대 지방영주의 힘을 약화시키고 중앙집권제를 굳건하게 하기 위한 시책으로 지방 영주가 2년마다 스스로 비용을 들여 자신의 영지와 에도를 왕복해야 하는 '참근교대參勤交代'라는 제도가 있었다. 이 길은 장군만 다니는 특별한 길이라서 참근교대에 이용하는 것을 금했는데 귀한 사절단인 조선통신사에게만은 예외였다.

그래서 이 길은 현재도 '조센진카이도(조선인가도)', '교카이도(교토가도)', '교미치(교토 가는 길)' 등으로 불리고 있으며 여기저기에 옛 흔적과 그것을 기억하기 위해 나중에 만든 표지들을 확인할 수 있다. 하치만성터에서 약 5.5km 남서쪽에 위치한 히노천日野川에 놓인 니보교仁保橋에는 2009년 확장 가교공사를 계기로 난간에 조선통신사 일행을 그린 옛 그림과 그 역사를 해설하는 패널이 설치됐다.

또한 혼간지 하치만별원本願寺八幡別院이 정사, 부사, 종사관의 휴식처로 사용되었고 주변에 있는 쇼에이지正榮寺, 렌쇼지蓮照寺, 호샤쿠지寶積寺, 쇼후쿠지正福寺 등의 사찰과 주민 유지들의 집이 나머지 인원의 휴식처가 됐다.

참고

朝鮮人街道と本願寺八幡別院(近江八幡観光物産協会)
https://www.omi8.com/omihachiman/local-history/inishie/

NPO法人朝鮮通信使縁地連絡協議会　善隣友好の道　江州蒲生郡八幡町惣絵図
https://enchiren.com/documents/map_konoe/%E6%B1%9F%E5%B7%9E%E8%92%B2%E7%94%9F%E9%83%A1%E5%85%AB%E5%B9%A1%E7%94%BA%E6%83%A3%E7%B5%B5%E5%9B%B3

藤本巧, 朝鮮通信使　善隣友好の径路を歩く〈18〉滋賀(朝鮮人街道)
https://www.mindan.org/news/mindan_news_view.php?cate=7&page=21&number=25097&keyfield=&keyfield1=&key=

藤本巧, 朝鮮通信使　善隣友好の径路を歩く〈19〉滋賀(朝鮮人街道)②
https://www.mindan.org/news/mindan_news_view.php?cate=7&page=20&number=25153&keyfield=&keyfield1=&key=

藤本巧, 朝鮮通信使　善隣友好の径路を歩く〈20〉滋賀(朝鮮人街道)③
https://www.mindan.org/news/mindan_news_view.php?cate=7&page=20&number=25172&keyfield=&keyfield1=&key=

藤本巧, 朝鮮通信使　善隣友好の径路を歩く〈21〉滋賀(朝鮮人街道)④
https://www.mindan.org/news/mindan_news_view.php?cate=7&page=20&number=25200&keyfield=&keyfield1=&key=

4-3

오미하치만시 마루야마초·기타노쇼초

_시가현

시가현滋賀縣 오미하치만시近江八幡市는 16세기 말 도요토미 히데쓰구*가 성하마을*을 조성한 이래 오미 상인* 가운데 이곳을 본거지로 한 하치만 상인이 활약하면서 발전한 도시다. 하치만 상인이 취급한 상품에는 비와코*의 습성식물濕性植物을 원료로 한 것이 많은데, 지명을 따서 오미 오모테(다다미 겉 돗자리畳表[12]), 오미 삼베, 오미 모기장이라고 불리며 이 지방의 특산품으로서 널리 유통됐다.

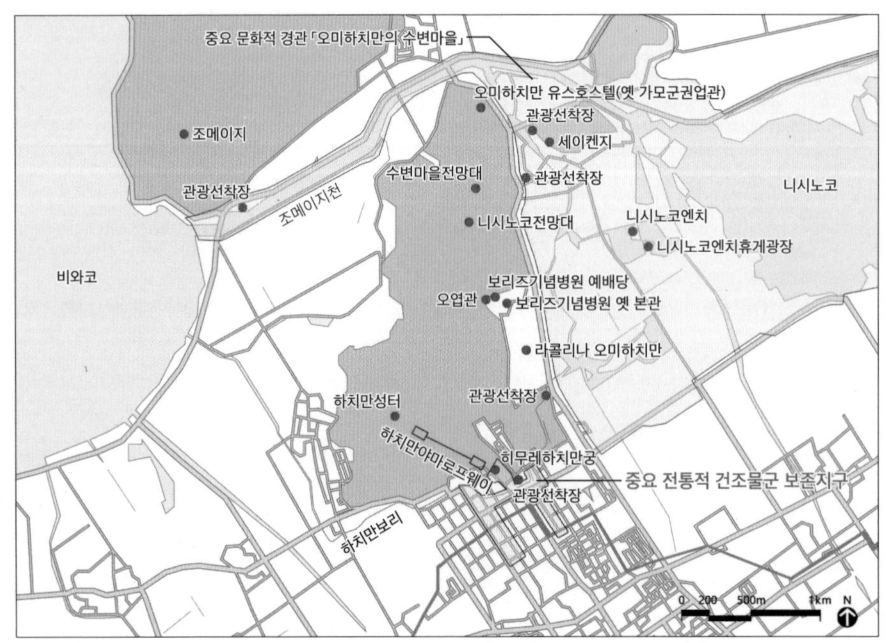

원뿔꼴로 세워진 갈대더미
겨울에 베어낸 갈대는 선별작업장으로 운반하고 원뿔꼴로 모여 세워서 충분히 자연 건조시킨 뒤 선별한다. 원뿔꼴 갈대더미 너머로 갈대지붕이 보인다.

과거 비와코에는 40여 개의 내호內湖[13]가 있었으나 1940년~1955년경 간척으로 인해 대부분 사라졌다. 오미하치만 시가지의 북동쪽에 있는 가장 큰 내호인 니시노코西の湖는 겨우 남아 있는데, 조메이지천長命寺川을 통해 비와코와 연결된다. 니시노코 안에는 많은 섬과 반도가 있으며, 현재도 넓은 갈대 군생지와 재배지가 수변마을의 경관을 이루고 있다. 마루야마円山마을에서는 지금도 갈대를 가공해 스다레•와 요시즈• 같은 여름에 사용하는 대형 발을 만들고 있다. 동산의 양지바른 남쪽 사면에 니시노코와 갈대밭에 면해 동서로 길게 자리한 이 마을에는 17세기~19세기에 지어진 갈대지붕 등을 인 사찰과 민가, 갈대 가공 작업장, 작업용 창고가 남아 있다. 봄부터 가을에 걸쳐 주변의 갈대밭을 누비며 수변마을을 한 바퀴 도는 유람선이 오간다.

오미하치만시는 2004년 말에 경관 보전과 형성에 관한 기본법인 경관법[14]이 시행됨에 따라 2005년에 경관행정을 실시하는 행정기관인 경관행정단체가 됐다. 경관행정단체는 경관계획을 수립하고 건축행위와 개발행위 등을 행정기관에 신고해

---

12 일본의 주택에 쓰이는 전통적인 바닥재인 다다미의 표면에 대는 것으로, 골풀의 한 종인 이구사藺草의 줄기 등을 삼실로 짜서 만든다. 다다미는 건조한 볏짚을 길이 약 1.8m, 폭 약 0.9m, 두께 5cm 정도로 삼실로 꿰매 만든 매트 위에 겉 돗자리를 대서 만든다.

13 비와코의 주변 수역, 즉 못, 늪, 수로 등의 총칭. 비와코를 본호本湖로 보고 이에 부속된 호수를 일컫는 이름이다. 내호는 수로를 통해 마을로도, 비와코로도 왕래할 수 있어서 갈대를 배로 운반하는 등 생활과 밀접하게 관련되어 있었다.

14 오미하치만시는 2003년부터 경관조례 제정을 준비했는데 근거가 될 법령이 없어 강제력을 갖기 어려웠다. 경관법은 이런 지방자치단체의 경관조례에 법적 근거를 부여한 것이다.

멀리서 바라본 마루야마마을
갈대밭 너머 산자락으로 마을이 펼쳐진다.

▲ 세이켄지清見寺의 갈대지붕
팔작지붕의 사방에 기와 덧처마를 설치했다.

▶ 갈대밭이 펼쳐진 수변마을의 경관

야 하는 의무를 부과할 수 있다. 같은 해에 「풍경만들기조례[15]」를 시행해 「수변마을 풍경계획」을 수립했고, 풍경 형성 기준을 정해 수변마을 풍경의 보전·재생·창출에 힘썼다. 그리고 같은 해에 문화재보호법이 개정돼 「문화적 경관」 보전제도가 생기자 그것을 적용하기 위한 여러 시책을 추진했다.

니시노코 주변의 갈대밭과 수면, 마루야마초 등의 마을과 농지, 그리고 하치만보리八幡堀를 따라 조성된 역사가로 지역 등이 2006년 초에 일본 최초로 「중요 문화적 경관」으로 선정됐다. 문화재보호법은 지역에서 사람들의 생활 또는 생업, 그리고 해당 지역의 풍토에 의해 형성된 경관지로서 국민의 생활이나 생업을 이해하는 데 없어서는 안 되는 것을 문화적 경관이라고 정의한다. 그리고 그 가운데 특히 중요한 것은 광역지자체都道府縣 또는 기초지자체市町村의 신청에 따라 「중요 문화적 경관」으로 선정하는데 2023년 3월 현재 일본 전국에 72건이 있다. 중요 문화적 경관 「오미하치만의 수변마을水鄕」은 그 구역이 세 차례 확대되어 현재 총 579.8ha에 대해 자연과 생활·생업이 깊이 결합된 귀중한 문화경관으로서 보존활용 사업이 실시되고 있다.

---

15 경관법에 의거한 경관조례를 오미하치만시에서는 「풍경만들기조례」라고 한다. 시각적 요소뿐만 아니라 오감으로 느끼는 경관, 일상생활 전체의 경관으로서 「풍경」이라는 단어를 사용한다.

4-4

히가시오미시 고카쇼콘도

_시가현

중요 전통적 건조물군 보존지구
32.2ha, 1998년 선정

시가현滋賀縣 히가시오미시東近江市는 비와코* 동쪽에 위치하는데, 인근 7개 기초 지자체市町村가 합병되어 생겨났다. 북쪽은 히코네시彦根市, 서쪽은 비와코와 오미하치만시近江八幡市에 접하고 동쪽은 미에현三重縣으로 이어지는, 동서로 긴 큰 면적을 가진 지자체다. 히가시오미시의 옛 고카쇼초五個荘町구역은 북쪽, 서쪽, 남쪽의 3면이 구릉으로 둘러싸여 있고 그 밖은 거의 평탄한 논이다. 고대의 조리제*에 따른 토지

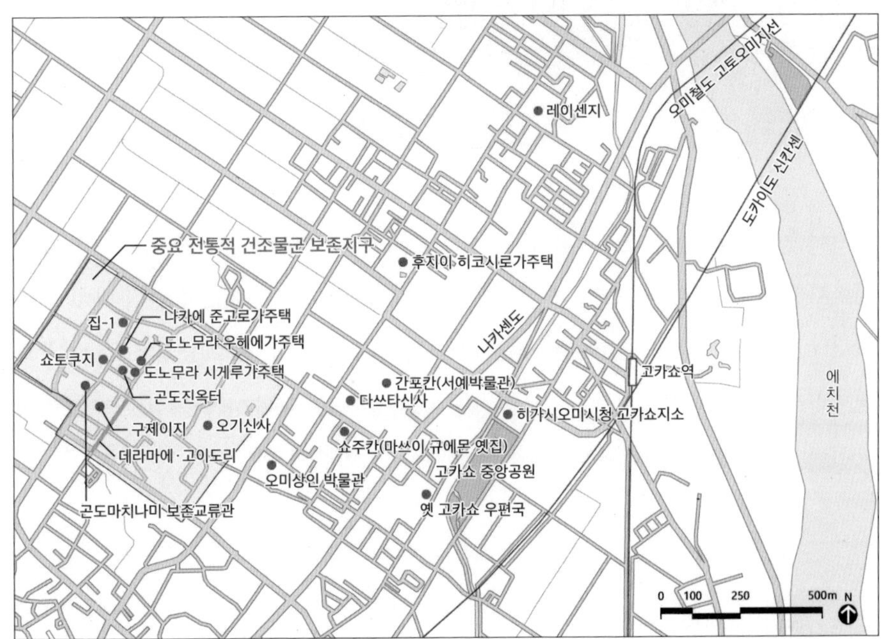

▲ 구제이지 앞의 수로와 가로
'사찰 앞 잉어거리'라는 뜻으로 데라마에·고이도리寺前·鯉通り라는 이름이 붙여졌다.

◀ 구제이지 본당
팔작 기와지붕, 1764년 건립.

구획이 명확하게 남아 있으며, 조리를 따라 크고 작은 마을이 형성됐다. 이 지방에는 예로부터 신사·사찰이나 귀족의 장원들이 많이 있었는데, 주요 장원이 다섯 곳이어서 12세기 중엽부터 「고카쇼五個莊」라 불렸다. 17세기 초에 히코네번彦根藩[16]과 에도막부의 영지가 됐고, 17세기 말에는 야마토大和(지금의 나라현奈良縣)의 고리야마번郡山藩이 소유하게 되어 1693년 무렵 곤도金堂마을의 중앙부에 진옥이 지어졌

16 지금의 시가현 히코네시를 중심으로 한 에도시대의 번. 도쿠가와 이에야스의 최측근 중 하나인 이이씨井伊氏 가문이 대대로 지배한 유력한 번이다.

다. 이를 중심으로 구제이지弘誓寺[17] 등의 사찰이 있고 그 주변에 민가와 농경지가 펼쳐지는 농촌마을이 형성됐다.

옛 고카쇼초는 오미 상인*의 하나인 고카쇼 상인의 출신지로서 알려져 있다. 고카쇼 상인은 오미하치만이나 히노日野[18]의 상인에 비해 늦게 출현했지만 그 수는 매우 많았다. 고카쇼 상인들은 18세기 초 무렵부터 비단·무명·삼베 등의 직물과 기모노류를 팔아 동일본 일대를 비롯해 전국에 진출했다. 그들의 활약은 20세기 전반까지 계속돼 일본 각지에 점포를 엶과 동시에 한반도나 중국대륙에 출점하는 사람도 있었다. 그리고 고카쇼 상인은 자신들의 출신지인 곤도지구에 호화로운 본가를 잇달아 지었다.

고카쇼 상인의 본가는 넓은 부지에 맞배지붕이나 팔작지붕의 단층 또는 이층 본채를 중심으로 스키야풍*의 별채 다실, 도조*, 헛간 등 건물과 못과 쓰키야마* 등을 배치한 넓은 정원으로 구성된다. 본채는 전통적인 농가의 평면인 네 칸 구성*을 기본으로 하고 거실을 부가해 규모를 늘리거나 격식을 갖추었다.

본가군 주변에 분포하는 농가주택은 맞배지붕이나 우진각지붕의 단층 본채를 중앙에 두고 그 주변에 헛간, 도조 등을 배치한다. 본채는 정형의 네 칸 구성(세이케이 요마도리整形四間取)[19] 평면인 집이 많은데 상인의 본가에 비해 규모가 작다. 19세기 중반 이전에 지어진 집들도 있으나 대부분 그 이후에 지어진 것들이다.

상인 본가, 농가주택 모두 부지의 둘레를 판자담이나 토담, 도조로 두르고 그 바깥을 수량이 풍부한 석축 수로가 둘러싼다. 담에는 무나카도* 등의 문을 낸다. 수로의 물을 설거지와 빨래 등에 활용하기 위해 부지 안으로 끌어들였으며, 돌계단을 설치해 만든 「가와토」라고 하는 빨래터에서 사람들의 생활과 물이 긴밀히 관련된다. 저택을 둘러싼 담 너머로 바라보이는 정원의 수목이 길의 경관에 운치를 더해준다.

---

17 1129년 창립됐다고 전하는 불교 사찰. 현재의 본당(중요문화재)은 1764년 건립됐는데 전형적인 대규모 정토진종* 유형의 본당이다.

18 시가현의 남동부에 위치한 가모군蒲生郡의 지구. 16세기 전반에 성하마을*이 되었으나 16세기 후반 폐지됐다. 사람들은 살길을 찾아 간토關東지방 등지로 행상을 나갔는데 성공한 사람들이 많아 17세기 후반부터 「히노 상인」으로 이름을 날렸다.(4-5 참조)

19 민가의 평면 형식 가운데 하나로, 4개의 방이 전자형田字形으로 배치되고 각 방을 구획하는 선이 어긋나지 않고 일직선으로 십자十字 모양을 이룬 것.

아킨도도리商人通り에서 하나이카다도리花筏通り를 본 모습
양쪽에 흰 회반죽을 바른 도조가 늘어섰다. 담과 도조의 허리 높이까지는 목선을 만드는 데 사용했던 널빤지를 재활용해 붙였다.

또한 곤도지구 중앙부의 구제이지 본당과 동쪽 끝의 울창한 숲으로 둘러싸인 오기大城신사[20]는 멀리서 볼 때 이 지역의 풍경을 이루는 중요한 요소다.

곤도지구에서는 1980년경부터 가로 보존에 대한 주민들의 관심이 높아져 1981년에는 곤도지구의 전통적 건조물군 보존대책을 수립하기 위한 조사가 이루어졌다. 주민들은 행정기관과 함께 검토회, 선진지 시찰 등을 계속했고 그동안 몇몇 상인의 본가 건물을 수리하고 정원을 복구해 공개했다. 그리고 수로의 청소와 정비, 잉어 방류 등을 꾸준히 진행했다. 그 결과 1998년에 히가시오미시의 전통적 건조물군 보존지구로 지정됐고 국가의 중요 전통적 건조물군 보존지구에 선정되기에 이르렀다. 그 뒤 수리·수경● 사업과 방재설비 정비 등을 추진해 지구의 역사적 풍치가 좋아졌다. 곤도지구에서는 오미 상인의 저택으로 도노무라 우헤에外村宇兵衛주택[21](1860년 건립), 도노무라 시게루外村繁주택[22](19세기 중엽 건립), 나카에 준고로中江準五郎주택(1933년 건립)이 공개되고 있다. 나카에 준고로주택은 20세기 초에서 중반까지 한반

---

20 621년 이 지역에 곤도지金堂寺가 건립되어 그것의 수호 신사로 세워졌다고 전한다. 1170년에 현재 위치로 옮겨와 고카쇼 지구의 총 수호 신사總鎭守가 되었다. 역대 영주들도 높이 숭배했다고 한다.

21 1813년에 본가인 도노무라 요자에몬가外村與左衛門家에서 독립해 장사를 시작해 포목류 판매를 중심으로 도쿄, 요코하마, 교토 등지로 지점을 늘렸다고 한다. 히가시오미시 지정 사적.

22 도노무라 우헤에가의 분가分家로 지어진 주택인데 부지면적 약 2400m², 건축면적 약 500m²에 달하는 큰 집이다. 도노무라 시게루(1902~1961)는 곤도지구에서 태어난 소설가로 오미 상인을 소재로 한 작품도 많이 썼다.

도와 중국대륙 20여 곳에 점포를 둔 미나카이三中井백화점을 경영한 고카쇼 상인의 본가다. 미나카이백화점 경성점은 현재의 밀리오레 명동, 부산점은 롯데백화점 광복점 자리에 있었다. 또한 옛 나카에 도미주로中江富十郎주택(19세기 중엽 건립, 1873년 증축)은 곤도가로보존교류관으로 수리 · 정비됐는데, 지역민들이 2007년에 설립한 특정비영리활동법인* 「곤도가로보존회」의 활동과 관광의 거점이 되어 다양한 문화 · 예술 행사가 열린다.

오미 상인 저택인 도노무라 우헤에주택의 담과 수로(왼쪽), 가와토(오른쪽)
왼쪽으로 들어간 곳에 도노무라 시게루주택이 있다. 담 밖 수로의 물을 부지 안으로 끌어들여 가와토라고 부르는 빨래터를 만들었다.

보존지구 안에 있는 새지붕을 인 농가(지도의 '집-1')
현재는 우동과 메밀국수 가게를 하고 있다. 건물 허리 부분까지 배에 사용했던 널빤지를 붙였다.

4-5

히노초 무라이·오쿠보

_시가현 가모군

히노초日野町는 비와코*의 남쪽으로 이어지는 완만한 구릉과 구릉 사이에 자리해 동쪽으로 빼어난 산봉우리인 와타무키산綿向山[23]을 바라보는 인구 2만여 명의 마을이다. 이곳은 오미하치만시近江八幡市, 히가시오미시東近江市 고카쇼五個荘 등과 함께 오미 상인*을 배출한 지역이다.

히노는 15세기 전반 무렵부터 활발한 상업활동을 하던 마을(히노이치日野市)을

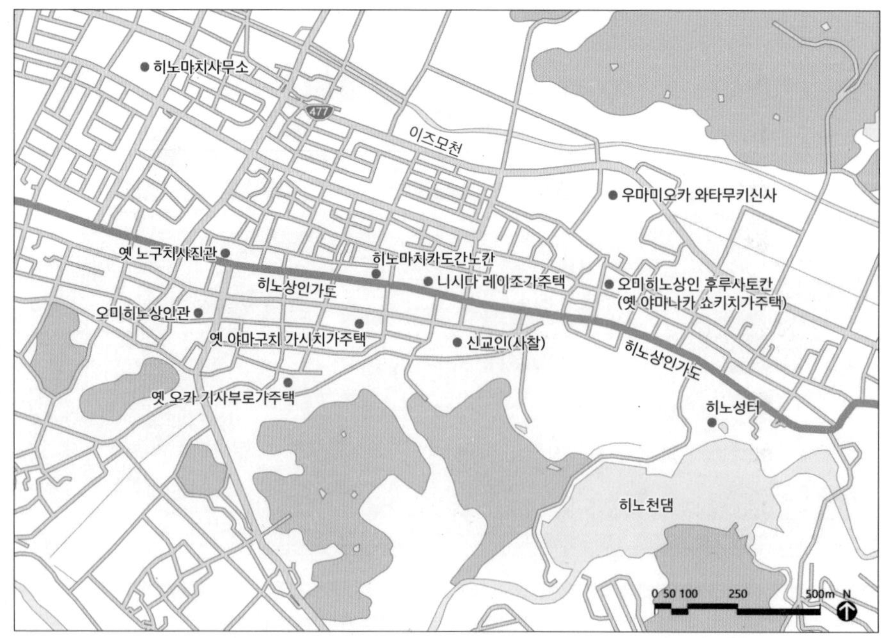

15세기 말엽부터 세력을 확장한 가모씨蒲生氏[24]가 재편성한 곳이다. 16세기 전반에 가모 사다히데蒲生定秀가 나카노성中野城(히노성)[25]의 성하마을● 로 히노의 토지구획을 했으며, 당시에 성행했던 히노완日野椀을 제작하기 위해 목공과 옻칠 장인들을 거주시킨 것으로 알려져 있다. 예로부터 히노와 그 주변에서 생산된 히노완은 옻칠을 한 나무 국그릇으로, 튼튼해서 서민들이 많이 사용했다. 17세기 이후 히노 상인에 의해 일본 전역에 보급됐는데 히노 상인의 주력 상품이 점차 약으로 바뀌어 19세기 전반에 맥이 한 번 끊겼지만 2000년대 들어 '히노완 부흥 모임'의 노력으로 되살아났다.

가모 사다히데의 손자인 가모 우지사토蒲生氏郷[26] 시절 히노는 가모 6만석● 이라 불릴 정도로 번성했다. 1582년 무렵 히노성 성하마을에는 약 80곳에 이르는 동네가 있었다고 한다. 그러나 1584년, 가모 우지사토가 이세 마쓰가시마伊勢松ヶ島(현재의 미에현三重縣 마쓰사카시松阪市)로 영지를 옮기자 히노는 성하마을의 기능을 잃고 존폐의 위기에 빠졌다. 그때 특산품인 히노완이나 기모노의 행상으로 활로를 찾는 주민들이 많았다고 한다. 그들은 처자식을 히노에 둔 채 먼 지방까지 부지런히 돌아다녔고, 그런 노력을 통해 드디어 일본 전역에서 웅비하는 힘을 기른 사람들이 잇따라 나타나「히노 상인」이라고 불리게 됐다.

히노 상인은 간토關東 등지에 지점을 내고 점포들끼리 협조해 상품의 배송 중계, 저장, 융통을 연계함으로써 이익을 얻는 한편 히노에는 경영의 본거지로서 본가를 두었다. 본가에는 성하마을 시절부터 토지구획 된 가로를 따라서 본채와 도조● 를 나란히 배치하고 그 뒤에 안쪽 자시키奧座敷● , 도조, 부속채나 텃밭 등을 설치했다. 부지의 전면 폭은 평균 12.6m 이상이다. 본채는 전자형田字形 평면을 기본으로 한 단층

---

23 표고1,110m의 산으로, 7세기경부터 산악신앙의 대상이 됐다.

24 12세기 말경부터 이 지방 장원● 의 관리로서 모습을 드러냈는데, 일족이 여러 곳에 뿌리를 내렸다. 15세기부터 전란 속에서 두각을 나타내 15세기 말경에 현재의 히노초 시가지의 동쪽에 오토와성音羽城을 쌓았다. 그 뒤 나카노성을 거점으로 성하마을을 건설·경영했다.

25 1530년대에 시가지의 동쪽 끝 히노천에 면한 높은 지대에 쌓은 평산성平山城. 토루土壘와 해자를 설치하고 망루를 세웠으며 사무라이 저택으로 둘러싸여 있었다.

26 1556~1595. 히노에서 태어난 무장으로 오다 노부나가● 와 도요토미 히데요시● 를 섬겼다. 히노 성주가 된 뒤 수많은 전공을 세웠고 이세 마쓰가시마를 거쳐 1590년에 아이즈와카마쓰会津若松(지금의 후쿠시마현福島縣의 중앙부)로 옮겨 큰 번● 의 영주로서 아이즈와카마쓰성과 성하마을을 건설했다. 성하마을에는 옛 영지인 히노와 마쓰사카의 상인을 유치했다.(1-8 참조)

니시다 레이조주택西田礼三郎
자시키의 앞뜰을 둘러싼 담에 히노 마쓰리를 구경하기 위한 사지키창이 있다(왼쪽 끝).

건물로, 길에 면해 자시키를 배치하고 그 앞에 앞뜰을 두고 판자담을 두른 경우가 많다. 부지의 길에 면한 부분을 판자담으로 완전히 가리고 간단한 대문을 설치한다. 큰 부를 축적했지만 검약을 중시한 히노 상인다운 차분한 주거다.

히노 마쓰리는 매년 5월 2~3일에 치러지는 우마미오카 와타무키馬見岡綿向신사[27]의 제례로, 현재도 그 호화로운 수레•와 독특한 제례음악을 구경하러 찾아오는 많은 사람들로 붐빈다. 가마와 수레가 순행하는 혼도리本通り(히노상인가도)를 따라 이어지는 본가의 판자담에는 「사지키창桟敷窓」이라 불리는 가로로 긴 살창문이 설치됐다. 히노 마쓰리 때는 창살을 떼어내고 붉은 양탄자 등을 드리운 다음 담과 자시키 사이에 사지키, 곧 구경하기 위한 자리를 임시로 설치하고 마쓰리를 관람했다. 사지키창은 줄고 있지만 판자담을 콘크리트블록담 등으로 바꾸어도 새로 사지키창을 설치하는 예도 적지 않다. 히노 상인들은 히노 마쓰리 때는 반드시 귀향해서 가족이나 손님과 축제를 즐겼다고 한다.

히노의 역사가로는 히노의 중심인 오쿠보시미즈초大窪清水町, 오카모토초岡本町, 미나미오쿠보초南大窪町 등에 잘 남아 있다. 「오미 히노 상인관」은 1936년에 건설된 옛 히노 상인의 본가를 히노 상인의 역사와 상업, 생활 등을 전시하는 시설로 만든

27 이 지방의 대표적인 신사로 신앙의 중심이다. 와타무키산에 강림한 신을 모시기 위해 545년 정상에 건립한 오타케大嵩신사를 796년에 산기슭 마을로 옮겼다고 한다. 현재의 본전은 1707년에 재건된 것으로 시가현 지정 문화재다.

옛 야마나카 효에몬가山中兵衛門家주택

1936년 건축. 현재는「오미 히노 상인관」으로 공개. 등록유형문화재.

오쿠보시미즈초의 가로

검소하고 차분한 가로.

미나미오쿠보초의 가로

판자담의 검소한 외관을 가진 오미 상인의 본가가 이어진다.

옛 쇼노 겐조 약방 점포
19세기 후반 건설. 현재는 「히노 마치카도 간노칸」으로 조성해 공개.

것이다. 무라이의 혼마치도리변에 있는 「히노 마치카도 간노칸日野まちかど感應館」은 옛 쇼노 겐조 약방正野玄三薬店이다. 19세기 후반에 건설된 점포와 본가를 겸한 이 저택은 전면 폭이 넓고 도조와 넓은 정원 등도 갖추었다. 현재는 이들 약업의 전시시설, 관광안내소 등으로 활용된다. 17세기 말경 의사였던 쇼노 겐조는 여행용 조제약을 만들기 시작했는데 이것이 히노 상인에 의해 일본 전역으로 확산되면서 지역 산업으로도 발전했다.

그 밖에 우마미오카 와타무키신사의 참배로변에 있는 「오미 히노 상인 후루사토칸近江日野商人ふるさと館(옛 야마나카 쇼키치주택山中正吉邸)은 19세기 전반부터 시즈오카현静岡縣에서 주조업을 했던 히노 상인의 본가로, 대규모 부지에 많은 건물이 남아 있다. 1938년경 현재의 형태가 되었으며, 히노초 지정 문화재다.

4-6

교토시 니시혼간지 사찰마을

_교토부

교토역에서 그리 멀지 않은 호리카와도리堀川通와 가라스마도리烏丸通에 각각 면한 위치에 교토사람들이 '오니시상(서쪽님)', '오히가시상(동쪽님)'이라고 친근하게 부르는 두 개의 큰 사찰 니시혼간지西本願寺와 히가시혼간지東本願寺가 있다. 1591년 도요토미 히데요시[*]의 명에 따라 겐뇨顯如대사가 오사카 덴마天満에 있던 혼간지를 사찰부지로 희사받은 교토 로쿠조六条 호리카와로 이전했다. 그런데 교단 내부의 대

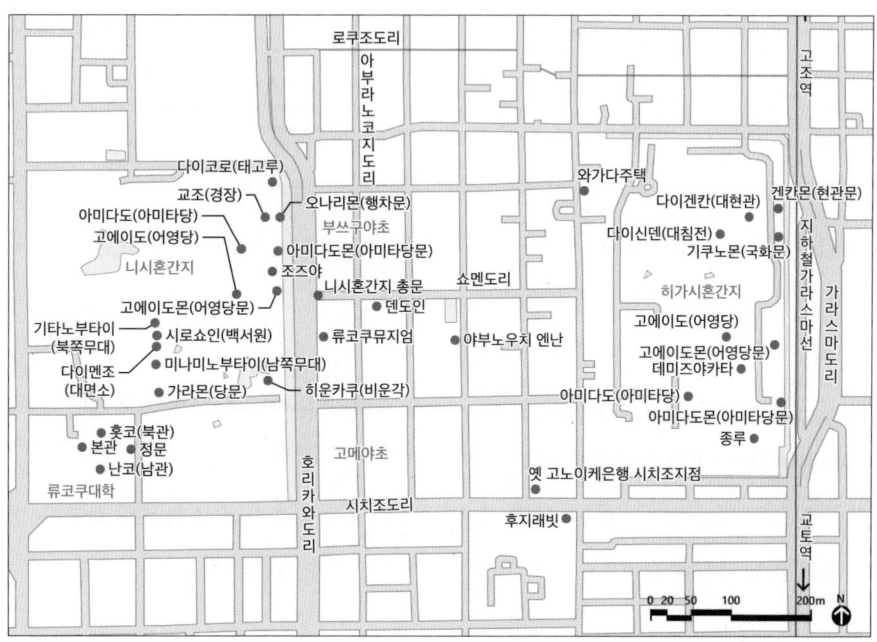

니시혼간지 총문
호리카와도리에 면해 니시혼간지 사찰마을의 입구에 세워졌다. 18세기 초의 건축으로 중요문화재.

립으로 1602년 교뇨教如대사가 바로 동쪽 가라스마도리 변의 로쿠조도리와 시치조도리七条通 사이에 도쿠가와 이에야스*로부터 사찰부지를 희사받아 또 하나의 혼간지를 세웠다. 그 뒤에 로쿠조 호리카와(뒤의 '칼럼' 참조)의 혼간지는 니시혼간지(본파本派 혼간지), 가라스마도리의 혼간지는 히가시혼간지(오타니파大谷派 혼간지, 정식명칭은 신슈혼뵤眞宗本廟)라고 부르게 됐다.

니시혼간지의 사찰마을*은 당초와 성격이 바뀌어 사원이나 혼간지 가신의 주거, 불구·불단·법의 등을 취급하는 상점이나 각지에서 온 참배자를 맞이하는 숙소, 각종 장인 등의 주거가 공존하는 문전마을門前町로 발달했다. 1715년 기록에 따르면 니시혼간지 사찰마을은 61개 마치町에 이르는데 약 1만 명이 살고 있었다. 현재도 니시혼간지의 호리카와도리 동쪽 지역에 있는 부쓰구야초仏具屋町(불구점마을)나 주즈야초珠数屋町(염주가게마을), 고메야초米屋町(쌀가게마을) 등지에는 니시혼간지와 깊은 인연이 있음을 말해주는 불단·불구점과 여관 등이 활발히 영업을 하고 있어 독특한 분위기와 경관이 유지되고 있다.

이 사찰마을 안에 있는 혼간지 덴도인伝道院은 옛 진종신도真宗信徒생명보험회사의 본관으로, 이토 추타*가 설계해 1911년에 건립됐다. 벽돌조로 외벽에 벽돌색 타일을 붙이고 흰 화강암 띠를 두르는 등 영국풍을 기조로 인도풍 돔과 중국풍 난간 등의 의장을 도입했으며 나아가 일본 건축의 세부 의장도 추가해 동서양을 조합한 매우 독특한 디자인을 보여준다. 이 건물은 근래에 국가 중요문화재로 지정됐다.

혼간지 덴도인과 주변 가로
아래 사진의 반대 방향을 본 모습.
불단, 경전·불교서 등을 파는
상점이 늘어서 있다.

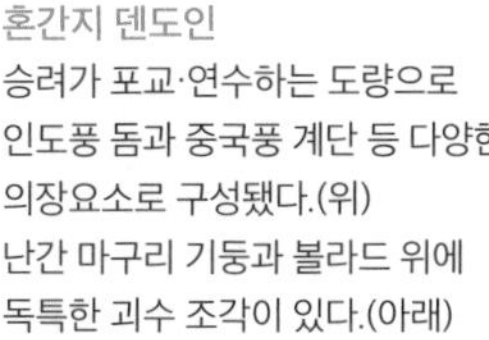

혼간지 덴도인
승려가 포교·연수하는 도량으로
인도풍 돔과 중국풍 계단 등 다양한
의장요소로 구성됐다.(위)
난간 마구리 기둥과 볼라드 위에
독특한 괴수 조각이 있다.(아래)

아부라노코지도리油小路通에서
서쪽으로 들어간 쇼멘도리正面通의 가로
불구점 등이 늘어서 있다.
정면은 니시혼간지 총문.

노래로 외우는 교토 시내 길 이름

하기와라 메구미

8세기 말부터 메이지유신*을 계기로 수도가 도쿄로 옮겨질 때까지 일본의 도읍 헤이안쿄*였던 교토. 중국의 도성제를 따라 조성된 교토 시내 중심부는 바둑판처럼 동서남북 길로 구성된 구조가 현재까지 남아 있다. 그런 까닭에 네거리마다 비슷비슷하게 생겨서 길치가 아니라도 자칫 길을 잃을 수 있다.

그래서 교토 토박이들이 고안한 방법이 노래로 길 이름 외우기다. 동서방향의 길을 북쪽에서 내려가면서 부르는 것과 남북방향의 길을 동쪽에서 서쪽으로 따라 부르는 것, 두 개의 노래가 예로부터 전해져 내려왔고 교토에서 이 노래를 모르면 외지인 취급을 받는다.

동서방향의 길

♪ 마루 다케 에비스 니 오시 오이케, 아네 산 롯카쿠 다코 니시키, 시 아야 붓 다카 마쓰 만 고조, 세키다 자라차라 우오노타나, 로쿠조 산테쓰 도리스기(통과하고), 시치조 고에레바(건너면) 하치 구조, 주조 도지데 도도메사스(로 끝이 난다). ♪

즉 길 이름은 북쪽으로부터 **마루**타마치도리丸太町通, **다케**야마치도리竹屋町通, **에비스**가와도리夷川通, **니**조도리二条通, **오시**코지도리押小路通, **오이케**도리御池通, **아네**야코지도리姉小路通, **산**조도리三条通, **롯카쿠**도리六角通, **다코**야쿠시도리蛸薬師通, **니시키**코지도리錦小路通, **시**조도리四条通, **아야**노코지도리綾小路通, **붓**코지도리佛光寺通, **다카**쓰지도리高辻通, **마쓰**바라도리松原通, **만**주지도리萬壽寺通, **고조**도리五条通, 요바이도리楊梅通(이 길가에는 일본 짚신의 한 종류인 **세키다**/셋타를 파는 가게가 많아 옛날에 셋타야마치도리雪

駄屋町通라고 함), 마토바도리的場通(이 길가에 열쇠가게가 많았다고 한다. 노래가사 **'자라차라'**는 열쇠 부딪치는 소리를 나타내는 의성어로 이를 통해 옛날 모습을 표현함), **로쿠조**도리六条通(일명 **우오노타나**도리로 중복됨), 시오코지도리塩小路通(**산테쓰**三哲스님이 창건한 류간지龍岸寺가 있음), **시치조**도리七条通, **하치**조도리八条通, **구조**도리九条通, **주조**도리十条通, **도지**東寺(길 이름이 아니라 구조도리에 면한, 오층탑으로 유명한 사찰. 세계유산「고도 교토의 문화재」의 구성요소 중 하나다.) 순서다.

남북방향의 길

♪ 데라 고코 후야 도미 야나기 사카이, 다카 아이 히가시 구루마야초, 가라스 료가에 무로 고로모, 신마치 가만자 니시 오가와, 아부라(기름) 사메나이데(식지 않아) 호리카와노(의) 미즈(물), 요시야 이노 구로 오미야에(로) 마쓰 히구라시니(에다) 지에코인, 조후쿠 센본 하테와(끝자락은) 니시진. ♪

즉 길 이름은 동쪽으로부터 **데라**마치도리寺町通, **고코**마치도리御幸町通, **후야**초도리麩屋町通, **도미**노코지도리富小路通, **야나기**노반바도리柳馬場通, **사카이**마치도리堺町通, **다카**쿠라도리高倉通, **아이**노마치도리間之町通, **히가시**노토인도리東洞院通, **구루마야초**도리車屋町通, **가라스**마도리烏丸通, **료가에**마치도리両替町通, **무로**마치도리室町通, **고로모**노타나도리衣棚通, **신마치**도리新町通, **가만자**도리釜座通, **니시**노토인도리西洞院通, **오가와**도리小川通, **아부라**노코지도리油小路通, **사메**가이도리醒ヶ井通, **호리카와**도리堀川通, **요시야**마치도리葭屋町通, **이노**쿠마도리猪熊通, **구로**몬도리黒門通, **오미야**도리大宮通, **마쓰**야초도리松屋町通, **히구라시**도리日暮通, **지에코인**도리智惠光院通, **조후쿠**지도리浄福寺通, **센본**도리千本通, **니시진**西陣(길 이름이 아니라 센본도리 부근의 지구)이 된다.

교토 시내 중심부의 주소는 동네 이름으로 부르는 것 이외에 이 가로 세로의 길 이름을 조합한 뒤 해당 네거리에서 동쪽 또는 서쪽으로 들어가거나 올라간다(북상), 내려간다(남하)는 식으로 표현할 수도 있다. 그래서 교토를 방문한다면 비록 이 노래를 외우지 못하더라도 대충 알아 두면 유용할 것이다. 이에 더해 JR교토역 북쪽 바로 앞에 솟은 교토타워가 있는 큰 네거리가 '가라스마 시오코지'라는 것과 숙소 근처의 네거리 이름 정도는 기억해 두면 길을 찾아 여기저기 헤매면서 시간을 낭비할 일이 없을 것이다.

본문에서 니시혼간지의 위치를 '로쿠조 호리카와'라고 설명한 것은 동서방향 길인 로쿠조도리와 남북방향 길인 호리카와도리가 만나는 네거리 부근이라는 뜻이다. 그런데 현재 로쿠조도리는 니시혼간지 근처에서 거의 좁은 골목길이어서 니시혼간지의 실제 주소는 '교토시 시모교구下京區 호리카와도리 하나야초花屋町 사가루下る' 이다. 부지 북쪽이 이 노래에 없는 하나야초도리花屋町通에 면해 있다. 사실 하나야초도리처럼 노래에 나오지 않는 샛길과 골목길도 많다.

아래 웹사이트에서 노래를 들을 수 있다.

https://www.youtube.com/watch?v=54DSRc54n1o

교토수족관 직원들이 부르는 교토 거리이름 노래

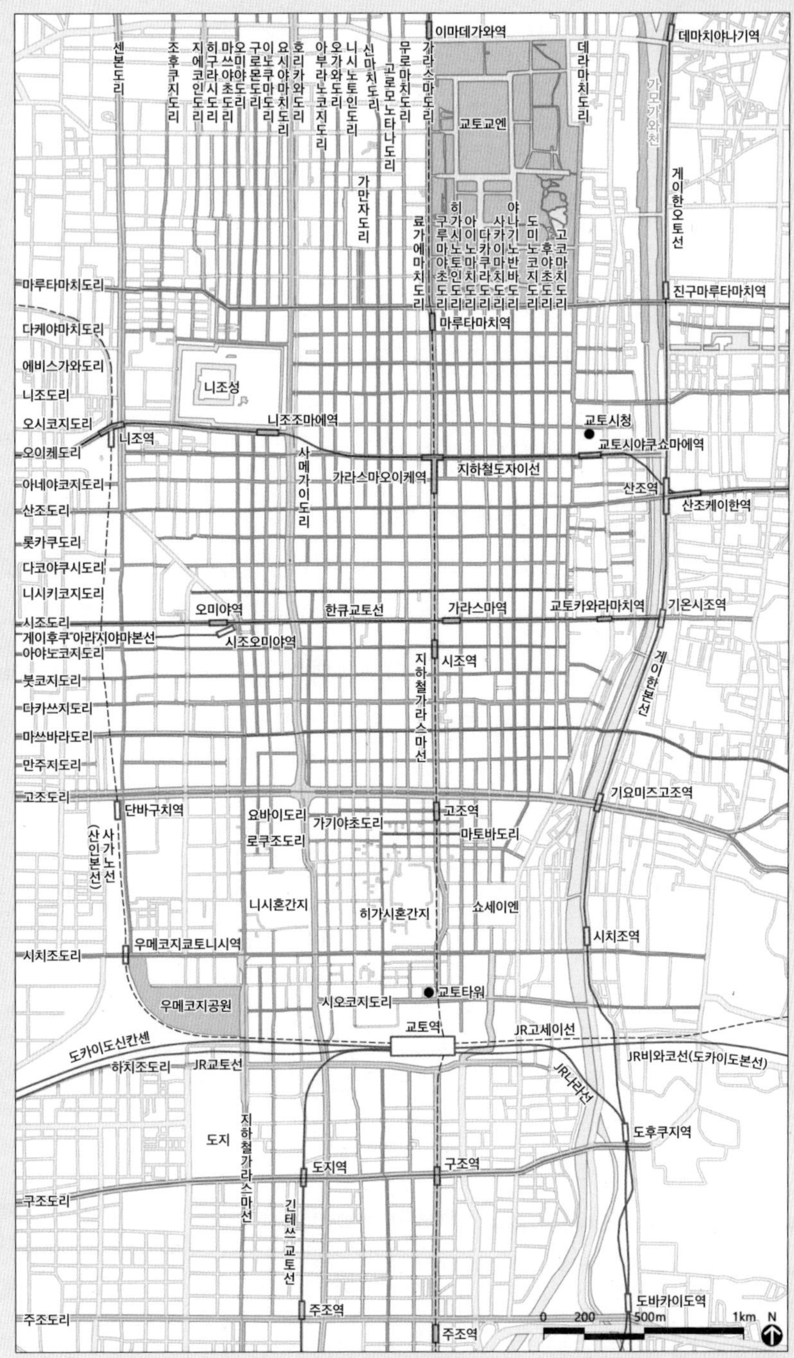

교토 시내의 길

4-7

교토시 야마호코초

_교토부

에도시대(1603~1868) 초기 교토의 시가지는 가미교上京와 시모교下京, 그리고 동서 두 개의 혼간지本願寺를 중심으로 승려와 상인들이 모여사는 사찰마을• 등 세 구역으로 구성돼 있었다. 시조도리四条通와 무로마치도리室町通가 교차하는 네거리는 시모교의 중심으로 「호코노쓰지鉾の辻」라 불렀는데 이곳을 중심으로 기온마쓰리祇園祭[28]의 야마山나 호코鉾라는 수레•를 보유한 마을들이 분포한다. 그 구역은 동쪽으

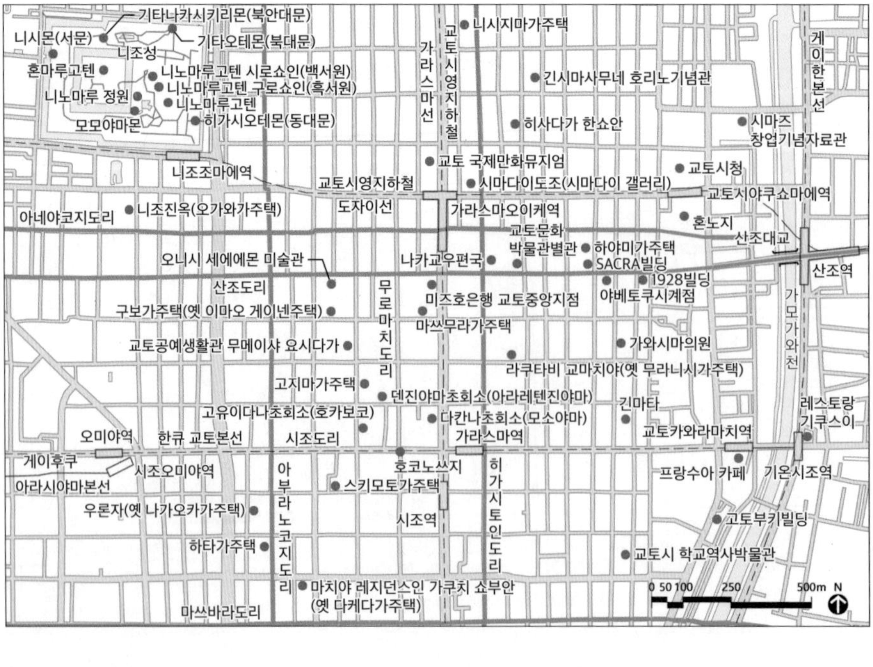

로 히가시노토인도리東洞院通, 서쪽으로 아부라노코지도리油小路通, 남쪽으로 마쓰바라도리松原通, 북쪽으로 아네야코지도리姉小路通까지인데, 이 중 35개 마을을 야마초山町, 호코초鉾町(통칭 야마호코초山鉾町)라고 한다. 이 일대는 현대 교토 경제의 중심구역으로, 지금까지 도시갱신이 계속됐지만 한편으로는 지역공동체가 살아 있어 기온마쓰리를 유지하는 데 큰 역할을 담당하고 있다.

'야마', '호코' 모두 화려하게 장식한 제례용 수레로 그 위에 탄 사람들이 피리, 북, 징과 같은 전통 악기를 사용한 축제 음악을 연주하고 그것을 많은 사람들이 끌고 시가지를 돌아다닌다. '호코(鉾, 창)'는 원래 사람을 병들게 하는 악귀를 마을 밖으로 내보내는 액막이를 위한 무기였으며 각 호코 위에는 신기眞木라 하는 나무 기둥을 세워 꼭대기에 서로 다른 상징물을 달았다. 한편 '야마(山, 산)'는 구경거리로 고안된 것으로 산을 상징하는 소나무를 세웠다. 큰 호코는 높이 26m, 무게 12톤에 이르고 40~50명이 끌고 다닌다. 야마는 일반적으로 호코보다 작고 끌고 다니는 사람은 14~24명 정도다. 야마와 호코는 모두 34대로 에도시대에 소실된 한 대가 코로나19 팬데믹 때문에 중단된 지 3년 만에 열린 2022년 축제 때, 196년 만에 부활됐다. 야마와 호코는 2016년 가와고에마쓰리川越祭(2-8 참조), 사와라의 대제佐原大祭(2-9 참조), 다카야마마쓰리高山祭(3-6 참조) 등과 함께 「일본의 장식 수레 축제, 야마·호코·야타이屋臺행사」로 유네스코 인류무형문화유산 대표목록에 등재됐다.

교토 중심부의 마을은 거의 다 길을 사이에 두고 마주한 주민들이 하나의 마을을 구성하는 이른바 료가와초兩側町로서 일상적으로 지역공동체의 교류가 일어난다. 교토에서는 15세기 후반에 이렇게 가로 양쪽의 집들이 하나의 커뮤니티를 형성하는 마을인 료가와초가 본격적으로 성립했다. 야마호코초의 경우, 가로를 중심으로 인접하거나 마주보는 30여 호가 명확한 근린공간 단위를 이루어 역사적인 마을 구성을 공간적·사회적으로 계승하고 있다.

야마호코초를 비롯한 교토시 중심부에는 한때 직장과 주거의 공존을 가능케 한

---

28 야사카신사●(기온신사)의 제례로, 9세기부터 이어진 교토의 3대 축제 가운데 하나다. 제례행사는 야사카신사가 주최하는 것과 시내 야마호코초의 마을들이 주최하는 것으로 나뉘는데, 7월 한 달 동안 다양한 행사가 이어진다. 7월 17일과 24일의 야마호코순행山鉾巡行이 하이라이트다.

교마치야京町家가 줄지어 있었다. 교마치야는 교토의 전통적인 축조軸組 목조주택으로, 흙바닥 통로, 연속되는 일식 방, 안 자시키奥座敷●, 쓰보니와坪庭(안뜰) 등을 갖춘 도시주택이다. 외관은 기와지붕, 격자창살문, 데고시●, 무시코창● 등이 특징이다. 교마치야는 손님 대접을 포함한 풍요로운 일상생활을 위해 건물과 마당, 실 구성, 통풍·채광, 외관이나 내부 의장 등에 여러 가지 궁리를 거듭해 세련미를 더한 집이다.

이러한 교마치야는 아파트나 상업 빌딩으로 재개발되거나 주차장 등으로 바뀌어 계속 감소하고 있지만 아직도 교토 시내에 약 4만 채가 남아 있다. 야마호코초에는 기온마쓰리의 마을로서 자긍심을 가지고 교마치야를 지키고 있는 사람들도 많다. 최근에는 교마치야의 매력을 재인식하고 수리하거나 고쳐서 주거 혹은 음식점이나 사무실 등으로 활용하는 사례가 증가하고 있다. 이것을 지원하는 특정비영리활동법인● 등의 활동도 활발하다.

나카교구中京區 신마치도리新町通 니시키코지아가루錦小路上る의 무카데야초百足屋町는 기온마쓰리의 「미나미칸논야마南観音山」 수레를 보유한 야마호코초의 하나다. 그 마을에 위치한 고지마가小島家주택은 약 110년 전에 지어진 전형적인 오모테야구조●의 마치야●인데 개수한 뒤 한동안 오모테야, 즉 점포 부분을 한 대학이 위성 캠퍼스로 활용하기도 했다. 또한 시모교구下京區 아부라노코지 붓코지사가루仏光寺下る 다이시야마초太子山町의 하타가秦家주택은 「다이시야마」 수레를 보유한 마을에 있다. 1670년 이곳을 집터로 삼았으며, 17세기 말경부터 약재업을 했는데 18세기 초엽 소아 약을 제조하기 시작했다고 한다. 현재의 오모테야는 1869년에 건축되었고 1875년에 현관채, 안채 등이 건설됐다. 시모교구 아야노코지도리綾小路通 신마치니

미나미칸논야마초 고지마가주택 외관
오모테야 부분은 무시코구조●의 이층 건물.

다이시야마초 하타가주택 처마 부분
지붕을 인 큰 간판과 가스등. 일층 처마 아래에 약품 이름을 새긴 두 장의 간판이 걸려 있다.

▲ 다이시야마초 하타가주택 외관
1869년 건립. 중이층은 무시코창●, 일층은 격자창살문과 미닫이문, 허리높이까지 비늘판벽으로 만든 회반죽벽.

▶ 다이시야마초 하타가주택 자시키정원
궁리를 다해 디자인한 정원이다. 정원에 면해 자시키, 별당離れ, 도조가 있다.

시이루新町西入 야다초矢田町는 「하쿠가야마伯牙山」 수레를 보유한 마을로, 2차 세계대전 후 마을회관[29]이 없어진 이래 스기모토가杉本家주택의 도로에 면한 오모테야를 축제 때 수레에 장착할 여러 장식품을 가까이서 볼 수 있는 전시 장소로 사용하고 있다. 아야노코지도리에 면한 스기모토가주택은 전면 폭 약 30m, 깊이 약 52m를 차지하는 교토 시내에서 최대 규모의 대형 마치야다. 1767년에 현재 위치에 상점을 열었고 그 뒤 지바현千葉縣의 사와라佐原와 사쿠라佐倉에도 상점을 열었다고 한다. 1864년의 대화재 후 1870년에 본채가 상량됐는데 세 개의 도조●는 18세기에서 19세기 전반 사이에 건축된 것으로 보인다. 스기모토가주택의 건물은 국가 중요문화재로, 정원은 국가 명승으로 지정됐다.

야마호코초를 중심으로 교토의 옛 시가지에 분포하는 교마치야는 천년의 역사를 지닌 도시주거이며, 주민의 삶과 장인의 기술, 그리고 그들 모두의 감성이 결합되어 탄생한 품위 있고 아름다운 결실이다.

---

29 야마호코초의 마을회관은 길에 면한 이층 건물로, 이곳에서 마을 모임이나 제례 등을 한다. 뒤뜰에는 도조● 등이 있다. 기온마쓰리 때 큰 역할을 했다.

야다초 스기모토가주택의 오모테야구조 외관

교토 시내에서 최대 규모급 마치야로, 부지는 전면 폭 30m, 깊이 52m. 1870년 건립. 중요문화재.

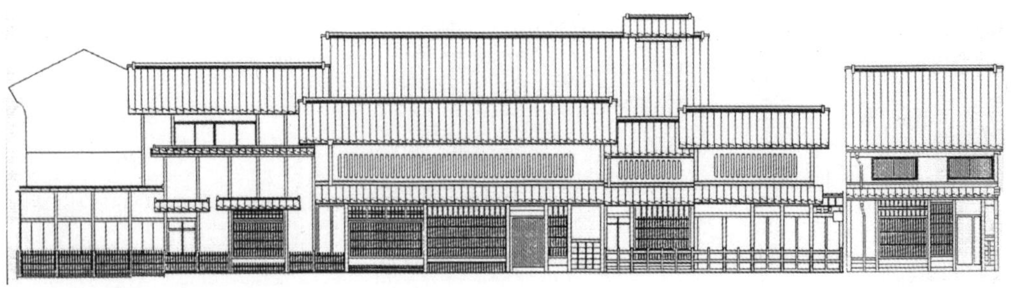

야다초 스기모토가주택의 입면도

출처: 「마을 기온마쓰리와 함께 살기まち祇園祭すまい」(다니 나오키谷直樹·마스이 마사야增井正哉 편저, 시분카쿠출판思文閣出版, 1994)의 표지

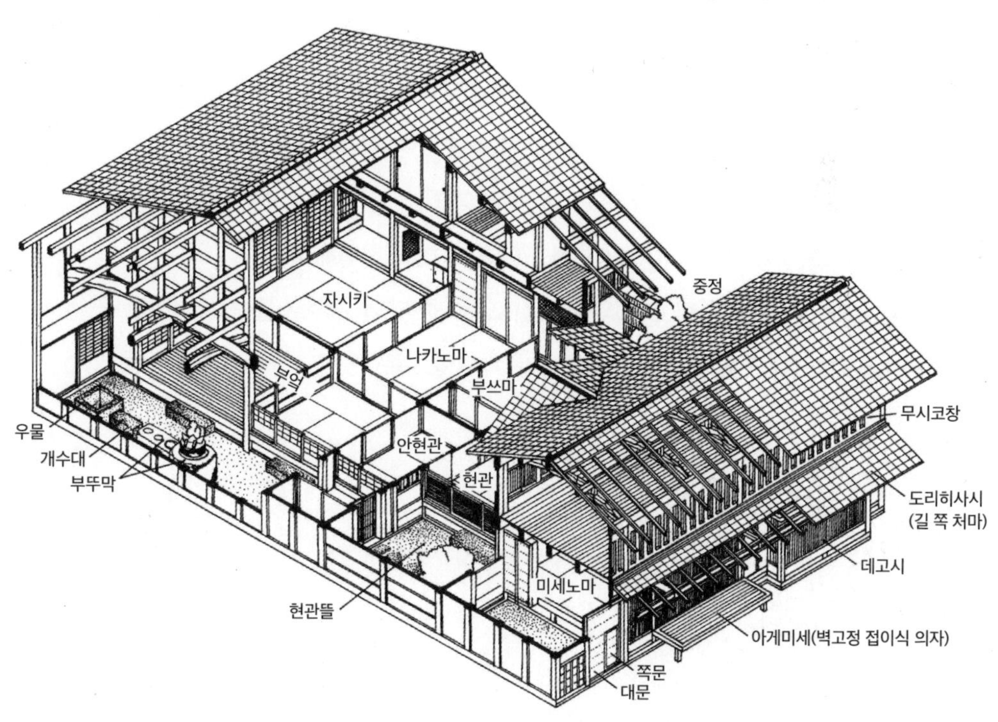

오모테야구조의 마치야 도해

출처: 「마을 기온마쓰리와 함께 살기」(다니 나오키·마스이 마사야 편저, 시분카쿠출판, 1994) 28쪽

4-8

교토시 산조도리 일대

_교토부

교토시 나카교구中京區의 산조도리三条通는 794년 고대 일본의 도읍이 된 헤이안쿄•의 동서방향 중심축이었던 산조대로三条大路와 거의 위치가 같다. 가모가와천鴨川에 놓인 산조대교는 도요토미 히데요시•가 돌기둥 다리로 정비해 17세기 초에는 도카이도•의 서쪽 기점이 되었다. 외지인들은 산조대교를 건너 교토로 들어갔는데, 산조도리는 도매상이나 우편배달업자, 은행업자, 환전상, 여관 등이 모여 있는 교토 번

화가의 중심이었다.

야베토쿠시계점

산조도리는 1868년 메이지시대에 들어선 뒤에도 교토 중심가로의 지위를 유지했다. 일찍이 우편국과 전신국 등이 설치됐고 은행과 보험사가 모여 들었다. 그 밖에 운수, 출판 등의 업종과 외래품 소매 점포가 입지해 산조도리의 도심 기능은 더욱 강화됐다. 산조도리와 히가시노토인도리東洞院通가 교차하는 네거리에는 1872년에 슈쇼인集書院이[30] 세워지고, 1874년에는 그 옆에 사이쿄우편사무소西京郵便役所, 이어서 히가시노토인도리의 서쪽에 전신분국이 각각 서양식 목조 2층 건물로 신축되어 새로운 경관이 만들어졌다. 도미노코지도리富小路通와 만나는 네거리 동쪽에는 메이지 초에 야베토쿠家邊德시계점이 사방에서 보이는 시계탑을 세웠고 1890년에는 역시 시계탑이 설치된 벽돌조 2층 점포를 신축했다. 1892년까지 교토에 본사를 둔 은행이 7개였는데 그 가운데 4개가 산조도리에 있었다.

이렇게 산조도리는 명실상부한 교토의 중심가로였지만 가로 폭은 6m 정도로 매우 좁아서 1899년의 화재로 교토우편국을 다시 지을 때 그것을 계기로 산조도리의 확장 계획을 세웠다. 그러나 이미 목조 이외의 견고한 건물들이 늘어서 있기도 해서 확장은 중지됐다. 새로운 교토우편국, 즉 현재의 나카교우편국은 도로에서 후퇴하지 않고 네오르네상스식 외관을 가진 벽돌조 2층 건물로 건축됐다. 산조도리는 이 견고한 벽돌조 우편국 건물 덕에 오래도록 확장되지 않을 수 있었다.

20세기 초 이래로 산조도리에는 이 교토우편국 외에 다이이치은행第一銀行 교토지점(1904년, 다쓰노 긴고• 설계, 2003년 개축. 현 미즈호은행 교토중앙지점), 일본은행 교

30 일본 최초의 공공 도서관. 메이지 초기의 산업화 추진 정책, 교육 근대화 정책의 일환으로 개설됐다.

▲ 산조도리의 경관
근대 서양식 건축과 일본식 건축이 즐비하다.
왼쪽 끝이 나카교우편국.

▶ 나카교우편국 외벽 보존 개념도
1979년에 철근콘크리트조로 개축했는데 철근콘크리트 밖에 벽돌을 붙여 벽돌조의 외관을 유지했다.

▼ 나카교우편국
1902년. 요시이 시게노리吉井茂則 · 미쓰하시 시로三橋四郎 설계, 교토시 등록유형문화재.

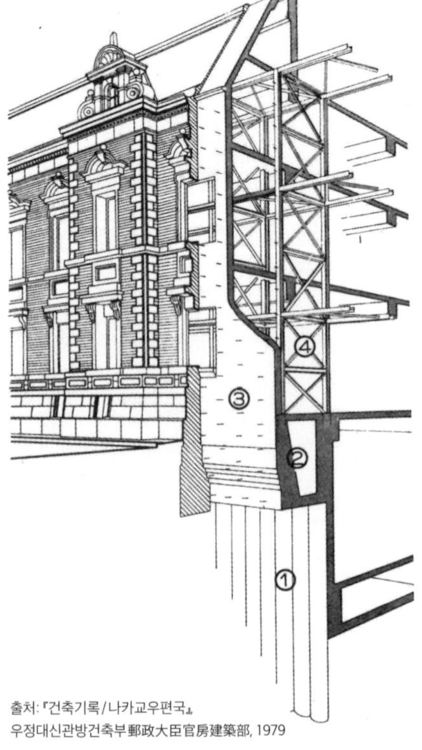

출처: 『건축기록/나카교우편국』
우정대신관방건축부郵政大臣官房建築部, 1979

옛 일본은행 교토지점
벽돌조 2층 건물. 1906년 다쓰노 긴고·나가노 우헤이지長野宇平治 설계. 중요문화재, 현 교토문화박물관 별관.

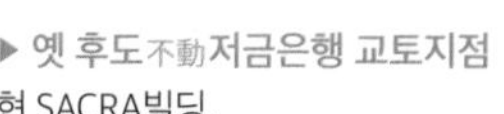

▶ 옛 후도不動저금은행 교토지점
현 SACRA빌딩.

▶▶ 옛 오사카마이니치신문 교토지국
현 1928빌딩.

토지점 등의 벽돌조 건물들이 늘어섰다. 이 때문에 제2대 교토시장 사이고 기쿠지로西郷菊次郎가 제창한 3대 사업[31]에 따른 도로 확장 사업은 산조도리가 아니라 시조도리四条通를 대상으로 진행됐다. 그 결과 산조도리는 점차 중심가로의 지위를 시조도리에 내주었다.

산조도리에는 그 뒤에 닛폰생명日本生命 교토지점(1914년, 벽돌조 2층 건물, 다쓰노 가타오카辰野片岡 건축사무소 설계, 등록유형문화재), 후도不動저금은행 교토지점(1916년, 목골벽돌조● 3층 건물, 등록유형문화재), 마이니치신문每日新聞 교토지국(1928년, 철근콘크리트조 3층 건물, 다케다 고이치武田五一 설계, 교토시 등록유형문화재, 현TSUGU 교토 산조호텔) 등의 서양식 건축●과 보험회사 등 중후한 누리고메구조●의 일본식 목조건축이 세워졌다.

산조도리는 확장되지 않아서 경제적으로 계속 번성하지는 못했지만 결과적으로 19세기 말에서 20세기 초의 많은 근대 서양식 건축과 중후한 일본식 건축이 남아 있

---

31 1906~1914년까지 교토에서 실시된 세 가지 도시기반정비사업. 제2 비와코● 도수로 개착, 상수도 정비, 도로 확장·전차(노면전차) 부설 사업을 말한다.

어 도심 속에서도 강한 역사적 특성을 지닌 지역이 됐다. 한편 교토우편국, 곧 현재의 나카교우편국은 노후화와 기능 저하 때문에 1973년에 재건축계획이 세워졌는데 그것이 알려지자 일본건축학회와 교토시 당국, 지역사회 등이 보존을 요구했다. 당시 우정성郵政省은 이에 대해 증축부를 제외하고 산조도리와 히가시노토인도리 쪽의 기존 벽돌 외벽 대부분을 보존하고 내부를 철근콘크리트로 개축하는 외벽 보존 방식을 채택했다. 나카교우편국의 외벽 보존은 그 뒤로 산조도리의 역사·문화적 경관을 유지하는 노력을 계속해나가는 큰 계기가 됐다.

교토시는 1980년부터 산조도리의 경관 보전을 위한 행정지도를 시작했고 1995년에 현지 주민들이 「교토 산조 마을만들기협의회京の三条まちづくり協議会」를 조직해 시 당국과 함께 보행자/자동차 공존 도로의 정비에 힘쓰고 있다. 1997년에 교토시는 이 일대를 시가지경관정비조례에 따라 「역사유산형 미관지구–산조도리 일대 경관정비지구」로 지정했다. 그 뒤 2017년에 이 협의회는 「지역경관만들기 계획서」를 입안해 시가지경관조례에 따른 협의 대상 건축행위에 대해서는 사업자가 협의회와 사전에 의견을 교환하도록 규정했다. 이와 같이 행정기관과 지역 주민이 함께 산조도리 일대의 경관을 보전, 정비해나가고 있다.

4-9

교토시 기온신바시 자야마을

_교토부

중요 전통적 건조물군 보존지구
1.4ha, 1976년 선정

교토시 히가시야마구東山區의 시조도리四条通를 사이에 두고 남북 양측으로 펼쳐지는 기온 일대는 야사카신사•(일명 기온신사祇園社)의 서문 앞부터 가모가와천鴨川까지 이른다. 이 지역은 15세기 중기에 지배층 사이의 싸움이 교토를 시작으로 전국으로 확대된 내란인「오닌應仁의 난」때 집들이 소실돼 이후에는 승려와 신사 관계자의 주택들과 농가가 드문드문 있었다. 이 지역이 발달한 것은 17세기 이후다.

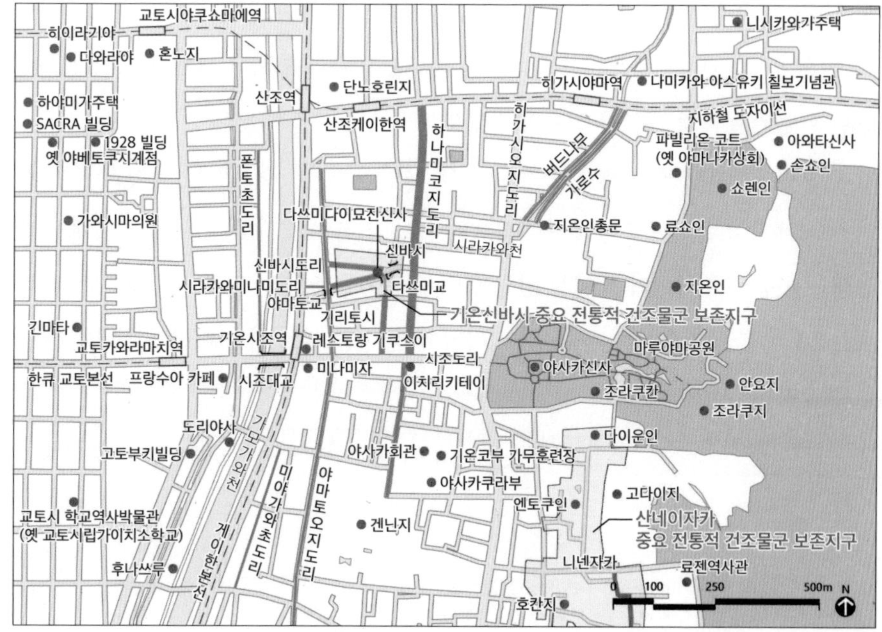

시라카와천의 맑은 물
다쓰미교에서 서쪽을 본 모습. 남안(사진 왼쪽)에도 자야 형식의 건물이 줄지어 있다.

기리토시切り通し 골목
양측 건물 아랫부분의 대나무 울타리가 아름답다. 골목 끝 시라카와천에 놓인 다쓰미교를 건너면 바로 기온신바시지구다.

17세기 초부터 시조도리 일대의 가모가와천 둔치에서 가부키歌舞伎[32] 연극이 흥행하면서 시조도리 변에는 미즈차야水茶屋라 불리는 찻집이 생기기 시작했다. 한때 공연이 금지되기도 했지만 가부키는 곧 부흥해 17세기 말경 전성기를 맞았다. 가부키가 부흥한 무렵 가모가와천의 양안에 제방을 쌓는 공사가 진행되어 그 동쪽 제방을 따라 남북방향으로 난 야마토오지大和大路를 따라서 기온 바깥 여섯 마을의 개발이 시작됐다. 그곳에 찻집의 영업이 허용됐는데, 그 찻집들은 가부키 연극과 확고한 유대관계를 유지하며 명실공히 연극 마을의 경관을 자아냈다.

이윽고 1712년에 기온신사 영지였던 야마토오지 동쪽에서 히가시오지東大路 방면으로 넓은 지역의 개발이 허용되어 모토요시초元吉町를 비롯한 기온 안 여섯 마을이 건설됐다. 갈대발을 두른 미즈차야가 몇 채만 있을 뿐 주변은 다 밭이었던 이 지역은 18세기 초반에서 중반에 본격적으로 자야•마을로 발전했다. 1840년대에 기온 일대는 이층짜리 자야가 늘어서 성황을 이루었는데 1861년 간행된 「화락명승도회花洛名勝圖會」에는 기온신바시지구의 시라카와천白川을 끼고 이층 자야가 빼곡히 늘어선 모습이 묘사되어 있다.

시라카와천은 교토시 북동부의 히에이산比叡山과 뇨이가타케如意ヶ嶽 사이에서

32 17세기 초 교토에서 발상해 유행하게 된 대사, 음악, 무용이 일체가 된 연극. 오늘날까지 계속 새로운 요소를 받아들이며 발전해 인기를 끌고 있으며, 세계 무형문화유산에 등재됐다.

발원해 기타시라카와北白川에서 오카자키岡崎에 이르러 일단 비와코● 도수로[33]와 합류한다. 그리고 정토종 총본산의 큰 사찰인 지온인知恩院[34] 총문 앞 버드나무 가로수와 돌다리를 지나 기온신바시지구에 이르러 신바시, 다쓰미교巽橋, 야마토교大和橋를 거쳐 다시 가모가와천에 합류한다. 시라카와천은 상쾌한 물소리와 함께 도심에 시원한 여유를 선사해준다.

신바시도리新橋通의 양쪽에 줄지어 선 자야는 맞배형 일식기와지붕, 긴 전면 진입 방식의 이층 건물로, 1865년의 대화재 이후에 지어졌다. 일층은 데고시●와 고마요세● 등으로 구성하며, 이층은 자시키●를 두고 정면에 쪽마루를 돌출시키고 난간을 설치해 발을 걸어둔다. 발은 창살과 처마의 직선적인 구성 속에 부드러움을 더해주는 뛰어난 의장적 배려다. 또한 미야코 오도리都をどり[35]가 개최될 무렵에 거는 붉은 등, 정초와 팔삭八朔[36]의 포렴布簾 등은 계절을 구분하고 행사를 알리는 선명한 연출 요소다.

자야 건물의 외관은 주위 건물과 거의 같은 양식이지만 내부는 각기 의장에 공을 들인다. 자야의 아기자기하고 긴장된 의장은 교토 마치야●의 전통 위에 기온 특유의 예리한 미적 감각을 더해 완성된 것이다. 가정집으로 보이는 건물도 자야 건물과 조화되도록 외관의 의장을 배려해 신바시도리는 가로 전체가 강한 통일감을 느끼게 한다.

신바시도리의 남쪽 시라카와천의 북안은 제2차 대전 중에 건물 소개疎開가 이루어졌다. 소개란 폭격과 화재 등으로 인한 피해를 줄이기 위해 사람이나 건물을 분산시키는 일을 말하는데, 제2차 세계대전 말기 교토에서는 곳곳에서 띠 모양으로 건조물을 철거했다. 기온 신바시지구의 시라카와천 북안의 자야 등을 철거한 땅에 시라카와미나미도리白川南通가 개설됐다. 남안을 따라서는 스에요시초末吉町 쪽 자야 건

---

33 시가현滋賀縣의 비와코 물을 직접 교토로 나르는 도수로(4-15 참조). 시라카와천은 1890년에 완성한 제일 도수로第一疏水에 합류한다.

34 일본 정토종의 원조인 호넨法然대사가 1175년 창건한 사찰. 커다란 부지에 국보인 산문三門과 미에이도御影堂, 중요문화재인 집회당과 경장 등 다양한 건조물과 아름다운 정원이 있다.

35 기온마치미나미가와에 있는 기온코부祇園甲部 가무훈련장(4-10 참조)에서 매년 4월에 개최되는 게이샤들의 무용 공연. 교토의 명소 등을 화려한 춤과 음악으로 소개하는 형식이 1872년 이래 현재까지 이어지고 있다.

36 팔월 삭일朔日(초하루)의 약어로 8월 1일. 기온에서는 이날 게이샤가 자야와 예능의 스승댁을 찾아다니고 인사를 올린다.

▲ 신바시도리 서쪽을 본 모습
양쪽에 목조 2층 자야가 늘어섰다.

▶ 신바시도리의 자야마을 가로
일층은 세로로 촘촘한 데고시와 고마요세, 이층은 정면에 쪽마루를 내달고 난간을 설치해 발을 걸어두었다.

신바시도리의 가로입면도(일부)
출처: 교토시 자료

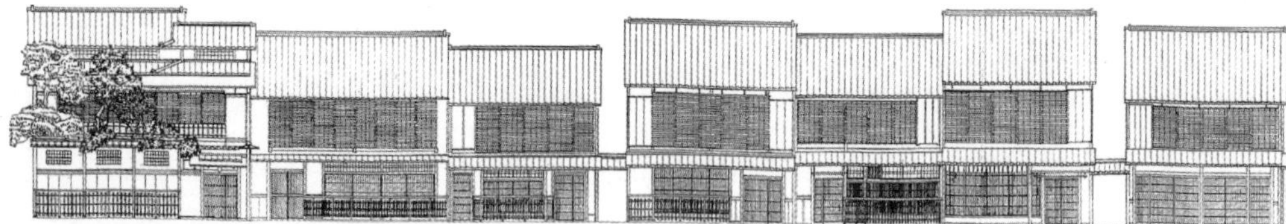

기온신바시
예능 향상의 신을 모신 다쓰미다이묘진신사는 지역의 상징이다.

물의 뒷면이 보인다. 이 일대의 자야는 맞배지붕의 이층 건물로, 하천에 바짝 면해서 나란히 지어졌다. 건물의 일, 이층 모두 난간을 달아 발을 걸어두고 전면에 판자 울타리를 설치한 외관을 갖추어 시라카와천의 맑은 물과 함께 이 지구의 특징을 이룬다. 신바시도리와 시라카와미나미도리가 비스듬히 만나는 위치에 다쓰미다이묘진辰巳大明神신사가 모셔졌다. 그 입구인 도리이鳥居와 다마가키玉垣라고 불리는 울타리의 산뜻한 주홍색이 신바시도리의 단정한 가로와 녹지가 많은 시라카와천 변 경관의 연결고리 역할을 해 세련된 긴장감을 연출한다. 시라카와천에 놓인 나무다리인 신바시, 다쓰미교巽橋도 이 지구의 역사적 풍치를 높여준다.

기온신바시지구는 에도시대부터 전승된 자야마을로, 세련된 의장의 자야들이 시라카와천 등 자연과 일체가 되어 뛰어난 역사적 풍치를 유지하고 있다. 이 기온신바시지구의 목조 2층 자야의 정연한 가로는 일찍부터 주목을 받아 1965년에는 교토시의 의뢰로 도쿄예술대학이 디자인 조사를 했다. 1973년, 신바시도리의 중심부에 4층짜리 건물을 세우려는 계획이 밝혀지자 이에 대한 반대운동이 가로보존운동으로 발전했다. 교토시는 이에 적극적으로 대응해 교토대 건축학과 니시카와西川연구실에 가로조사를 의뢰했고 필자도 대학원생으로서 조사에 참가했다. 그 조사 결과를 토대로 주민의 합의를 얻어 교토시는 1974년에 1.5ha의 구역을 교토시 시가지 경관조례에 따라 「특별보전수경[●]지구」로 지정했다. 그리고 그 대부분인 1.4ha의 구역을 1976년에 전통적 건조물군 보존지구로 지정했으며, 같은 해에 국가가 중요 전통적 건조물군 보존지구로 선정했다.

이 자야마을 가로에는 전통적인 외관을 유지하며 내부를 수리해 음식점으로 만든 곳도 적지 않다. 2015년에는 교토시가 기부받은 시라카와천 남측의 전통적 건조물인 옛 요리 여관을 내부를 수리하고 내진공사를 해서 고급 중고품 가게와 음식점으로 만든 것이 화제가 됐다.(2022년 폐업) 또한 근래에 기온신바시의 주민과 사업자에 의한 마을 만들기 활동이 활발해져서 2018년에는 「기온신바시 경관만들기협의회」가 설립됐으며 경관과 환경 보전을 위한 고려사항을 정한 「지역경관만들기계획」을 수립하고 이를 바탕으로 사전 협의를 실시해 효과를 얻고 있다.

4-10

교토시 기온마치미나미가와

_교토부

옛 기온신사인 야사카신사[*]의 서문에서 서쪽으로 뻗은 시조도리四条通를 사이에 두고 남북으로 펼쳐진 기온 지역의 북쪽이 기온신바시祇園新橋지구(4-9 참조)이며 남쪽이 기온마치미나미가와祇園町南側지구다. 기온 지역의 성립에 대해서는 앞의 '4-9 교토시 기온신바시 자야마을'에서 개요를 기술했다. 기온 지역은 에도시대 말인 1865년의 대화재로 대부분 소실됐지만 그 뒤 곧바로 부흥해 메이지시대(1868~)

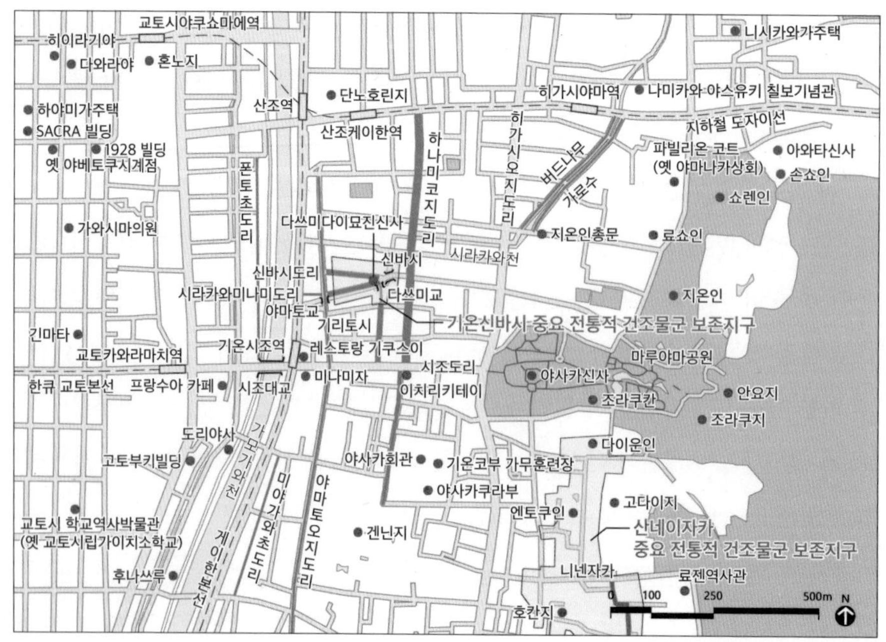

에 들어 더욱 발전했다. 메이지시대에 수도를 도쿄로 옮겨 교토는 점차 쇠퇴했는데, 1872년에 교토의 재생을 내걸고 시작한 교토박람회를 개최했다.

1874년에 상지령• 으로 공유 자산이 된 겐닌지建仁寺[37] 경내의 일부가 기온 지역에 편입되어 「기온마치미나미가와」가 됐다. 그리고 시조도리의 북쪽, 예전에 시가현滋賀縣 오쓰시大津市에 본거지를 둔 제제번膳所藩• 의 교토 저택이 있던 기온신바시지구의 동쪽이 「기온마치키타가와祇園町北側」가 됐다. 이곳은 「기온히가시」 자야•마을이 자리한 곳으로 결과적으로 기존의 기온신바시 부근에 더해 기온의 자야•마을 가로가 확대된 셈이다.

기온신바시지구와 기온마치미나미가와지구는 기온코부祇園甲部라고 불렀다. 기온마치미나미가와에는 기온코부 가무훈련장[38]과 제차장製茶場이 설치됐고 게이샤芸妓의 교육기관으로서 「야사카뇨코바학원八坂女紅場學園」[39]이 설립됐다.

앞에서 말한 교토박람회의 부대사업으로 3세 이노우에 야치요井上八千代[40] 등에 의해 「미야코 오도리都をどり」가 시작됐다. 이후 매년 4월에 개최되는 미야코 오도리는 교토의 명소 등을 화려한 춤과 음악으로 소개하는 게이샤들의 무용 공연이다. 자야 등에서 한정된 사람들만 즐겼던 기온의 예능이 교토의 봄을 수놓는 무대 예능으로서 널리 일반에 공개됐다는 점에 큰 의미가 있다. 미야코 오도리는 1884년 이후 옛 기온코부 가무훈련장에서 개최되었고 1913년 현재 위치에 대규모 목조 2층 건물로 새 훈련장이 준공된 이래로 제2차 세계대전과 그 뒤의 혼란기 6년간을 빼고는 매년 개최됐다. 2017~2022년 훈련장의 내진 개수공사로 다른 극장에서 상연했고 2020년에는 코로나19로 인해 중단된 적도 있지만 2023년 다시 기온코부 가무훈련

---

37 일본에 처음으로 선불교를 전한 에이사이榮西 선사가 1191년 연 불교 종파인 임제종臨濟宗의 여러 갈래 중 하나인 겐닌지파의 대본산 사찰. 1202년 창건.

38 게이샤(무용이나 전통 음악으로 연회장에 흥을 돋우고 손님을 대접하는 여성)들이 무대에서 무용 등 전통 예능 공연을 하는 극장. 무용과 악기의 연습장이기도 하다. 현재의 기온코부 가무훈련장은 1913년에 준공된 일본식 건축으로 등록유형문화재이다.

39 기온마치미나미가와 일대의 토지를 소유한 학교법인. 이곳이 경영하는 기예학교는 게이샤들이 춤, 샤미센三味線(일본 전통 음악에 사용하는, 세 개의 줄이 있는 현악기), 하우타端唄(일본무용의 반주 음악 혹은 손님과 흥겹게 놀 때의 배경 음악), 다도, 꽃꽂이, 서예 등의 전통 예능을 배우는 교육기관이다. 모체는 1872년에 창설됐다.

40 일본 무용의 유파인 이노우에井上류를 대대로 계승하는 무용가. 3세(1838~1938)는 101세에 죽기 직전까지 미야코 오도리 공연의 총감독을 맡았다. 현재는 5세가 활약하고 있다.

◀ 기온마치미나미가와의 대표적인 자야인 「이치리키테이」의 입구 부근
시조도리와 하나미코지의 접점에 위치한다. 주홍색 벽과 검은 목재가 대비를 이루어 눈길을 끈다.

▼「이치리키테이」(왼쪽)에서 남쪽으로 하나미코지를 본 모습

기온코부 가무훈련장 입구
「미야코 오도리」 전용 극장, 연습장. 등록유형문화재.

하나미코지의 가로
독특한 자야 양식의 건물이 이어진다. 3층 건물도 있지만 지역의 협정에 따라 3층 부분은 눈에 띄지 않게 뒤로 물러나 있다.

야사카회관
동판기와를 인 처마를 반복하고 맨 윗부분을 천수●풍으로 만들어 일본식 의장의 전통을 세련되게 살렸다. 등록유형문화재.
이 건물의 기온 코너에서는 무용 등 전통 예능을 감상할 수 있다.

장으로 돌아왔다.

기온마치미나미가와의 자야마을 가로는 개발이 진행됨에 따라 몇 갈래의 골목이 형성되고 그것에 면해 자야가 처마를 맞대고 줄지어 건설됐다. 1912년에 시조도리가 확장되어 시영 노면전차가 달리기 시작하면서 성인 남녀의 사교장인 자야가 노면전차 창문 너머로 보이면 선량한 풍속을 해친다는 이유로 기온마치의 남북 양쪽에서 자야가 시조도리에 면해 영업하는 것이 금지됐다. 이에 따라 기온에서 가장 유서 깊은 자야인 이치리키테이一力亭는 입구를 하나미코지花見小路 쪽으로 옮겼다. 한편 가무훈련장의 북쪽에 1936년 철골철근콘크리트조 5층 건물인 야사카회관弥栄會館이 준공됐다.

기온마치미나미가와에는 자야 건물이 많지만 전통적인 외관의 주택이나 상점 건물도 있다. 지역 주민과 사업자들은 1996년 이들 전통적 건조물의 보존·계승을 목표로 기온마치미나미가와지구협의회(약 300세대)를 설립하고 1999년에는 경관협정을 체결했다. 여기에는 건물·공작물의 기준뿐 아니라 옥외광고물이나 자동판매기 설치 등에 대한 규약도 있다. 2001년에는 특정비영리활동법인[•]「마을만들기협의회」가 설립됐다. 더불어 기온마치미나미가와지구에서는 교토시의 시가지경관정비조례에 의한「역사적 경관보전 수경[•]지구」지정과 경관보전 수경계획의 수립(건물의 위치·규모·높이·층수 등의 형태, 의장·색채·외관 양식·지붕 모양에 관한 기준 등), 역사적 건조물에 관련된 건축기준법의 완화조치[41]에 의해 좁은 가로에만 면하는 부지에서도 건축행위가 가능하도록 했다. 그리고 그리고 2002년에 지구계획[42]을 제정해 용도 제한, 높이 제한, 벽면 위치 제한, 부지면적의 최저한도, 좁은 가로의 도로 사선제한의 완화 등을 정해 기온 특유의 매력적이고 개성 있는 시가지 환경을 유지하려는 노력을 하고 있다. 이와 같이 시 조례나 도시계획 같은 여러 켜의 수법과 주민 자신의 자주적인 협정 등을 통해 이 지역의 역사적 풍취를 보전하고 생활환경을 정비하고 있다.

---

41 건축행위를 할 경우 통상 폭 4m 이상의 도로에 접해야 한다. 그러나「교토시 역사적 세가로細街路에만 접한 건축물의 제한에 관한 조례」(2014년 제정)에 따라 도로 폭을 2.7m까지 완화하고 가각전제街角剪除도 완화할 수 있다.

42 도시계획법의 규정에 따라, 주민의 합의에 근거해 각각의 지구의 특성에 어울리는 마을 만들기를 유도하기 위한 도시계획의 하나.

4-11

교토시 산네이자카

_교토부

중요 전통적 건조물군 보존지구
8.2ha, 1976년 선정(1986년 확대)

산네이자카産寧坂지구가 위치하는 히가시야마東山 산기슭은 794년에 헤이안쿄• 가 들어서기 이전부터 호칸지法觀寺와 기요미즈데라淸水寺, 기온샤祇園社(현재의 야사카신사•) 등 여러 사찰들이 모여 있어 일찍이 신령스러운 지역이었다. 기요미즈데라는 778년 창건된 유서 깊은 사찰로 오토와산音羽山 중턱 약 13ha에 이르는 커다란 부지에 서른 개 이상의 건조물이 늘어선 대가람이다. 특히 1633년 재건된 본당에서

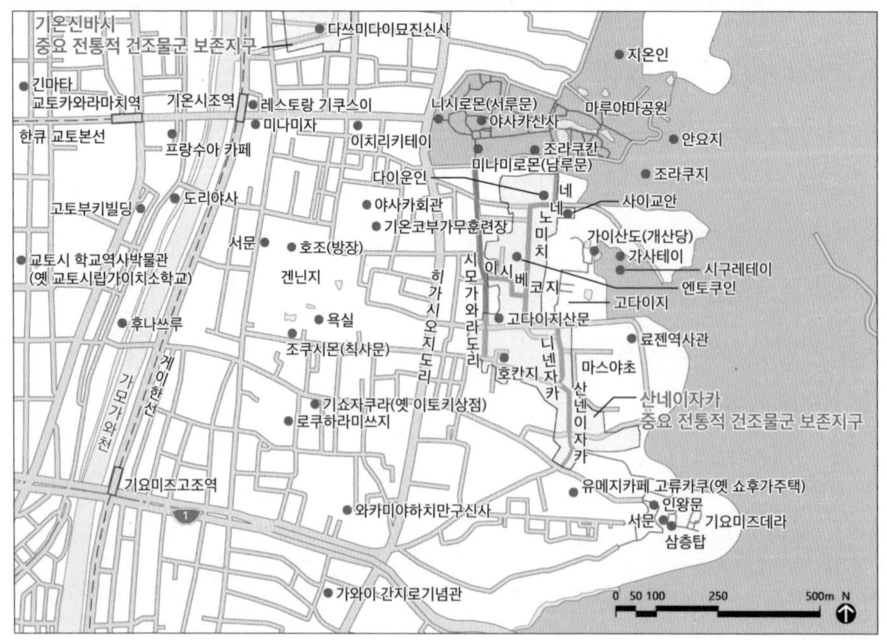

▲ 산네이자카
기요미즈데라의 고야스子安관음에 출산의 안녕을 비는 사람들이 올랐던 언덕이라 해서 이 이름이 붙었다고 한다.

▶ 산네이자카 가로입면도(일부)

▼ 기요미즈데라
인왕문仁王門(왼쪽). 16세기 초 건립. 서문(오른쪽). 1631년 건립. 뒤편에 지붕과 상륜부가 보이는 삼층탑은 847년 건립, 1632년 재건. 모두 중요문화재.

4층 건물 높이인 13m 벼랑 위로 돌출시켜 만든 커다란 '무대'는 유명해 큰마음 먹고 뭔가 실천할 때의 마음 자세를 나타내는 '기요미즈의 무대에서 뛰어내릴 각오'라는 관용구가 생겼다. 이 무대를 지탱하는 것은 못을 사용하지 않고 정교하게 짠 18개의 기둥이며 무대의 면적은 약 200m²다. 본존인 십일면천수관세음보살은 33년에 한 번만 공개되는 비불秘佛로 오래전부터 많은 사람들이 참배하러 찾아온다.

도성 안에서 뻗어 나온 동서의 길과 기온샤에서 기요미즈데라로 이어지는 남북의 길 등 몇몇 참배로가 개설돼 중세에 상공인과 승려 등이 사는 마을이 길가에 형성됐다. 교토 전체가 쑥대밭이 될 정도로 피해가 컸던 오닌応仁의 난(1467~1477)으로 이 지구도 커다란 타격을 입었는데 그 뒤 신사·사찰이 눈부시게 부흥됐다. 특히 16세기 말~17세기 초 이후 신사·사찰의 정비사업이 진행돼 히가시야마 일대는 신앙의 중심지로 발전했다.

기온샤 남쪽의 시모가와라도리下河原通 주변에는 1460년에 이미 노송나무껍질로 지붕을 이는 장인이나 목수의 집, 찻집, 술집 등 기온샤와 관련된 상공인의 마치야● 가 늘어서 있었다. 17세기에는 시모가와라도리를 따라 문전마을門前町이 형성됐다. 1606년 시모가와라도리 동쪽으로 고다이지高台寺[43]가 이전했고 엔토쿠인圓德院과 슌코인春光院 등 고다이지의 탑두●들도 지어졌다. 또한 기온샤에서 기요미즈데라에 이르는 길가의 사찰·신사 터는 사찰·신사 스스로 또는 지면지배인地面支配人이라고 하는 사람들에 의해 택지로 개발됐다. 예를 들어 니넨자카二年坂 아래에는 지면지배인인 마스야 기헤에舛屋喜兵衛가 18세기 중반에 원래 밭이었던 땅을 개발해 집들을 짓고 마스야초舛屋町를 설치했다. 동시에 마스야 기헤에는 산네이자카를 따라서 찻잔을 굽는 가마를 설치해 기요미즈야키清水焼 도자기를 다시 일으켰고 이를 계기로 부근에 가마가 모이고 상공인마을이 형성됐다. 이같이 18세기 이후 히가시야마 일대는 신사·사찰의 참배로를 따라서 다양한 마을과 가로들이 조성됐다.

메이지유신● 직후의 혼란과 새 정부 방침에 따른 사찰과 신사의 영지 몰수로 히

---

43 1598년 도요토미 히데요시●가 사망한 뒤 그의 명복을 빌기 위해 정실인 고다이인高台院이 1606년 자신의 어머니 묘소를 이 자리에 옮기면서 건립한 사찰. 도요토미 히데요시와 고다이인의 영혼을 모신 오타마야靈屋, 이층짜리 다실 시구레테이時雨亭 등 7개 건조물이 국가 중요문화재로 지정됐다.

이시베코지
돌담과 산울타리로 앞을 둘러싼 스키야풍 주택이 줄지어 있다.

산네이자카 아래의 무시코창이 있는 점포
옛날 정취가 풍기는 도자기를 판다.

가시야마의 사찰·신사와 마을들은 크게 동요했다. 찻잎 가공, 판매 등으로 재산을 모은 기업가가 1909년 이후 엔토쿠인의 옛 경내를 사들여 택지를 조성하고 임대주택을 건설했다. 현재 돌담골목이라는 뜻의 이시베코지石塀小路라고 부르는 지역이다. 이들 임대주택은 마치야에 스키야• 양식이라 부르는 다실의 의장을 도입한, 당시로서는 수준 높은 건축이었다. 돌로 포장한 소로, 부지를 두른 돌담, 석벽, 앞뜰 등 이시베코지의 경관을 특징짓는 요소도 개발 초기부터 도입됐다. 이 밖에 산네이자카지구와 그 주변에서는 19세기 후반부터 20세기 전반에 걸쳐 비슷한 대규모 택지개발이 있었고 임대주택 사업이 진행됐다.

산네이자카지구에는 이러한 다양한 역사를 반영해 지역마다 여러 가지 건축양식의 전통적 건조물이 분포한다. 먼저 산네이자카를 북쪽으로 내려가 니넨자카에 이르는 길가에는 일층 부분을 기요미즈야키 도자기나 골동품 등을 파는 점포로 사용하는, 19세기 중반쯤 지은 무시코창•을 설치한 마치야와 메이지시대 이후의 이층 마치야들이 줄지어 늘어섰다. 그리고 그 사이사이에는 대문과 판자담을 설치한 일

니넨자카 아래, 고다이지 쪽을 바라본 모습
20세기 전반에 건설된 스키야풍을 가미한 이층 마치야가 줄지어 있어 많은 관광객들이 분위기를 즐긴다. 마치야의 특성을 살린 현대적인 카페도 있다.

四季
1,050

본 전통 주택들이 있다. 니넨자카를 따라 북쪽으로 가서 료젠고코쿠靈山護國신사 참배로에 이르는 길가에는 주로 20세기 들어서 임대주택으로 지어진 스키야풍 이층 마치야들이 보인다. 산넨자카와 니넨자카의 분기점에서 서쪽으로, 호칸지 오층탑을 거쳐 시모가와라도리로 해서 16세기 말에 건축된 야쿠이문•인 고다이지 산문(국가 중요문화재)에 이르는 길가에는 무시코창을 설치한 마치야, 이층 마치야, 일본 전통 주택과 신사·사찰 건물들이 있다. 고다이지 산문에서 북쪽으로 마루야마円山공원에 이르는 네네노미치(네네의 길, 고다이지를 창건한 고다이인의 속명인 '네네'에서 따옴)지구는 고다이지 탑두군과 그것의 토담이 나무들과 어우러져 늘어섰고 스키야풍 찻집과 대문과 담을 갖춘 일본 전통 주택이 뒤섞여 있다. 이 고다이지 탑두군의 서쪽 이시베코지에는 임대주택으로서 메이지시대 이후에 지은 통일된 외관의 스키야풍 마치야들이 줄지어 있다.

호칸지 오층탑
야사카八坂의 탑이라고도 불린다.
1440년에 재건. 높이 38.8m,
국가 지정 중요문화재.

산네이자카지구에는 신사·사찰들을 돌며 다양한 즐거움을 선사하는 산책로를 따라 문전마을을 중심으로 주택들이 늘어섰다. 그리고 이시베코지에는 근대 도시개발의 역사를 말해주는 주택들이 남아 있어 녹음이 풍부한 히가시야마와 함께 교토의 전형적인 역사적 풍치를 이루고 있다.

4-12

교토시 도시샤대학·도시샤여자대학

_교토부

도시샤同志社대학은 1875년에 니지마 조新島襄[44]가 창설한 도시샤영어학교同志社英學校에서 시작됐다. 다음 해인 1876년에는 교토교엔•의 북쪽, 쇼코쿠지相國寺[45] 정문 앞의 옛 사쓰마번薩摩藩•(지금의 가고시마현鹿兒島縣) 저택터[46]인 현재 장소로 이전했다. 그 뒤 부지를 확장해 현재에 이르렀다. 그리고 도시샤여자대학은 니지마 조의 부인 니지마 야에新島八重와 앨리스 제네트 스타크웨더Alice Jennette Starkweather가

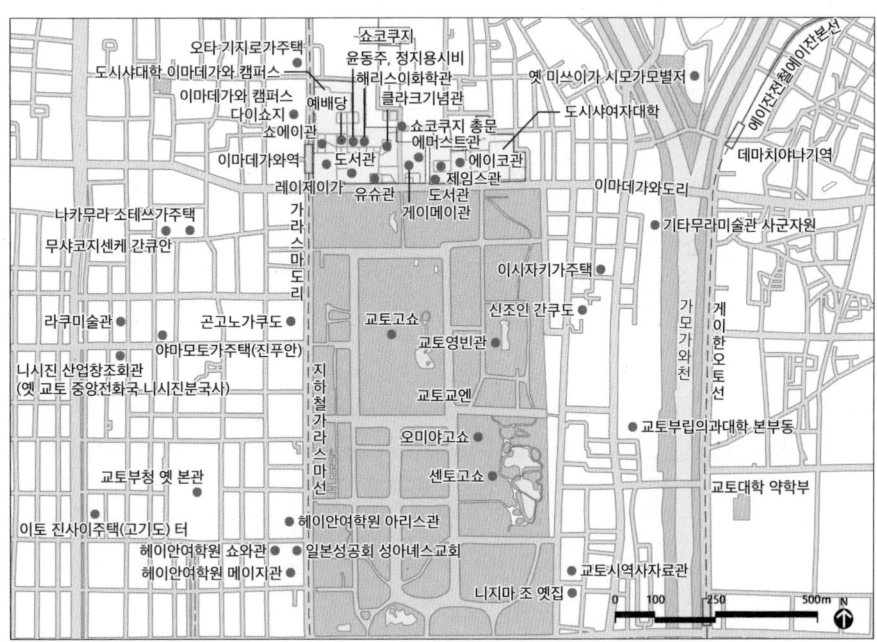

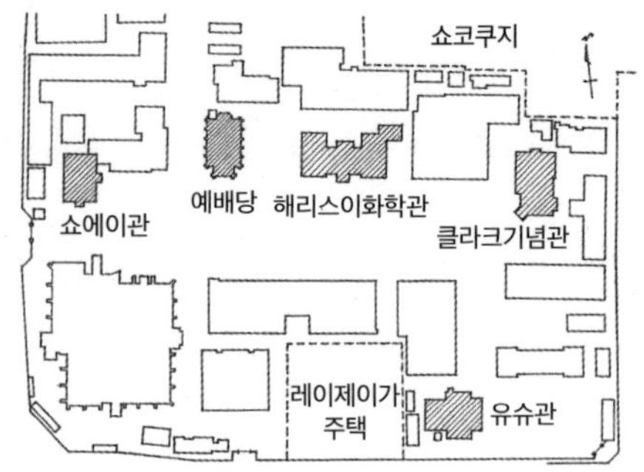

가라스마도리와 이마데가와도리가 만나는 지점에 있는 도시샤대학 이마데가와 캠퍼스
빗금친 건물은 중요문화재 건조물. 이마데가와도리에 면한 곳에 귀족층 주택인 레이제이가冷泉家주택이 캠퍼스 건물들로 둘러싸여 있다.

1876년에 교토교엔 안의 주택에서 시작한 여자 사설학교에서 발전했다. 그 뒤 두 학교는 여러 가지 역사를 겪으며 큰 대학으로 발전해 여러 곳에 캠퍼스가 있다. 교토교엔 북쪽의 이마데가와도리今出川通를 따라 가라스마도리烏丸通 쪽에 도시샤대학, 그 동쪽에 도시샤여자대학, 이렇게 나란히 있는 두 대학의 이마데가와 캠퍼스에는 벽돌조의 근대건축물이 많이 남아 있다. 그 뒤에 지은 학교 건물들도 벽돌 건축과 어울리는 디자인과 색상으로 통일성 있게 만들어서 그 일대는 살아 있는 건축 박물관이라고 할만하다.

도시샤대학에는 1884년 준공된 쇼에이관彰榮館을 비롯해 예배당, 유슈관有終館, 해리스 이화학관Harris Science Hall, 클라크 기념관Byron Stone Clarke Memorial Hall 등 총 5채의 중요문화재, 애머스트관Amherst House · 게이메이관啓明館 등 두 채의 등록유형문화재가 있다.

쇼에이관은 교토 시내 벽돌조 건축 중 가장 오래된 건물로 미국인 그린Daniel Crosby Green이 설계한 아메리칸 고딕 양식의 이층 건물이다. 정면 가운데에 3층 시계탑이 있다. 내부 칸막이벽이나 지붕틀에는 전통적인 목수의 기술이 사용됐다. 1981년 쇼에이관을 수리할 때 철골과 강판으로 벽돌벽을 보강했는데 이는 철골 등으로

---

44 1843~1890. 1864년, 당시 조선, 네덜란드 등 일부 국가만 빼고 외국과의 왕래를 금지했던 에도막부●의 쇄국●정책을 어기고 몰래 출국해 미국의 대학에서 신학을 공부했다. 1875년에 선교사가 되어 귀국했고 그 해 도시샤영어학교를 열었다.

45 일본에 처음으로 선불교를 전한 에이사이榮西 선사가 1191년에 연 불교 종파인 임제종臨濟宗의 여러 갈래 중 하나인 쇼코쿠지파相國寺派의 대본산 사찰. 1382년 창건. 유명한 킨카쿠지金閣寺와 긴카쿠지銀閣寺는 이 쇼코쿠지의 탑두● 가운데 하나다.

46 사쓰마번이 금융경제 활동과 귀족층과의 관계 강화 등을 목적으로 막부●가 있는 에도에 버금가는 대도시이자 조정의 권위가 남아 있는 교토에 설치한 저택 중 하나.

도시샤대학 쇼에이관

벽돌조 건축을 보강한 초기 사례다.

1886년에 지어진 예배당(채플)은 쇼에이관과 마찬가지로 그린이 설계한 아메리칸 고딕 양식의 건물로, 일본 개신교계에서 벽돌조로 지은 가장 오래된 예배당이다. 시공은 일본인 미야다이쿠•가 했다. 이 건물의 벽돌벽도 철골로 보강됐다.

유슈관은 쇼에이관, 예배당과 마찬가지로 미국인 그린이 설계한 도서관으로 1887년에 준공됐다. 벽돌조 2층 건물로, 고딕을 기조로 곳곳에 클링커 벽돌로 액센트를 주어 디자인이 뛰어나다. 유슈관은 1928년에 화재가 나서 다케다 고이치•의 제안에 따라 내부를 철근콘크리트로 보강하고 벽돌벽의 외관을 수리, 보존했다. 일찍이 벽돌조 건축을 철근콘크리트로 보강한 사례다.

해리스 이화학관은 미국인 실업가의 기부를 받아 한셀Alexander Nelson Hansell이 설계한 벽돌조 2층 건물로 1890년 준공됐다. 좌우대칭의 안정된 외관을 가지고 있으며, 벽돌벽 안에 흰 돌을 의장 요소로 사용했다. 이 건물도 1976년에 벽돌조 외벽의 안쪽을 철근콘크리트로 내진 보강했는데 내부는 계단 부분만 지난날의 모습을

도시샤대학 예배당

도시샤대학 유슈관

도시샤여자대학 제임스관
사진 오른쪽의 녹지에는 반지하 도서관이 건축됐다.

도시샤대학 해리스 이화학관

▶ 도시샤여자대학 에이코관

▼ 도시샤대학 클라크 기념관

간직하고 있다.

클라크기념관은 미국인 클라크 부인의 기부를 받아 독일인 질Richard Seel이 설계해 1893년에 신학교의 건물로 지어졌다. 벽돌조 일식기와지붕의 이층 건물, 중후한 독일풍 신고딕양식[47] 건물이다. 남서쪽 모서리에 인상적인 옥탑을 세워 도시샤대학의 상징이 됐다. 맞배지붕의 측벽을 외관 의장의 기본으로 한 점은 다른 예배당과 같지만 의장은 이 건물이 가장 우수하다고 할 수 있다. 클라크기념관은 2003년부터 5년에 걸쳐 반半 해체 수리공사와 철골을 사용한 벽돌벽 구조 보강을 했다.

또한 쇼코쿠지 참배로를 사이에 둔 동쪽 부지에는 모두 보리즈•가 설계해 1915년 건축된 게이메이관, 1932년 건축된 애머스트관 등 두 채의 등록유형문화재 건물이 있다.

도시샤대학 이마데가와 캠퍼스의 동쪽에 인접한 도시샤여자대학 이마데가와 캠퍼스에는 다케다 고이치가 설계해 1914년에 지어진 벽돌조의 제임스관James Hall과 역시 다케다 고이치의 설계로 1932년 준공된 철근콘크리트조 벽돌타일 마감의 이층(부분 3층) 건물인 에이코관榮光館이 있다. 모두 등록유형문화재다.

이 밖에 도시샤의 발상지인 마루타마치도리丸太町通 데라마치아가루寺町上ル에는 니지마 조가 1878년에 지은 개인 저택이 있다. 외관은 콜로니얼양식•인데 내부는 일본식으로 디자인한 목조 2층 건물이다. 교토시 지정 문화재로서 보존·활용되고 있다.

이와 같이 도시샤대학과 도시샤여자대학에는 벽돌조로 지어진 역사적 건조물이 많아서 캠퍼스 경관이 중후하고 화려하다. 또한 이마데가와도리에 면한 곳에 도시샤대학 이마데가와 캠퍼스에 둘러싸여 있는, 1790년 건축된 귀족층의 주택 레이제이가주택(중요문화재)이 있다. 레이제이가는 후지와라노 사다이에•의 후예 집안으로 와카•의 멋과 전통을 오늘날까지 전하고 있다. 교토교엔 안에 있던 귀족층의 저택들은 철거됐으나 교토교엔 밖에 위치해 철거대상이 되지 않은 레이제이가주택은 귀족층의 주택으로서 유일하게 남은 문화유산이다.

---

47 18~19세기 전반에 걸쳐 일어난 고딕 부흥 양식.

도시샤대학의 정지용, 윤동주 시비

하기와라 메구미

도시샤대학 예배당과 해리스 이화학관 사이 길가에 자그마한 광장이 있는데 이곳에 비석 두 기가 나란히 서 있다. 둘 다 한국 시인을 기리는 시비인데, 오른쪽이 정지용, 왼쪽이 윤동주를 기념한 것이다.

정지용은 1923년 도시샤대 영문과에 입학해 1929년 졸업했다. 도시샤대 재학 중에는 교토 조선유학생학우회 잡지인 『학조學潮』에 시 「카페 프란스」, 「압천鴨川」 등을, 『도시샤문학』에 시 「말馬」을 발표하는 등 활약했다. 시비는 한국의 정지용 기념사업회의 제안으로 정지용의 출생지인 충북 옥천군이 제작해 2005년에 세워졌다. 비석에는 정지용의 연보와 「압천」이 한글과 일본어로 새겨져 있다. 「압천」은 교토 시내를 흐르는 가모가와천鴨川의 강물을 바라보며 고향에 대한 향수를 노래한 작품이다.

연희전문학교를 졸업한 윤동주는 1942년 일본으로 건너가 도쿄의 릿쿄立教대학에 입학했다. 그리고 6개월 뒤 도시샤대학 영문과로 전학해 1943년 치안유지법 위반 혐의로 체포될 때까지 이 학교에서 공부했다. 그런 인연으로 윤동주의 50주기인 1995년에 도시샤대 캠퍼스 안에 시비가 건립됐다.

시비 건립에 힘쓴 서정민 메이지가쿠인明治學院대학 교양교육센터 교수에 의하면 그 시비가 건립되기까지 도시샤대 교직원, 도시샤대 내외 한국인 유학생과 연구자 등 많은 관계자들과 시민들의 협조와 노력이 있었다고 한다. 연세대와 윤동주의 유족들과 연락하며 계획을 진행했는데, 특히 연세대에 있는 윤동주 시비를 설계한 고 윤일주 교수의 또 하나의 설계도를 이용할 수 있었다는 점이 큰 성과의 하나였다.(설계보다는 많이 축소된 크기로 세워졌다.) 윤일주 교수는 윤동주의 친동생으로 성

균관대 등에서 건축학 교수를 역임하고 1985년 타계했다.

시비에는 윤동주가 도시샤대학에 입학하고 체포되어 옥사할 때까지의 과정, 시비를 세운 의의와 함께 두 개의「서시」, 즉 윤동주 자필을 확대한 한글과 이부키 고伊吹郷가 번역한 일본어판이 새겨져 있다.

교토에는 윤동주를 기리는 비석이 이 밖에도 두 기가 더 있다. 하나는 도시샤대학에서 동북쪽으로 약 3km 떨어진 교토예술대학 다카하라교사高原教舎 앞에 있는 '윤동주 유혼지비留魂之碑'로, 이 자리는 유학생활 당시 윤동주가 기거하던 하숙집이 있던 곳이다. 2006년에 세워진 이 비석 역시「서시」가 한글과 일본어로 새겨져 있다.

또 하나는 '시인 윤동주 기억과 화해의 비'로 교토시 동남쪽에 위치한 우지시宇治市 우지카나이도宇治金井戸의 우지천宇治川 핫코교白虹橋 기슭에 있다. 이곳은 1943년 초여름 귀국을 결심한 윤동주를 위해 학우들이 우지천변에서 야외 송별회를 하며 함께 사진을 찍은 아마가세 현수교의 상류 쪽에 있다. 그러나 윤동주는 얼마 안 있어 체포되어서 귀국은 할 수 없었다. 윤동주 탄생 100주년인 2017년에 세워진 이 시비에는「새로운 길」이라는 시가 새겨졌다.

참고

「尹東柱と鄭芝溶－二つの詩碑は国際主義の証－」(宇治郷 毅,『同志社時報』第123号, 2007. 4.)
https://www.doshisha.ac.jp/attach/page/OFFICIAL-PAGE-JA-290/1045/file/123_072.pdf
「同志社大学の尹東柱詩碑建立過程の余談」(徐正敏,『同志社時報』第134号, 2012. 10.)
https://www.doshisha.ac.jp/attach/page/OFFICIAL-PAGE-JA-1773/139426/file/134tokubetukiko.pdf
「平和な世界を祈念して — 詩人・尹東柱追悼献花式」(『瓜生通信』, 2021. 3. 3.)
https://uryu-tsushin.kyoto-art.ac.jp/detail/792
「日 교토 우지강변서 '시인 윤동주 기억과 화해의 비' 제막식」(동아일보 2017. 10. 30일자)
https://www.donga.com/jp/article/all/20171030/1110483/1?m=kor

4-13

교토시 요시다카구라오카

_교토부

옛 제3고등학교(현 교토대학 종합인간학부)의 기숙사가에서 "붉게 타오르는 언덕의 꽃… 달이야 걸리네 요시다산吉田山"이라고 노래한 요시다산은 교토시 사쿄구左京區의 교토대 동쪽에 위치하는 높이 100m 정도의 언덕이다. 옛날부터 교토의 수호신사인 요시다신사[48]를 비롯해 많은 신사의 본사와 말사가 이 언덕 전체에 펼쳐져 있었다.

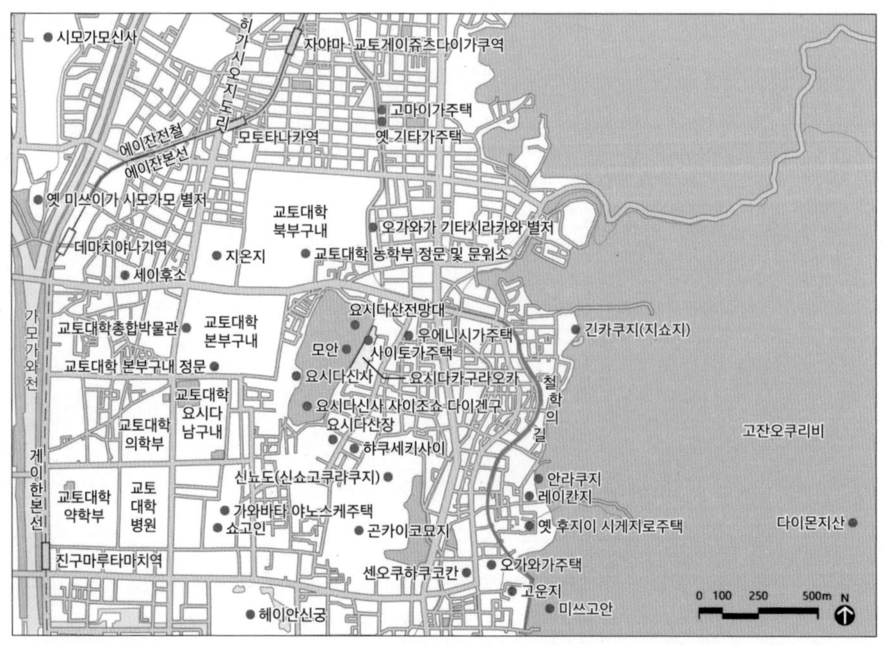

동향으로 조성된 계단식 주택지
통로를 옹벽 쪽에 설치하고 건물과 정원을 세심하게 배치해 히가시야마지구를 조망할 수 있다.

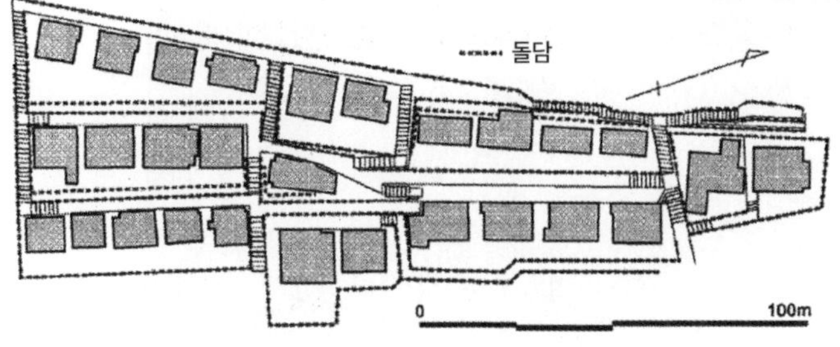

요시다카구라오카의 동판지붕 주택군 배치도
출처: 데무라 요시후미出村嘉史 등, 「근대 요시다산 구릉지 개발에서 경관 디자인에 관한 연구」, 『토목계획학 연구논문집 2003년 9월호』, 413쪽

1923년경부터 1930년경까지 요시다산 북동쪽의 중턱에서 기슭까지 경사면을 3m 이상 단차가 있는 두 단과 세 단으로 나누어 모두 8블록으로 조성하고 돌담을 쌓아 정연하게 부지를 구획했다. 그리고 주로 동판지붕을 인 목조 2층 주택들을 비교적 여유롭게 지었다. 총 29호를 건립했다고 한다. 모두 다이몬지산大文字山의 경관을 동쪽 창문으로 바라볼 수 있게 세심하게 고안됐다. 정식 이름은 뇨이가타케如意ヶ嶽인 다이몬지산은 교토 히가시야마東山지구에 있는 산지의 일부를 구성하는 표고 472m의 산으로 교토의 전통 행사인 「고잔오쿠리비五山送り火」의 중심이기도 하다. 매년 8월 16일 밤에 치르는 고잔오쿠리비는 교토를 둘러싼 다섯 개 산 각각의 꼭대기 부근에 설치한 두 군데의 대大자, 묘妙·법法자, 배 모양, 도리이 모양에 차례로 점화해 우란분회盂蘭盆会에 영접한 죽은 이의 혼을 다시 저승에 보내드리는 불교행사다.

이 요시다카구라오카吉田神楽岡의 일본식 주택군은 오사카에서 운송업으로 성공한 다니가와 시게지로谷川茂次郎가 임대주택으로 개발했는데, 교토제국대학이나 제

---

48 859년에 요시다산 꼭대기에 창건됐다고 전한다. 다이겐구大元宮는 1467년에 건립됐는데 팔각형 새지붕을 인 독특한 모습이다. 요시다 신도神道의 근원전당根元殿堂이다. 중요문화재.

▲ 동판지붕 주택들
녹음이 짙은 환경에 단정하고 경쾌한 모습으로 늘어섰다.

▶ 옛 다회실과 마치아이(모안)
다니가와 시게지로가 동판지붕 주택군의 위편에 너른 정원을 조성하고 1912년에 지었다. 목조 2층으로 우진각 동판 지붕. 전체적으로 통나무로 구성되어 풍류가 느껴진다. 현재 카페 등으로 활용된다. 등록유형문화재.

3고등학교의 교관이 임차하는 경우가 많았다고 한다. 깊은 처마의 경쾌하게 보이는 동판지붕과 좁은 판석 길, 돌계단이 단정한 분위기를 유지하고 있다. 그 가운데 한 채인 사이토가齊藤家주택은 1924년경 건설된 동판지붕의 목조 2층 건물(건축면적 90m²)로 등록유형문화재다. 또한 다도에 조예가 깊은 다니가와 시게지로(호는 모안茂庵)는 이 주택군의 서쪽 위, 요시다산 정상에 걸친 광대한 부지에 몇몇 다회실茶席과 마치아이待合[49]를 설치한 정원을 운영했다. 그것들은 지금도 나무들이 무성한 조용한 환경 속에 남아 있어 카페 등으로 활용된다.

---

49 다회에서 손님들이 만나거나 옷을 갈아입는 등 다회에 임할 준비를 하는 작은 건물로 다정茶庭에 있다.

4-14

교토시 난젠지 일대

_교토부

교토시의 히가시야마東山 기슭에 위치하는 난젠지南禪寺[50]는 넓은 부지를 소유하고 있었지만, 메이지시대(1868~1912)에 들어 새 정부의 봉건영주, 사찰·신사의 소유지 몰수 방침에 따라 오늘날 사용하는 경내 이외의 모든 소유지를 상실했다. 현재 가람이 있는 부지의 남서에서 북서쪽으로 펼쳐져 있던 옛 탑두* 거리는 논밭이 되기도 하고 민간에 불하되기도 했다. 한편 1890년 준공된 비와코* 도수로[51]는 당초에는

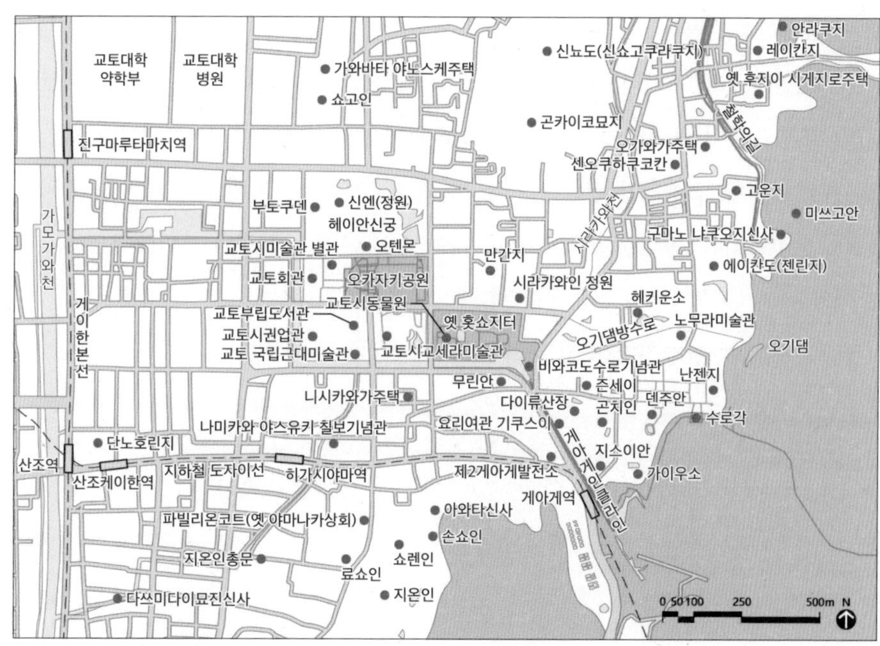

난젠지 탑두군 부근에서 교토 북부까지 이어져서 그곳에 설치한 수차의 동력을 이용해 가동시키는 공장군을 건설할 계획이었다. 그러나 1891년 게아게蹴上수력발전소가 설치됨에 따라서 도수로 변에 수차군을 둘 필요가 없어졌다.

한편 교토부와 교토시 모두 일찍부터 히가시야마 일대의 풍경을 보존하는 정책을 펴고 있어서 게아게발전소 준공을 계기로 산수가 아름다운 난젠지 부근을 별장지로 하려는 움직임이 정·재계에 일어났다. 그리고 그 무렵부터 1930년경까지 이 지역에 점차 일본식 별장이 건설됐다. 메이지시대 군인이자 정치인으로 육군대장, 내각총리대신, 추밀원 의장 등의 요직을 역임한 야마가타 아리토모山縣有朋(1838~1922)는 옛 난젠지 소유지의 서쪽 끝 부근에 1892년 무린안無鄰庵을 건설했고 1896년에는 정원의 정비를 끝냈다. 이렇게 난젠지 부근에 별장군이 조성되기 시작했다.

무린안의 정원은 정원 조성에 안목이 있었다고 알려진 야마가타가 정원사 7대 오가와 지헤에小川治兵衛와 함께 비와코 도수로의 물을 끌어들이고 히가시야마를 차경借景으로 삼아 조성했다. 차경은 정원 밖 산과 수목 등의 풍경을 정원의 한 요소로 도입하는 조경기법으로, 정원 안팎의 경치가 일체화되어 넓이가 확장된 느낌을 준다. 무린안의 정원은 현재 교토시의 소유이지만 근래 시가 위탁한 민간단체가 유지·관리해 정원과 건물의 감상뿐 아니라 정원문화와 전통문화의 학습과 체험의 장으로 활발하게 활용되고 있다.

무린안의 정원이 정비된 해에 난젠지의 탑두인 곤치인金地院 서쪽에 관료, 실업가 등의 별장들이 건축되었고 그 뒤 기모노 판매상 등 당시의 부유층 인사들에게 매도됐다. 뛰어난 도편수가 건물을 개조·증축하고 오가와 지헤에가 정원을 조성해 1906년에 다이류對龍산장이 완성됐다. 이어서 이 근처에 현재의 가이우소何有荘, 지스이안智水庵 등의 별장이 건축됐다.

같은 시기에 난젠지 정문의 북쪽 도수로 지선에서 서쪽으로 흘러나가는 오기扇

50 13세기 말에 개창된 임제종臨濟宗의 대본산. 국보인 대방장大方丈과 소방장小方丈 외에 중요문화재인 삼문三門, 칙사문勅使門, 탑두 등 많은 역사적 건조물과 정원이 있다.

51 비와코의 물을 교토시로 끌어들이기 위해 건설된 수로. 1890년에 총연장 19.3km의 제1 도수로, 1912년에 총연장 7.4km의 제2 도수로가 완성됐다. 식수, 수운, 수력발전 등 다목적으로 이용되어 교토의 근대화에 크게 공헌했다.(4-15 참조)

▲ 난젠지 별장 가로의 녹음이 우거진 경관
양쪽에 광대한 별장이 늘어섰다.

◀ 무린안
야마가타 아리토모의 별장. 스키야구조●의 본채와 다실, 벽돌조의 이층 서양 건물이 있다. 정원은 오가와 지헤에가 조성한 것으로 명승으로 지정됐다.

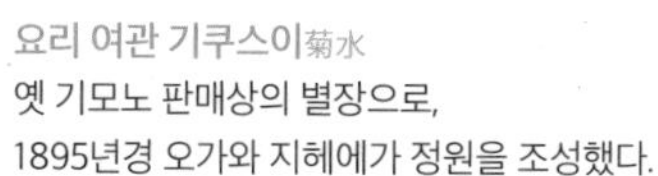

요리 여관 기쿠스이菊水
옛 기모노 판매상의 별장으로,
1895년경 오가와 지헤에가 정원을 조성했다.

댐 방수로 변 일대에 수차 동력 이용권을 확보했던 한 실업가가 수력발전의 출현으로 무산된 수차 사업 대신 토지매매와 새로운 별장지 개발을 시작했다. 이때 그는 이미 확보한 수리권을 활용해 별장 정원에 물을 공급했다. 그는 자신도 한쪽에 거처를 만들면서 오가와 지헤에가 조경한 정원이 딸린 고급 별장 조성을 계속했다. 이렇게 이 일대의 시라카와천白川(4-9 참조) 변을 중심으로 정원이 차례로 조성되고 도수로로 연결된 별장군이 조성됐다. 1913년경에 완성된 세이류테이清流亭, 1917년부터 1928년까지 건축된 노무라野村 별장인 헤키운소碧雲荘 등이 대표적인 사례다.

헤키운소는 노무라 재벌의 창시자가 난젠지의 탑두터에 건립한 별장으로 부지는 17,300m²에 이른다. 여기에 오가와 지헤에가 히가시야마를 차경으로 삼아 웅대한 정원 부지를 마련하고 비와코 도수로의 물을 끌어들여 큰 연못을 만들었다. 그리고 주위에 많은 스키야• 건축을 지어서 근대 일본식 주택 건축의 절정이라고 할 만한 세련된 공간을 구성했다. 다이쇼인大書院[52], 노 무대能舞台[53] 등 17채가 중요문화재로 지정됐다.

히가시야마의 풍치를 충분히 이해하고 비와코 도수로의 물을 교묘하게 끌어들인 난젠지 일대의 별장군은 건축주와 스키야 건축 목수, 정원사가 공유하는 감성이 담긴 보기 드문 일본식 주택군이다.

---

52 일본에서 「쇼인書院」은 일본식 방의 한쪽에 책상과 채광용으로 창살에 종이를 바른 창문을 설치한 것을 말한다. 뒤에 이것이 일본식 방의 중심적인 장식으로 자리잡아 이마居間(거실)나 갸쿠마客間(응접실)로 발전했다. 이러한 격식 있는 쇼인을 갖춘 건축양식을 「쇼인조書院造」라고 하는데 에도시대(1603~) 초기에 대체로 완성됐다.

53 노와 교겐狂言(노의 막간에 상연하는 희극)의 전용 무대. 세 면이 개방되고 바닥에 노송나무판을 깐 사방 약 6m 크기의 무대. 대규모 사원이나 신사, 저택은 노 무대를 갖추는 경우가 있다.

세이류테이 입구

노송나무껍질과 삼나무껍질을 인 맞배지붕과 팔작지붕의 목조 단층집. 노무라 별장 헤키운소의 서쪽에 있다. 중요문화재.

노무라 별장 헤키운소 서문 부근

히가시야마를 차경으로 삼아 대규모 정원을 구성했다.

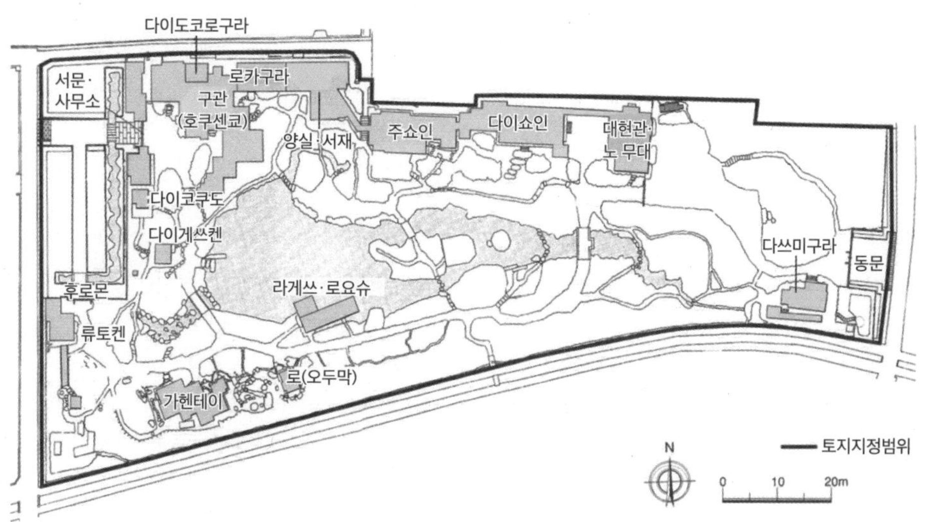

노무라 별장 헤키운소 배치도

동서 220m, 남북 100m의 매우 너른 별장. 못을 중심으로 많은 스키야 건축이 자리한다.

출처: 『월간문화재月刊文化財』 제1법규第一法規, 2006년 12월호

4-15

교토시 비와코 도수로와 오카자키공원

_교토부

19세기 후반의 전란과 메이지유신*의 격동 속에서 교토는 혼란을 겪으며 피폐해지고 수도가 도쿄로 이전된 결과 오랫동안 누려온 도읍으로서의 영화를 상실하게 됐다. 그러나 교토에 남은 시민과 행정 지도자들은 점차 교토의 재생을 위한 대책을 마련해 이른바 「교토책京都策」과 이에 따른 여러 가지 마을 만들기 시책을 폈다.

1881년 교토부 지사에 취임한 기타가키 구니미치北垣国道는 17세기 초부터 교토

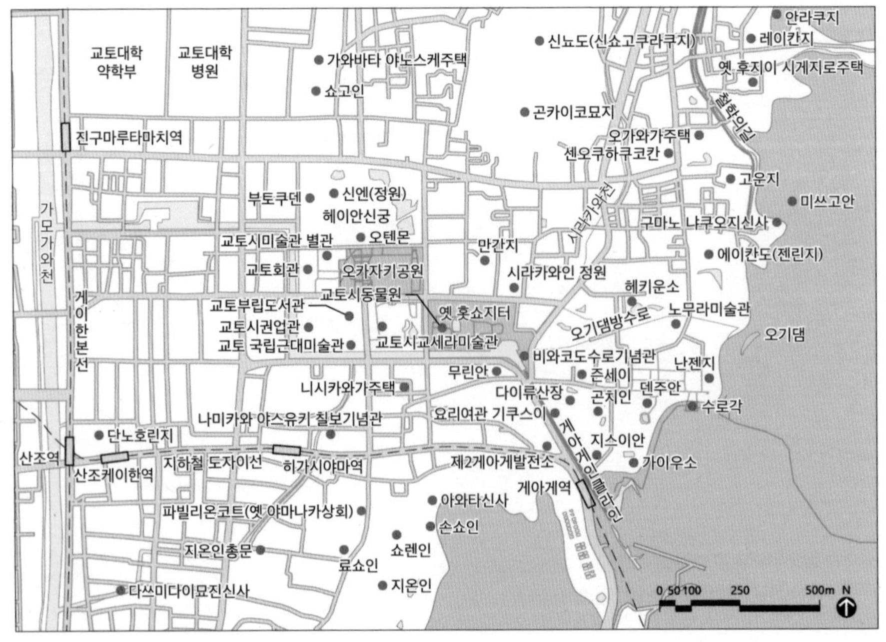

▲ 인클라인의 배 전용 리프트
배에 화물과 승객을 실은 상태로 인클라인을 오르내렸다.

◀ 복원된 게아게 인클라인
인클라인은 경사면에 레일을 깔고 배나 화물 등을 리프트에 실어 끌어 올리는 시설이다. 게아게 배 대기장과 난젠지 배 대기장 사이를 리프트가 오르내린다. 국가 사적.

사람들의 꿈이었던 비와코• 도수로의 건설 준비에 착수했다. 이듬해 고부工部대학교[54]를 갓 졸업한 유능한 청년 기사 다나베 사쿠로田辺朔郎를 영입해 도수로 공사는 1885년에 착공해서 1890년에 준공됐다. 비와코에서 산을 뚫고 깎아 총 길이 19km의 수로를 건설하는 대공사였다.

비와코 도수로는 비와코에서 야마시나山科분지를 지나 먼저 게아게 배 대기장蹴上舟溜까지 흐르고 게아게 인클라인incline을 거쳐 난젠지南禪寺 배 대기장에 이르러 시라카와천白川과 합류한다. 그리고 오카자키岡崎공원의 남쪽 변을 따라 서쪽으로 흐르고 다시 서쪽 변을 따라 북쪽으로 흐른 뒤 마루타마치도리丸太町通(지하철 진구마루타마치역神宮丸太町驛) 남쪽에서 가모가와천鴨川에 합류한다. 이어서 가모가와천의 동쪽에 가모가와 운하를 파서 1895년에는 가모가와 운하와 후시미성伏見城 해자를 연결했다. 그리고 교토 시내 남쪽을 흐르는 우지천宇治川에 합류하는 후시미 인클라인이 준공됐다. 이로써 비와코에서 오사카만으로 흘러내리는 요도가와강淀川까지 수운이 연결됐다.

비와코 도수로는 게아게에서 북쪽으로 지선도 설치되어 난젠지 경내의 수로각水

54 메이지의 새 정부가 1871년에 창설한 기술자 양성 기관인 고가쿠료工学寮가 1877년에 개칭된 것. 도쿄대학 공학부의 전신 가운데 하나다.

▲ 비와코 도수로 수로각
도수로의 지선은 수로각을 통해 난젠지 경내를 통과한다. 1888년. 벽돌조.

◀ 게아게수력발전소 제2발전소
1912년. 벽돌조 단층 건물.

路閣(수로교水路橋)에서 긴카쿠지銀閣寺 방면으로 히가시야마東山의 산기슭을 흐른다. (그에 따라 난 길은「철학의 길」이라고 함) 그리고 다시 북상해 기타시라천北白川, 마쓰가사키松ヶ崎, 시모가모下鴨를 지나 가모가와천의 지하를 동쪽에서 서쪽으로 통과해 시메이도리紫明通에서 호리카와堀川로 흘러 들어갔다.[55] 또한 1891년에 완성된 일본 최초의 사업용 수력발전소인 게아게발전소가 이 물을 이용해 게아게 인클라인이나 시가전차, 공장에 전기를 공급했다. 1912년에 완성된 벽돌조의 제2기 게아게발전소

---

55 1960년경 도로 확장과 하천 개수에 따라 도수로 지선의 물이 해자로 유입되는 것이 중단돼 따라 비가 올 때 이외에는 해자에 물이 흐르지 않게 됐다. 그 뒤 1997년부터 2008년까지 해자 수변 환경정비사업을 해서 도수로 지선의 물이 다시 해자로 유입되어 시메이도리 등의 중앙 분리대에 설치된 실개울과 해자의 노출 부위에 조성된 친수공원에 공급된다.

헤이안신궁 오텐몬應天門
과거 헤이안쿄에 있었고 화재로 몇 번 소실된 이후 중건되지 않던 오텐문을 5/8 크기로 재현한 누문. 1895년. 중요문화재.

건물이 현존하고 1936년 준공된 제3기 게아게발전소는 현재도 가동되고 있다. 이렇게 비와코 도수로는 교토에 수운과 관개를 제공했을 뿐 아니라 상수도와 전력을 공급하는 등 교토의 근대화를 혁명적으로 추진하는 데 크게 기여했다.

현재의 오카자키공원 주변은 본래 교토시 교외였는데, 11~12세기에 귀족층과 천황이 그곳에 별장이나 홋쇼지法勝寺(몇 차례의 화재로 다 소실됐음) 등의 대사원을 건립했다. 특히 퇴위 후에도 실질적인 권력자였던 시라카와상황白河上皇(1053~1129)은 이곳의 별장과 중심부의 관아인 고쇼御所를 오가며 정치를 장악했기 때문에 이 지역은 교京 · 시라카와白河라고 나란히 불릴 정도로 이름이 알려졌다. 그러나 그 뒤 이곳은 다시 농촌화됐다. 18세기 중엽 군사적 긴장기에는 일시적으로 각 번•의 교토 저택이 설치됐지만 메이지유신 이후에는 다시 공지가 되었다. 그러나 비와코 도수로가 건설된 뒤에는 주변이 크게 바뀐다. 1895년 헤이안쿄• 천도 천백주년 기념제와 제4회 내국권업박람회內國勸業博覽會가 오카자키에서 개최되었고 그 뒤에도 한동안 박람회가 계속 개최됐다. 또한 기념제에 맞춰 고대 궁궐의 정전인 다이고쿠덴大極殿을 실물의 5/8 크기로 건설했으며 이를 헤이안신궁平安神宮이라 부른다.

이어서 1899년 박람회 부지에 목조 무도장武道場인 부토쿠덴武德殿(중요문화재)이 세워졌다. 그 뒤 동물원, 교토부립 도서관, 교토시 권업관 등이 속속 설치됐으며, 1933년에는 현재의 교토시 미술관, 1937년에는 공회당 동관東館이 세워졌다. 제2차

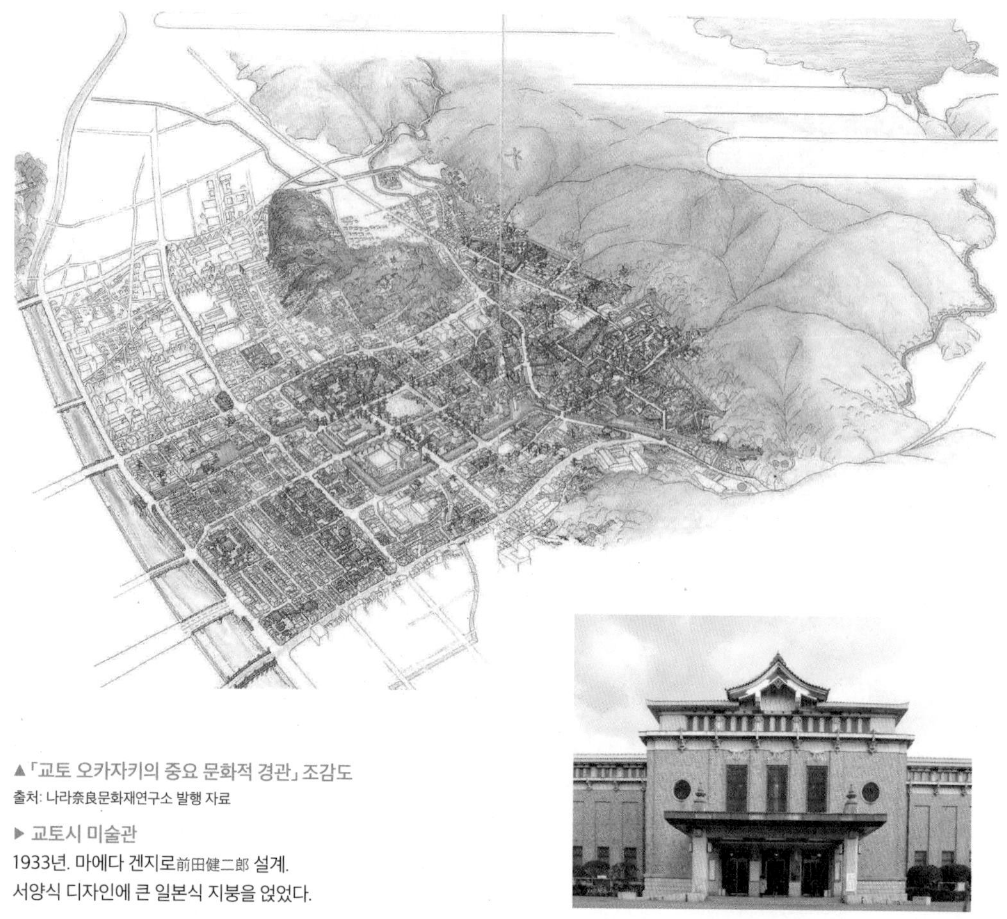

▲「교토 오카자키의 중요 문화적 경관」 조감도
출처: 나라奈良문화재연구소 발행 자료

▶ 교토시 미술관
1933년. 마에다 겐지로前田健二郎 설계.
서양식 디자인에 큰 일본식 지붕을 얹었다.

세계대전 이후에는 1960년 공회당 동관의 서쪽에 교토회관[56]이 지어졌고 그 뒤에는 국립근대미술관 등이 조성됐다.

비와코 도수로와 오카자키공원은 교토의 근대화와 새로운 도시문화 흥성의 역사를 보여준다. 히가시야마 산기슭의 풍부한 자연환경과 구역 안팎에 존재하는 많은 문화재와 어우러져 이곳은 지금까지도 높은 역사문화적 가치를 간직하고 있다.

56 철근콘크리트조의 콘서트홀. 마에카와 구니오前川国男 설계. 고야마 히사오香山壽夫의 설계로 개수, 증축했고 2016년에 「롬시어터-교토ROHM Theatre Kyoto」로 개관했다.

4-16

교토시 후시미가도

_교토부

후시미伏見가도는 옛날부터 다케다竹田가도[57] 등과 함께 교토 중심부와 남쪽의 하항河港도시 후시미를 잇는 남북방향 길로 통운의 주요 가도였다. 길가에 후시미이나리대사伏見稲荷大社[58]와 후지노모리藤森신사, 호토지寶塔寺 등 큰 신사와 사찰이 있어 참배하는 사람들이 다니는 길이기도 했다.

이러한 번성한 역사를 반영해 후시미가도 변에는 지금도 중후한 마치야•가 여

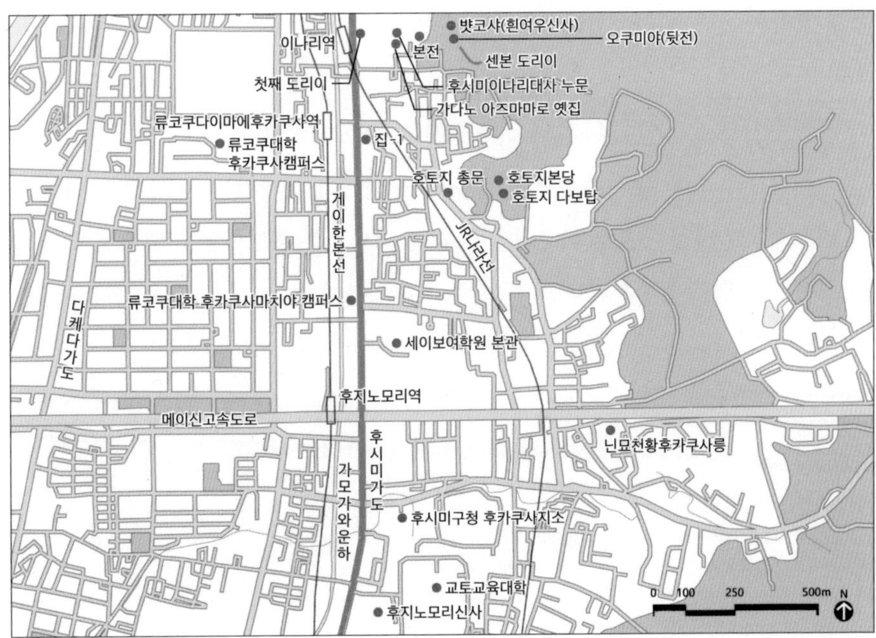

후시미가도의 마치야(지도의 '집-1')
후카쿠사스지카이바시 10초메의 낮은 이층 마치야. 일층의 깊은 처마와 이층의 무시코창이 단정한 아름다움을 보여준다. 격자살 큰 출입문과 데고시, 고마요세도 마치야를 특징짓는 요소다.

기저기 남아있다. 오래된 마치야는 무시코구조●로 처마가 깊고 이층 처마를 세가이구조●로 지지하고 있는 것도 있다. 일층 창살은 교토시 중심부의 마치야와 비교하면 부재가 약간 굵다. 이누바시리犬走り[59]를 굵은 부재로 만든 고마요세●로 두른 경우도 많다.

후카쿠사스지카이바시深草直違橋 6초메丁目 가도의 서쪽에 있는 고니시가小西家 주택은 비교적 폭이 넓은 마치야인데, 1861년 건축된 본채와 부속채, 1891년 건축된 도구창고와 다실 등으로 이루어졌다. 본래 기모노 판매상이었고 뒤에 차를 판매한 상점주택이다. 낮게 두른 차양 아래에 큰 출입문과 데고시●, 낮은 이층에 무시코

---

57 교토역 남쪽, 가라스마도리烏丸通의 한 갈래 동쪽을 남하하는 가도. 가모가와천鴨川을 사이에 두고 후시미가도와 병행하며 서남쪽으로 방향이 바뀐 가모가와천을 건너 후시미로 이른다.

58 전국 약 3만 곳에 있다는 '이나리신사稲荷神社'의 총본사로 그 기원이 711년까지 거슬러 올라간다. 벼농사와 관련된 농경신을 모시는데 나중에 오곡풍등과 함께 상공업 등 모든 산업의 신으로 믿음의 대상이 됐다. 사람들이 기부한 붉은 도리이●가 빼곡히 늘어선 소위 '센본 도리이(천 개의 도리이)'로 유명하다.

59 건물 외벽이나 담장과 가로의 경계 사이 좁은 공간을 황토나 자갈 등에 소석회와 간수 등을 섞어 반죽한 삼화토, 돌이나 콘크리트 등으로 포장한 부분.

류코쿠대학 후카쿠사마치야 캠퍼스
건축기준법의 적용을 일부 면제받아 개수해 대학의 위성 캠퍼스로 활용하고 있다.

▲ 류코쿠대학 후카쿠사마치야 캠퍼스
흙바닥 통로를 내려다 본 모습.

◀ 옛 육군 16사단 사령부 청사
현 세이보여학원 본관.

창●, 지붕에 배연창을 갖추었는데 외관이 단정하다. 한동안 비어 있었으나 수리를 하고 활용을 검토하다가 교토시의 경관중요건조물[60]로 지정됨으로써 교토시 「전통적 목조 건축물의 보존 및 활용에 관한 조례」의 적용을 받은 첫 번째 사례가 됐다. 이에 따라 건축기준법의 방화 규정과 채광면적 규정 등을 일부 면제받아 전통적인 마치야의 특색을 살려 개수공사를 했다. 그 뒤 2013년부터 류코쿠龍谷대학이 임대해 「후카쿠사마치야 캠퍼스」라는 이름으로 학생의 연구 발표와 지역 주민과의 교류 거점으로 활발히 이용하고 있다.

또한 후카쿠사다야초深草田谷町에 1907년 육군 제16사단이 설치되었고 이듬해 벽돌조 2층 건물인 사령부 청사가 완공됐다. 이 건물은 2차 세계대전 이후 학교법인 세이보여학원聖母女學院이 인수해 지금도 본관으로 활용하고 있다. 고전양식의 단정한 외관을 갖춘 등록유형문화재이다.

60 경관법에 따라 특징 있는 외관을 갖추어 지역의 경관 형성에 중요한 역할을 하는 건조물을 소유자와 협의한 뒤 교토시장이 지정한다. 현재 교토시에 107건이 있다.

4-17

교토시 후시미 미나미하마

_교토부

교토시의 남쪽은 저습지대로 세 갈래의 하천이 모이는 오구라이케巨椋池[61]라는 커다란 호수가 있어 큰비가 올 때마다 홍수 피해가 컸지만 수운에는 유리한 곳이었다. 오구라이케와 우지천宇治川과 연결된 후시미伏見는 그 덕에 예로부터 현재의 교토, 오사카, 나라奈良, 시가滋賀 등을 연결하는 중계지였다. 1592년 도요토미 히데요시•는 현재의 후시미구伏見區 모모야마桃山의 언덕에 성곽을 쌓고 1594년부터 성하

마을•의 토지구획을 시작했는데 이때 수운 정비와 치수대책을 위한 대규모 토목공사를 실시했다. 그 결과 오구라이케와 우지천이 분리되어 오사카로 향하는 요도가와강淀川의 수운이 더 편리해졌다.

후시미성은 축성 뒤 지진과 전란 등으로 여러 차례 무너졌다 재건됐다를 거듭했다. 그사이 자리도 옮겨졌고 주인도 정권을 잡은 도쿠가와 이에야스•로 바뀌었다. 임진왜란 이후 일시 중단됐던 조선과의 수교를 회복하기 위해 도쿠가와 이에야스가 조선 사절을 면회한 곳이 바로 후시미성이다. 그러나 도쿠가와 이에야스가 출신지인 현재의 시즈오카현静岡縣의 슨푸성駿府城으로 거처를 옮김에 따라 등한시되어 1623년에 헐렸다. 1964년에 부지 일부를 놀이공원으로 조성한 회사가 철근콘크리트조로 천수•를 재현했으나 2003년 놀이공원이 폐업했다. 재현된 천수는 교토시로 넘겨졌고 현재는 주변이 후시미모모야마성 운동공원으로 정비됐다.

도요토미 히데요시는 성 주변에 각 지방 영주의 저택을 두고 후시미성의 바깥 해자로 만든 호리카와濠川의 안쪽에는 상인의 마을을 배치했다. 도요토미 히데요시의 죽음과 그 뒤 후시미성의 파괴로 인해 후시미는 큰 타격을 입었다. 이윽고 스미노쿠라 료이•가 타카세가와高瀬川 운하를 냄에 따라 후시미는 요도가와강과 다카세가와를 통해 교토와 오사카를 잇는 하천교통의 중심이 되어 도시가 번성했다. 특히 후시미항이 있는 교바시京橋와 미나미하마南浜 일대는 화물과 승객을 싣고 오사카까지 가는 이삼십석• 배가 왕래하는 항구도시로 번성했다.

후시미伏見는 본래 「후시미伏水」라고 표기했는데 양질의 복류수伏流水가 풍부해 예로부터 사케 양조업이 자리했다. 1657년 후시미에는 83곳의 양조업체가 있어 일본 유수의 사케 생산지가 됐다. 그러나 그 뒤 후시미의 양조장은 격감했고 효고兵庫의 나다灘가 사케 생산의 전성기를 맞았다. 다시 19세기가 끝날 무렵부터 후시미의 사케는 품질을 개량하고 1899년에 도쿄에서 고베까지 약 590km 전 노선이 완전히 개통된 도카이도선東海道線 철도를 이용함으로써 간토關東 방면으로 판로를 확대해

---

61 북쪽에서 교토 시내를 관통해 온 가쓰라천桂川, 남쪽에서 미에현三重縣, 나라현을 흘러 내려온 기즈천木津川, 그리고 비와코•가 시발점인 우지천, 이 세 갈래가 유입되는 둘레가 16km, 면적이 800ha나 되는 큰 호수였다. 범람을 되풀이해 주변 지역에 주는 피해도 크고 농경지를 조성할 필요도 있어 1930년대에 간척사업으로 매립됐다.

월계관주조의 옛 본점
현재 찻집, 기념품점, 관광안내소로 활용.

월계관오쿠라기념관
1917년 건축된 마치야와 도조를 개수해
주조용구 등의 전시관으로 만들었다.

주조회사의 술 창고와 점포
맥주도 생산하고 있다.

데라다야
옛 후시미항 가까이에 있는 선박운송업 겸 숙박업소.
현재의 건물은 재건된 것.

호리카와를 따라 술 창고가 즐비한 경관
술 창고는 1907년 건축.

히가시타카세천 변 마쓰모토주조
1923년 건축된 다이코쿠구라와 벽돌 창고, 벽돌 굴뚝이 아름다운 경관을 자아낸다.

전국에 보급됐다. 이에 따라 후시미의 마을에는 지방 영주의 후시미 저택터 등을 이용해 사케 양조장이 들어섰다.

일찌기 미나미하마초南浜町 일대 곳곳에서 후시미의 사케 양조장과 양조업체의 본가인 중후한 마치야•를 볼 수 있었다. 그러나 양조 기술이 혁신되어 사계절 양조• 등을 위해 그것을 철근콘크리트조 공장으로 개축하거나 아예 양조업을 포기하고 아파트 운영으로 업무를 전환한 곳도 있어 사케 양조장이 처마를 나란히 한 경관은 상당히 축소됐다.

그렇지만 미나미하마초의 호리카와 바로 옆에 1907년에 건축한 월계관月桂冠주조의 거대한 양조장 회반죽벽과 삼나무널 그을림 판벽•으로 구성된 박공벽면이 이어져 버드나무 가로수와 함께 독특한 경관을 이루고 있다. 또한 그 동쪽 모토자이모쿠초本材木町 일대에는 북에서 남으로 1919년 건축한 월계관주조의 옛 본점 건물, 1828년 건축한 월계관주조 창업자의 가문 오쿠라가大倉家 본가, 1917년 건축한 월계관오쿠라기념관이 ㄱ자형으로 길게 늘어서 있다. 월계관 옛 본점은 현재 찻집, 기념품점, 관광안내소로 활용되고 있다. 또한 오쿠라가 본가는 굵은 양조장 격자창살과 무시코창•이 이어지는 전면이 넓은 마치야로, 주조 창업가의 중후함을 전한다. 월계관오쿠라기념관은 가로변 마치야와 술 창고를 개수해 조성한 주조용구 등의 전시관으로, 1987년 개관한 이래 인기를 끌고 있다.

또한 주변에는 현재도 가동 중인 사케 양조장과 그것을 개조한 레스토랑 등이 있다. 호리카와에 놓인 교바시 근처는 일찍이 후시미항이 있던 곳인데, 그 북쪽에는 1860년대에 전란의 무대가 된 선박운송업 겸 숙박업소 데라다야寺田屋가 있다. 본래 건물은 1868년에 도바후시미鳥羽伏見의 전란으로 소실됐고 현재 건물은 재건된 것이다.

그 밖에 오테스지도리•의 히가시타카세천東高瀨川 동쪽에는 마쓰모토松本주조의 도조•군이 있다. 가장 눈에 띄는 것은 1923년 건축된 다이코쿠구라大黒蔵인데, 전면 폭 40m의 이층 도조 세 채가 남북방향, 히가시다카세천을 따라 나란히 배치됐다. 이 밖에 긴조슈吟醸酒[62] 창고, 벽돌 창고, 팔각형 벽돌 굴뚝 등이 있어 유채꽃이나 벚꽃의 계절에 히가시타카세천 변에서 보는 경관은 인기가 높다.

---

62 60퍼센트 이하로 정미한 백미를 원료로 저온에서 발효시켜 빚은 청주.

'우토로' 마을 - 차별과 편견을 넘어 미래로

하기와라 메구미

2022년 4월 교토시 바로 남쪽, 그 옛날 오구라이케가 있던 자리를 사이에 둔 우지시宇治市에 '우토로 평화기념관'이 문을 열었다. 1940년 일제가 오구라이케 간척지 남쪽에서 교토비행장 건설계획을 추진하자 부족한 인력을 채우기 위해 투입된 것이 조선인 노동자였고 그들의 함바(합숙소)가 있던 자리가 우토로지구였다. 공사가 끝난 뒤에도 사람들은 계속 거주했는데 전쟁이 끝난 바람에 아무런 보상 없이 내버려졌다. 귀국한 사람도 있었지만 생활고, 한국전쟁의 혼란 등 여러 사정 때문에 어쩔 수 없이 남은 사람들이 서로를 의지하면서 이곳에서 살아갔다.

해방 뒤에도 일본 사회에서 차별을 겪어야 했던 재일조선인들은 그나마 동포끼리 옹기종기 모여 살 수 있는 우토로 마을로 모였다. 비행장터의 일부는 민간기업에 불하됐고 사유지로 간주돼 행정 서비스도 받지 못한 채 상하수도 시설도 없는 열악한 환경에서 주민들은 오래 살아야 했다. 그런 상황을 개선하려고 재일동포와 일본 시민들이 힘을 합쳐 1986년부터 주민운동을 펼쳐 드디어 1989년에 상수도가 부설됐다.

그러나 새로 토지를 매수한 기업이 주민들을 불법점거자로 규정해 중장비를 동원해 강제철거에 나섰고 1989년 퇴거를 요구하는 고소고발까지 했다. 일제의 침략전쟁이 문제의 근본 원인인데도 그것은 전혀 고려되지 않아 재판은 최고재판소까지 갔지만 결국 2000년 주민들은 패소하고 말았다.

수도 문제를 계기로 함께 투쟁해 온 사람들이 '우토로를 지키는 모임'을 만들어 이 문제를 해결하기 위해 다양한 활동을 펼쳤다. 그래서 2001년에는 유엔 경제사회문화적 권리 위원회가 우토로에 대한 차별을 시정하라는 권고를 하기에 이르렀다.

이를 알게 된 한국에서도 2005년 시민단체 '지구촌동포연대'를 중심으로 '우토로 국제대책회의'를 결성해 토지를 사들이기 위한 시민 모금운동을 전개했고 한국 정부도 지원했다. 이에 힘입어 2007년에 주민들은 토지 일부를 매입해 불법점거자라는 오명을 벗을 수 있게 됐다.

주민들의 걸어온 길을 알리고 한일 시민들의 협조와 교류의 장으로 활용하기 위해 마련된 곳이 바로 우토로 평화기념관이다.(우토로 평화기념관을 설계한 건축가 문청현 씨는 이 책의 저자인 가리야 유가 박사의 사위다.) 그런데 개관을 앞두고 또 한 차례 큰 타격을 입게 된다. 2021년 8월에 화재로 인해 기념관에 전시할 예정이었던 자료들을 보관한 창고와 주민이 사는 집 등 일곱 채가 소실된 것이다. 처음에는 누전 때문으로 추정됐지만 나중에 재일한국인을 혐오하는 당시 22세 청년이 불을 지른 증오범죄로 밝혀졌다. 피고인은 2022년 8월 징역 4년형이 확정됐다.

한국과 일본 사이에는 현재까지도 많은 문제가 해결되지 않은 채 남아 있다. 그것을 극복하기 위한 노력은 시민들 스스로 계속해야 한다. 시간 여유가 있으면 기념관을 찾아가 전시를 보고 사람들을 만나 이야기를 나누어 보기를 권한다. 우토로 평화기념관은 긴테쓰近鉄 교토선 모모야마고료마에역桃山御陵前驛에서 야마토사이다이지大和西大寺 방면으로 세 정거장인 이세다역伊勢田驛에서 하차해 도보로 10분 거리에 있다.

참고

中村一成,『ウトロ　ここで生き、ここで死ぬ』, 三一書房(나카무라 일성 지음, 정미영 옮김, 『우토로 여기 살아왔고, 여기서 죽으리라』, 품)

우토로 마을에 평화기념관이라는 열매가 열립니다, 아름다운재단, 2022. 4. 22.
https://beautifulfund.org/80732/

佐藤慧, 緊急に求められるヘイトクライム対策——戦争によって生まれた街から分断を超える知恵を, 2022.5.27.
https://d4p.world/news/16622/

カルチャーから知る朝鮮半島のこと, vol.8
ウトロ平和祈念館——ウトロに生きる　ウトロで出会う —
金秀煥(ウトロ平和祈念館副館長), 安田菜津紀, 金敬黙(早稲田大学韓国学研究所)
https://www.youtube.com/watch?v=Ngb-uaNx9v0&t=86s

4-18

교토시 가미가모

_교토부

중요 전통적 건조물군 보존지구
2.7ha, 1988년 선정

교토시 기타구北區 가미가모上賀茂의 역사가로는 가모와케이카즈치賀茂別雷신사(통칭 가미가모신사)의 동남쪽 일대, 옛 샤케마치社家町의 일부다. 샤케란 대대로 특정 신사의 신관神官을 세습해 온 가문(씨족)을 말하고, 그 마을을 샤케마치라고 한다. 신사의 내력에 따르면 가미가모신사가 현재 위치에 자리잡은 것은 677년이라고 한다. 794년 새 도읍이 된 헤이안쿄[*]를 지키는 신으로서 조정에서 높이 받들어 천황가의

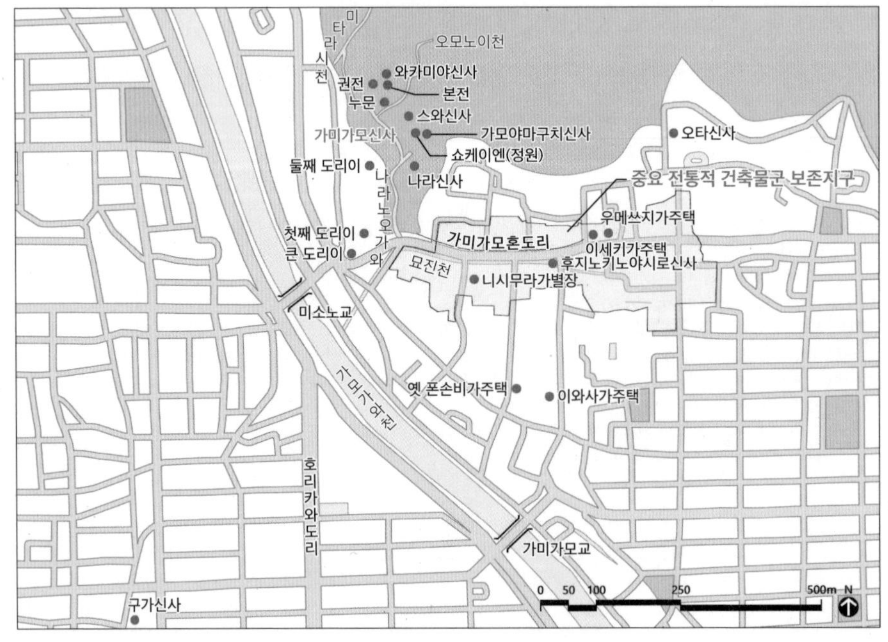

가미가모신사 경내의 미타라시천御手洗川
참배자가 손이나 입을 씻는 물이 흐르는 시내. 이 시내는 교토 시가지 중심부 서쪽을 흐르는 가모가와천賀茂川에서 갈라져 가미가모신사 경내에 들어오면서 미타라시천으로 이름이 바뀐다. 경내 동북쪽에서 흘러온 제기류를 씻기 위한 시내인 '오모노이천御物忌川'과 합류하고 조금 더 흘러 '나라노오가와(참나뭇잎 시내)'로 다시 이름이 바뀐다. 그리고 누문 앞을 남하해 경내에서 빠져나간 후 두 줄기로 갈라져 동쪽으로 향하는 물이 샤케마치를 적시는 묘진천이 되고 다른 한 줄기는 다시 가모가와천에 합류한다.

수호신인 이세신궁[63]에 버금가는 위상을 자랑했다.

이 일대가 가미가모신사의 영지로 기부된 것은 1017년으로, 13세기 중반에는 가미가모로쿠고上賀茂六郷(여섯 개 마을)라 불리는 자치 조직이 성립됐다. 가미가모의

---

63 미에현三重縣 이세시伊勢市에 있는 일본 황실과 관계가 깊은 신사로 정식명칭은 그냥 '진구神宮'이다. 7세기 말에 제례제도가 정비됐다고 한다. 서로 약 4km 떨어진 나이쿠內宮와 게쿠外宮 두 곳으로 분리된 총면적 약 5,500ha의 구역 안에 총 125개 신사가 있는 신사의 집합체다. 식년천궁式年遷宮이라 해서 20년마다 나이쿠, 게쿠의 정전과 14개 별궁의 건물을 재건축해 신을 모시는 자리를 새 건물로 옮긴다. 첫 천궁이 690년에 있었고 기간을 연기할 때도 있었지만 최근에는 2013년에 62번째 천궁이 이루어졌다.

니시무라가별장西村家別邸
산뜻한 스키야풍● 건물과 세 개의 정원이 있어 샤케와 정원의 밀접한 관계를 보여준다. 정원은 교토시 지정 명승으로, 유료로 공개되고 있다. 묘진천의 물은 돌담에 뚫린 구멍으로 샤케의 뜰로 들어갔다 다시 돌아나온다.

토담이 이어지는 샤케
토담을 따라 묘진천이 흐른다. 앞은 니시무라가별장의 돌다리와 대문.

주민은 샤케 · 지케寺家(승려와 사찰에서 일하는 사람)와 서민으로 크게 나뉘는데, 15세기 중반에는 현재의 샤케마치에 해당하는 지역에 샤케와 농민이 사는 마을이 발달했으리라 추정된다. 그 뒤 현재의 샤케마치 부근에 있던 마을에는 「가마에構」를 설치했다. 가마에는 마을들을 나무 울타리 등으로 에워싸고 통로의 출입구에는 문을 설치하며, 해자나 토루土塁를 둘러 마을을 전란으로부터 보호한 시설이다. 1476년의 대규모 소동 뒤에는 가마에를 더욱더 굳건히 하고 둘레에 해자를 정비했다고 한다.

18세기 후반에 그려진 샤케마치의 그림을 보면, 도로 등의 구성은 현재와 거의 같지만 길마다 마을 어귀에는 두 기둥 위에 인방을 보내 문짝을 단 간단한 일각대문을 두고 신사와의 경계에는 바깥 울타리를 갖춘 큰 대문인 총문總門을 설치하고 흙담을 쌓았다. 샤케는 신사 경내에서 흘러나온 묘진천明神川 근처에 모여 있었고 농민의 집들은 그 주위에 분포했다.

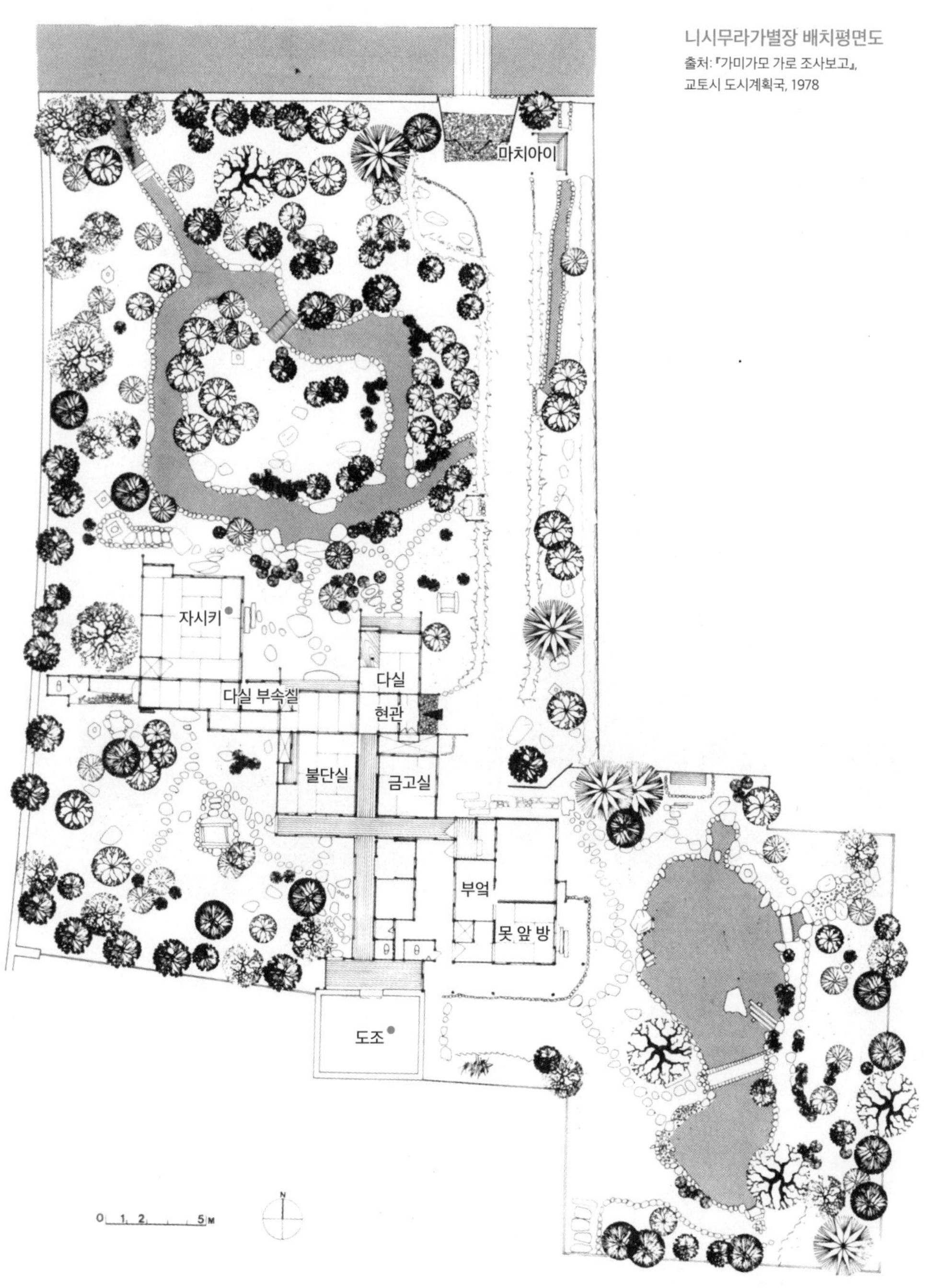

니시무라가별장 배치평면도
출처: 『가미가모 가로 조사보고』, 교토시 도시계획국, 1978

샤케의 신분은 1872년에 사족士族[64]에 편입됨으로써 소멸되고 신사와의 관계도 희미해졌지만 샤케마치에는 현재도 샤케의 전통을 보여주는 고택이 많다. 묘진천가의 샤케는 넓은 부지를 가진 경우가 많아 묘진천 물을 상류의 돌담에 설치한 취입구를 통해 정원으로 끌어들여 목욕재계하는 물로 사용함과 동시에 잉어 등의 사육에 활용하고 있다. 각 집의 정원을 적신 물은 다시 묘진천으로 되돌아가 농업용수로 논밭으로 흘러 들어간다.

샤케의 본채는 대문, 시키다이• 등을 설치한 현관, 정원에 면한 자시키• 등으로 구성된다. 지붕은 경사가 완만한 단층 기와지붕으로, 박공장식이 정면으로 보이는 경우가 많다. 공포에 배모양 첨차를 사용하거나 박공벽을 이노코자스豕扠首[65]로 장식하는 등 간소한 의장이 자못 샤케에 어울린다. 오래된 본채는 건축연대가 적어도 19세기 중반까지 거슬러 올라간다. 18세기 후반 이후에 이층으로 증개축한 사례도

가미가모신사의 말사 후지노키노야시로藤木社신사
묘진천이 나란히 달려온 가미가모혼도리上賀茂本通(일명 후지노키도리藤木通)에서 갈라져 약간 남쪽으로 흐르는 분기점에 위치한다. 녹나무가 웅장하다.

이세키가井関家주택
샤케의 집으로, 에도시대 후기 건물이다. 망루는 19세기 말에서 20세기 초에 증축했다. 교토시 등록유형문화재.

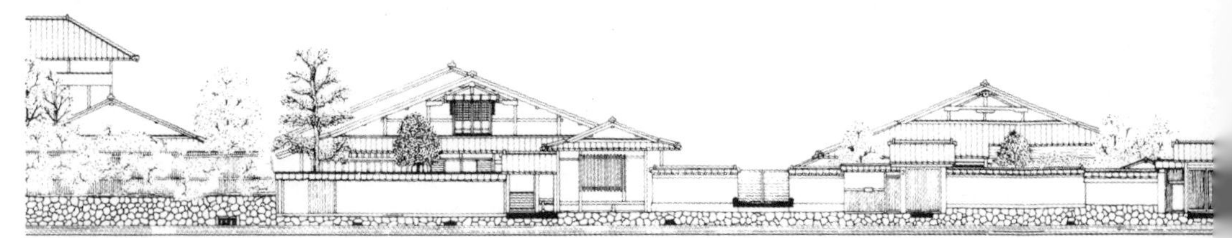

묘진천 변의 샤케 가로입면도

있지만, 부지 안의 배치는 기본적으로 바뀌지 않았다. 샤케의 대문 형식은 야쿠이문●이 많다. 묘진천에 놓인 다리는 석교가 많지만 토교土橋 형식의 다리도 남아 있다.

가미가모지구에는 토담과 대문을 갖춘 샤케와 마치야●가 줄지어 있고 정원의 수목과 묘진천 등 천혜의 자연환경을 살린 역사적 경관을 현재까지 전하고 있다. 가미가모신사의 본전과 권전權殿[66](모두 국보)은 17세기 전반 중건된 이후 7차례 개축됐다. 현재의 건물들은 1863년에 다시 지은 것으로, 같은 규모와 형식의 건물이 동서로 나란히 배치됐다. 정면 세 칸, 측면 두 칸으로 정면 출입구 부분의 처마를 돌출시켜 지붕이 정면 입구 방향으로 길게 뻗은 나가레구조流造り 양식이다. 이처럼 정면 처마를 돌출시킨 점이 특징으로, 본전의 옛 형식을 전해준다. 이 밖에 1628년에 다시 지은 것으로 추정되는 누문樓門 등 34채가 중요문화재로 지정됐다. 이들 문화재 건조물은 세계유산「고도 교토의 문화재」의 구성요소이기도 하다.

또한 가미가모신사는 교토 3대 제례의 하나로 매년 5월 15일 개최되는 아오이마쓰리葵祭[67], 그리고 매년 5월 5일에 풍년과 천하태평을 기원하며 두 편으로 나뉜 기마 무사들이 용맹함을 겨루는 모습을 신에게 바치는 제례인 구라베우마에 신사競馬會神事 등 다양한 제례가 치러지는 장소이기도 해서 사람들이 자주 찾는다.

---

64 메이지유신● 이후 무사계급 출신자에 부여된 신분계급.

65 박공벽에 ㅅ자형으로 부재를 대고 그 중앙에 동자기둥을 세운 것.

66 신사 건물을 개축하거나 수리할 때 신체神體를 임시로 봉안하는 신전.

67 9세기 초엽부터 국가적 행사로 이어져온 가미가모신사의 제례. 왕조 풍속의 전통이 남아 있다.

출처:『가미가모 가로 조사보고』, 교토시 도시계획국, 1978

4-19

교토시 사가토리이모토

_교토부

중요 전통적 건조물군 보존지구
2.6ha, 1979년 선정

교토 시가지 서북쪽에 있는 사가노嵯峨野는 자연환경이 좋아 9세기경부터 귀족들의 사냥과 유흥의 장소였다. 또한 다이카쿠지大覚寺, 세이료지清涼寺, 덴류지天龍寺를 비롯한 많은 사찰이 세워졌고 황실과 관련된 별장 등도 여럿 운영됐다. 그 아름다운 경관은 많은 문학작품과 가무음곡의 소재가 되어 왔다. 특히 17세기 이후 이러한 창작물들의 무대가 출판물 등을 통해 회자되면서 사가노를 찾는 사람들이 늘었다.

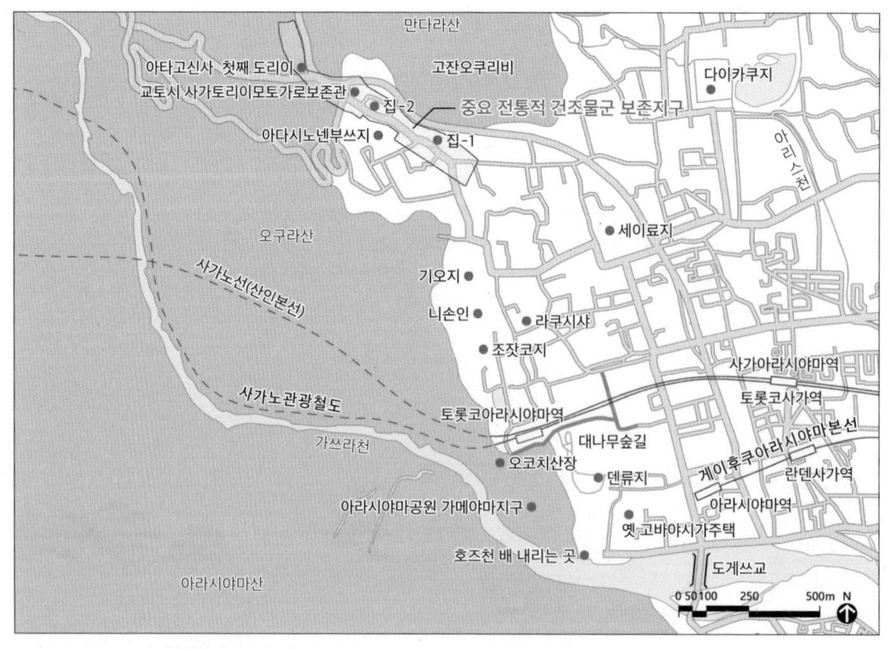

17세기 중엽의 경관을 보여주는 「낙외도병풍洛外圖屛風[68]」을 보면 아타고愛宕신사[69] 첫째 도리이● 앞에 여러 채의 팔작지붕 집들이 가로를 따라 늘어서 있다. 이곳은 도리이 바로 아래에 있는 마을이라 언젠가부터 도리이모토鳥居本라고 불렸다. 또한 1780년에 간행된 교토의 명소에 대한 상세한 해설서인 「미야코명소도회遺都名所圖會」가 호평을 받자 1787년에 그 후속편으로 간행된 「슈이미야코명소도회拾遺都名所圖會」(전 4권 5책)에는 긴 전면 진입방식과 박공면 진입방식의 팔작 새지붕 민가가 혼재한 모습이 묘사됐다. 화재 방지의 신인 아타고신사에 대한 참배가 성행하고 오지의 마을과 왕래가 활발해짐에 따라 도리이모토에는 점차 가로가 형성됐다.

20세기가 돼도 도리이모토는 기본적으로 19세기 이전 상황과 크게 다르지 않았다. 사람들은 봄부터 가을에 걸쳐 논밭을 일구고, 초여름에는 은어 등의 민물고기를 잡고, 또 수목의 벌채와 관목 베기에 종사하는 등 자연의 리듬에 따라 생활을 영위했다. 사가토리이모토는 매달 23일 아타고신사에 월례 참배하러 오는 참배객들로 찻집 같은 곳들이 붐볐다고 한다. 음력 7월 15일(현재는 양력 8월 16일)에 온갖 음식을 조상의 영전에 바치고 조상의 명복을 비는 불교 행사인 우란분회盂蘭盆會 때는 고잔오쿠리비五山送り火[70]의 하나인 「도리이 모양」 불을 밝힌다.

사가토리이모토지구는 아타고 길에 면한 약 600m 범위로, 여기에 약 50채의 민가가 줄지어 있다. 가로는 만다라산曼陀羅山과 오구라산小倉山 사이의 골짜기를 아타고산을 향해 완만하게 굽이치며 올라간다. 가로의 중앙쯤 남쪽에 바로 절벽이 있고 아다시노넨부쓰지化野念仏寺로 가는 돌계단의 참배로가 있다. 그리고 가로의 서쪽 끝, 아타고신사의 첫째 도리이 바로 앞에서 호즈保津 계곡을 거쳐 가메오카亀岡 방면으로 향하는 길이 갈라진다.

역사가로를 구성하는 전통 건물들은 대부분 19세기 후반경 지어진 것으로, 농가풍과 마치야●풍 건축이 공존한다. 사가노지구에서도 가장 깊숙한 구역으로서 전체

---

68 교토의 교외를 상세히 묘사한 그림지도 병풍. 같은 원본을 바탕으로 제작된 것으로 추정되는 네 가지가 전해지는데 모두 8폭 병풍 두 개로 한 쌍을 이룬다.

69 전국 약 900곳에 있는 아타고신사의 총본사로 8세기 초에 건립된 슈겐도●의 도량이다. 2003년에 창건 1300년제가 치러졌다.

70 매년 8월 16일 교토를 둘러싼 다섯 개 산의 중턱에 밝히는 커다란 불. 조상의 영혼을 보내기 위한 것이다. 불 모양은 각각 대大자 2 군데, 묘妙 · 법法자와 도리이 모양, 배 모양이다.

아타고신사 첫째 도리이와 새지붕 찻집
아타고 길은 여기서 산길로 접어든다.

아타고신사 첫째 도리이 부근의 가로입면도

적으로는 농촌마을의 경관을 가지고 있는데 그 속에 점차 마치야의 의장과 구성이 끼어들면서 변화한 상황을 보여준다. 골짜기에 있는 마을이어서 민가의 부지는 농가형, 마치아형 모두 전반적으로 깊이 방향이 비교적 짧다. 무연불無縁佛의 명복을 비는 행사로 알려진 아다시노넨부쓰지 부근을 중심으로 시가지에 가까운 동쪽 지구는 일식기와지붕의 낮은 이층 마치야풍의 건물, 시가지에서 먼 서쪽 지구는 농가풍의 새지붕 건물이 많다. 마치야풍 건물은 맞배지붕, 긴 전면 진입방식으로, 정면 구성은 가는 세로 창살을 촘촘히 세운 센본고시千本格子, 고마요세•, 접이 평상(밧타리쇼기)[71] 등을 사용하고 낮은 이층 부분은 무시코창•을 내는 등 시내의 마치야와 공통되는 의장이 많다. 농가풍 건물에는 팔작지붕 이외에 외쪽 팔작지붕을 인 경우도 있다. 정면은 굵은 창살을 위아래의 틀에 꽂아 견고하게 만든 것이 많다. 일부 민가에는 이

71 마치야의 정면 부분에 덧붙인, 올렸다 내렸다 할 수 있는 평상. 평소에는 벽면에 붙여 접어두지만 필요할 때는 도로 측으로 탁(밧타리) 내려서 사용한다.

서쪽 지구(위 지구)의 경관
아타고신사 첫째 도리이 방향을 본 모습.
긴 전면 진입방식의 새지붕 민가가 늘어서 있다.

동쪽 지구(아래 지구)의 경관
마치야풍의 낮은 이층 건물이 많다.(지도의 '집-1')

팔작지붕·박공면 진입방식의 새지붕 민가(지도의 '집-2')
18세기 후반의 건축.

교토시 사가토리이모토 가로보존관

기타사가北嵯峨의 새지붕 민가
뒤의 산과 주변의 수목, 논에 둘러싸여 아늑한 모습.

단단한 창살에 소나 말을 매어 놓았던 쇠고리가 남아 있어 옛 마을의 생활상을 말해준다.

「교토시 사가토리이모토 가로보존관」은 메이지 초기의 낮은 이층, 일식기와지붕의 마치야를 복원 수리해서 내부를 공개한다. 가로보존사업의 내용과 성과를 설명하는 패널, 보존지구의 19세기 말 모습을 보여주는 대형 복원 모형, 새지붕 찻집의 모형 등을 전시하고 있다.

주위가 산림과 대숲 등 풍부한 자연환경에 둘러싸여 마치야풍에 이어 농가풍의 전통적인 건물이 즐비하고 신사·사찰과 민가가 일체를 이루는 사가토리이모토지구는 교외의 소박한 역사적 경관을 오늘날에 전하고 있다.

4-20

교토시 구라마

_교토부

미나모토노 요시쓰네源義経(1159~1189)는 가마쿠라鎌倉 막부*의 초대 장군인 미나모토노 요리토모*의 이복동생이다. 그는 젊은 나이에 많은 전투에서 무훈을 세웠으나 형의 미움을 사서 불우하게 죽었다. 그런 그는 비극의 영웅으로 인기가 높고 수많은 전설을 남겼다. 아기 때 아버지를 여의고 11세에 구라마데라鞍馬寺에 맡겨진 뒤 신의 화신, 또는 귀신으로 여겨지던 '덴구天狗'를 상대로 검술을 갈고 닦았다는 이야

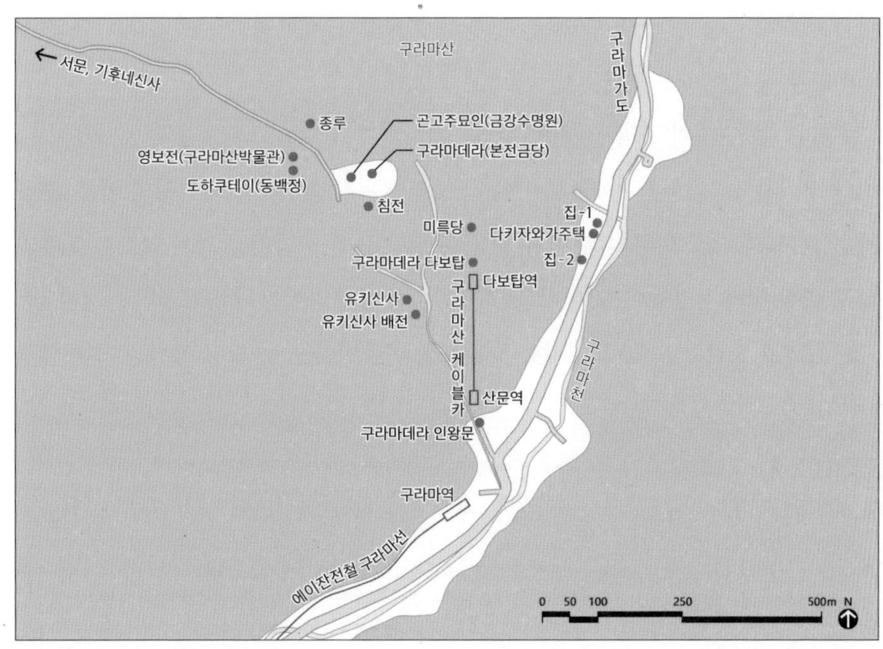

기도 그런 전설 가운데 하나다. 이 요시쓰네 전설과 히마쓰리火祭り[72]로 유명한 구라마鞍馬는 교토의 중심부에서 서북쪽으로 약 12km 떨어진 구라마산의 골짜기에 구라마천을 따라 남북으로 자리한 150호 정도의 마을이다.

8세기 말 구라마천을 내려다보는 산에 구라마데라가 창건되었을 무렵 이미 마을이 있었던 것으로 추정된다. 또한 유키由岐신사[73]가 천황의 거처인 고쇼御所에서 현재의 구라마산 기슭으로 옮겨온 940년에는 샤케社家, 곧 대대로 특정 신사의 중한 직분을 세습한 가문의 주거 20여 호도 함께 이주해왔다고 전한다. 9세기에 들어 정토 신앙*이 성행하자 구라마는 오하라大原, 야세八瀬와 함께 교토 북쪽의 성스런 곳이라고 인식되어 귀천을 막론한 많은 신자들이 구라마데라를 찾아 사찰 앞이 크게 붐볐다. 또한 구라마 일대는 깊은 산의 정취를 지닌 신비한 지역으로서 소용돌이치며 흐르는 시냇물과 봄의 벚꽃, 가을의 단풍 등 풍광이 좋은 지역으로 주목받아 고전문학의 쌍벽을 이루는 마쿠라노소시枕草子와 겐지모노가타리源氏物語 등 많은 문학작품에서 다루어졌다. 마쿠라노소시는 세이 쇼나곤清少納言이 집필했다고 전하는 수필로, 히라가나 위주의 일문으로 쓴 작품이다. 세련되고 경쾌한 필치로 사계절의 정취와 인생에 대해 기술한 작품인데 11세기 초에 거의 완성된 것으로 보인다. 겐지모노가타리는 11세기 초 무라사키 시키부紫式部가 쓴 장편소설로, 궁중의 연애, 정치적 욕망과 권력다툼 등 당시 귀족사회를 생생하게 그렸다. 세계에서 가장 오래된 장편소설이라는 평가를 받고 있다.

구라마는 도성과 단바丹波지방(현재의 교토 중부, 효고현兵庫縣 북동부, 오사카 북부)이나 와카사若狭지방(현재의 후쿠이현福井縣)을 잇는 요충지여서 와카사의 어류, 하나세花背와 구타久多[74]의 목재, 장작과 숯 같은 땔감 등이 구라마를 거쳐 교토로 운반되었고 또 도성의 물품들이 오지로 운송됐다. 이렇게 구라마는 구라마데라 문전마을門前町, 그리고 장작과 숯 등의 물자를 중계하는 마을이라는 두 가지 성격을 가진 상업

---

72 구라마의 히마쓰리는 사람들의 기부로 유키신사가 구라마에 건립된 940년부터 시작됐다고 한다. 히마쓰리는 매년 10월 22일에 열린다.

73 교토시 사쿄구左京區 구라마혼마치鞍馬本町에 있는 신사로 구라마데라의 수호 신사, 곧 진수사鎮守社이다. 국가 중요문화재인 배전拝殿은 1607년에 재건됐는데, 바닥의 중앙은 마루를 깔지 않고 흙 바닥으로 만든 할배전割拝殿 형식이다.

74 교토시 사쿄구의 지명으로, 하나세는 구라마에서 북쪽으로 약 5km, 구타는 구라마에서 북쪽으로 약 30km 거리에 있다.

▲ 유키신사 배전
구라마산 꼭대기의 구라마데라로 가는 참배로의 도중에 있다. 1607년 건립. 중요문화재.

◀ 에이잔叡山전철 구라마역
팔작지붕 형식의 일본풍 지붕이 정감 있다. 목조 단층건물. 1929년 건립.

마을로 발전해갔다.

17세기 이후 신앙으로 맺어진 민중조직을 바탕으로 여러 지역에 구라마코鞍馬講[75]가 조직되어 많은 사람들이 참배하러 구라마데라를 찾았다. 또한 도성사람들이 장작이나 숯, 구라마석鞍馬石[76], 기노메다키木芽煮[77] 등의 특산품을 귀하게 여겨서 구라마는 「배 없는 항구」라 불릴 정도로 번영했다. 19세기 후반 이후에도 구라마의 장작과 숯 판매는 계속 성행했다. 이에 더해 구라마천의 물을 이용해 물레방아를 돌려 동력을 얻는 구리 가공 공장도 몇 개 건설됐고 이어서 선향線香 공장 등도 조업을 시작했다. 그러나 제2차 세계대전 후에는 에너지 혁명과 자동차 교통의 발달로 이들 산업은 쇠퇴해 현재 주민들은 기념품가게나 주차장 등을 경영하는 사람들이 아니면 거의 다 교토 시가지를 오가는 통근자들이다.

구라마의 민가들은 시내의 건축물들에 비해 비교적 오래됐고 건축 초기의 모습을 유지하고 있는 것들도 많다. 구라마에 현존하는 가장 오래된 민가는 1760년의 상량문이 남아 있는 다키자와가瀧澤家주택이고, 다음은 1798년에 기도문을 적어 놓은

---

75 고講는 원래 같은 종교를 가진 사람들의 모임이었는데 나중에 그 총본산을 참배하러 갈 자금을 마련하기 위한 계의 기능을 가지게 됐다. 보통 사찰이나 신사의 이름과 함께 '○○코'라고 부른다. 구라마코는 구라마데라에 참배하러 가는 자금을 조달하기 위한 계이다.

76 구라마에서 생산되는, 표면의 철분이 적갈색으로 산화된 섬록암. 정원석, 석등 등의 재료로 사용된다.

77 산초 잎과 열매, 다시마를 간장으로 장시간 절인 식품.

구라마의 가로
왼쪽 끝이 중요문화재 다키자와가주택. 오른쪽 기노메다키 판매점 건물은 새 건물이지만 외관을 전통 가로와 조화를 이루도록 디자인했다.(지도의 '집-1')

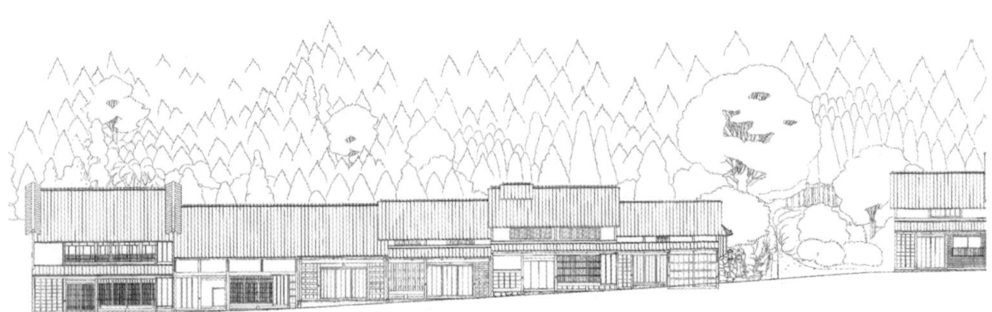

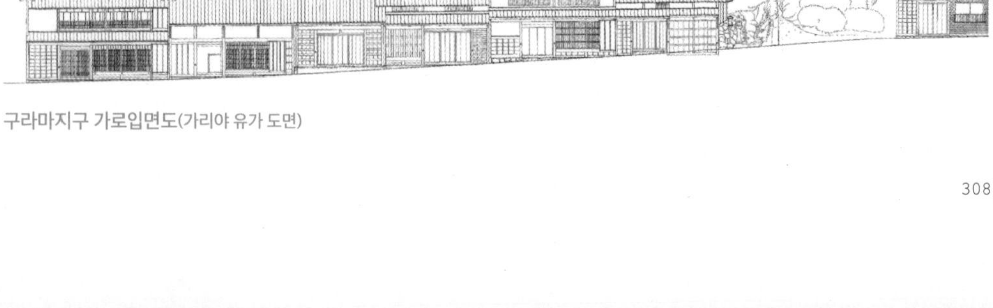

구라마지구 가로입면도(가리야 유가 도면)

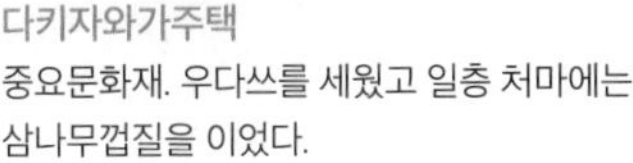

다키자와가주택
중요문화재. 우다쓰를 세웠고 일층 처마에는 삼나무껍질을 이었다.

구라마의 민가(지도의 '집-2')
단층의 지붕 양끝에 우다쓰가 설치됐고 연속되는 격자창살이 아름답다.

널판이 전하는 민가다. 이 밖에도 19세기 초로 거슬러 올라가는 민가도 볼 수 있다.

구라마의 민가는 단층집이 과반수를 차지한다. 70%의 집들이 전면 폭이 4칸, 곧 약 7.2m 이하로 좁다. 지붕은 대부분 맞배 기와지붕인데 삼나무껍질 지붕도 몇 채 남아 있다. 또한 우다쓰•를 설치한 집도 있다. 모두 뼈대가 꽤 굵고 특히 판벽과 판문을 설치한 헛간은 그런 특색이 강하다. 본채와 헛간의 출입구 옆 기둥에는 과거 소나 말을 매어놨던 쇠고리가 남아 있다. 구라마에 있는 오래된 민가는 모두 한쪽에 집 안을 관통한 흙바닥 내부 마당을 두었다.

늦가을의 냉기가 피부를 찌르기 시작하는 10월 22일, 구라마에서는 히마쓰리가 성대하게 치러진다. 어깨와 배에 보호대를 장착한 젊은이들이 거대한 횃불을 들고 구라마데라의 산문山門 앞에 모이고 두 대의 가마가 급한 돌계단을 내려오기 시작할 무렵 축제는 절정에 달하고 구라마는 온통 불바다가 된다. 사람들은 이 축제에서 구라마데라와 유키신사에 대한 신앙을 통해 맺어진 지역공동체의 유대를 새삼 확인하고 더욱 견고하게 만든다. 구라마는 구라마천과 푸른 산, 역사를 말해주는 가로, 전통의 히마쓰리의 매력을 오늘날까지 전하고 있다.

4-21

난탄시 미야마초 기타

_교토부

중요 전통적 건조물군 보존지구
127.5ha, 1993년 선정

교토부 중앙에 위치한 난탄시南丹市는 2006년 인근 4개 지자체가 합병해 생긴 시다. 그 절반 이상을 차지한 미야마초美山町는 시의 북동쪽 후쿠이현福井縣과 접한다. 그 이름 대로 아름다운 산에 둘러싸인 농산촌으로, 약 340km²나 되는 전체 면적의 95%가 삼림이다. 동쪽에서 서쪽으로 굽이굽이 흐르는 유라강由良川[78]과 그 지류를 따라서 주로 새지붕을 인 민가로 이루어진 마을들이 띄엄띄엄 존재한다. 과거 미야

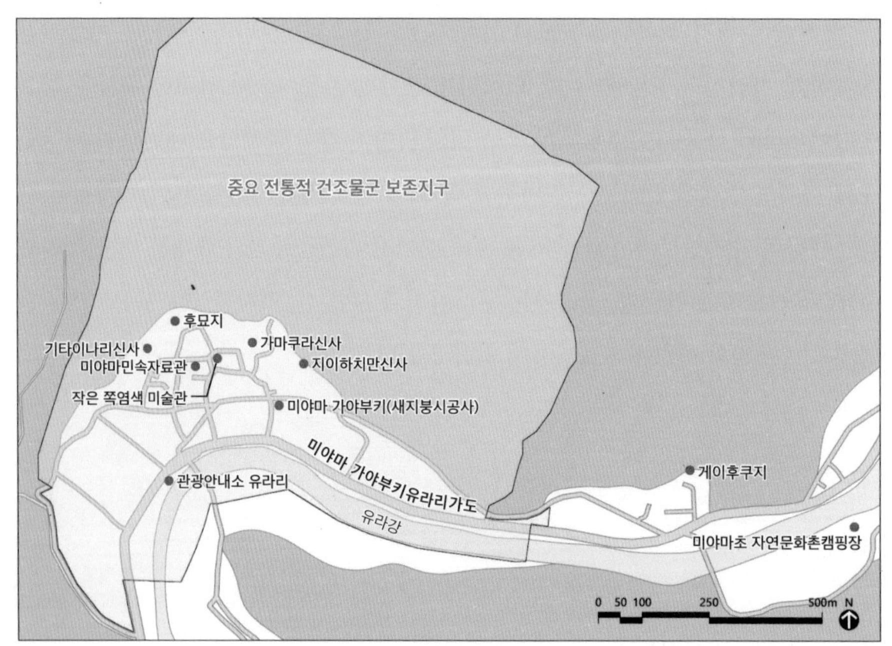

▲ 아름다운 산으로 둘러싸인 미야마초의 기타마을

◀ 기타야마형北山型 민가
측면, 곧 박공면 쪽으로 진입하는 민가들의 새지붕이 연속되는 모습

마초는 17세기 초에 에도막부* 영지, 1664년에 사사야마번篠山藩* 영지가 됐다. 산림 부분은 1802년 천황 영지가 됐다.

미야마초 기타北지구는 유라강 상류 북쪽, 와카사若狭가도 변에 있어 미나미南지구, 나카中지구 등과 함께 이 지역의 중심부를 형성했다. 미야마초의 마을들은 산간의 좁은 하안 평야에 농지가 있지만 생활 기반은 주로 임업이었다. 자급자족을 중심으로 한 이 지역의 농촌 경제는 메이지유신* 이후 도시부에 서양문명이 유입되기 시작한 뒤에도 크게 바뀌지 않았다. 20세기 전반에는 교토를 주된 시장으로 하는 숯

78 교토부(난탄시 미야마초), 시가현滋賀縣, 후쿠이현의 경계에 있는 산고쿠다케三國岳에서 발원해 교토부 북부 산골짜기를 크게 우회하면서 흘러 와카사만若狹灣에 이르는 총 길이 146km의 하천.

생산과 양잠 등이 번성했다.

기타마을의 북쪽 끝, 가장 표고가 높은 곳에 후묘지普明寺, 동쪽에는 이 지역 마을들을 지키는 신사들을 총괄하는 지이하치만知井八幡신사(본전은 1767년에 재건됨, 교토부 지정 문화재)가 있고 또 후묘지의 동서에는 마을의 수호신을 모시는 가마쿠라鎌倉신사와 기타이나리北稲荷신사가 있다. 이들 사찰과 신사의 남쪽으로 마을이 형성됐다. 완만한 경사지에 등고선을 따라 구불구불한 세 갈래의 동서방향 길과 남북방향의 다섯 갈래 경사진 길로 주거지가 가지런히 구획됐고 그 남쪽 끝에서 유라강을 향해 논이 펼쳐진다.

각각의 부지는 경사면을 돌담으로 고르고 계단식으로 만들었다. 부지의 중앙에는 본채와 헛간을 나란히 배치한다. 본채의 남쪽 앞마당에 상징목을 심고 북쪽에는 텃밭을 일구거나 과수를 심는다. 본채는 미야마초를 비롯한 산촌주거의 전형적인 평면과 구조형식을 가지고 있다. 지붕은 팔작 새지붕으로 가장자리에는 게야●를 두르고 용마루는 대체로 동서방향으로 설치한다. 대부분의 본채는 규모와 구조가 비슷하며, 건물 깊이(보 방향)가 7.2m에서 9m로 비교적 소규모다. 지붕틀은 마룻대공과 동자기둥으로 종도리 등 도리들을 받치고 서까래를 거는 구조로, 지붕은 X자 모양의 용마루 장식과 박공의 의장이 특징적이다. 평면구성은 박공면 쪽의 한쪽에 흙바닥 내부 마당을 두고 그 남쪽 모서리에 마굿간을 설치해 박공면 쪽과 긴 전면 쪽에 각각 출입구를 둔다. 기거실 부분은 용마루로 양분되는데, 남쪽에는 내부 마당 쪽부터 시몬데(아랫방)와 오모테(윗방)를 나란히 배치하고 앞마당 쪽으로 엔게縁側라고 부르는 툇마루를 붙인다. 전통적인 형식의 나야納屋 곧 헛간은 본채와 마찬가지로 팔작 새지붕인데, 용마루를 본채와 직각 방향으로 설치한다. 부지 안에는 이 밖에 도조●, 담, 대문 등이 있다.

기타지구는 약 50호의 마을인데 그 중 새지붕을 인 본채가 33채에 달한다. 헛간에도 새지붕을 인 집도 있다. 이들 새지붕 가옥을 화재로부터 보호하기 위해 마을 북쪽의 산림 중턱에 약 1,000톤의 방화수조를 설치하고 그곳에서 자연 유하 방식으로 급수하는 총 62기의 방수총●을 비치했다. 매년 봄·가을 두 번 점검을 겸해 방수총을 일제히 발사한다.

근래 새지붕 장인의 지원자와 도시에 나갔던 젊은이들이 돌아와 기타마을에 정

방수총 일제 발사
새지붕 마을의 방화 훈련으로 연 2회 봄·가을에 실시한다. 이때 많은 관광객이 방문한다.

방수총
평소에는 새지붕 민가 모양의 나무상자 안에 보관된다. 지구 안에 62기가 비치되어 있다.

새지붕과 고이노보리 鯉のぼり
1796년에 건축된 이 건물은 이 지구에서 가장 오래된 민가다. 현재는 쪽염색 작가가 자신의 작품과 수집품을 전시하는 「작은 쪽염색 미술관」으로 운영하고 있다.

새지붕
새지붕은 새를 교체한 직후에도 아름답지만 시간이 지남에 따라 매력을 더한다.

미야마민속자료관
2000년에 소실되어 2년 후 종전대로 복원됐으며, 본채, 헛간, 창고가 공개되고 있다.
「가야부키노사토 보존회」가 운영하는데 농기구와 생활도구 등을 전시한다.

착해 회사를 설립하고 이 마을뿐 아니라 전국 각지에서 새지붕 공사를 하고 있다. 이 회사는 창업한 지 20년이 넘었는데 새지붕 장인은 독립해 떠난 사람을 포함해 열 명 이상이라고 한다. 또한 기타마을에서는 자신들의 손으로 새지붕 마을을 지키고자 1988년에 지역 사람들로 「가야부키노사토(새지붕 마을) 보존회」를 설립해 행정 부문과 함께 보존에 나서고 있다. 그리고 보존회에서 지역의 오래된 농기구와 생활도구 등을 전시하는 「미야마민속자료관」을 운영하고 그 제휴 조직으로 지역 주민이 출자한 유한회사 「가야부키노사토」가 지역 주민을 고용해 식당과 기념품점, 민박을 운영한다. 이렇게 함으로써 마을 안에 외부 상업자본이 함부로 진출하는 것을 억제하고 있다. 1999년 제정한 자주적인 주민 헌장 「가야부키노사토 헌장」을 토대로 상당히 성공적으로 마을을 자주적으로 관리하고 있다. 2016년에는 지역민들과 미래의 정착자를 위한 지역의 규정집 「마을의 교과서」를 발간했다. 또한 근래에는 새지붕의 농가를 통째로 임대하는 숙박시설이 인기를 끌고 있다.

4-22

마이즈루시 기타스이

_교토부

마이즈루시舞鶴市는 교토부 북부의 바다에 면한, 인구 약 8만 명의 항만도시다. 도시의 중앙에 높이 301m의 산 고로가타케五老岳가 자리해서 시가지가 동서로 나뉘었다. 니시마이즈루西舞鶴는 에도시대(1603~1868) 미야즈번宮津藩*에서 분할된 다나베번田辺藩의 성하마을*로 번성했고 히가시마이즈루東舞鶴는 농어촌이었다. 메이지 유신* 뒤 두 지역을 합해 마이즈루라고 명명했다.

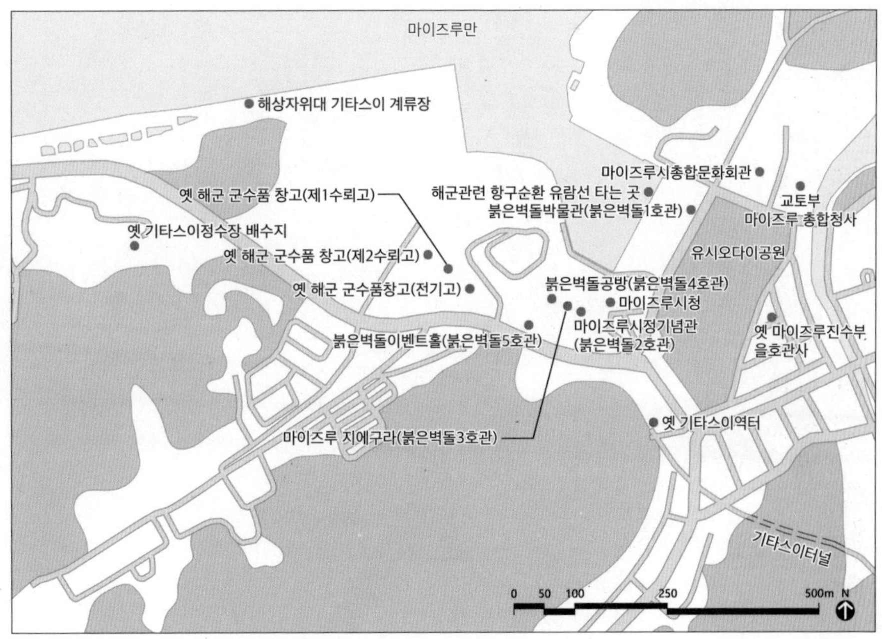

붉은벽돌박물관
중요문화재.

1889년에 메이지 정부는 만의 어귀가 좁고 방어에 적합한 마이즈루만에 해군의 근거지인 진수부鎮守府를 설치하기로 결정했다. 히가시마이즈루의 옛 하마浜마을 등에 해군의 여러 시설을 건설하기 시작해 1901년에 진수부를 개청했다. 이듬해에는 새로운 도시계획에 기초한 바둑판 형태의 시가지가 완성되었고 철도, 수도 등 근대적 도시시설이 빠르게 정비됐다. 동서로 뻗은 가로에 미카사三笠와 후지富士 같은 군함명을 붙인 군항軍港도시가 출현했다.

현재 마이즈루시청이 있는 히가시마이즈루의 기타스이北吸지구는 진수부의 군

「마이즈루 지에구라」 내부
중요문화재. 박물관과 갤러리로 정비해 공개하고 있다. 내부공간의 중앙부에 철근콘크리트 내진구조벽을 설치하고 주위에 철골 프레임을 추가해 보강했다.

「마이즈루 붉은벽돌파크」에 있는 1902년 건설된 옛 진수부 창고군
앞쪽이 시정자료관.

역사를 느끼게 하는
옛 해군 군수품창고인 벽돌조 창고군
오른쪽부터 제2수뢰고, 제1수뢰고, 전기고. 1902년 준공. 중요문화재.

수부 본부가 있던 곳이다. 여기에 1901년부터 1919년경까지 건설된 마이즈루 옛 진수부의 창고시설인 벽돌조와 철골벽돌조 건물 12채가 남아 있다. 그 가운데 8채가 중요문화재다.

1903년 건설된 어형수뢰고魚形水雷庫[79]는 1993년 「붉은벽돌박물관」으로 재생, 공개됐다. 또한 현재의 시청 근처에 있는, 1902년에 건설된 예비함병기고豫備艦兵器庫는 1994년 「시정기념관市政記念館」으로 보존·정비되어 주민 교류의 장으로 재생됐다. 역시 1902년에 건설된 탄환고 및 소총고는 2007년 「마이즈루 지에구라智惠蔵」로 조성됐다. 이어서 2012년에는 새로 두 채의 벽돌 창고를 「붉은벽돌공방」과 「붉은벽돌이벤트홀」로 정비해 시청 주변에 있는 벽돌조 건물 대다수를 「마이즈루 붉은벽돌파크」로 보존·활용하고 있다. 그 밖의 벽돌조 건물들은 지금도 창고로 쓰인다.

붉은벽돌파크가 내려다보이는 언덕에는 1901년 건설된 옛 기타스이 정수장의 배수지가 두 개 있다. 상부 구조물은 모두 벽돌조다. 옛 기타스이 정수장은 동부 시가지를 관통해 흐르는 요호로천与保呂川의 상류에 조성한 요호로 수원지 시설과 가쓰라桂저수지 시설과 함께 군항의 수도시설이다. 이것들은 지금도 마이즈루시의 수도시설로 잘 활용되고 있는데, 근대화 유산인 「마이즈루 옛 진수부 수도시설」로 토지와 함께 중요문화재로 지정됐다. 또한 옛 마이즈루 해군공창工敞은 제2차 세계대전 이후 민간 조선소로 운영됐는데 부지 안에는 지금도 23건의 벽돌조 건물이 남아 있다.

마이즈루시에서는 1988년부터 시의 공무원 중 뜻있는 사람들이 자발적으로 벽돌조 건물을 조사하기 시작해 114건의 벽돌조 건물을 확인했다. 그 뒤 1991년에 시민과 시청 직원, 행정 부문이 공동으로 특정비영리활동법인● 「붉은벽돌구락부赤煉瓦倶楽部·마이즈루」를 결성하고 붉은 벽돌의 매력을 살리는 아트 이벤트, 축제 등 다양한 사업을 전개해 국내외에 홍보함으로써 개성적인 마을 만들기에 매진하고 있다.[80]

---

79 어형수뢰는 흔히 어뢰라고 줄여 부른다.

80 「붉은벽돌구락부·마이즈루」와 마이즈루시는 일본의 근대건축 보존에서 선도적인 역할을 한 공로로 2016년도 「일본 이코모스상」을 받았다.

마이즈루만에 침몰한 우키시마호

하기와라 메구미

1945년 8월 22일 홋카이도와 혼슈 북부를 관장하는 일본해군 경비부가 설치된 혼슈 북쪽 끝 아오모리현青森縣 오미나토항大湊港에서 총 톤수 4,730톤, 길이 107m의 대형 선박인 우키시마마루浮島丸('마루'는 배 이름을 나타내는 일본어 접미사, 이하 '호')가 출항했다. 최종 목적지가 부산항인 이 배에는 당시 일본해군 항공기지로 중요한 위치를 차지했던 미사와三澤 비행장을 비롯해 아오모리현 각지에서 일하다 해방을 맞아 귀국하려던 수천 명의 조선인 노동자와 그 가족들이 타고 있었다. 우키시마호는 이틀 뒤인 8월 24일 오후 5시 20분경 최종 목적지인 부산항이 아닌 마이즈루항 앞바다에서 폭발한 뒤 침몰했다. 그러나 당시 실종자의 수색 및 유해 수습, 침몰 원인에 대한 조사는 제대로 이루어지지 않았다.

일본 정부가 발표한 자료에는 조선인 승객 3,735명과 일본인 승무원 255명이 승선했으며 그 중 549명이 사망한 것으로 되어 있다. 다만 이 숫자는 사건 발생 며칠 뒤인 9월 1일에 오미나토 해군시설부가 작성한 '우키시마호 사몰자명부(사망자 명단)'에 적힌 것이다. 아직 유해 수습도 되지 않은 시기인 만큼 신뢰성이 없는데 일본 정부는 그 밖의 근거자료를 내놓지 않았다. 침몰 원인 또한 미군이 부설한 기뢰로 인한 사고라고 했다. 그러나 생존자들과 목격한 주변 주민들의 증언이나 연구자들의 당시 상황 분석 결과를 보면 승선자수, 사고 원인 모두 일본 정부의 발표와 큰 차이가 난다. 당시 배에는 7,000~12,000명이 탔고 1,000~5,000명이 사망했다는 것이다. 침몰 원인에 대해서도 부산에 가기 싫은 승무원이 항명해 자폭했다는 설, 일본 군부에서 계획적으로 폭파했다는 설 등이 제기되고 있다.

1992년 한국측 생존자와 유족들이 일본 국가를 상대로 제기한 배상청구소송은

2003년 최고재판소가 원고들의 상고를 기각하면서 패소로 끝났다. 한편 진상 규명조차 제대로 이루어지지 않은 상황을 타개하기 위해 노력해 온 시민들이 '우키시마호 순난자를 추도하는 모임'을 결성해 현재까지 활동을 계속하고 있다. 1978년 침몰 현장 근처 바닷가에 '우키시마호 순난자 추모비' 건립, 1989년 책 『우키시마호 사건의 기록』 발간, 1995년 영화 「아시안 블루」 제작, 2005년 동아시아 국제평화 심포지엄 개최 등이 그 성과다. 물론 일상적인 자료수집과 조사활동도 꾸준히 하고 있으며 매년 8월 24일에는 추모비 앞에서 추모집회를 열고 있다.

추모비는 기타스이지구의 바다 건너편, 즉 붉은벽돌파크에서 직선거리로 약 4km, 마이즈루만을 끼고 가면 약 11km, 차로 20분 만에 갈 수 있는 마이즈루시 사바카佐波賀지구에 있다. 물에서 빠져나오려고 안간힘을 다하는 사람들 가운데 아기를 안고 우뚝 선 한복차림의 여성을 형상화한 높이 약 2.6m의 추모비는 끝내 건너지 못한 바다를 멀리 바라보고 있다. 군항도시 마이즈루와 한국의 슬픈 인연을 보여 주는 이 추모비는 정체된 한일 양국 관계와 달리 시민들의 연대와 협조가 이루어지는 자리이기도 하다.

참고

「KBS 일요스페셜-귀국선 우키시마, 부산을 향하지 않았다」
https://www.youtube.com/watch?v=hcG6XN_p8T0&t=52s
「[기억 마주서다] "그 곳은 지옥이었어" 우키시마호-의문의 침몰」
https://www.youtube.com/watch?v=Mosri48F8UQ
'浮島丸爆沈事件'から77年…なぜ北朝鮮はいまだに日本政府を非難し続けるのか
舞鶴湾で起きた謎多き大事件【前編】(伊藤孝司、講談社『現代ビジネス』ウェブサイト、2022.8.13)
https://gendai.media/articles/-/98045?imp=0
海軍特設巡洋艦「浮島丸」爆沈事件…乗客は渦に巻かれ、海は血の色に染まった
舞鶴湾で起きた謎多き大事件【後編】(伊藤孝司、講談社『現代ビジネス』ウェブサイト、2022.8.13)
https://gendai.media/articles/-/98050?imp=0
「〈歴史の「語り部」を探して〉加害向き合う出発点、学習と話し合い / 京都編(下)」(韓賢珠、『朝鮮新報』2022.7.21)
https://chosonsinbo.com/jp/2022/07/21-98/
「'한인귀국선' 우키시마호 폭침 日발표 부정확」(연합뉴스 김연정 기자, 2010.12.26)
https://www.hankyung.com/society/article/2010122602988
『エイジアン・ブルー　浮島丸サコン』予告動画
https://www.youtube.com/watch?v=RzNPrim0RC4

4-23

이네초 이네우라

_교토부 요사군

중요 전통적 건조물군 보존지구
310.2ha, 2005년 선정

교토부 북부 단고丹後반도의 이네초伊根町 이네우라伊根浦 연안은 어업을 하는 마을이다. 이네우라는 동·서·북 삼면이 산으로 둘러싸이고 남쪽은 만의 어귀로 열려 있다. 자루 모양의 만은 간만의 차이가 작고 물결이 잔잔하며 수목이 풍부한 주변의 산에서 영양분이 모여[81] 예로부터 해산물이 풍족했다. 예전에는 만 안에서 방어나 고래도 포획했다. 또한 이네만은 좋은 항구로서 17~19세기 니시마와리 항로•를 왕

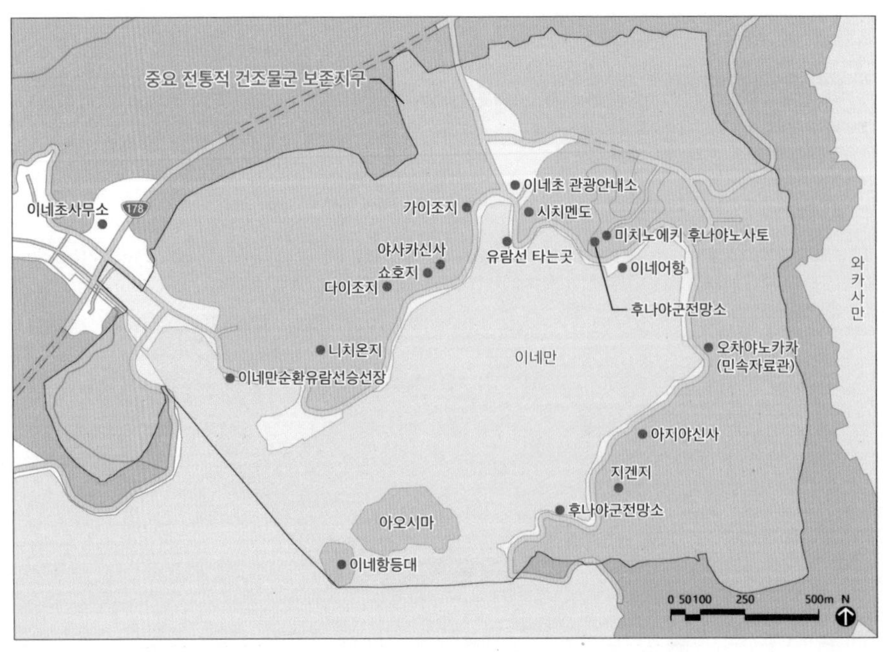

후나야가 즐비한 이네만 주위의 마을

래하며 각지에 물자를 날랐던 상업용 배인 니시마와리선이 출입했다고 한다.

이네우라마을은 어선을 격납하는 후나야舟屋 230여 채가 만을 따라 약 5km에 걸쳐서 바다에 면해 빗살처럼 나란히 자리한다. 도로를 사이에 두고 산 쪽으로 본채, 바다쪽에 창고가 늘어섰다. 박공벽 상부에 작은 고테에[•]를 그려 놓은 창고도 많다. 후나야는 박공면 쪽으로 진입하며, 판석 등을 깐 경사면으로 어선을 일층에 끌어올려 격납한다. 후나야의 기둥과 토대는 주로 바닷바람에 포함된 소금기에 강한 모밀잣밤나무로 만들었다. 후나야는 본래 새지붕을 인 단층 건물로, 상부는 어망을 건조시키거나 어구를 수납하는 용도로 썼다. 1880년부터 1950년까지 여러 차례 방어가 풍어였던 덕에 많은 후나야가 기와지붕의 이층 건물로 개축됐는데 이층에는 창고와 기거실을 두었다. 현재는 민박 용도로도 사용한다. 본채는 긴 전면으로 진입하는 맞

---

81 주위의 산은 삼림법에 근거해 「어부림魚付き保安林」으로 지정됐다. 어부림은 어류를 모으고 번식과 보호를 목적으로 조성한 해안림으로, 에도시대부터 존재했다.

▲ 후나야군
이층 건물로, 일층에 배와 어구를 보관하고 이층은 기거실로 쓰는 경우가 많다.

▶ 후나야군과 어선

▶ 후나야 가로
길의 바다 쪽에 창고, 산 쪽에 본채가 나란히 배치됐다.

▶▶ 창고 박공벽의 고테에
학과 거북을 그려 놓았다.
창 안쪽의 「수水」자도 고테에다.

배지붕 건물이다. 평면구성은 3칸 히로마형広間型三間取り[82]이 기본인데 농가에 비해 출입구 쪽의 정면 폭이 좁다. 도로에 면한 쪽에 툇마루(엔가와縁側)가 설치된다.

이네우라의 중요 전통적 건조물군 보존지구는 만을 둘러싼 산의 어부림을 포함해 능선의 안쪽과 마을, 그리고 이네만을 포함해 넓이가 약 310ha에 이른다. 해수면을 포함해 보존지구를 지정한 것은 이네우라가 최초이다. 1980년대부터 이네우라 현지에서 후나야군의 보존에 대한 관심이 높아져 1994년에는 「이네초 후나야 경관 유지 보전계획」이 수립됐다. 1997년에는 이네우라 역사적 경관의 보존·활용에 관심이나 흥미를 가진 주민들이 참여해 「이네우라 후나야군 보존연구회」를 결성했다. 그리고 2001년에 가로의 보존을 위한 조사가 시작되었고 2005년에 중요 전통적 건조물군 보존지구로 선정됐다.

---

82 민가 평면형식의 하나. 주로 농가에서 보이는데, 흙바닥 내부 마당에 면해 넓은 마루, 곧 히로마와 그 안쪽에 침실과 자시키●를 설치해 모두 3칸으로 구성한다.

4-24

요사노초 가야

_교토부 요사군

중요 전통적 건조물군 보존지구
12.0ha, 2005년 선정

교토부 요사노초与謝野町는 교토부 북부 단고丹後반도가 시작되는 부분에 위치한다. 대체로 그 중앙, 노다천野田川을 따라 형성된 가야다니골加悅谷에 가야加悅지구의 중심부가 있다. 가야다니골은 고대부터 단고반도 일원과 나라奈良·교토를 잇는 교통의 요충지였다. 14세기에는 교토의 짓소인実相院이라는 절의 영지인 「가야노쇼賀悅庄」가 됐다. 1465년에 가야노쇼에서 짓소인으로 견직물을 바친 기록이 있다.

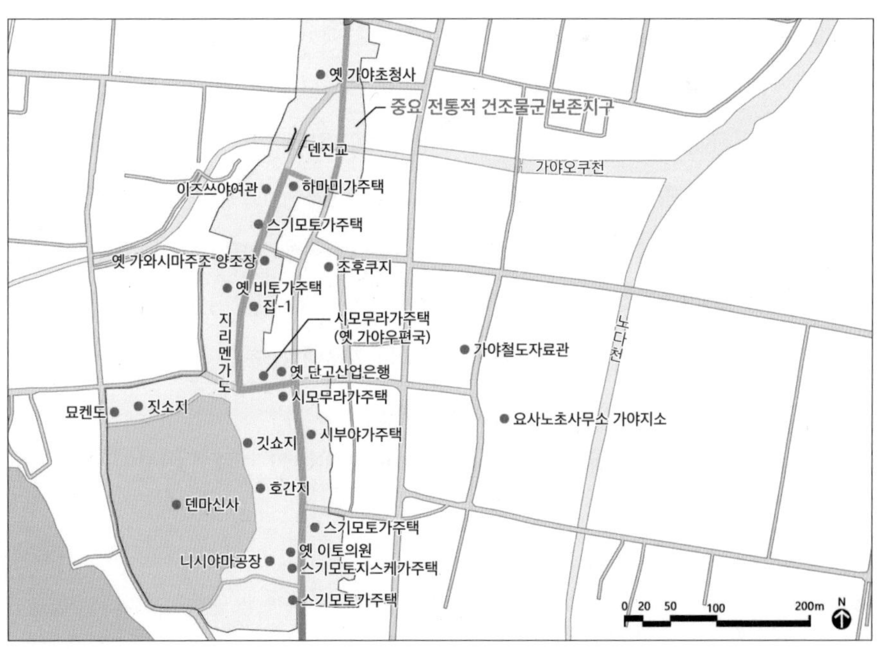

현재의 가야지구는 1580년에 당시 단고반도 일원을 지배하고 있던 영주 호소카와 후지타카細川藤孝의 중신重臣이 현재 마을의 북쪽 산 위에 야스라성安良城을 쌓고 산기슭 근처에 성하마을*을 조성함으로써 시작됐다. 그러나 3년 뒤 야스라성은 폐성廢城되었고 가야는 성하마을의 명맥을 마감하고 저잣거리가 됐다. 17세기 후반에는 저잣거리의 기능도 중단됐고 지방의 중심인 재향마을*이 됐다.

1722년에 교토의 니시진西陣[83]에 지리멘縮緬織의 제작 기술이 전해졌다. 지리멘은 비단을 평직平織으로 짠 직물을 말한다. 날줄에 꼬임이 없는 실을 사용하고 씨줄에 왼쪽 방향과 오른쪽 방향으로 각각 강한 꼬임이 있는 실을 번갈아 짠 뒤 정련해 실을 수축시켜 오돌토돌한 주름 모양을 만든다. 이 지역에서 짧은 기간에 지리멘 방직업자가 늘어났는데, 이는 14세기부터 견직물 기술이 축적됐기 때문에 가능했을 것이다. 단고 지리멘은 이 지방을 다스리던 미야즈번宮津藩*의 중요한 세수원의 하나로 발전의 길을 걸었고 또 19세기 후반에는 스스로 니시마와리 항로*를 돌면서 각지의 산물을 사들여 팔고 다니는 기타마에부네北前船라는 배의 선주도 등장해 가야는 단고반도 일원에서 유통경제의 거점으로 중요한 지위를 차지했다.

가야의 지리멘 생산은 1973년경에 전성기를 맞았지만 그 뒤 일본인들의 생활방식이 변해 기모노에 대한 수요가 감소함에 따라 그 생산량이 급감했다. 그러나 아직도 단고반도 일원은 일본 견직물의 3분의 1을 생산해 주 생산지의 지위를 유지하고 있으며 가야지구에서도 지리멘의 생산이 계속되고 있다.

가야의 역사가로는 주로 현지에서 「지리멘가도」라고 부르는 옛 가도 주변 지역으로, 전체 길이는 약 630m이다. 지리멘가도의 중간쯤 두 곳에서 길이 직각으로 꺾이는데, 이는 방어를 중시한 성하마을 특유의 토지구획을 보여준다. 남쪽 굴곡 지점에서 이어진 돌계단을 오르면 언덕 위에 텐마天満신사가 있다. 16세기 후반에 여기로 옮겨왔다고 하는데 본전은 상량문에 따르면 1733년 건축됐다. 이 언덕 아래에는 몇몇 사찰과 신사가 모여 사찰마을*을 이루었다.

가도변에는 봉건시대부터 제2차 세계대전까지 지어진 오래된 건물들이 줄지어

---

83 교토시 가미교구上京區 서부 지구로, 고대부터 궁중용 의복을 생산했고 17세기 이후에는 방직업의 고장으로 발전했다. 현재도 일본을 대표하는 고급 견직물 산지다.

▲ 가야 지리멘가도의 경관
왼쪽 끝 집(지도의 '집-1')의 자시키 앞에 허리 높이의 「엔가키」가 있다.

◀ 옛 비토가尾藤家주택의 서양풍 건물과 중정
1863년 건설된 옛 지리멘 상인의 대저택으로, 서양풍 건물은 1928년 건축됐다. 교토부 지정 유형문화재로 공개되고 있다.

있다. 가로에 면한 대부분의 마치야•는 긴 전면으로 진입하는 맞배지붕 이층 건물로, 집 안을 관통한 내부 마당[84]이 있는 네 칸 구성•인 것이 많다. 일층 정면은 예전에 베틀을 두었던 방의 길 쪽에 하타야마도機屋窓라 부르는 허리 높이의 창, 또는 그것보다 약간 높은 살창을 설치하고 자시키•의 길 쪽에는 「엔가키縁垣」를 설치한다. 엔가키는 길에 면한 자시키의 툇마루 언저리에 설치해 길과 옥내 사이를 구분하는, 보통 허리 정도 높이의 목제 틀이다. 가는 살로 짜거나 집안 이름 글자를 디자인하는 등 의장에 공을 들인 것도 있다. 창살과 같은 기능을 갖는데 탈착하기 용이하다.

이 밖에 이 지구 안에는 지리멘 공장과 직공들의 숙소, 대규모 명주실 지리멘 상점 건물 등 지리멘 관련 시설도 여러 곳에 남아 있다. 또한 옛 가야철도 가야역사, 옛

---

84 가야지구에도 지리멘 생산이 번성하기 전에는 농가처럼 넓은 흙바닥 내부 마당을 둔 집들이 있었다고 한다.

스기모토 지스케가杉本治助家주택
지리멘가도에 면해 있는데 1917년 이후 이곳으로 옮겨왔다고 한다. 집 앞에 「지리멘 발상지」라는 표지석이 세워졌다.

스기모토가杉本家주택
19세기 말경 건축. 본채는 가도에서 조금 물러나 위치하며 도조●를 모퉁이에 두고 높은 담을 둘렀다. 가야지구에서 유일하게 우다쓰●가 설치됐다.

니시야마西山공장
1894년에서 1908년까지 차례로 건설. 지리멘 생산을 수작업에서 기계 동력으로 전환했다.

옛 가야철도 가야역사
1926년 건설된 목조 2층 역사를 이축해서 철도자료실로 공개하고 있다. 요사노초 지정 문화재.

가야초加悦町청사 등 가야의 근대를 알려주는 건축물도 보존해 공개하고 있다. 1926년에 개업한 가야철도는 요사노초 노다천의 단고야마다역丹後山田驛에서 가야역까지 이어졌던 민영철도다. 주로 단고 지리멘을 교토와 오사카 등지에 수송하는 것을 목적으로 개통했는데 니켈을 운반하기도 했다. 옛 가야역사는 1926년 건설된 서양풍 목조 2층의 작은 철도역사 건물이다. 1926년부터 가야철도가 폐선된 1985년까지 영업했다. 가야초청사는 1929년에 건설된 서양풍 목조 2층 건물로 교토부 지정 문화재다. 2002년까지 합병 전의 옛 가야초 청사로 사용했으나 현재는 관광정보 제공, 베짜기 체험, 찻집 등으로 활용된다.

4-25

돈다바야시시 돈다바야시 사찰마을

_오사카부

중요 전통적 건조물군 보존지구
12.9ha, 1997년 선정(2018년 확대)

돈다바야시시富田林市는 오사카부大阪府의 남동부에 위치하는데, 남북으로 흐르는 이시카와천石川 유역에 펼쳐진 평야를 중심으로 발전했다. 구릉 위에는 몇 개의 고분군 등이 있어 문화유산이 풍부한 곳이다.

돈다바야시지구의 역사가로는 돈다바야시시의 거의 중앙에 있다. 일찍이 이곳은 동북에서 서남으로 히가시코야가도•가 관통하고 다른 가도가 서북에서 남동쪽

조노몬스지城之門筋
도요토미 히데요시●가 건설한 후시미성伏見城의 성문이 고쇼지 별원의 산문으로 이축되어서 이런 이름이 붙었다.

으로 지나가는 교통의 요충지였다. 1560년경 혼간지本願寺(4-6 참조) 계열 주요 사찰인 고쇼지興正寺의 주지가 당시 이 일대를 지배하고 있던 무장으로부터 이시카와천 주변의 황무지를 취득해 인근 네 개 마을의 유력자 8명에게 고쇼지의 별원●[85] 건립과 토지구획을 요청했다고 한다. 돈다바야시는 그때 이미 봉건영주가 부과하는 여러 가지 세금을 면제받고 토지와 재물의 소유권 반환을 강요받지 않는 등 자치 도시로서의 권리를 획득했고 고쇼지 별원을 핵심으로 하는 사찰마을●의 틀을 갖추었다.

돈다바야시 사찰마을은 남쪽 이시카와천의 물길에서 약 10m, 서쪽 평지에서 수 미터 높이의 평지에 있다. 주위에 대숲을 갖춘 흙담을 둘렀고 마을 안은 건설 초기부터 남북 6개 스지, 동서 7개 초●로 정연하게 구획됐다. 돈다바야시 사찰마을은 오다 노부나가●와 이시야마혼간지石山本願寺[86]가 20년 가까이 분쟁하는 동안에도 자신들

85 고쇼지 별원의 본당은 1638년에 건립됐는데, 간사이 지방에서 가장 오래된 정토진종● 본당이다. 대면소對面所, 종루, 고루, 산문●, 오나리몬御成門과 함께 중요문화재로 지정됐다. 산문은 후시미성(4-17 참조)에서 교토의 고쇼지 북문으로 이축됐고 1857년에 다시 돈다바야시의 고쇼지 별원으로 옮겨 지어졌다.

86 현재 오사카시 주오구中央區의 오사카성大阪城공원이 있는 자리에 1497년 건설된 사찰로, 해자, 담, 토성으로 방비하고 그 주변에는 사찰마을을 건설한 견고한 환호성곽 도시였다. 1533년에 혼간지 교단의 중심 사찰이 되어 발전했으며 1570년경부터 오다 노부나가와 대립했다. 1580년 이시야마혼간지는 오랜 기간 오다 노부나가와 항쟁한 끝에 패배해 그 자리를 넘겨줬고 그 직후에 불타버렸다.

이 섬기는 고쇼지와 인연이 깊은 혼간지 편에 서지 않고 평화정책을 견지해 16세기 후반 전란의 시대를 견뎌냈다.

돈다바야시는 1608년에 앞에서 말한 각종 특권을 잃었고 17세기 전반 상품경제가 대두하면서 주변 농촌과 밀접한 관계를 가진 재향마을•로 발전하기 시작했다. 그리고 17세기 말부터 18세기 초 무렵에는 돈다바야시 사찰마을의 창설에 힘쓴 마을의 유력자 8명에 포함되는 스기야마가杉山家, 나카무라가仲村家 등이 일본술 제조업을 시작했다. 돈다바야시 사찰마을 건설에 힘쓴 여덟 가문 중 필두인 스기야마가는 처음에는 무명 도매상, 그 뒤에 양조업을 했다. 주변 농가에서 재배해 제품화한 무명은 가와치무명河內木綿으로 통칭됐는데, 실이 굵고 직물이 두꺼워 상점 입구에 치는 포렴布簾 등에 많이 쓰였다. 가와치무명은 오사카의 무명 도매상이나 이 책 '제4부 간사이의 가로'에서 여러 번 등장하는 오미 상인•에 의해 각지로 출하됐다. 양조업과 무명 관련 상업이 성행해 1688년 돈다바야시에는 51가지 업종의 149개 점포가 있었다고 한다. 이와 같이 17세기부터 19세기에 걸쳐 돈다바야시는 오사카 남동부의 경제 중심 도시라는 위상을 가지고 있었다.

돈다바야시의 역사가로는 옛 사찰마을의 대부분에 걸쳐 있다. 사찰마을에서는 한 블록이 대체로 동서 약 72m, 남북 약 36m 크기로 구획됐다. 각 블록은 동서로 난 부지 분할 수로•로 남북으로 양분됐고 각 부지는 전면 폭 약 10.8m, 깊이 14.4m를 기본으로 계획적으로 구획됐다. 19세기 전반에는 마을 유지층이 대규모의 토지를 소유하게 되어 부지 분할선을 넘는 거대한 저택들이 늘어섰고, 한편으로는 협소한 셋집군 구역도 나타나는 등 재향마을•로서 발전된 모습을 보였다. 그 뒤로는 도시 골격에 큰 변화가 없어 지금도 사찰마을의 상황을 잘 볼 수 있다.

돈다바야시의 마치야• 본채는 교토의 마치야와 비교할 때 전면 폭이 넓다. 그리고 네 칸 구성• 이상의 마치야에서는 가로에 면해 배열된 흙바닥의 내부 마당과 거실이 거의 같은 면적인 경우가 많다. 내부 마당의 오른쪽에 시모미세•, 그 뒤에 가마야•가 배치되며 넓은 내부 마당을 사이에 두고 4~6칸의 거실이 배열된 농가형 평면인데, 가로에 면한 부분에 살창 등을 설치한 데서 마치야의 특색을 볼 수 있다. 17세기 전반에는 대부분 초가지붕이었으나 점차 방화성능이 좋은 원통형기와지붕에 흙바름 벽으로 바뀌었으며 19세기 이후에는 일식기와지붕이 많아졌다.

17세기 중기의 건축물로 여겨지는 옛 스기야마가杉山家주택(중요문화재)을 비롯해 팔작지붕 또는 맞배지붕, 원통형기와지붕, 낮은 이층 구조, 긴 전면 진입 등의 형식을 갖춘 비교적 큰 규모의 마치야 본채가 도조● 및 기타 부속채와 함께 가로를 따라 늘어섰고 고쇼지 별원 등의 사찰이 핵심적 위치에 자리 잡고 있다. 마치야는 주로 동서방향 길에서 집의 긴 전면에서 진입하는 형태로 늘어서 있기 때문에 동서방향 길은 차양선이나 처마선이 이어져 경관에 통일성이 있다. 그리고 남북방향 길, 곧 스지에는 본채와 도조의 박공면이 면해 변화감 있는 경관을 이룬다. 지구 안의 주요 네거리에서는 남북 어느 한쪽 길이 도로 폭 절반 정도 어긋나는 이른바 아테마게● 수법이 사용됐다. 네거리에 면하는 건물의 지붕은 팔작지붕이나 야쓰무네조●로 하고, 맞배지붕의 경우에는 박공면에 작은 빗물막이를 설치하는 등 의장에 공을 들였다. 또한 3층짜리 도조를 갖춘 대규모 마치야도 있다.

1997년, 돈다바야시의 역사가로는 옛 사찰마을지구 중 서쪽 일부를 제외한 약 11.0ha가 국가의 중요 전통적 건조물군 보존지구로 선정됐다. 과거 지구 안을 동서와 남북으로 관통하던 도시계획도로 중 동서방향의 도시계획도로는 폐지했지만 남북방향의 도시계획도로는 폐지할 수 없어서 옛 사찰마을지구의 서쪽 일부는 포함되지 못했다. 도시계획도로는 도시계획법에 따라, 양호한 시가지 환경을 정비하기 위한 도시계획과 통합해 조성되는 도로로, 확폭 등의 계획이 세워지므로 도시계획 도로구역 안에는 항구적인 건물을 지을 수 없다. 전통적 건조물군 보존지구의 후보지구는 그 지방의 중심적 시가지였기 때문에 일찍부터 확폭을 포함한 도시계획도로가 결정된 경우가 있는데, 확폭 예정 부분에서는 도시계획 제한 때문에 개축 등이 억제됨으로써 오히려 오래된 건물이 유지되는 결과가 되기도 한다. 한편 보존을 목표로 하는 전통적 건조물군 보존지구는 도로정비를 수반하는 도시계획도로와 양립할 수 없으므로 도시계획도로의 폐지를 전제로 전통적 건조물군 보존지구의 도시계획 결정을 한다.

한편 전통적 건조물군 보존지구에 포함되지 못한 지역에서도 돈다바야시시의 독자적인 경관 시책으로 전통적 건조물군 보존지구에 준하는 보존사업이 진행됐다. 그리고 2013년에 남북방향의 도시계획도로도 폐지하고 2018년에 서쪽 부분 약 1.9ha를 추가해 옛 사찰마을 전역이 중요 전통적 건조물군 보존지구가 됐다.

◀ 옛 스기야마가주택
길이 32.7m, 깊이 15.8m, 일부 이층의 단층 건물로 원통형기와지붕을 인 큰 상점주택이다. 본채의 일부는 17세기 전반에 건립되었으며 그 뒤 증축을 거듭해 1734년에 지금의 모습이 됐다. 맞은 편에 사찰마을센터가 있다.

▼ 옛 스기야마가주택에서 열린 음악회
본채 안쪽의 모퉁이채를 무대로, 마당을 객석으로 삼았다.

오쿠타니가奥谷家주택
19세기 초. 대대로 목재상을 한 집이다. 사진 오른쪽 박공면 쪽이 조노몬스지.

(남) 오쿠타니가주택
19세기 후반. 사진 왼쪽 박공면 쪽이 조노몬스지. 미소 제조업을 한 집이다.

하시모토가橋本家주택
18세기 후반. 사진 왼쪽 박공면 쪽이 조노몬스지.

4-26

고베시 기타노초 야마모토도리

_효고현

중요 전통적 건조물군 보존지구
9.3ha, 1980년 선정

고베시神戸市는 세토내해● 동쪽 끝 오사카만에 면하는데, 현재의 고베항 서쪽은 예로부터 외국 선박도 정박하는 효고노쓰兵庫津라는 항만시설이 있어 번성했다. 고베가 근대 도시로 발전한 것은 1858년 미일수호통상조약●의 체결에 따라 효고노쓰를 개항하기로 결정한 데서 시작됐다.

이 조약은 개항장에 외국인 거류지●를 설치해 외국인이 거주하고 자유롭게 무역

활동을 할 수 있도록 규정했다. 그러나 효고노쓰는 비좁아서 3.5km 동쪽 고베촌에 거류지를 조성하게 됐다. 정세가 불안한 시기라서 많이 지연됐지만 1868년 개항이 이루어진 뒤 몇 년에 걸쳐 약 25.7ha, 126구획의 고베 거류지가 조성됐다. 현재의 고베항 근처, 수많은 근현대 사무실 건물과 상업 건물들이 밀집한 지역이다.

한편 거류지의 조성이 늦어졌기 때문에 메이지 정부는 거류지 주변의 9개 마을에 임시로 외국인이 거류하는 것을 허용했다. 이 구역을 잡거지雜居地라 하며, 이곳에서 외국인들은 일본인과 계약을 맺고 토지와 가옥을 빌리거나 신축할 수 있었다. 그런 지역으로 선정된 곳이 고베 거류지와 가장 가까운 롯코산六甲山 기슭, 천혜의 위치에 있는 기타노촌北野村이었다. 그 부근은 계단식 논밭 곳곳에 마을과 저수지가 산재한 농촌이었다. 1872년에는 산기슭을 개발하기 위해 동서 3갈래, 남북 5갈래의 도로공사가 시작되었고 기타노촌을 포함한 지역과 거류지를 연결하는 간선도로도 개설됐다. 이어서 1888년부터 한 차례 더 새길을 내는 공사가 진행되어 1890년대부터 외국인들의 주택 건축도 한층 활발해졌다. 기존의 일본 가옥과는 다른 이런 서양식 주택은 이방인이 살았기 때문에 「이진칸異人館」이라 불린다. 이 일대의 이진칸 건설은 20세기 초엽에 가장 활발했으며 1930년경까지 이어졌다. 이 지역은 이들 서양식 건물에 수준 높은 일본식 주택들이 더해져 이국적인 정서가 농후하며, 롯코산 기슭의 경사지에 위치해 경관이 더욱 다채로운 독특한 가로를 이루었다. 이곳에서는 1870년대 이후 주택의 다양한 시대적 변천을 볼 수 있다.

전성기에 100채가 넘었던 이진칸은 전쟁 피해와 전후 재건축 등으로 감소했고 옛 핫삼주택[87]이나 옛 헌터주택[88]처럼 다른 곳에 옮겨 지어지기도 했다. 그러나 지금도 여기에는 옛 토마스주택(애칭 가자미도리風見鷄(수탉 모양의 풍향계)의 집), 옛 샤프주택(고바야시가小林家주택 · 애칭 모에기萌黄(연두색)의 집)을 비롯해 33채의 이진칸이 남아 있다. 이와 함께 일본식 건축 7채가 공존한다.

넓은 부지에 지어진 대형 건물인 이진칸은 건물마다 의장과 색채가 다른 것이

---

87 인도계 영국인 무역상 핫삼J. K. Hassam의 저택으로, 1902년에 지어졌다. 1961년에 고베시가 당시의 소유자로부터 기증받아 1963년 도시공원인 소라쿠엔相楽園에 이축해 공개하고 있다. 목조 2층, 우진각지붕, 비늘판벽 외벽. 중요문화재.

88 1889년경 독일인의 주택으로 기타노초에 건설됐다. 1907년경 영국인 실업가 에드워드 하즐렛 헌터Edward Hazlett Hunter가 매입해 기타노초 인근에 옮겨 지은 뒤 1963년 현재 위치인 오지王子동물원으로 다시 이축됐다. 중요문화재.

옛 토마스주택(가자미도리의 집)
1904년 독일인 무역상 고트프리트 토마스Gottfried Thomas의 주택으로 지어졌다. 목조 2층, 벽돌 마감 외벽, 옥탑 설치, 우진각 석면슬레이트지붕. 게오르크 데 랄란데Georg de Lalande 설계. 1978년에 고베시가 매입, 수리·정비해서 공개하고 있다. 중요문화재. 2023년 10월~2025년 3월 내진 개수공사로 공개를 중단해 외관만 볼 수 있다.

야마모토도리 남측 가로
(왼쪽) 먼자오홍門兆鴻주택. 덴마크 태생의 미국인 선장 디슬레프센Paul A. Dithlefsen의 옛 집. 먼자오홍 씨의 개인주택으로 사용됐으며 2023년 가을부터는 카페로 사용될 예정이다 목조 2층, 맞배 일식기와지붕. 1895년. 알렉산더 넬슨 한셀Alexander Nelson Hansell 설계.
(오른쪽) 슈에케주택Choueke House. 목조 2층, 맞배 일식기와지붕. 1896년. 알렉산더 넬슨 한셀 설계. 본래 설계자의 자택으로 지어졌다.

기타노도리 가로
중앙은 옛 마스다枡田·다치바나橘주택(애칭 요칸나가야洋館長屋). 목조 2층, 우진각 일식기와지붕. 1908년.

▲ 옛 드레웰J.R.Drewell 주택
전 주인인 오버라인씨의 고국 독일의 라인강과 벽면 비늘판벽의 아름다운 직선미와 관련지어 「라인의 집」이라는 애칭으로 불린다. 목조 2층, 우진각 일식기와지붕. 1915년.

◀ 옛 샤프주택
1903년 알렉산더 넬슨 한셀의 설계로 미국 총영사 헌터 샤프Hunter Sharp의 주택으로 지어졌으며 1944년에 고바야시가가 취득해 1978년까지 살았다. 목조 2층, 우진각 일식기와지붕. 중요문화재. 이 건물은 1987년 1월부터 1989년 6월까지 2년 6개월 동안 반해체 수리를 해서 당초의 모습을 되찾았다. 수리 전에는 외벽이 흰색이어서 「하얀 이진칸」으로 불렸는데 수리할 때 페인트 색깔이 연두색으로 바뀌어 「모에기(연두색)의 집」으로 불린다.

특색이다. 대개 목조·이층·우진각 기와지붕 건물로, 일층에는 현관홀·거실·응접실·식당 등을 배치하고 이층에는 침실을 비롯해 개인실을 두고 수납공간을 갖추었다. 외벽은 비늘판벽을 붙이고 페인트를 칠한 경우가 많으며, 창문은 바깥쪽에 루버창을 단 세로로 긴 오르내리창으로 하고 주요 부위에 내닫이창bay window을 설치했다. 또 정면에는 베란다를 설치했는데 일본의 한랭한 기후에 맞게 창호 등을 달아 실내화했다.

일본식 주택은 넉넉한 부지를 조성하고 20세기 초에 건축된 것이 많다. 순수한 일본식 집도 적지 않지만 서양식 건물을 병설하거나 서양식 세부 디자인을 도입한 예도 있다. 이들 건물의 부지 경계에는 벽돌담이나 산울타리 등을 둘렀다. 그 주위로 경사도가 다양한 골목이 구불구불 이어지며 뒷산을 배경으로 부지 안의 우거진 녹음이 매력적인 경관을 이룬다.

일찍이 1979년에 고베시 기타노초北野町 야마모토도리山本通 전통적 건조물군 보존지구의 주변 약 32ha 구역을 도시경관형성지구로 지정하고 이진칸을 비롯한 뛰어난 유산을 계승하기 위해 전통적 건조물군 보존지구에서와 마찬가지로 고베시 경관 정책을 시행하고 있다. 그리고 옛 거류지지구 약 22ha도 도시경관형성지구 및 지구계획지구로 지정해 경관 보전을 꾀하고 있다.

1995년 1월에 발생한 한신 아와지 대지진•으로 고베시는 엄청난 피해를 입었다. 기타노초 야마모토도리지구도 예외는 아니어서 서양식 건축물 29건(중요문화재 두 채 포함), 일본식 건축물 7건 등 이진칸과 일본식 주택 대부분이 큰 피해를 입었다. 특히 이진칸은 벽돌 굴뚝이나 지붕 기와가 떨어지고 내외의 벽과 천장이 훼손됐다. 그러나 이 지역에서는 다행히 화재가 발생하지 않았다. 피해를 입은 건물들에 대해서는 재해복구사업으로 우선적으로 수리·복구 작업을 했다. 사람들의 복구 의지가 강했고 행정기관과 민간 기업, 시민들이 소유자에 대해 자금과 기술을 지원함으로써 예전의 역사적 경관과 활기를 되찾았다.

4-27

단바사사야마시 사사야마

_효고현

중요 전통적 건조물군 보존지구
40.2ha, 2004년 선정

효고현兵庫縣의 중앙 동부에 위치하는 단바사사야마시丹波篠山市는 사방이 산으로 둘러싸인 사사야마篠山분지의 중앙에 있다. 예로부터 이곳은 교토와 혼슈本州 서부의 북쪽 해안과 내해 쪽을 연결하는 교통의 요충지였다. 사사야마성은 1609년에 도쿠가와 이에야스•가 마쓰다이라 야스시게松平康重[89]에게 일본 서부 지역 방어의 거점으로 사사야마분지의 중앙부에 있는 사사야마笹山라는 작은 구릉에 성을 쌓게 한 데

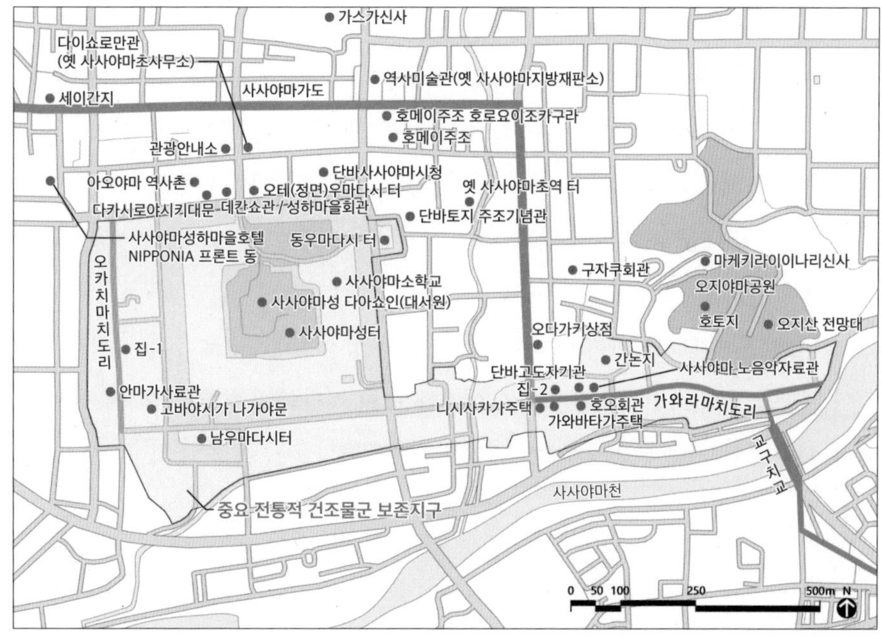

서 비롯된다. 축성에 서일본의 많은 지방 영주들이 동원됐고, 그해 12월에는 초대 성주로 마쓰다이라 야스시게가 입성한다. 그리고 이듬해인 1610년부터 성하마을●의 정비가 시작됐다.

사사야마성(사적)은 바깥 해자의 한 변이 약 400m인 사각형으로, 북쪽, 동쪽, 남쪽의 바깥 해자에는 우마다시●를 설치했다. 그 중 동쪽과 남쪽의 것이 남아 있다. 안 해자의 안쪽에 혼마루●와 니노마루●를 조성하고 안 해자와 바깥 해자 사이에 여러 관공서와 중신의 저택을, 바깥 해자의 바깥쪽에 상급무사의 저택을, 그리고 그 바깥쪽에 하급무사의 집들을 배치했다. 사사야마가도라고도 불리는 산인도●의 남쪽 경로가 성하마을의 남동쪽에서 진입해 마을의 동쪽에 있는 오지산王地山의 남쪽 기슭 사사야마천에 놓인 교구치교京口橋(교토쪽 어귀라는 뜻)를 건너 성 동북쪽을 돌아 북서쪽으로 향해 성하마을을 관통한다. 이 가도를 따라 상점주택지구가 형성되고 주요 지점에 사찰이 배치됐다. 사사야마성의 동쪽으로 이어지는 가와라마치河原町에는 1612년경부터 마치야●가 들어서기 시작했다고 한다. 사사야마 성하마을은 성을 쌓은 지 약 40년이 지난 17세기 중엽에 일단 윤곽을 갖추었다. 1749년에는 현재의 교토부 가메오카시亀岡市를 본거지로 한 단바가메야마번丹波亀山藩● 영주인 아오야마 다다토모青山忠朝가 새 영주로 부임해 메이지유신●에 따른 판적봉환●까지 영주를 지냈다.

메이지시대 이후 사사야마군 사무소, 사사야마구 재판소, 학교 시설과 우편국 등 새로운 도시 시설이 세워졌고 사사야마는 이 지역 행정, 교육, 경제의 중추로서 기능을 이어갔다. 폐번치현● 후에도 하급무사 중 일부는 사사야마에 머물렀기 때문에 새 지붕의 본채와 대문 등이 남아 있고, 옛 무가지구인 오카치마치도리御徒士町通り 주변은 여전히 지난날의 모습을 간직하고 있다.

한편, 에도시대 가와라마치는 성하마을 안의 상점주택지구로서 많은 상점주택들이 처마를 맞대고 있었으며 메이지 이후에도 이 지방의 유력한 상업지로서 번창했다. 그러나 1899년에 오사카에서 교토부 후쿠치야마福知山를 거쳐 마이즈루舞鶴로

---

89 1568~1640. 1609년 사사야마번의 영주가 되어 사사야마성과 성하마을을 건설했다. 1619년에 오사카의 기시와다번岸和田藩 영주가 되어 사사야마를 떠났다.

옛 사사야마초篠山町 사무소

1923년 건축된 목조 단층 건물. 사사야마성의 북쪽에 위치한다. 1992년에 관공서로서의 기능을 마쳤다. 현재는 「다이쇼 로만관大正ロマン館」으로 관광의 거점이다.

이어지는 철도의 사사야마역(현 JR사사야마구치역篠山口驛)이 시가지 서쪽에 설치됐고 1921년에 사사야마역과 시가지를 잇는 사사야마 경편輕便철도[90]가 개통되어 성의 북동쪽에 사사야마초역篠山町驛이 생겨나면서 상업의 중심은 역에서 가까운 고후쿠마치呉服町 등지로 옮겨졌다.

단바사사야마시 사사야마 전통적 건조물군 보존지구는 사사야마성터를 중심으로 성의 서쪽과 남쪽의 옛 무가지구와 산인도를 따라 조성된 상점주택지구를 포함해 범위가 넓다. 성곽 전체, 그리고 성하마을의 무가지구 일부와 상점주택지구 일부를 포함함으로써 다른 곳에서는 찾아볼 수 없는 넓은 지역이 보존지구로 선정됐다. 옛 무가지구에는 해자에 면한 상급무사 고바야시가小林家주택 등의 나가야문•이 남아 있고, 그 서쪽의 남북방향 길을 따라서 1830년 대화재 후에 건설된 하급무사의 집들이 남아 있다. 하급무사의 집은 길에 면해 토담을 설치하고 무나카도• 등의 대문을 냈다. 본채는 팔작 새지붕이며 돌출부가 없는 직사각형 건물이 기본인데 돌출부를 설치한 집도 있다. 길 서쪽의 무가저택 뒤에는 방어를 위한 대숲이 있다.

가와라마치의 상점주택지구에서는 가도를 따라서 전면 폭이 좁고 깊이 방향이 긴 직사각형의 부지가 이어진다. 길에 면해 본채를 짓고, 중정을 사이에 두고 뒤에 별채 자시키•, 도조• 등을 배치했다. 본채는 맞배지붕에 박공면 진입방식을 기본으로 하며, 일식기와지붕, 낮은 이층집이 많다. 정면에 게야• 처마를 설치하고 이층 창에는 차양을 달았다. 일층 정면은 데고시•나 격자창살을 설치하고 이층은 무시코

90 궤도가 좁고 소형 기관차와 차량을 사용하는 간단한 철도.

옛 무가지구 오카치마치도리 니시신마치西新町
(지도의 '집-1')
19세기 전반. 철판을 씌웠으나 원래는 새지붕. 대문과 담의 지붕은 삼나무껍질지붕으로 복원했다.

옛 무가지구 오카치마치도리 니시신마치의 무가저택
안마케사료관安間家史料館
1831년 이후 건축. 새지붕, 긴 전면 진입방식, ㄱ자형 건물. 시 지정 문화재. 고문서와 무구武具, 식기·가구 등을 전시한다.

▲ 상점주택지구(지도의 '집-2')
가와라마치의 박공면 진입방식 상점주택들이 늘어선 모양.

▼ 상점주택지구
가와라마치 서부의 가로. 앞쪽은 가와바타가川端家주택. 19세기. 시 지정 문화재.

옛 무가지구 니시신마치의 서쪽 해자에 면한
고바야시가 나가야문
1800~1820년경. 팔작 새지붕. ㄱ자형으로 돌출부가 있는 주택겸용의 나가야문.
효고현 지정 문화재.

상점주택지구
가와라마치 서부의 가로. 앞쪽은 호오회관鳳凰會館. 1879년 건축. 오랫동안 은행으로 이용됐다. 현재는 주민센터. 가와라마치지구에서는 드물게 긴 전면 진입방식의 집이다.

창● 또는 격자살창을 냈다. 18세기 중반부터 1920년대에 걸쳐 지어진 박공면 진입 방식의 점포가 즐비한 가와라마치의 상점주택군은 무가저택과 함께 역사적 풍취를 잘 간직하고 있다.

최근 단바사사야마시에서는 사사야마 전통적 건조물군 보존지구와 또 하나의 전통적 건조물군 보존지구인 후쿠스미福住지구[91]뿐만 아니라 옛 성하마을의 다른 지역과 마루야마丸山마을[92]을 중심으로 한 농촌 지역에서도 역사적 건조물을 보존하고 활용하는 일을 활발히 전개하고 있다. 단바사사야마시를 거점으로 하는 특정비영리활동법인●, 주식회사가 역사적 건조물을 보존, 재생해 분산형 호텔을 운영하는 등 다양한 활동을 하고 있다. 그리고 이제는 이를 전국적으로 전개해 다른 지역의 역사적 건조물 보존·활용하는 활동에도 큰 영향을 주고 있다.[93] 이것은 역사적 건조물의 보존·활용과 관련해 건축기준법, 여관업법 등 국가 차원의 법제도를 운용, 개선하는 데도 영향을 미쳤다. 건축기준법에서는 '역사적 건축물에 대한 적용 제외'(제3조 제1항)에 각 지자체가 조례로 지정한 문화재 등 지역에서 역사적 가치가 있는 건축물도 포함할 수 있도록 했다. 또한 2018년 여관업법을 개정해 최소 객실 수를 폐지했으며, 조건을 충족하면 각 숙박시설에 반드시 현관 카운터를 둘 필요가 없도록 하는 등 현관 카운터의 기준을 완화했다.

---

91 단바사사야마시 후쿠스미 중요 전통적 건조물군 보존지구. 25.2ha, 2012년 선정. 역참마을·농촌마을.

92 단바사사야마시 시가지로부터 북동쪽으로 약 5km의 거리에 있는 마을. 오래된 농가를 보존, 개수해 숙박시설 몇 채와 레스토랑을 운영하고 있다.

93 긴노 유키오金野幸雄 씨를 중심으로 한 일반 사단법인 노오토와 주식회사 NOTE. 2009년 노오토, 2016년에 NOTE 설립. 2009년에는 마을 마루야마·히와노쿠라ひわの蔵 레스토랑을 개업했다. 그 뒤 전국에서 많은 분산형 호텔을 운영하며 기획·설계, 정책 제언 등도 하고 있다.

단바사사야마의 '조선어' 학교터

하기와라 메구미

사사야마성 동쪽 지구에 '구자쿠孔雀(공작)회관'이라는 마을회관이 있다. 광복 직후인 1945년 12월부터 1949년 10월까지 3년 10개월 동안 당시 인근에 거주하던 재일동포 아이들이 '조선어'를 배우던 학교가 그곳에 있었다.

현재의 교토 중부, 효고현 북동부, 오사카 북부에 걸친 단바지방은 예로부터 망간 광상鑛床이 있는 것으로 유명한데 19세기 말~20세기 초 사사야마 부근에서 규석 광산도 많이 개발돼 채굴이 활발했다. 총기, 탱크, 전함 등 철제품을 만드는 데 필요한 망간과 그 제철을 위한 용광로의 재료인 내화벽돌의 핵심소재 규석을 함께 얻을 수 있으니 당시 군사 확장을 꾀하던 일제에게는 일석이조의 땅이었다. 1921년 사사야마 경편철도를 개통시킨 것도 이러한 광물들을 운반하기 위함이었다.

아시아태평양전쟁이 격화되자 일본 지배 지역 안의 여러 광산에서는 일본인 노동자들이 전쟁터로 나갔고 부족한 인력을 메우기 위해 한반도에서 사람들이 여러 형태로 끌려왔고 일했다.(단바지방의 광산과 조선인 징용공에 관해서는 이 책의 내용에서 벗어나기 때문에 자세히 소개하지 못하지만 교토시 우쿄구右京區 게이호쿠시모나카초京北下中町 니시오타니西大谷 소재 단바망간기념관이 많은 정보를 제공해 준다.) 그러다 광복 뒤에도 남게 된 동포들은 언젠가 조국에 돌아갈 것을 기약하고 일본에서 나고 자라는 아이들이 조선어와 조선 문화를 배울 수 있는 학교를 일본 각지에 마련했다. 이것이 바로 '국어강습소'로 당시 효고현에 설립된 84개 중 하나가 1945년 12월에 설치된 사사야마 국어강습소다.

1946년 4월 당시 재일동포들을 위해 중심적인 역할을 했던 '재일본 조선인연맹(조련)'이 주변 지역의 여러 강습소와 사사야마 국어강습소를 통합했고 1947년 다시

'기가미紀上(당시 지명이었던 다키군多紀郡과 히카미군氷上郡에서 한 자씩 따서 만든 이름) 조련 초등교육학원'으로 통합했다. 그러나 조선인학교 입주에 따라 오랫동안 마을회관을 못 쓰게 된 지역 주민들이 이를 좋게 생각할 리 없었다. 마침 제주 4·3 사건이 일어난 상황 속에서 당시 일본 정치를 장악했던 연합군 최고사령부(GHQ)와 일본 정부는 조선인학교를 인정하지 않는다는 방침을 세웠고 일본 문부성은 여러 차례 조선인학교 해산령을 내렸다. 이에 오사카와 고베의 동포들이 크게 반발해 1948년 4월 24일 오사카부 청사 앞에서 3만 명의 시위대가 경찰과 충돌했고 그 와중에 동포 소년 한 명이 사살당하는 소위 '한신阪神 교육투쟁' 사건이 발생했다. 이 시위에는 사사야마의 동포들도 많이 참가했다고 한다.

결국 1949년 9월 학교의 운영 주체였던 조련이 강제 해산됐으며 같은 해 10월 학교는 구자쿠회관을 나와 한 동포의 개인 집으로 옮겨야 했다. 그곳에서 배우고 있던 약 30명의 아이들은 사사야마성 안에 위치한 사사야마소학교에 전학했다. 그리고 1950년 12월 사사야마소학교에 동포 교사가 가르치는 민족학급이 설치됐으며 1981년 3월까지 유지됐다.

이와 같은 일들은 오랫동안 잊힌 채 시간이 흘렀으나 한 시민단체의 노력으로 사실관계가 밝혀졌고 2007년 사사야마소학교에, 그리고 2008년에는 구자쿠회관에 조선인학교의 발자취를 새긴 알림판이 설치됐다. 구자쿠회관 알림판에는 연혁에 조선인학교로 사용됐던 시기가 있었음을 알리는 내용이 한 줄 들어가는 데 그쳤지만 한 번 사라졌던 역사를 발굴한 의미는 작지 않을 것이다.

참고

『消えたヤマと在日コリアン　丹波篠山から考える』(細見和之、松原薫、川西なを恵、岩波書店、2021)
https://www.iwanami.co.jp/book/b577692.html
篠山に在日朝鮮人の足跡を訪ねるフィールドワーク(『むくげ通信』230号 13~14ページ、飛田雄一、神戸学生青年センター、2008)
https://www.ksyc.jp/mukuge/230/hida.pdf
「デカンショの聞こえるまち」篠山フィールドワーク(『在日コリアン・ハンセン病問題、沖縄―平和、人権―』ブログ、2017)
https://blog.goo.ne.jp/miyakecyan/e/85a387665087c51ffc8afcaf3cccf63e

5

주고쿠와 시코쿠의 가로

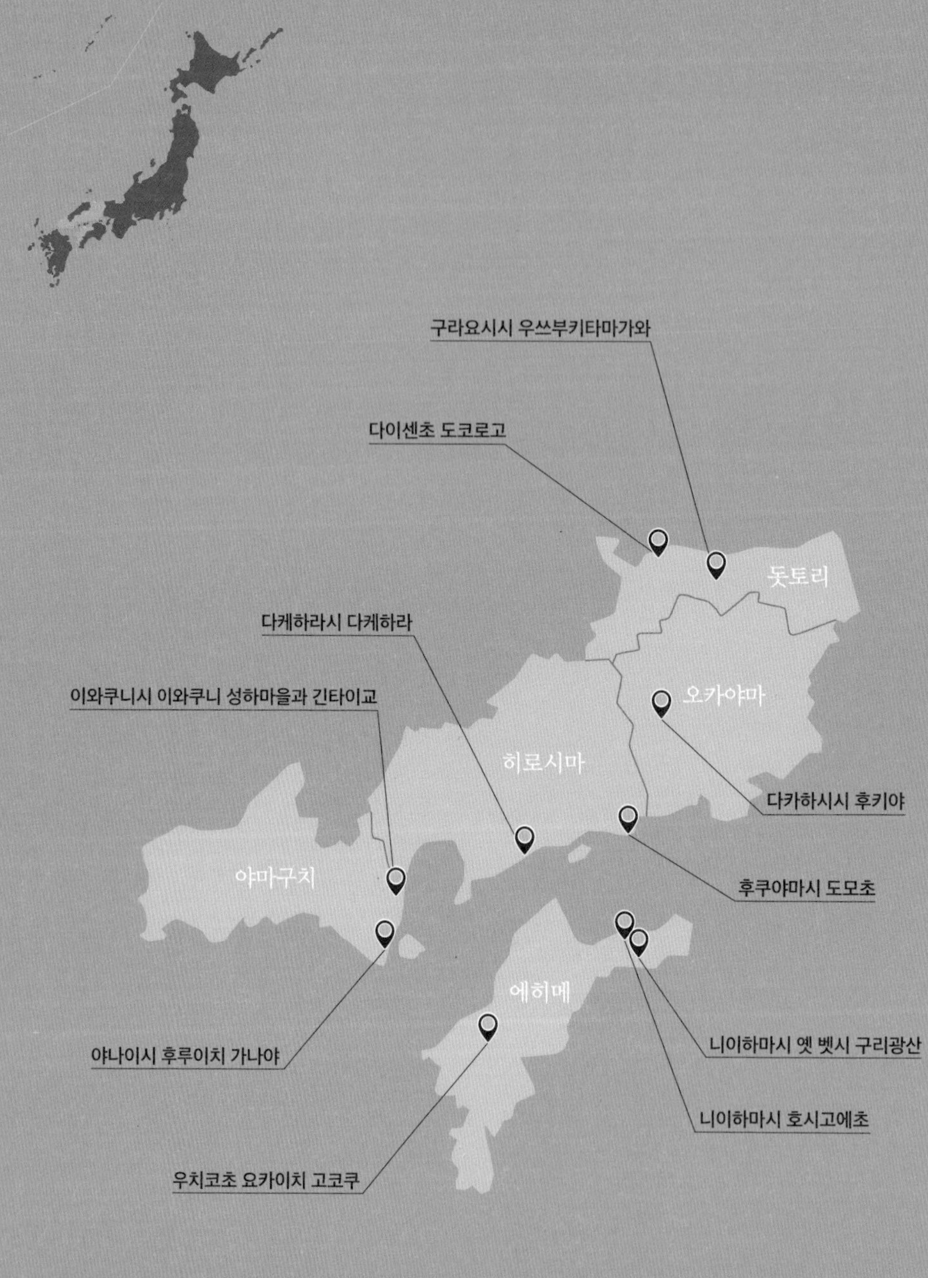

구라요시시 우쓰부키타마가와

다이센초 도코로고

돗토리

다케하라시 다케하라

이와쿠니시 이와쿠니 성하마을과 긴타이교

오카야마

히로시마

다카하시시 후키야

야마구치

후쿠야마시 도모초

에히메

니이하마시 옛 벳시 구리광산

야나이시 후루이치 가나야

니이하마시 호시고에초

우치코초 요카이치 고코쿠

5-1

구라요시시 우쓰부키타마가와

_돗토리현

중요 전통적 건조물군 보존지구
9.2ha, 1998년 선정(2010년 확대)

구라요시시倉吉市는 동서로 긴 돗토리현鳥取縣의 중앙부에 있는 인구 약 5만 명의 도시다. 8세기 이후 지방 관아가 설치됐고, 고쿠분지國分寺 · 고쿠분니지國分尼寺[1]가 건립되는 등 예로부터 이 지역 정치 · 경제 · 문화의 중심지였다. 구라요시의 마을은 현 구라요시시 동부에 있는 우쓰부키산打吹山의 북쪽 기슭에 위치한다. 이곳에 마을이 조성된 것은 14세기 후반에 이 지방을 지배한 야마나씨山名氏가 산 위에 우쓰부키성[2]

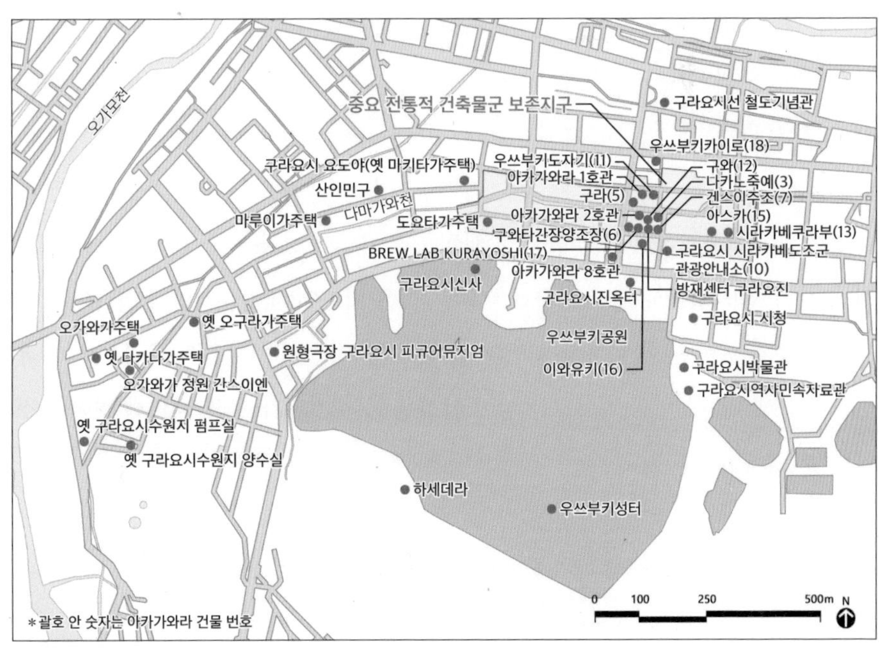

을 쌓은 이후로 추측된다. 그 뒤 전란 속에서 지배자가 바뀌는데, 1632년에 이르러 돗토리번•의 중신重臣인 아라오씨荒尾氏가 우쓰부키산 동북부, 곧 현재의 시청 근처에 진옥•을 짓고 이후 메이지유신• 뒤의 폐번치현•까지 구라요시를 다스렸다. 17세기에서 19세기 전반 구라요시는 돗토리현의 주요 도시인 동쪽의 돗토리, 서쪽의 요나고米子, 그리고 남쪽의 오카야마현岡山縣 쓰야마津山 등과 가도로 연결되어 교통망의 결절점으로서 산업과 경제 활동이 활발했다. 또 그 시기 구라요시는 예로부터 이어 온 제철기술을 활용한 탈곡기인 '이나코키센바稲扱千歯(그네)' 등의 생산과 무명 등 섬유산업이 활발했으나 20세기 초 이후에는 정체됐다.

18세기 중엽의 그림을 보면 구라요시 진옥의 동쪽과 우쓰부키산 기슭을 따라 무사 저택이, 그 북쪽의 다마가와천玉川을 따라 상공인구역이 각각 동서로 길게 이어졌다. 19세기 중기 이후에도 구라요시의 마을은 변화나 개발이 작았고, 마을 안을 흐르는 다마가와천도 그 선형과 3m 남짓한 폭을 거의 그대로 유지했다.

구라요시 우쓰부키타마가와打吹玉川지구의 역사가로는 상공인구역을 동서로 관통하는 혼마치도리本町通り와 다마가와천 변, 신마치新町 일대를 포함해 길이가 약 600m이다. 또한 옛 진옥지구의 서쪽 끝에 해당하는 지역까지 전통적인 건조물이 분포한다. 이 가로변 지구에는 전면 폭이 좁은 직사각형의 부지에 마치야•의 본채, 도조•, 별채, 부속채, 후문을 겸한 도조裏門倉 등이 배치됐는데, 지구 전체에 집중적으로 남아 있다. 본채는 낮은 이층 건물 또는 이층 건물로, 맞배지붕과 긴 전면 진입방식이 기본이다. 지붕은 적갈색 세키슈기와石州瓦를 이었으며, 용마루돌로 기마치석来待石을 얹었다.

돗토리현과 서쪽으로 이웃한 시마네현島根縣 서부의 이와미石見지방, 곧 세키슈에서 17세기 초 무렵에 유약을 사용하지 않은 붉은 기와인 세키슈기와가 생산되기 시작했다. 그 뒤 시마네현 동부에서 생산되는 응회질 사암인 기마치석을 원료로 한 유약을 사용해 내화성이 뛰어나고 색상이 선명한 붉은 기와가 생산됐다. 이 기와는 소

---

1 741년 불교를 통해 국가를 수호하기 위해 천황이 지방마다 건립하도록 명한 사찰로, 고쿠분지에는 승려 20명, 고쿠분니지에는 비구니 10명을 두도록 했다. 관아 구역 안이나 주변에 설치된 대규모 건물이었다.

2 14세기 후반에 쌓아 17세기 초까지 존재한 산성.

히가시나카마치東仲町
다마가와천을 따라 즐비한 도조와 돌다리.

성 온도가 높기 때문에 겨울철에 얼어서 손상되는 일이 거의 없다.

게야•는 새우 모양으로 구부러진 독특한 가로대가 받치는 외목도리인 다시게타出桁[3]로 지지되는데, 이층 처마는 판재로 받치기도 한다. 전통적인 건물의 정면에는 허리 높이 살창과 섬세한 데고시•, 이층 살창 등 다양한 디자인의 살창을 설치했으며, 시토미문•의 흔적이 남아 있는 것도 있다. 또한 이층 끝 부분에 돌출벽이나 우다쓰•를 설치한 경우도 있다.

한편, 다마가와천 변에는 도조가 이어진다. 일반적인 도조도 있고 양조장으로 쓰이는 도조도 있는데, 대문과 통로를 갖춘 문간채 형식의 후문 도조, 내부를 자시키•로 만든 안 자시키裏座敷 등 다양한 용도와 형태를 보여준다. 도조군의 기초는 안산암安山岩으로 정교하게 조성돼 다마가와천의 옹벽을 겸하고 있다. 다마가와천을 따라

3 건물에서 바깥 기둥보다 바깥쪽에 위치하는 도리(서까래를 받치는 부재)로, 보뺄목이나 가로대 끝에 올려놓는다.

◀ 협동조합 구라요시다이텐카이

도조구조의 이층 건물. 유사 서양식 건축●. 등록유형문화재. 현재 아카가와라 13호관 시라카베쿠라부白壁具樂部라는 이름으로, 레스토랑 등으로 활용되는데 본래 은행의 내부장식은 대부분 남아 있다.

▼ 혼마치도리 니시나카마치西仲町의 가로

왼쪽 끝 근처에 방재 거점인 「구라요진」이 있다.

혼마치도리의 구와타桑田 간장양조장

(아카가와라 6호관)

본채는 19세기 후반 건축.
근대적인 의장의 대규모 상점주택이다.

옛 마키타가주택(구라요시 요도야倉吉淀屋)

구라요시시 지정 문화재.

아카가와라 1호관

다마가와천 변의 도조를 개수해 문을 연 마을만들기회사 「아카가와라」가 조성한 첫 점포. 1998년에 개점했다.

서 각 주택의 후문 도조 또는 후문마다 다마가와천 위에 안산암 판석 하나를 달랑 올려놓은 소박한 돌다리가 이어진다. 이 돌다리들이 도조의 흰 벽 그리고 표면을 그을린 삼나무 판벽과 조화를 이루며 아름다운 경관을 형성하고 있다.

혼마치도리의 동쪽 끝 근처 모퉁이에 1908년 건축된 도조구조의 이층 건물인 협동조합 구라요시다이텐카이倉吉大店会 건물이 있다. 옛 국립 제3은행 구라요시지점으로 건축된 건물이다. 현재는 레스토랑 등으로 활용되는데 구라요시의 20세기 초 모습을 보여주는 랜드마크로서 사랑받고 있다.

2003년 이 지구에서 네 집, 13채가 전부 혹은 일부 불타는 화재가 있었다. 이를 계기로 지역 주민들의 가로 보존에 대한 의식이 더욱 강해져 화재가 난 대지에 마치야를 복원해 방재센터 「구라요진くら用心[4]」을 민관 공동으로 설치해 방재학습의 장으로 활용하고 있다.

보존지구의 서북쪽에 있는 히가시이와쿠라마치東岩倉町에는 옛 마키타가牧田家주택이 부속채와 함께 보존, 수리되어 학습·전시 시설로 공개되고 있다. 1760년에 건축된, 구라요시에서 가장 오래된 마치야다. 또한 이 지구에는 전통적인 도조나 점포를 보존, 활용하기 위해 1997년에 제3섹터[5] 「마을만들기회사㈜ 아카가와라赤瓦」가 설립됐다. 지금까지 아카가와라 제18호관(사死와 통하는 4와 고苦 – 일본어 발음이 구 – 와 통하는 9를 제외한 총 15곳)까지 조성해 토산품이나 현지 공예품을 전시 판매하며 레스토랑도 운영한다.

---

4 구라요시라는 지명의 일부분이자 창고(倉, 藏)의 일본어 발음인 '구라'와 '불조심'의 일본어 표현인 '히노요진火の用心'을 합성해 만든 말.

5 지역개발이나 도시 가꾸기, 옛 국철이 JR로 민영화될 때 채산성 문제로 계승을 거절당한 철도 노선 살리기 등을 위해 국가나 지자체와 민간기업이 공동 출자해 설립한 사업체.

5-2

다이센초 도코로고

_돗토리현 사이하쿠군

중요 전통적 건조물군 보존지구
25.8ha, 2013년 선정

다이센초大山町는 돗토리현鳥取縣 서부에 위치하는데, 지장보살 신앙의 중심지였던 다이센大山[6]이라는 산의 정상에서 해안에 이르는 지역이다. 도코로고所子마을은 다이센에서 북서쪽으로 흘러내리는 아미다천阿弥陀川의 서쪽에 형성된 선상지扇狀地에 있다. 예로부터 다이센으로 가는 여러 참배로 가운데 하나인 보료길坊領道이 보존지구를 남북으로 관통하는데, 이 길을 따라서 남동부의 가미上와 북서부의 시모下라

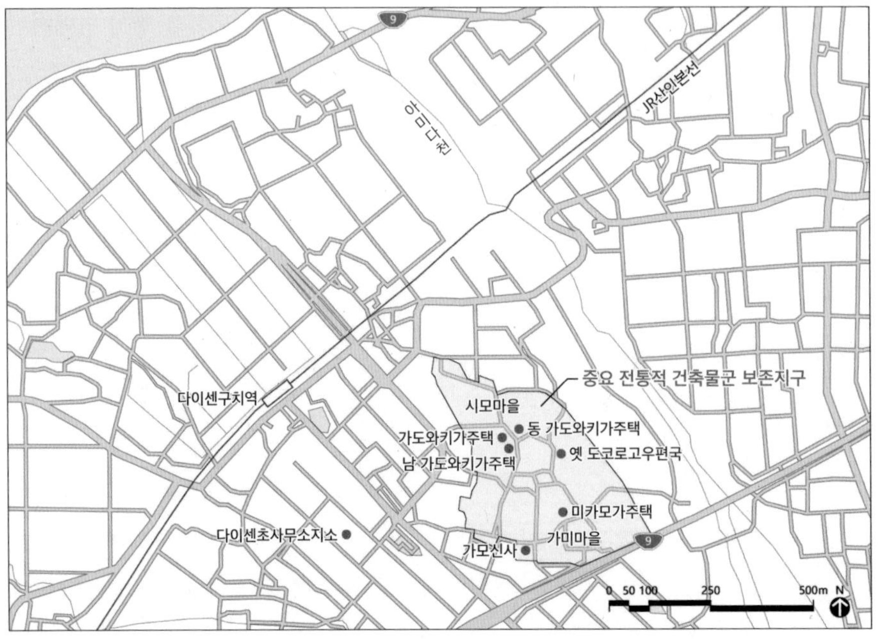

불리는 두 마을이 있다. 그 주변으로 논밭과 녹지가 많은 전원지대가 펼쳐진다.

도코로고는 13세기경에 교토 시모가모신사[●]의 장원[●]이었다. 그 뒤 산악 신앙의 영지靈地이자 천태종의 거점이 된 다이센지大山寺의 봉토였고, 1632년 이후에는 돗토리번[●]의 영토가 됐다. 이 무렵부터 미카모가美甘家를 중심으로 하는 가미마을, 그리고 18세기 중엽부터 가도와키가門脇家를 중심으로 하는 시모마을이 형성됐다. 마을의 주변에는 지금도 오래전에 조성된 전답이 펼쳐지고 각 집의 부지 안에는 본채 외에 마구간과 쌀 도조[●], 헛간, 나가야문[●] 등이 남아 있어 농업 마을의 역사적 경관을 보여준다.

가미마을의 미카모가는 16세기 군웅할거 시대에 활약한 지방 호족의 후손으로 생각되는데, 1716년에 돗토리번으로부터 이 지역의 사찰과 신사, 종교 행정을 맡은 지역 대표로 임명된 지역의 유지였다. 현재 미카모가주택 부지의 북쪽과 서쪽에 토성 모양의 고지대가 보이고 그 위에 방풍림이 조성됐다. 그리고 가로변과 대문으로 향하는 통로를 따라 산울타리를 둘렀다. 본채는 19세기 중반에 건립된 목조 단층 건물로, 일식기와를 인 맞배지붕에 게야[●]를 덧댔다. 그 밖에 1861년에 지은 도조를 비롯해 여러 채의 도조와 마구간, 대문 등이 남아 있다.

시모마을의 가도와키가는 1765년에 3대째 주인인 가도와키 혼우에몬門脇本右衛門이 농민이면서 이 지역의 대표를 맡은 이래로 대를 이어 지역 대표 역할을 했다. 가도와키 혼우에몬이 1769년에 건립한 가도와키가주택의 본채는 우진각 새지붕 건물로, 문 안에 흙바닥 공간이 있고 이어 3열 9실로 구성된 넓은 실내공간을 갖춘 대형 민가다. 혼슈 서부 북반부의 민가를 대표하는 이 주택은 물방앗간, 쌀 도조, 도조 등 건물들과 집터가 모두 중요문화재로 지정됐다.

가도와키가주택의 남쪽에 남 가도와키가주택, 길의 동쪽에는 동 가도와키가주택이 있는데, 각각 기와집 본채 외에 많은 부속채를 거느리고 있다. 남 가도와키가는 본 가도와키가에서 1781년에 분가했는데 본채는 1860년까지 다시 지었다(돗토리현 지정 문화재). 동 가도와키가도 본 가도와키가의 분가로 본채는 1818년에 건축됐다

---

6 높이 1,729m의 성층화산으로 독립봉이다. 예로부터 신앙의 대상으로 추앙되어 왔다. 북쪽 기슭에 다이센지가 있는데 아미다도阿弥陀堂(1552년 재건)는 중요문화재.

▲ 가미마을의 경관

◀ 가미마을의 미카모가주택
본채는 길이가 19m로 장대하다.
오른쪽에 대문과 산울타리가 있고, 왼쪽에 정원이
펼쳐진다. 본채 이외에 도조 등 부속채 6채가
등록유형문화재다.

(등록유형문화재). 이들 부지는 지붕을 얹은 담으로 길다랗게 두르고 문을 냈다.

도코로고의 가미, 시모 마을은 모두 마을 안 도로변에 수로를 내 아미다천에서 물을 끌어들였고 집들은 수로에서 정원으로 물을 끌어들이고 있다. 물길에는 석축이 남아 있고 곳곳에 빨래터가 마련됐다. 도코로고마을의 모습을 1843년의 그림과 비교해 보면, 논밭의 형상과 필지구획, 도로와 수로가 기본적으로 같다. 마을과 논밭이 유기적으로 연결된 전통적인 농촌 경관이 잘 유지되고 있음을 알 수 있다.

시모마을 가도와키가주택의 본채
1769년에 건립된, 혼슈 서부 북반부의 대표적인 민가다.

시모마을
완만하게 휘어지는 길을 따라서 지붕은 얹은 담이 이어진다. 담 밑에 수로가 있고 빨래터가 마련됐다.

시모마을의 원경
정면이 가도와키가주택.

5-3

다카하시시 후키야

_오카야마현

중요 전통적 건조물군 보존지구
6.4ha, 1977년 선정

다카하시시高梁市 후키야吹屋는 오카야마현岡山縣 서부 해발 500~600m의 기비고원吉備高原에 위치한 산간 마을이다. 17세기 후반부터 시작된 구리광산 개발과 18세기 초엽부터 시작된 벤가라* 생산으로 번성한 마을인데, 이 지방에서 생산한 쌀과 숯 등 물자의 중계지 역할도 하고 있었다.

이 일대는 예로부터 구리가 산출됐다고 하는데, 그것이 구체적으로 밝혀진 것은

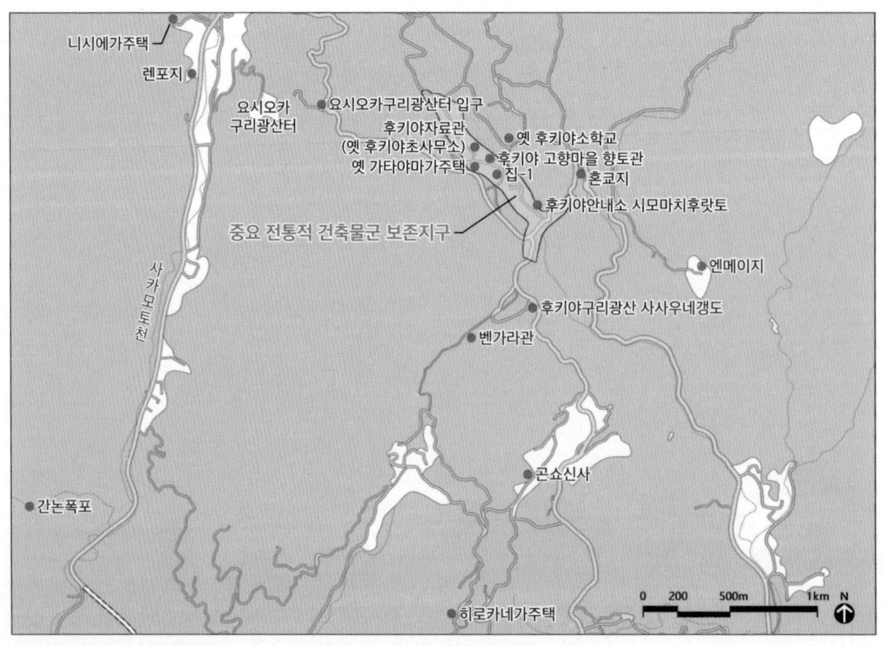

17세기 초 이후다. 17세기 중엽부터 후키야의 구리광산은 요시오카 구리광산吉岡銅山으로 불렸다. 그 뒤 1681년부터 이즈미야泉屋(스미토모가•의 상호), 1722년부터 현지 자본가인 오쓰카가大塚家 등이 경영을 맡았고 이후 여러 차례 성쇠를 거듭했다. 1873년 요시오카 광산의 영업권을 나중에 미쓰비시 재벌•의 창시자가 된 이와사키 야타로岩崎彌太郎[7]가 인수해 근대적 경영에 나섰다. 1910년대에 후키야는 에히메현愛媛縣 니이하마시新居浜市의 벳시別子 구리광산(5-9, 5-10 참조), 도치기현栃木縣 닛코시日光市의 아시오足尾 구리광산과 함께 일본 3대 구리광산의 하나로 꼽힐 정도로 성황을 이뤘다. 그러나 그 뒤 점차 쇠퇴해 1931년에 광산이 폐쇄됐다. 제2차 세계대전 후 일시 조업이 재개돼 근근이 이어졌으나 1972년 완전히 폐쇄됐다.[8]

18세기 중엽 후키야에서 황화철광黃化鐵鑛을 채취해 그로부터 양질의 녹반綠礬[9]을 얻을 수 있었으므로, 이것을 원료로 활발히 벤가라를 생산했다. 벤가라 생산은 메이지시대 이후에도 계속됐는데 특히 1931년 구리광산이 폐쇄된 이후에는 유일한 현지 산업이 되었고 1974년까지 이어졌다.

이 두 개 산업을 배경으로 구리광산의 갱도 근처에는 일찍부터 광부들이 모여사는 마을이 생겨났을 것으로 추정된다. 가도변에 도매상, 소매상 등의 건물들이 늘어선 18세기 후반 이후일 것이다. 고원지대의 기복이 많은 구릉에 둘러싸인 좁은 분지에 먼저 동쪽 마을이 형성됐고 이어서 서쪽으로 약간 떨어진 곳도 마을로 발전했다.

역사가로는 옛 가도를 따라 이어지는 총 길이 약 1.2km의 범위다. 부지는 대체로 가도에 면한 직사각형으로 깊이 방향이 긴데, 반대로 깊이 방향이 짧고 전면 폭이 넓은 것도 있다. 가도 쪽에 본채와 도조•를 짓고 부지 뒤쪽에 창고나 헛간 등의 부속 건물을 배치하는 것이 일반적이다. 역사가로의 동쪽 끝 시모다니下谷지구와 서쪽 끝 부근 나카마치中町지구에는 큰 저택들이 많다. 본채는 19세기 후반에 건축된 것이 약 80%이며, 맞배지붕과 팔작지붕, 긴 전면 진입방식과 박공면 진입방식의 건물이 혼

---

7 1835~1885. 도사번土佐藩•의 가장 낮은 무사 신분 출신으로, 에도江戸, 나가사키長崎, 오사카 등을 분주히 다니며 인맥을 쌓고 많은 상업 기회를 잡았다. 메이지유신• 이후에는 미쓰비시상회를 설립해 메이지 정부의 군수 수송을 독점해 큰이익을 얻는 등 사업가로서 정계와의 관계를 이용해서 활동했다.

8 일본 국내의 구리광산은 1994년까지 모두 폐쇄됐다.

9 황산제일철($FeSO_4 \cdot 7H_2O$)을 말한다. 철을 묽은 황산에 녹여서 만든 녹색 결정 물질로, 잉크·안료·의약·매염제(섬유를 염색할 때 쓰는 매개물질) 따위로 쓰이며 벤가라의 원료가 된다.

후키야의 가로
골짜기의 가도를 따라 붉은 세키슈기와 지붕, 벽과 목재 부위에 벤가라를 칠한 집들이 이어진다.

후키야의 가로
목조 2층 건물, 팔작지붕,
박공면 진입방식의 누리야●구조 주택(지도의 '집-1').

▲ 옛 가타야마가주택
1830년경 건립된 본채 외에 귀중품 도조, 쌀 도조, 벤가라 도조, 작업장 및 휴게실이 중요문화재. 가타야마가는 1759년에 벤가라 제조업을 창업했다고 한다.

◀ 옛 후키야소학교의 중앙본관
서양식 목조 2층 건물.

재해 변화감 있는 가로가 형성됐다.

전면이 넓은 마치야●는 모두 예전에 벤가라를 거래했던 거상들의 집으로, 모두 긴 전면 진입방식의 건물이다. 정면은 일, 이층 모두 격자 창살을 사용한 집이 많으며, 지붕에 적갈색 세키슈기와石州瓦[10]를 이고 흙벽은 벤가라를 혼합해 도장했다. 창살에도 벤가라 칠을 해서 적갈색의 특색있는 가로가 이어지는데 주위 자연환경도 양호하다.

후키야의 나카마치지구에서 길의 북쪽 면에 위치한 옛 가타야마가片山家주택은 18세기 중엽부터 벤가라를 제조하기 시작해 19세기 후반까지 번성한 벤가라 상인의 상점주택이다. 길에 면해 본채와 도자기 같은 고가의 물품을 보관하는 귀중품 도조寶藏가 세워졌고 뒤쪽으로 쌀 도조, 벤가라 도조 등 많은 도조들이 늘어섰다. 예전의 저택 구성을 잘 유지하고 있는 옛 가타야마가주택은 주고쿠中国지방 산간 지역의

10 시마네현島根縣의 이와미石見지방에서 생산되는 점토기와. 1200도 이상의 고온에서 소성되어 추위에 강하고 단단한 기와로 한랭지방에서 많이 사용된다. 독특한 적갈색이 특징이다.

후키야 고향마을 향토관
목조 2층 건물, 팔작지붕, 박공면 진입방식.
1879년 준공. 후키야의 대표적인 건물 가운데 하나다.

후키야구리광산 사사우네 갱도 입구
과거 요시오카(후키야) 구리광산의 갱도 입구 가운데 하나.
옛 갱도를 정비해 일부 견학할 수 있다.

대표적인 19세기 전반 상점주택 건축으로서 중요문화재로 지정됐다.

또한 보존지구에 인접한 옛 후키야소학교(오카야마현 지정 문화재)의 목조 서양식 학교 건물들 중 맞배지붕 단층 건물인 동서 두 채는 1900년에, 우진각지붕 이층 건물인 중앙본관은 1908년에 준공됐다. 이 건물들은 일본에서 가장 오래된 목조 학교 건물이었다. 2012년 3월에 폐교했는데, 보강 수리 공사를 해서 2022년에 자료관으로 다시 문을 열었다.

중요 전통적 건조물군 보존지구 안에는 옛 가타야마가주택, 후키야 고향마을 향토관[11], 메이지시대의 벤가라 공장 건물과 제조용 기구를 복원해 벤가라 제조 공정을 소개하는 벤가라관 등 공개시설이 있다. 그리고 보존지구 근처에 옛 후키야 구리광산의 사사우네笹畝 갱도, 히로카네가주택広兼邸, 니시에가주택西江邸(등록유형문화재) 등 구리광산과 벤가라 생산 관련 공개시설이 있다. 19세기에 구리광산과 녹반 제조업을 운영해 거대한 부를 이룬 집안인 히로카네가는 1810년, 성곽 같은 웅대한 석축 위에 본채, 도조, 대문, 행랑채 등을 지었다. 이 저택은 후키야지구의 중심부에서 남쪽으로 약 3km 거리에 있다. 니시에가는 18세기 중엽에 철광석에서 벤가라를 정제하는 데 성공해 그 뒤 벤가라와 녹반의 제조로 부를 축적했다. 니시에가주택은 히로카네가주택과 마찬가지로 거대한 저택으로, 일부를 공개한다.

---

11 가타야마가의 분가 가운데 하나로, 1879년 가타야마가주택의 건너편에 지어진 목조 2층 건물. 팔작지붕, 긴 전면 진입방식의 마치야를 옛 나리와초成羽町(현재 다카하시시에 합병됨)가 임차해 향토관으로 공개하고 있다.

5-4

다케하라시 다케하라

_히로시마현

중요 전통적 건조물군 보존지구
5.0ha, 1982년 선정

다케하라시竹原市는 히로시마현広島縣의 남중부 세토내해[*]에 면한 도시로 인구는 약 2만 4천 명이다. 북서쪽의 산지에서 남쪽으로 흘러내려 다케하라 시가지를 통과한 다음 세토내해로 흘러드는 가모천賀茂川의 상류 지역은 1090년에 당시 조정이 교토의 시모가모신사[*]에 하사해 그 장원[*]이 됐다. 그 사실을 기록한 문서에 「아키노쿠니 다케하라장安藝国竹原莊 40초町」라고 적혀 있다. 13세기 초엽 고바야카와씨小早川

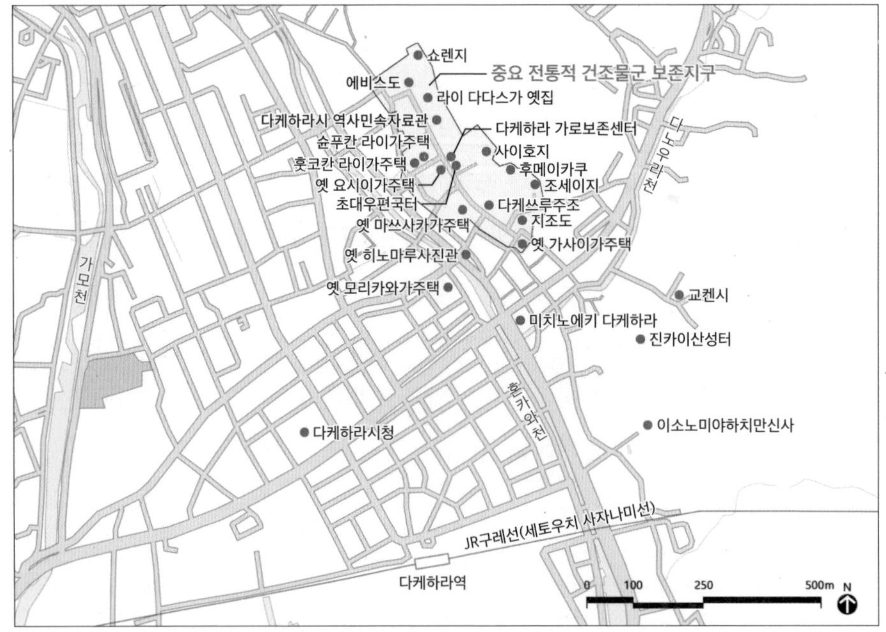

氏[12]가 지배하게 됐으며, 15세기 중엽에는 당시 가모천의 하구 부근에 있던 마하시후루이치馬橋古市가 항구를 낀 시장 마을로 번성했다. 그 뒤 토사가 퇴적돼 후루이치가 항구의 기능을 상실하자 1540년경 좀 더 바다에 가까운 데라산寺山 기슭의 시모이치下市로 항구와 마을이 옮겨갔다.

이 지역은 17세기 이후 히로시마번•[13]의 영지가 됐고 1644년에는 지방 관리가 배치돼 도시의 형태를 갖추었다. 이 무렵부터 다케하라만竹原灣이 대규모로 매립됐지만 토지는 탈염脫鹽이 제대로 되지 않아서 벼농사에 적합하지 않았다. 이 때문에 예로부터 염전에서 소금을 만들던 아코赤穗(현재의 효고현兵庫縣 아코시)로부터 기술자를 불러와 1650년부터 다케하라에서 입빈식 염전•으로 소금을 생산하기 시작했다. 이후 염전이 확대되어 이 지방 제일의 제염지로서 계속 번성했다. 1672년에 니시마와리 항로•의 운항이 시작되자 소금의 출하와 기타 물자의 집산 등 해상 운송업과 주조업으로 도시가 더욱 발전했다. 당초에는 북에서 남으로 이어지는 가미이치上市~시모이치下市의 외길인 혼마치도리本町通り의 가로만 있었지만 가모천의 유로 변경 공사와 매립으로 인해 18세기 말경까지 시가지가 서쪽으로 확대돼 현재의 도시 형태가 만들어졌다. 18세기에 이르러서는 염전 경영으로 얻은 경제력을 배경으로 라이 산요•를 중심으로 한 라이가賴家 일족 등 상층 상공인들에 의해 학문과 문화가 융성했다.

19세기 후반까지도 제염업을 중심으로 한 경제구조에 그다지 큰 변화가 없었으나 1932년 염전 매립지에 철도가 개통되어 다케하라역이 남쪽 바다 근처에 설치되고 매립지에 공장이 세워지자 옛 시가지에서 매립지를 향해 상점이 이어지고 사택이 들어서는 등 시가지가 확대됐다. 1960년에 염전이 전면 폐지되면서 옛 염전지에 상점, 관청, 주택 등이 들어섰으며 그 결과 혼마치도리를 중심으로 한 옛 시가지 구조는 큰 변화를 모면했다.

---

12 13세기 초부터 두각을 나타낸 무사의 일족으로, 아키노쿠니安藝國(현재의 히로시마현 서부)의 장원 관리자로서 세력을 떨쳤다. 훗날 16세기 말엽 도요토미 히데요시•와 도쿠가와 이에야스• 밑에서도 중용됐다.

13 주고쿠中国지방(지금의 돗토리현鳥取縣, 시마네현島根縣, 오카야마현岡山縣, 히로시마현, 야마구치현山口縣 등 5개 현으로 구성된 지방)의 유력한 무장이었던 모리씨毛利氏가 1591년에 히로시마성을 쌓고 거성居城으로 삼아 영지 지배를 시작했다. 이후 지배자는 여러 번 바뀌었는데 현재 히로시마현의 서쪽 절반을 차지하는 큰 번이었다.

▲ 사이호지의 산문 부근에서 가로를 내려다본 모습

◀ 에비스도
19세기 전기. 혼마치도리의 막다른 곳에 있어 길의 상징이 됐다. 15세기 마하시후루이치 이래 상업의 신으로 모셔져 이곳에 옮겨졌다고 하며 지금도 제례가 치러진다.

▲ 사이호지로 가는 참배로 입구의 초대 우편국터에 있는 건물
1871년 건축. 암수기와 팔작지붕, 박공면 진입방식.

◀ 후메이카쿠
사이호지의 관음당으로, 사이호지 옆 고지대의 절벽에 붙여 지었다. 사방 세 칸 정방형의 암수기와 사모지붕. 1765년 건축. 다케하라시 지정 문화재.

역사가로는 데라산 기슭의 혼마치도리 변 남북 약 500m를 중심으로 한 구역으로, 대체로 17세기 초엽의 시가지에 해당한다. 혼마치도리의 북쪽 끝 정면에는 에비스도胡堂가 있으며, 남쪽 끝 부근에는 지조도地藏堂[14]가 있다. 혼마치도리의 동쪽에는 데라산의 녹지가 있고, 산허리의 사이호지西方寺[15] · 후메이카쿠普明閣, 쇼렌지照蓮寺[16]가 가로와 어울리며 역사적인 경관을 구성한다.

길에 면한 건물들은 이층, 맞배 기와지붕, 회반죽으로 마감한 평벽구조의 마치야•인데, 대부분 18세기 후반에서 20세기 초에 지어진 것들이다. 모퉁이에는 팔작지붕 건물이 세워졌고 중앙부에는 부지가 넓은 저택이 있다. 저택의 담장 너머로 보이는 정원의 수목들이 가로 경관에 변화를 준다.

마치야의 일층 정면 의장은 데고시•와 격자살창이 특징이다. 오래된 건물의 격자살창은 창살이 굵은 것이 많으나 점차 가늘어져 19세기 중엽이 되면 기존의 세로 창살 사이에 가로 창살을 추가해 다양하게 조합함으로써 섬세하고 화려한 의장을 이루었다. 그 결과 통일성이 있으면서 변화감 있는 매력적인 경관이 조성됐다. 특히 1879년에 건축된 옛 마쓰사카가松坂家주택은 지붕판이 물결치듯 위와 아래로 휘어진 독특한 큰 지붕, 완만한 곡선을 이룬 암수기와를 인 게야•, 중이층의 마름모꼴 살창, 해자를 설치한 데고시 등 건축의장이 매우 화려하다. 또한 다케쓰루주조竹鶴酒造는 맞배지붕에 긴 전면 진입방식의 건물 한 채와 팔작지붕, 박공면 진입방식의 누리야•구조 건물 세 채가 나란히 혼마치도리에 늘어섰다.

중요문화재로 지정된 슌푸칸 라이가春風館賴家주택[17]과 홋코칸 라이가復古舘賴家주택 같은 대규모 집에서는 스키야풍•의 자시키•로 본채를 구성하고, 안쪽에 다실과 뜰, 그리고 그 안쪽에 도조•를 배치했다. 그 집들은 예전 타케하라 상공인의 재력과 문화의 높은 수준을 잘 보여준다. 보존지구 안에는 이 밖에 다케하라 가로보존센터, 다케하라시 역사민속자료관 등이 있다. 다케하라시 역사민속자료관은 의사이자

---

14 1610년의 대화재로 소실됐고 그 뒤 재건되어 염전의 수호신으로서 모셔졌다. 에비스도와 함께 혼마치도리의 마을 만들기 활동에서 지역 경계를 나타내는 신으로 여겨진다. 현재의 건물은 1927년 건축.

15 본당은 1702년, 종루는 1716년 건축.

16 본당은 1737년, 종루문은 1763년 건축.

17 일부 이층의 목조 건물. 맞배지붕. 라이 산요의 숙부로 히로시마번 소속 의사였던 라이 슌푸의 자택이다. 1781년에 조성했고 화재 뒤 1855년에 본채와 대문채를 재건했다. 중요문화재.

옛 마쓰사카가주택
다케하라시 지정 문화재. 공개.

다케쓰루주조
1733년 창업. 19세기 전기에서 후기에 걸쳐 지어졌다.
일본 위스키의 아버지로 불리는 다케쓰루
마사타카竹鶴政孝(1894~1979)의 생가.

훗코칸 라이가주택의 본채
목조 2층 건물, 맞배지붕. 오모테야구조●. 본채는 1859년,
오모테야는 1883년 건축. 중요문화재. 슌푸칸 서쪽에 인접해 있다.
라이 슌푸의 손자가 분가, 독립해서 주조업과 제염업을 운영했다.

유학자인 시오타니 도세키鹽谷道碩(1703~1764)가 후학을 지도했던 옛 집터에 있다. 그 집은 시오타니 도세키 사후에 제자 라이 슌푸賴春風(1753~1825) 등이 뜻을 이어 1793년 「다케하라서원竹原書院」이라 이름 붙이고 동네 사람들을 위한 사설 학교로 운영했다. 1813년에 소실되어 1929년 그 터에 서양식 목조 2층 건물로 다케하라서원 도서관을 건축했는데, 1980년부터는 다케하라시 역사민속자료관으로 이용된다.

5-5

후쿠야마시 도모초

_히로시마현

중요 전통적 건조물군 보존지구
8.6ha, 2017년 선정

히로시마현広島縣 후쿠야마시福山市 도모鞆는 후쿠야마시 남쪽 끝 세토내해●에 돌출한 누마쿠마沼隈반도의 동남쪽 끝에 있는데, 예로부터 조류 대기 항구●로 번성했다. 도모노우라鞆の浦 포구는 7세기 후반~8세기 후반에 걸쳐 편찬된 일본에서 가장 오래된 와카● 선집인 만요집万葉集에도 등장하며, 이후 수많은 역사의 중요 무대가 됐다. 1600년 세키가하라 전투● 등의 전공에 따라 이 지역을 부여받은 후쿠시마 마

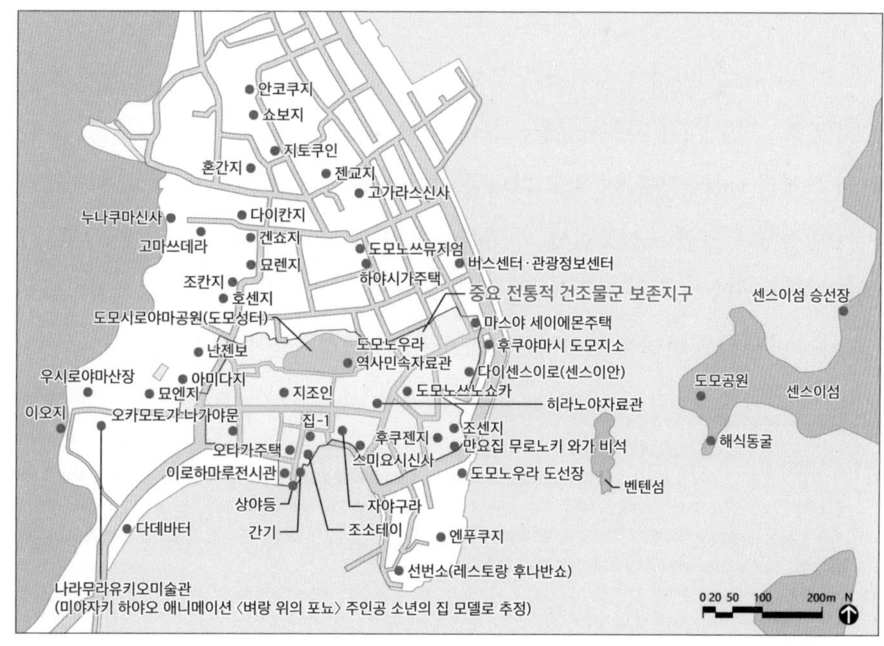

도모노우라 포구의 조망
도모노우라 포구 주변은 아름다운 바다경관을 자랑하며 일찍이 명승과 세토내해 국립공원으로 지정됐다.

사노리●가 히로시마성에 들어가 도모성[18]을 지성支城으로 정비했는데 당시의 토지 구획이 도모지구 시가지의 바탕을 이룬다. 도모는 그 뒤에도 니시마와리 항로●를 돌면서 각지의 산물을 사들여 팔고 다니던 기타마에부네北前船라는 배가 오가는 교역지로 번성했다. 또한 조선통신사●와 류큐사절●이 내항·숙박했고 그 밖에도 에도시대 말기[19]에 여러 사건의 무대가 되는 등 도모는 계속 번영하면서 역사를 쌓아갔다.

이러한 역사를 반영해 도모에는 도모항, 그와 관련되는 석축 부두와 상야등常夜

18 이 지방의 호족이 16세기 중엽 시가지 중심부의 구릉에 쌓은 「도모요해鞆要害」를 후쿠시마 마사노리가 성으로 정비한 것. 구릉부의 혼마루●를 중심으로 니노마루●, 산노마루三の丸를 조성했고 혼마루에는 3층의 천수●도 세웠다. 1609년경까지 계속 성을 조성했으나 거대한 성곽 때문에 도쿠가와 이에야스●의 노여움을 사 공사를 중단하고 폐성됐다. 현재 혼마루터 부근에는 도모노우라 역사민속자료관이 세워져 있다.

19 일반적으로 미 해군의 함대가 일본 항구로 들어와 처음으로 개국을 요구한 1853년부터 막부●를 따르는 세력과 천황을 받들고 신정부를 세우자는 세력의 내전에서 신정부군의 승리가 확실해진 1868년까지를 가리킨다.

▲ 도모항의 경관
왼쪽에 상야등. 중앙의 흰 박공벽 도조는「이로하마루いろは丸 전시관」으로 오래된 도조를 활용해 1867년의「이로하마루」 침몰사건●에 관한 자료를 전시한다. 오른쪽 끝의 팔작지붕 건물은 조소테이朝宗亭.

▶ 도모항의 간기
조수의 간만에 따라 뱃짐 등을 원활하게 하역할 수 있도록 한 돌계단으로, 중요한 역사적 항만시설이다.

燈, 간기●, 다데바焚場[20]터, 선번소船番所[21] 등 역사적 항만시설과 도모성터, 후쿠젠지福禅寺[22], 누나쿠마沼名前신사, 안코쿠지安国寺 등 신사와 사찰, 그리고 중후한 마치야●가 매우 많이 남아 있다. 또한 도모만 동쪽으로 이어지는 센스이섬仙酔島, 벤텐섬弁天島 같은 섬들이 명승 도모공원으로 지정됐다. 이렇게 도모의 역사적, 경관적 매력은 일일이 열거할 수가 없다.

---

20 만조시에 배를 끌어당겨 놓고 썰물이 되면 배밑에 부착된 따개비 등 조개류와 해조, 갯강구 등을 태워 없애 건조시키는 방법으로 배의 수명을 유지하기 위해 설치한 시설.

21 17세기 초 도모항의 동남쪽 돌출부 고지대에 설치된 시설로 배의 출입과 안전을 관리, 감독했다. 지금 건물은 1950년대에 재건축된 것이다. 돌담은 에도시대 초기에 축조된 것이 그대로 남아 있다. 현재 카페로 활용되고 있다.

22 도모노우라 포구를 바라보는 높은 석축 위에 있다. 본당과 이어진 객전(다이초로對潮樓)은 17세기 말에 건설되어 외교사절단인 조선통신사가 도모에서 묵는 숙소·영빈관으로 사용됐다. 양국의 문화교류를 보여주는 장소로서 국가 사적으로 지정됐다. 뒤의 '칼럼' 참조.

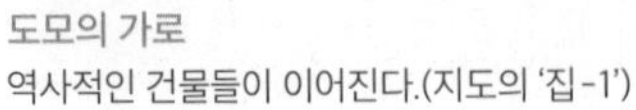
도모의 가로
역사적인 건물들이 이어진다.(지도의 '집-1')

도모의 가로
왼쪽이 오타가주택, 오른쪽은 조소테이.

도모의 오래된 마치야는 대략 남북 900m, 동서 500m에 이르는 너른 지역에 분포한다. 조사에 따르면 이 지역의 민가는 1868년 이전에 지어진 것이 80채, 1868년부터 1913년까지 지어진 것이 91채, 1913년 이후 1945년까지 지어진 것이 303채라고 한다.

도모항 서안에 있는 오타가大田家주택은 본래 주조업을 하던 나카무라가中村家의 주택인데, 세토내해 연안지방의 대표적인 에도시대 상점주택 건축 가운데 하나다. 나카무라가는 18세기 초엽부터 명산물 약용주藥用酒인 호메이슈保名酒를 제조해 번성했다. 현재의 오타가주택은 그렇게 번성했던 상점주택의 구성을 잘 간직하고 있어 18세기 중기에 건축된 본채를 비롯해 도조•, 부엌채(가마야•) 등 9채가 중요문화재로 지정됐다. 좁은 가로를 사이에 두고 이것과 마주보는 조소테이朝宗亭는 은거 자시키•와 본진•을 겸한 오타가의 별서別墅로 도모만에 면해 지어졌다. 본채는 1804년 이전에 준공됐는데 문간채, 별당離屋과 함께 중요문화재로 지정되었다.

이들 마치야를 포함해 도모성터의 남쪽 도모항 인근 지역에는 19세기 이전에 지어진 마치야가 특히 집중되어 있다. 2008년 후쿠야마시는 이곳 8.6ha를 전통적 건조물군 보존지구로 지정해 시 자체의 보존사업을 실시했다. 이 보존지구는 2017년에 국가의 중요 전통적 건조물군 보존지구로 선정되어 국가의 지원을 받아 보존사업이 본격화됐다. 그러나 보존지구 안에는 노후화되어 붕괴 우려가 있는 중요한 역사적 건조물이 여럿 있어 조속한 수리와 내진 대책이 요구된다. 또한 간기와 상야등

도모노쓰노쇼카鞆の津の商家(도모 나루의 상점주택)
시가 운영하는 공개시설. 본채는 19세기 중기, 도조는 19세기 후기. 도모의 전형적인 마치야다.

을 제외한 역사적인 항만시설과 도모성 북쪽의 역사적 시가지, 그 서쪽 사찰과 신사가 집중된 지구 등 풍부한 역사유산들이 보존지구의 범위에 포함되지 않았다는 점도 문제로 지적되고 있다.

한편 도모 역사가로지구의 좁은 도로 문제를 해결하기 위해 히로시마현은 1983년에 도모만의 일부를 매립하고 만을 가로지르는 다리를 건설해 통과교통을 처리하려는 매립 가교架橋 계획안을 발표했다. 이 계획은 도모의 역사적 경관을 지키려는 주민들의 반대운동과 예방적 금지소송 제기 등으로 여러 번 재검토됐다. 그리고 마침내 2016년에 히로시마현과 주민들 쌍방은 각각 매립면허 신청과 소송을 취하했다. 그리고 히로시마현은 도모 시가지 도로의 혼잡한 교통에 대한 대책으로 시가지 서쪽 산지에 터널을 건설하기로 결정해 행정부와 반대 주민들 사이에 화해가 이루어졌다. 이를 바탕으로 2017년에 국가의 중요 전통적 건조물군 보존지구로 선정되기에 이르렀다.

현재 도모에서는 역사가로의 보존사업과 함께 시내의 교통안전 확보와 교통·교류거점 정비, 해일 대책 등 여러 사업이 진행되고 있다. 이 가운데 만 연안의 모래사장과 간기 부분에는 기복식 수문 구조의 해일 대책 시설, 기존 민간소유 호안護岸 구조물이 있는 부분에는 그 민간 소유 구조물과 역사적 석축을 보존하고 이와 함께 바다 쪽 경관을 고려한 해일 제방 설치 사업이 진행되고 있다.

조선통신사가 칭찬한 도모의 절경

하기와라 메구미

도모는 조선통신사의 기항지, 곧 중간에 들렀던 곳으로 널리 알려져 있다. 도모는 세토내해에 있던 여러 기항지의 중간쯤에 위치하는데 뛰어난 경치로 소문난 곳이었다.

일행의 숙소였던 후쿠젠지의 객전 다이초로에는 1711년 제8차 통신사 종사관 이방언의 필체로 된 편액 '일동제일형승日東第一形勝(일본에서 으뜸인 명승이라는 뜻)'이 걸려 있다. 원래 종이에 쓴 붓글씨를 나중에 후쿠야마번福山藩* 영주 아베 마사요시阿部正福가 나무판에 새기게 한 것이다.

1719년 제 9차 통신사의 제술관이던 신유한은 『해유록』에서 이렇게 썼다.

> 도포鞱浦(도모)는 비후주備後州(일본어 발음은 빈고, 현재의 히로시마현 동부 등지)에 속한다. 사관은 복선사福禪寺(후쿠젠지)로 하였다. 절은 해안 산 아래에 있었는데 집이 굉장히 컸고 장막과 기구가 풍부하고 사치스러웠다. 바닷가에서 사관에 이르기까지는 6, 7리쯤 되었다. 노상에는 모두 겹자리를 깔아서 한 점의 티끌도 없었고, 5보마다 장대 하나씩을 세우고 장대마다 큰 등불 한 개씩을 달아서 협로夾路에도(한 개씩 달고 그것들로 길을 끼게 했으니, 곧 길 양쪽에 등불이 있으니) 밤이 낮과 같았다. 지붕은 총총 들어서서 한 치의 틈도 없었고, 비단옷을 입고 구경하는 남녀가 동서를 메웠으며 그 가운데는 장사꾼·창녀와 부인富人의 찻집이 많으므로 각 주州의 관원들이 왕래하며 머물러 대단히 번화하였다. 여기도 또한 적간관赤間關(일본어 발음은 아카마가세키, 현재의 야마구치현山口縣 시모노세키시下關市) 이동以東의 한 도회지이다. 해안 산이 높이 솟아 바다에 임하여

삼면의 모든 산과 더불어 서로 당겨서 만이 되었고, 산 밑이 바다에 침식된 곳에는 돌을 깎아 제방을 만들었는데 평평하고 정돈되어서 끊어 놓은 것과 같았다. 소나무·삼목·귤·유자 등 온갖 나무의 숲이 양쪽을 끼고 푸른 것이 사방에 둘러 있으면서 그림자가 물속에 거꾸로 비치고 있으니, 사람들이 모두 여기에 이르러서는 제일의 경치라고 감탄하였다.

『해유록』(한국고전종합DB)에서

그러나 그 뒤 후쿠젠지는 황폐되어 1748년 제10차 통신사가 다닐 때는 숙소로 사용할 형편이 아니어서 100m쯤 안쪽에 들어간 아미다지阿彌陀寺에 숙소가 배정됐다. 유서 깊은 사관이 황폐된 것을 속상해한 일행이 에도에서 돌아가는 길에 다시 도모에 들렀을 때 숙소를 후쿠젠지로 옮기지 않으면 배에서 묵겠다고 하니 폐한 지 오래된 절을 관소로 정할 수 없지만 구경만은 할 수 있다고 했다. 정사 홍계희는 후쿠젠지를 찾아가 조망을 바라본 뒤 이 건물에 '對潮樓(다이초로)'라는 이름을 지어 동행한 아들 홍경해를 시켜 붓글씨로 적게 했다. 이것 또한 편액으로 새겨져 건물 정면에 걸렸다.

후쿠젠지가 소장하는 조선통신사 관련 자료 28점 가운데 이방언과 홍경해의 붓글씨와 1711년 통신사 정사 조태억, 부사 임수간이 지은 시 등 6점 14개 작품(후쿠야마시 중요문화재)이 2017년 한일 양국의 총 25곳이 소장하는 다양한 자료들과 함께 유네스코 세계기록유산「조선통신사에 관한 기록–17세기~19세기 한일 간 평화구축과 문화교류의 역사」의 구성요소로 등재됐다.

한편 삼사(정사, 부사, 종사관) 이외의 일행이 나누어 묵었던 쇼보지正法寺, 혼간지本願寺 등 여러 사찰과 숙박업소, 상점주택 등이 마을 안 여기저기에 남아 있다.

5-6

이와쿠니시 이와쿠니 성하마을과 긴타이교

_야마구치현

이와쿠니岩国는 야마구치현山口縣의 가장 동쪽, 히로시마현広島縣과의 경계에 위치한다. 동쪽은 세토내해*로 열려 있으며, 삼면이 산으로 둘러싸이고 중앙을 니시키강錦川이 흐른다.

1600년의 세키가하라 전투* 이후 이와쿠니령岩國領의 초대 영주인 깃카와 히로이에吉川廣家(1561~1625)는 1601년부터 이와쿠니성과 성하마을*의 건설에 착수했

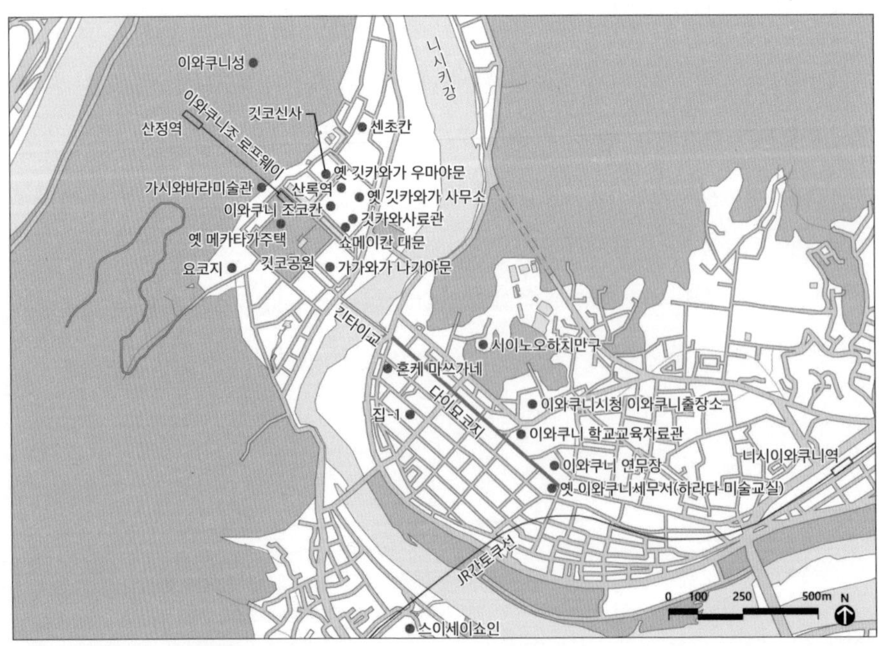

다. 니시키강의 오른쪽 기슭의 북서쪽 요코야마横山라는 산 꼭대기에 이와쿠니성을 쌓고 산기슭에는 평상시 정무를 보는 장소인 오도이御士居를 조성했다. 이곳에 거주하는 저택과 여러 관공서를 설치하고 그 주위에 상급 무사의 거주구역을 두었다. 니시키강을 천연의 바깥 해자로 삼는 등 방어를 가장 중요시해 구성했다. 이와쿠니성은 1615년의 일국일성령●에 따라 철거됐지만[23], 산기슭의 요코야마지구는 그 뒤에도 번● 통치의 거점으로 사용되었다.

그러나 요코야마지구는 땅이 좁아 많은 가신을 거주시킬 수 없었다. 이 때문에 니시키강 왼쪽 기슭의 남동쪽 범람원에 인공 수로를 만들고 대규모 제방을 쌓아 너른 거주 지역을 확보하고 중·하급 무사의 택지와 마치야●를 배치했다. 이곳이 바로 현재의 이와쿠니지구(니시미錦見지구)이다.

성하마을이 요코야마지구와 이와쿠니지구로 나뉨에 따라 두 지구를 연결하는 다리가 필요했다. 니시키강은 폭이 약 200m에 이르는 야마구치현 최대의 하천으로, 다리를 설치하고 유실하기를 여러 번 반복해서 항구적인 다리가 절실히 요구됐다. 17세기 후반에 이르러 강 가운데에 돌을 쌓아 교각을 설치하고 그 위에 하네기刎木(또는 桔木, 跳ね木)라고 부르는 횡목을 중첩시키면서 띠철로 묶어 돌출시켜 캔틸레버의 원리로 아치형 다리를 구성하는 획기적인 다리 구조가 고안됐다. 그 결과 1673년에 일본 최초로 캔틸레버의 원리로 하중을 지지하는 세 개의 아치를 포함 다섯 개의 아치로 이루어진 목조 홍예다리인 긴타이교錦帶橋가 준공됐다. 섬세하고 아름다운 의장을 보여주는 이 다리는 교각 사이, 곧 경간이 35.1m로, 전통공법의 목조 아치로는 세계에서 경간이 가장 길다. 이 다리는 그 뒤 원형을 유지한 채 여러 번 다시 가설돼 오늘날까지 전해 내려온다. 이 지역에서는 이 다리를 유네스코 세계유산에 등재하기 위한 운동을 10여 년간 계속하고 있다.

이와쿠니성터의 남쪽 기슭에 있는, 요코야마지구 번주藩主의 옛 저택터에는 깃코吉香신사(본전은 중요문화재)가 있다. 역대 이와쿠니 번주의 조상을 모시는 신사다. 사전社殿은 1728년에 건축됐는데 1885년에 현재 위치로 옮겨졌다. 또한 1693년에 건

23 그 당시 나가토長門와 스오周防 등 2개 지역을 영유하고 있던 조슈번長州藩은 하기성萩城을 남기고 준공한 지 7년 만에 이와쿠니성을 철거했다.

긴타이교
다섯 개의 아치로 이루어진 목조 홍예교. 1677년 이래 교체, 가설을 반복했는데, 2001~2004년에 모든 목조 부분을 교체했다. 뒤의 요코야마산 위에 보이는 건물은 1962년 철근콘크리트구조로 다시 지은 이와쿠니성의 천수●.

요코야마지구의 옛 메카타가주택
중요문화재.

이와쿠니지구의 가로
옛 우오마치魚町(현 이와쿠니 1초메丁目)의 절임식품 제조 판매 마치야(지도의 '집-1'). 낮은 이층, 일부 3층 건물. 19세기 후반.

이와쿠니지구 혼마치스지本町筋 일대
낮은 이층 구조의 마치야가 이어진다. 가운데는 구니야스가國安家주택, 1850년 이전 준공. 등록유형문화재. 원래 머릿기름, 나중에는 간장을 제조 판매했던 상점주택으로, 지금은 시가 혼케 마쓰가네本家松がね'라는 관광 교류시설로 활용하고 있다.

축된 이와쿠니번 중신重臣의 「가가와가香川家 나가야문*」과 18세기 전반에 지어진 중급무사의 주택인 옛 메카타카目加田家주택 외에 근대에 건설된 깃카와가吉川家 관련 건축물도 많이 남아 있다. 옛 저택터 일대는 1968년에 깃코吉香공원으로 정비됐다.

이와쿠니지구는 이와쿠니 성하마을의 중심에 해당한다. 긴타이교부터 오테도리*인 다이묘코지大明小路를 따라서 그 양쪽과 북동부 산기슭 및 니시키강 변 남서부 등에 무가구역을 배치하고 그 사이에 상공인구역을 배치했다. 길이 108m, 폭 54m의 블록을 기본으로 하는 바둑판형 구성은 현재까지 대체로 유지되고 있다. 가로를 따라 무가구역의 본채와 대문, 그리고 마치야와 사찰 등이 광범위하게 분포해 전체적으로 에도시대부터 근현대에 이르는 성하마을 본래의 가로 분위기를 느낄 수 있다. 2021년에는 이와쿠니지구와 요코야마지구의 이와쿠니 성하마을을 중심으로 긴타이교를 포함한 니시키가와강 변의 약 487.3ha에 달하는 넓은 구역을 「니시키강 하류구역 긴타이교와 이와쿠니 성하마을 문화적 경관」이라는 중요 문화적 경관으로 선정해 보존과 활용을 계획하고 있다.

5-7

야나이시 후루이치 가나야

_야마구치현

중요 전통적 건조물군 보존지구
1.7ha, 1984년 선정

야나이시柳井市는 야마구치현山口縣 남동부에 있으며, 세토내해*에 면하고 있다. 세토내해로 흘러드는 야나이천柳井川의 하구에 위치한 야나이쓰柳井津 항구는 16세기 초부터 세토내해 연안 지역의 좋은 항구이자 해상 교통의 요충으로서 중요시됐다. 야나이천은 물자의 수송로로서 중요한 역할을 했는데, 동쪽 천변 제방에 좁고 긴 띠 모양의 마을이 생기기 시작해 점차 동쪽의 히메다천姬田川과 합류하는 지점 쪽으

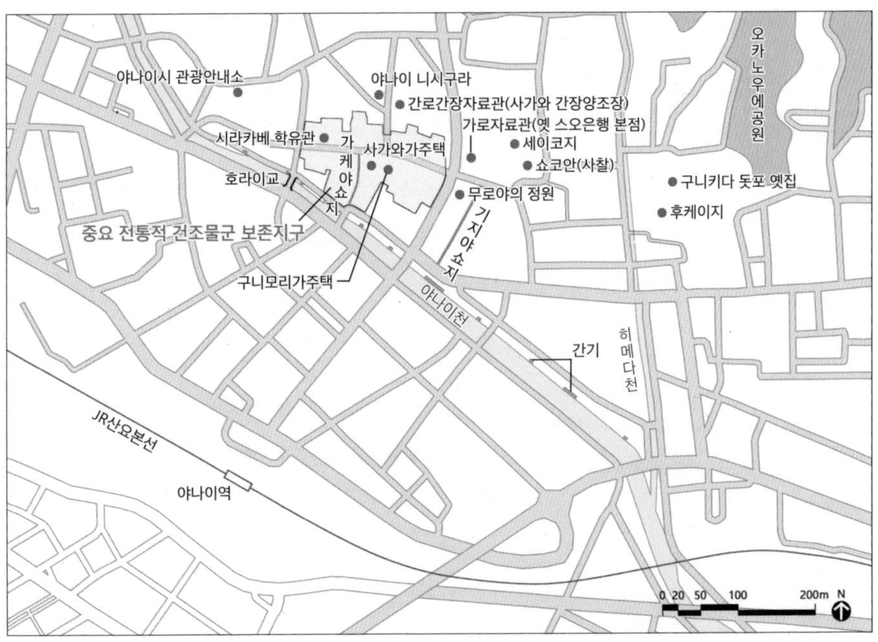

로 발전했다. 이 야나이천 북쪽의 띠 모양의 범위가 야나이쓰지구다.

17세기 초 야나이쓰는 이와쿠니령岩國領[24]에 속했고, 1654년 세금으로 쌀과 산물을 거두는 일을 비롯해 그 지방의 사무를 담당하는 관청인 대관소代官所가 설치됐다. 야나이쓰는 세토내해 연안 지역의 경제발전을 배경으로 이와쿠니령의 유통 거점이 됐으며, 세토내해 연안 지역 굴지의 상업도시로 발전해 무명과 기름, 간장 등을 취급하는 유력한 상점주택들이 들어섰다. 야나이쓰의 마치야•는 1727년에 440채, 1802년에는 700여 채를 헤아렸다고 한다.

과거 야나이쓰의 역사가로는 서쪽의 후루이치古市로부터 동쪽의 신이치新市까지 약 1.4km에 걸쳐 이어졌는데, 현재는 서쪽 끝 후루이치·가나야金屋지구의 동서 약 200m의 범위로 축소됐다. 그 가운데 동서로 난 혼마치도리本町通의 남북 가로변과 야나이천에 이르는 지역에는 18세기 후반 이후 지어진, 백회로 마감한 도조•구조의 중후한 본채 등 전통 건조물 40여 채가 들어섰다. 그리고 북쪽으로 인접한 곳에 간장 양조장의 도조 등이 있다. 야나이천 변에는 예전에 하천에서 하역하는 데 사용했던 돌계단인 간기•도 남아 있다.

후루이치·가나야 마을의 부지들은 다른 상점주택 지구에서와 마찬가지로 전면 폭이 좁고 깊이가 깊다. 부지 경계에는 폭 수십 센티미터 정도의 석축 수로가 설치됐는데 길 아래로 남북으로 흘러 야나이천에 이어진다. 이 오래된 부지 구획은 지금까지도 잘 남아 있다.

한편, 야나이쓰의 상인 중에는 주변의 토지를 사 모아 전면 폭이 넓은 부지를 조성한 사람도 적지 않다. 가나야초金屋町의 오다가小田家는 야나이쓰에서 대대로 영주를 대신해 지역을 관리하는 직책을 맡은 대상인이었다. 1대는 일본 전통 의복의 옷감, 재생 솜 등을 가지고 규슈九州 등지로 나갔으며, 2대는 오사카와 기름 거래를 시작했다고 한다. 그 후 주변의 토지를 차례로 매입해 경영을 확대했다. 오다가주택의 부지는 남북방향으로 깊이가 약 120m에 달하고 부지의 동쪽으로는 경계를 따라 긴 소로가 나 있다. 오다가주택은 본채를 비롯해 많은 도조와 별채 자시키• 등으로 구

---

24 지금의 야마구치현 이와쿠니시를 본거지로 16세기 활약한 무장인 깃카와 히로이에吉川廣家가 영유를 시작한 야마구치현 동부의 땅. 1868년 정식으로 이와쿠니번•이 됐다.(5-6 참조)

▲ 후루이치 가나야의 혼마치도리
백회로 마감한 도조구조 마치야가 즐비하다.
처마에는 명물인 「금붕어초롱」이 걸려 있다.

야나이천에서 본 경관
1663년 간척공사를 하면서 조성한 야나이천 변에 돌계단인 간기가 남아 있다.

▼ 오다가주택
상점주택박물관 '무로야의 정원'으로 공개된다.

성된다. 현재의 본채는 1753년에 지어졌다고 하는데 야마구치현에서 가장 오래된 마치야의 하나이고 야나이쓰에서는 가장 규모가 큰 마치야다. 혼마치도리에 면하는 이 본채는 도조구조, 이층 건물, 팔작지붕, 박공면 진입방식의 건물이다. 1979년에 오다가주택의 건물과 다양한 생활 용구, 고문서 등이 일괄적으로 야마구치현 유형민속문화재로 지정됐고 현재는 그것들을 전시하는 「상점주택박물관 무로야의 정원」으로 공개되고 있다.

구니모리가国森家주택은 기름을 제조해 판매하던 부유한 상인의 주택이다. 도조

구니모리가주택
18세기 후반 건립. 기름을 제조, 판매했다.

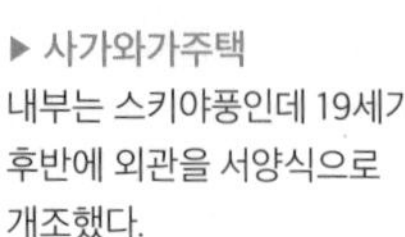

▶ 사가와가주택
내부는 스키야풍인데 19세기 후반에 외관을 서양식으로 개조했다.

▼ 시라카베(흰 벽) 학유관學遊館
19세기 전반에서 후반 사이에 지어진 건물을 역사·민속 자료관으로 정비했다. 건물을 1.3m 후퇴시켜 처마를 복원했다.

구조, 이층 건물, 팔작지붕, 박공면 진입방식의 본채는 1768년 대화재 직후에 지어졌다고 한다. 길에 면하는 일층은 「부초」라 불리는 시토미문•을 붙여 완전히 개방할 수 있도록 했는데, 그 앞면에는 회반죽으로 마감한 두꺼운 외미닫이문을 달아 화재에 대비했다. 구니모리가주택은 에도시대 야나이쓰 상점주택 구조의 전형으로서 중요문화재로 지정됐다.

사가와가佐川家주택은 대대로 간장 양조업을 운영한 상점주택으로, 본채는 1856년 건축됐다. 본채의 서쪽에 인접한 이층 자시키는 스키야구조•인데, 아치창과 루버창, 벽모서리돌 등 서양식으로 외관을 디자인해 메이지시대 초기 서양식 디자인이 이곳 야나이쓰에 전파된 상황을 보여준다. 또한 보존지구의 북동쪽 입구 근처, 오다가주택 건너편에 있는 옛 스오은행周防銀行은 본래 일본은행日本銀行 기사인 나가노우헤이지長野宇平治[25]의 설계로 1907년에 준공되었다가 도로가 확장됨에 따라 뒤쪽으로 옮겨져 수리·정비됐다. 현재는 야나이시 가로자료관·관광안내소로 개방되고 있다.

---

25 1867~1937. 나라현奈良縣청사(1895)와 옛 일본은행 교토지점(1906)을 비롯해 많은 은행건물을 설계했다.

5-8

우치코초 요카이치 고코쿠

_에히메현 기타군

중요 전통적 건조물군 보존지구
3.5ha, 1982년 선정

시코쿠四国 에히메현愛媛縣의 중앙에 있는 우치코초内子町는 16세기 말부터 17세기 초에 걸쳐 오다천小田川과 나카야마천中山川이 합류하는 하안단구 위에 있는 두 사찰의 문전마을門前町로 시작됐다. 그 뒤 집들이 늘어서고 장이 열려 무이카이치六日市[26]와 요카이치八日市[27] 마을이 형성됐다. 그리고 우치코의 마을은 오다천의 수운을 이용한 물자의 집산지로서 고토히라궁金刀比羅宮[28] 신사 참배나 시코쿠 88개 사찰 순

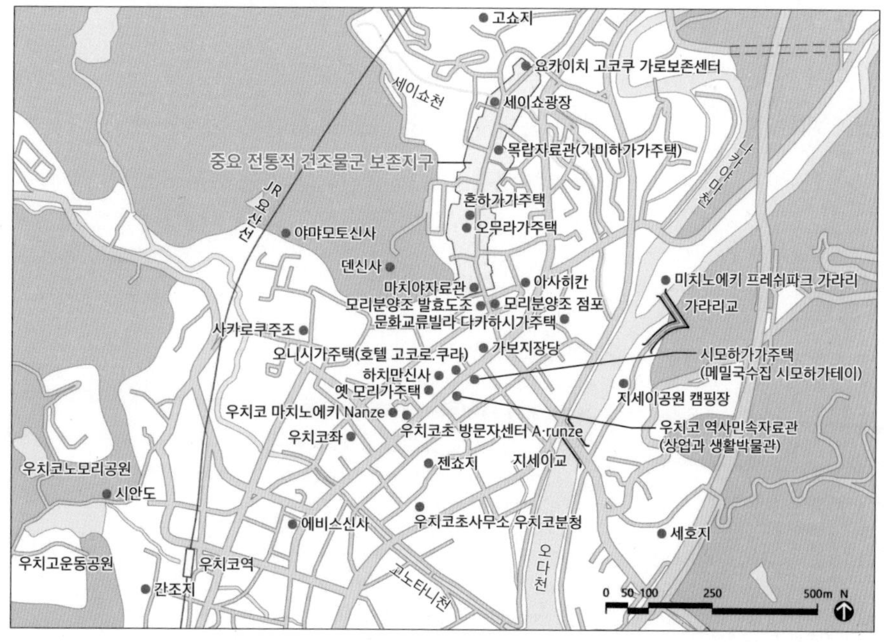

례[29] 등을 위한 교통의 요충지로서 번성했다. 또한 예로부터 제지업으로 알려진 우치코는 인근 지역에서 생산한 닥나무와 종이를 거래하는 중심지였다. 18세기 후반에 오즈번大洲藩[●30]은 이곳에 종이 관청을 두었다.

우치코에서 검양옻나무 열매에서 채취한 목랍木蠟[31]을 생산하기 시작한 것은 18세기 중엽이다. 19세기 중엽에 이르러 하가 야자에몬芳我弥三右衛門(1801~1872)이 제조법을 개선하기 위해 노력해 마침내 하얗게 표백한 목랍을 효율적으로 정제하는 기법을 고안했다. 그 뒤 우치코에서는 목랍 제조가 주요 산업이 되어 마을이 발전했는데, 목랍 표백 공장과 이를 위한 우물이 요카이이치에서 무이카이치에 걸친 넓은 지역에 분포했다. 목랍 제조는 19세기 후반에 전성기를 맞아 가도변에는 목랍 제조업자들의 건물이 늘어섰다. 당시 하가가芳我家의 목랍 표백 공장은 일본에서 가장 큰 규모였다고 한다. 그 뒤 목랍이 급속히 서양 납[32]에 밀렸고 광역 도로가 정비됨에 따라 옛 가도변은 교통 요충지로서의 기능을 상실했다. 또한 하천의 수운도 쇠퇴해 우치코는 점차 인근 농촌을 상권으로 하는 상업도시로 변모했다.

우치코의 역사가로는 요카이이치지구와 고코쿠護国지구의 옛 가도변으로 약 600m에 이른다. 가도를 따라 이층 건물, 긴 전면 진입방식의 기와지붕 본채가 연속되는데, 그 대부분은 18세기 말에서 20세기 초에 지어진 것들이다. 이 건물들은 외벽을 흰색 또는 크림색의 회반죽으로 마감한 평벽구조로, 돌출벽을 붙인 것이 많고 이층과 돌출벽의 하부를 해삼벽[●]으로 만든 것도 보인다. 벽면과 개구부는 여러 가지 의장의 테두리를 두르거나 채색한 고테에[●]로 만든 현어[●] 등으로 장식한 예도 있다. 이렇게 이 건물들은 과거 우치코의 번영과 정교한 장인의 기예를 전하고 있다.

---

26 과거 매월 6, 16, 26일에 정기적으로 열린 장. 일본 각지에 같은 지명이 전해 내려온다.

27 과거 매월 8, 18, 28일에 정기적으로 열린 장. 무이카이치와 마찬가지로 일본 각지에 같은 지명이 전해 내려온다.

28 가가와현香川縣 고토히라초琴平町의 산 중턱에 자리한 신사. 예로부터 어부와 선원 등이 추앙하는 해상교통의 수호신으로 일본 전역에서 많은 신자들이 모여들었다.

29 불교의 일파인 진언종眞言宗을 연 승려 구카이空海(774~835)와 연고가 있는 시코쿠의 88개 사찰을 순회하는 총 길이 1,200km의 순례길. 1200년 넘게 계승되어 왔으며 현재도 많은 사람들이 찾는다.

30 에히메현의 중앙부, 현재의 오즈시를 중심으로 1608년에 성립된 번.

31 생랍生蠟이라고도 불리며, 검양옻나무나 옻나무의 열매를 쪄서 그 안에 포함된 지방분을 짜내는 등의 방법으로 추출해 만든 납. 농가의 중요한 소득원이었다.

32 석유에서 추출한 파라핀을 원료로 만든 납. 1850년경부터 영국, 독일 등에서 대량생산됐다.

흰색이나 크림색 회반죽으로 마감한 평벽구조의 마치야
혼하가가주택과 가미하가가주택 등 아름다운 해삼벽으로 장식한 건물이 많다.

목랍 제조 전성기인 19세기 후반에 건축된 혼하가가本芳我家주택과 가미하가가上芳我家주택을 비롯해 넓은 부지에 대규모 본채와 도조• 등 부속채를 가도에 면해 지은 집들이 요카이치 중앙부의 가로 풍경을 이룬다. 또한 혼하가가주택의 남쪽에 있는 오무라가大村家주택은 18세기 말경 지어진 건축물로 우치코에서 가장 오래된 민가 중 하나다.

우치코는 역사적 건조물을 적극적으로 공개, 활용하는 마을로 알려져 있다. 앞서 언급한 가미하가가주택은 공설「목랍자료관」으로서 본채, 가마터, 작업장 등의 내부를 공개하고 부지 안에 목랍 제조용구 등 중요유형민속문화재를 전시하는 건물을 갖추고 있다.「마치야• 자료관」은 1793년에 건립된 마치야(옛 요네오카가米岡家주택)를 복원, 수리해 공개한 것이다.

그 밖에 오래된 약국과 점포를 재현한「상업과 생활박물관(우치코초 역사민속자료관)」과 옛 대일본맥주大日本麥酒(지금의 아사히맥주와 삿포로맥주의 전신. 1933년 하이트맥주의 전신인 조선맥주를 설립하기도 했음.)에서 기술자 출신으로 사장이 되어 일본의

가미하가가주택 본채 정면
1894년 건축. 중요문화재.

가미하가가주택 본채 측면
목랍의 생산으로 부를 축적한 하가가의 분가.

혼하가가주택 본채 일층
1884년 건축. 중요문화재. 데고시●와
그것을 지지하는 까치발 등의 화려한 의장.

오무라가주택
중요문화재.

우치코좌
회전무대, 하나미치, 마스세키 등을 갖춘 극장.

맥주왕으로 불린 다카하시 류타로高橋龍太郎(1875~1967)의 생가를 활용한 「문화교류빌라 다카하시주택高橋邸」 등 공개해 활용하는 시설이 있다. 그리고 1936년에 경찰서로 지어진 서양식 건물을 수리, 개수해 「우치코초 방문자센터 아룬제A·runze」로 문을 열어 관광안내와 정보제공, 전시 등으로 인기를 얻고 있다.

요카이치 고코쿠지구의 남서쪽에 있는 「우치코좌内子座」는 1916년에 주민들의 오락을 목적으로 건설된 목조 2층의 극장 건물이다. 회전무대, 하나미치花道[33], 마스세키枡席[34] 등 전통적인 설비를 갖추고 약 650명을 수용하는 본격적인 극장이다. 1985년 주민들의 열의로 수리, 복원된 이 건물은 예술문화활동의 거점으로 다양한 행사에 활용되고 있다.

또한 우치코초에서는 이와 같은 보존지구에서의 보존과 활용 성과를 지자체 안의 다른 지구로 확대하고자 「마을경관 보존」을 마을 만들기의 핵심요소 가운데 하나로 내걸고 관련 사업도 추진하고 있다. 이에 따라 요카이치 고코쿠지구에서 북쪽으로 약 10여 km 산간 지역으로 들어간 이시다타미石畳지구에서 아름다운 자연과 농촌 경관을 살린 숙소와 카페를 운영하는 등 행정부와 주민들이 함께 참여하는 실천이 계속되고 있다.

---

33 일본의 고전 예능인 가부키歌舞伎의 무대 장치로 무대에서 객석 뒷편까지 객석 안을 길게 관통한 복도 모양의 무대. 배우는 등·퇴장하면서 이곳 위에서도 연기를 한다. 관객의 시선을 연기자에게 모으는 효과가 있어 꽃길이라는 뜻의 이름이 붙었다. 17세기 후반부터 발달했다.

34 일본 흥행장의 전통적인 관객석 형태. 흙바닥 공간이나 마루를 깐 공간에 사각, 곧 되(枡, 마스) 모양으로 칸막이를 만들어 놓고 그 안에 한 명 또는 여러 명이 앉아 구경한다.

5-9

니이하마시 옛 벳시 구리광산

_에히메현

니이하마시新居浜市는 에히메현愛媛縣의 동부에 위치하며 혼슈本州 · 시코쿠四国 · 규슈九州에 둘러싸인 세토내해*에 면하고 있다. 남부는 고치현高知縣에 접하는데, 해발 천 수백 미터의 산지가 이어진다. 1690년, 높이 천 미터가 넘는 험준한 산중에 있는 옛 벳시야마촌別子山村(2003년 니이하마시에 합병됨)에서 구리광상이 발견되자 당시 신흥 상인이었던 스미토모가*가 이듬해부터 광산 개발에 나섰고 뒤에 일본 굴지

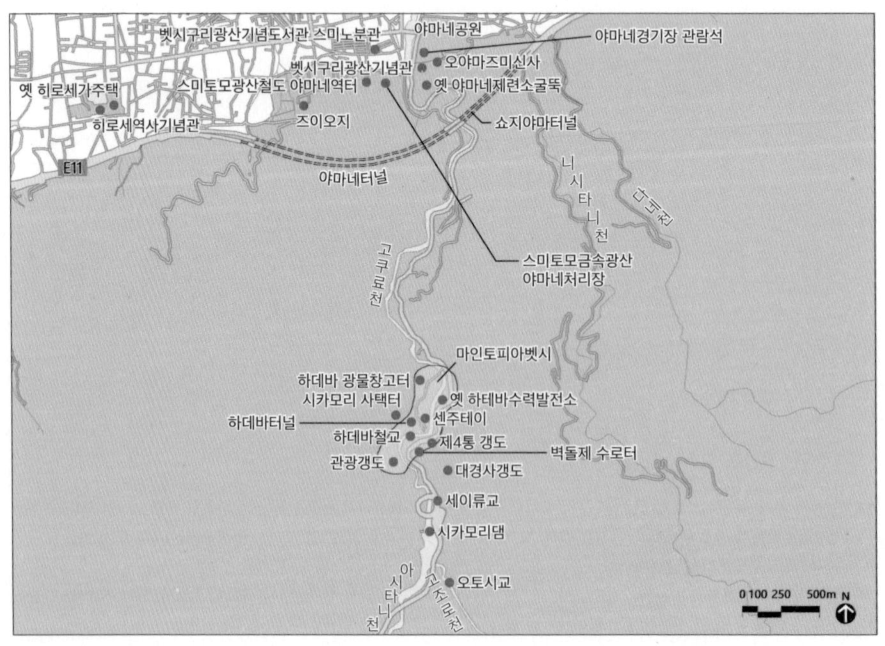

의 재벌가가 될 기반을 다졌다. 광산이 차차 낮은 지대에 있는 니이하마시로 확대되면서 니이하마는 벳시 구리광산과 그 관련 산업으로 번성했다.

1697년에 일본의 구리 생산량이 세계 최고가 되었는데, 개발된 지 7년 된 벳시 구리광산에서 그 4분의 1이 생산됐다고 한다. 에도막부•가 나가사키長崎의 데지마•에서 무역대금을 지불할 때 은 대신 동을 사용함에 따라 동이 최대 수출품이 되었고 세계 굴지의 구리 생산량을 자랑하는 벳시 구리광산이 이를 뒷받침했다.

벳시 구리광산은 개발 이래 1973년까지 약 280년간 조업을 계속했다. 개발 이후 약 200년 동안은 산중에서 채광하고 순도 90%의 거친 구리로 만든 다음 항구로 옮겨 배로 오사카까지 운송해 제련했다. 메이지시대 들어 신정부의 식산흥업殖産興業정책에 따라 1874년 프랑스 광산 기사인 라로끄Louis Claude Bruno Larroque를 초빙해 그의 의견을 참고해서 갱도를 정비하고 확대했다. 또한 벳시야마에서 산기슭 인근 다쓰카와立川까지 운반차로를 정비하고 서양식 제련소를 건설하는 등 구리광산의 근대화를 추진했다.

벳시 구리광산의 갱도는 높게는 해발 1,300m의 벳시야마에서 낮게는 해수면 아래 1,000m까지 이른다. 채광이 진전됨에 따라 채광 본부는 벳시야마에서 1916년에 산중턱의 도나루東平로, 1930년에는 다시 아래쪽 하데바端出場로 옮겨져 1973년에 폐광할 때까지 사용됐다.

해발 750m에 위치한 도나루지구에는 1902년 이후 광물창고터, 삭도 정거장터, 제3통[35] 갱도第三通洞터, 변전소터 등 광산시설이 남아 있다. 하데바지구에는 광산철도 시설인 하데바철교(1893년 준공, 등록유형문화재)와 터널, 제4통 갱도第四通洞, 옛 하데바수력발전소 등이 남아 있다. 옛 하데바수력발전소(등록유형문화재)는 1912년에 건설된 벽돌조 건물로, 당시 동양에서 가장 큰 유효 낙차 560m의 물로 발전기를 돌렸다. 또한 하데바에는 1905년에 준공된 철골아치교인 오토시교遠登志橋(등록유형문화재)와 광산의 후생시설이었던 옛 센주테이泉寿亭 특별실동(1937년 준공, 등록유형문화재) 등도 남아 있다. 도나루지구와 하데바지구에는 이 밖에 주택 여러 채와 학교,

---

35 산 중턱이나 기슭에서 거의 수평으로 굴착된, 사람의 출입과 광석 운반, 환기구와 배수로 설치 등 다용도로 쓰인 주요 갱도.

▶ 도나루의 삭도기지터
1905년 설치. 광석을 삭도를 이용해 아래로 운반했다.

▼ 옛 벳시 광산철도 하데바철교(아시타니천足谷川 철교)
1993년 준공. 길이 39m, 단선單線 철로를 부설한
사장교 형식의 철제 트러스교. 독일제 교량. 등록유형문화재.

▲ 제4통 갱도 입구
1915년에 개통한, 수평으로 굴착한 갱도의 입구.

▶ 옛 하데바수력발전소
벽돌조 2층 건물. 1912년 건축. 내부에 발전기 등이 남아 있다.
등록유형문화재.

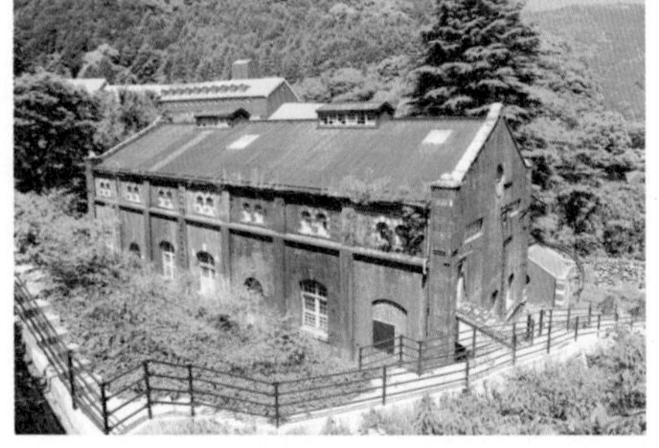

야마네경기장(현 야마네시민운동장) 관람석
호박돌 건성쌓기 공법을 사용해
광산 직원의 노력봉사로 축조됐다.
산 너머로 벽돌조 옛 야마네제련소 굴뚝이 보인다.
모두 등록유형문화재.

병원, 우체국 등 생활 관련 시설도 갖춰져 있었다.

두 지구에 지금도 남아 있는 산업유산군을 현지에서는 깊은 산 속에 불현듯 오래된 석축 구조물군이 나타난다고 해서 「동양의 마추픽추」라고 부른다. 1991년에는 유산군을 관광시설로 활용한 「미치노에키道の驛(길의 역)[36] 마인토피아 벳시」가 문을 열어 인기를 끌고 있다. 또한 산기슭 야마네山根지구에는 1888년에 지은 벽돌조의 옛 야마네제련소 굴뚝과 27단의 석축으로 6만 명을 수용했다고 하는, 1928년 준공된 야마네경기장 관람석, 같은 해 벳시야마에서 자리를 옮긴 오야마즈미大山積신사가 있다. 그리고 그 옆에 옥상을 녹화해 주위 경사면과 어울리도록 반지하식으로 만든 벳시구리광산기념관(1975년)이 있다.

산중에서 제련소와 항만까지 광석과 인원을 실어 나르는 벳시광산철도와 삭도가 건설돼 1893년에 개통됐다. 니이하마항 근처의 소비라키惣開에는 1888년에 제련

---

36 도로 이용자의 휴식, 각종 정보 제공, 지역 진흥을 도모하기 위해 각 지자체와 도로관리자가 연계해서 간선도로에 설치한 대형 편의시설. 시설 내용은 고속도로의 휴게소와 비슷하다. 2023년 3월 기준, 일본 전역에 총 1,204곳이 있다.

옛 히로세가주택
스미토모가의 초대 총지배인인 히로세 사이헤이의 주택.

소, 1925년에는 선광장選鑛場이 건설됐다. 선광장에 인접해 광산철도의 호시고에역星越驛이 설치되었고 그 남쪽 호시고에산까지 이르는 광대한 토지에 야마다山田, 일명 호시고에 사택(5-10 참조)이 건설됐다. 이 광산철도는 1929년에 지방철도가 됐고 1977년까지 영업했다.

이 밖에 우에하라上原 고지대에 스미토모가의 초대 총지배인을 맡아 벳시 구리광산의 근대화를 추진한 히로세 사이헤이広瀬宰平(1828~1914)의 옛집이 있다. 히로세 사이헤이는 11살 때부터 벳시 구리광산에서 근무했으며, 38살에 총지배인이 됐다. 벳시 구리광산의 근대화에 기여한 공로자로 손꼽히는 그는 많은 회사의 설립에 관여했으며, 재계의 중심인물 가운데 한 명이었다. 그의 옛집은 1875년에 건축되어 1885년에 현재 위치로 이축됐는데, 대규모 일본식 주택의 귀중한 사례로서 중요문화재로 지정됐다. 이 주택은 신축된 전시관과 함께 「히로세역사기념관」으로 개방되고 있다. 니이하마시에는 지금도 이러한 벳시 구리광산 관련 유산과 그 밖의 근대산업유산군이 많이 남아 있어 보존과 활용, 공개를 추진하고 있다.

5-10

니이하마시 호시고에초

_에히메현

에히메현愛媛縣 니이하마시新居浜市는 17세기말 벳시別子 구리광산이 발견된 뒤 벳시 구리광산과 그 관련 산업으로 발전했다.(5-9 참조) 벳시 구리광산 운영회사는 사업이 확장됨에 따라 벳시야마別子山, 도나루東平, 시사카지마四阪島, 하데바端出場, 야마네山根, 니이하마 중심 시가지 등에 모두 수천 채의 사택을 건설했다.

벳시광업소의 지배인이었던 와시오 가게지鷲尾勘解治[37]는 1925년에 니이하마지

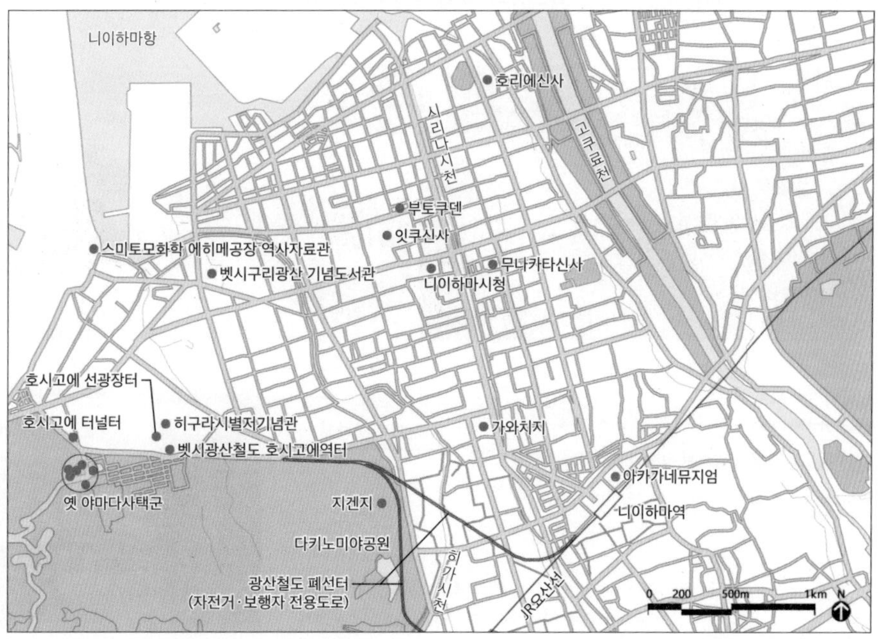

◀ 재생된 벳시광산철도 옛 호시고에역(오른쪽)
왼쪽은 해체된 옛 니이하마 선광장.

▼ 야마다사택군을 내려다본 모습(2015년 5월 26일 촬영)
목조 단층의 사택은 개축이 진행되고 있다.
앞쪽의 녹지는 이전에 사택이 지어졌던 부지.
현재 등록유형문화재 6채를 제외한 집들은 모두
철거된 상태다.

야마다사택군(2015년 5월 26일 촬영)
녹지가 풍부한 부지 환경. 도로의 끝, 산의 경사면에 옛 선광장터가 보인다.(왼쪽)
넓은 가로와 녹음이 우거진 산울타리가 이어진다. 현재 등록유형문화재 6채를
제외한 집들은 모두 철거된 상태다.(오른쪽)

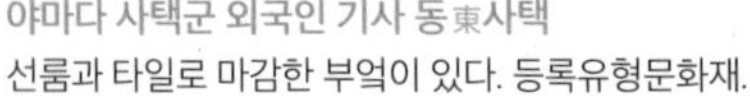

야마다 사택군 외국인 기사 동東사택
선룸과 타일로 마감한 부엌이 있다. 등록유형문화재.

구의 호시고에초星越町에 벳시 구리광산의 니이하마 선광장選鑛場을 만들고 인접한 곳에 광산철도의 호시고에역을 설치했으며, 1929년부터 간부용 사택을 건설하기 시작했다. 호시고에역과 남쪽 호시고에산 사이는 늪이 많은 습지대였는데 선광장과 그곳을 파이프로 연결해 선광 과정에서 나오는 찌꺼기를 직접 보내 매립해서 사택 부지를 조성했다.

야마다사택山田社宅은 여유 있는 부지에 정원이 딸린 단독주택 또는 2호연립주택으로, 채광과 통풍을 고려한 목조 단층 건물이다. 부지 주위는 왜향나무, 철쭉, 소나무 등의 산울타리를 둘렀다. 맞배지붕이나 우진각지붕, 현관 부분의 박공 디자인 등 다양한 변화를 준 사택들 약 290채가 호시고에역을 중심으로 지어졌다. 부지의 평균 면적은 330m² 정도로 넓고, 니이하마에서 가장 수준 높은 주택지였다고 한다.

야마다사택군은 일본에 유일하게 남는 대규모 사택군으로서 높은 가치를 지니고 있었다. 정연한 지구에 녹지가 풍부한 사택이 집단으로 조성된 야마다사택군은 니이하마의 근대 산업사와 도시계획사를 전하는 귀중한 문화유산이었다.

2020년에 야마다사택군에 있는 옛 스미토모광업주식회사 벳시광업소장 사택의 본채·응접동·다실, 옛 스미토모벳시광산㈜의 외국인 기사 동東사택과 서西사택, 옛 스미토모화학공업㈜ 간부사택, 옛 스스미토모공동전력㈜의 간부사택과 감사사택 등 총 6채, 8건이 등록유형문화재가 됐다. 최근 이곳에서는 기존 건물을 철거하고 철근콘크리트조 건물로 개축하는 일이 일어나 현재는 등록유형문화재 6채만 남아 있다. 시에 기증된 옛 스미토모광업㈜ 벳시광업소장 사택과 간부 사택은 내부도 공개되며 나머지 4채는 외관만 둘러볼 수 있다.

---

37 1881~1981. 1907년 벳시광업소에 근무하기 시작해 1926년에 지배인이 됐다. 1927년 스미토모벳시구리광산주식회사住友別子銅山㈱가 설립되면서 상무이사가 됐다.

6

규슈와 오키나와의 가로

오키나와

다케토미초 다케토미섬

아리타초 아리타우치야마

나가사키시 히가시야마테
나가사키시 미나미야마테
나가사키시 나카지마천 석교군

사가

나가사키

6-1

아리타초 아리타우치야마

_사가현 니시마쓰우라군

중요 전통적 건조물군 보존지구
15.9ha, 1991년 선정

규슈九州 사가현佐賀縣의 서쪽 끝, 나가사키현長崎縣과 만나는 지점에 위치한 아리타초有田町의 아리타우치야마有田内山지구는 17세기 이후 유럽에까지 알려진 도자기를 굽는 집들이 모여 있는 마을이다. 임진왜란 때 나베시마 나오시게鍋島直茂[1]의 군대의 포로가 되어 일본으로 끌려온 조선인 도공 이삼평李參平(생년 미상~1655)이 아리타의 이즈미야마泉山에서 백자광白磁礦을 발견했다(「이즈미야마자석장泉山磁石場」 국가

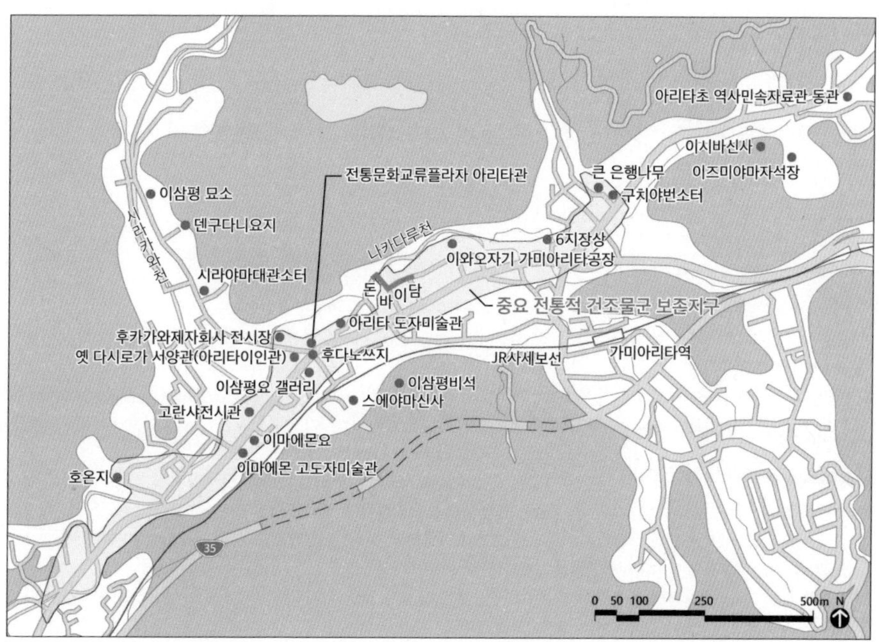

사적). 그리고 1616년경 근처의 덴구다니天狗谷에 처음 자기요磁器窯를 열었다(「덴구다니요지天狗谷窯跡」 국가 사적). 아리타에서는 이삼평이 우치야마지구에 이주해 온 1616년을 요업 창시년으로 보고 있다. 이후 도래공인渡来工人[2]과 일본인 도공들이 모여 골짜기 곳곳에 오름가마(등요登窯)를 만들면서 급속히 마을이 조성됐다. 경사면을 따라 단면이 반원형인 여러 개 연소실을 연속적으로 만들어 하부의 열이 효율적으로 올라가도록 고안된 오름가마는 16세기에 조선에서 전해져 일본 각지에 보급됐다.

나중에 나베시마 나오시게가 실질적인 시조가 되어 이끈 사가번●은 요업을 중점 산업으로 삼아 자기요를 보호·육성하고 늘어나는 가마를 일정 범위 안에 집중시켰는데 이 범위를 사라야마皿山, 곧 접시산이라고 불렀다. '접시'는 도자기를 통틀어서 가리키는 말이고, '산'은 원료인 흙과 도석을 구하는 산을 포함한 도자기 산지를 뜻한다. 그 사라야마를 다시 주변부로부터 오소토야마大外山(아리타초의 동남쪽, 지금의 다케오시武雄市와 우레시노시嬉野市의 일부), 소토야마外山(지금의 아리타초 시모아리타下有田, 니시아리타西有田, 이마리시伊万里市[3]의 일부), 우치야마內山(지금의 아리타초 가미아리타上有田)로 구분했는데 그 중심이 바로 우치야마지구다.

1640년대에 사카이다 가키에몬酒井田柿右衛門[4]이 붉은 그림赤繪[5] 기법에 성공하자 사가번은 도공들을 아카에마치赤絵町에 모여 살게 했다. 그리고 자기를 생산하는 자원과 기술의 유출을 방지하고 운상은運上銀(세금)을 확보하기 위해 관청인 사라야마 대관소皿山代官所를 설치하고 초소를 두어 감시했다. 그렇게 함으로써 색회자기色繪磁

---

1 1538~1618. 지금의 사가현 지방에서 활약한 무장. 그 지역을 지배한 유력 영주의 가신이었다.

2 중국 대륙이나 한반도에서 일본으로 건너간 장인·기술자. 특히 4세기 이후 고분이나 사찰 등의 건설기술과 그 밖의 선진기술을 일본으로 가져갔다.

3 아리타초 북쪽에 인접한 항구도시. 아리타와 마찬가지로 사가번의 영지이자 도자기의 산지다. 아리타 도자기는 이곳 항구를 거쳐 쇄국●정책을 취했던 에도막부●가 유일하게 외국 무역을 허용한 나가사키長崎의 데지마●로 운반되어 네덜란드로 수출됐다.

4 1596~1666. 17세기 전반에 젖빛 바탕에 그림을 입혀 소성해 붉은색을 출현시키는 데 성공함으로써 「가키에몬양식」이라 불리게 된 자기의 수법을 확립했으며, 그 작품은 유럽 등지로 수출되었다. 작업은 완전 분업식으로 하는데, 주인은 대대로 같은 이름을 세습하면서 여러 장인들을 이끌고 수준 높은 다양한 자기제품을 양산하고 있다. 전 주인인 14대(1934~2013)는 2001년에 「색회자기」의 중요무형문화재 보유자(인간문화재)로 선정됐다.

5 유약을 입혀 고화도에서 구운 바탕 위에 붉은색을 주조색으로, 녹색, 보라색, 파랑색 등의 안료로 다시 그림을 입혀 저화도에서 구워 정착시킨 도자기. 중국에서는 12세기에 등장했다.

器의 일본 내 생산은 거의 아리타가 독점하게 되었으며 이마리항을 경유해 각지로 운반, 판매됐다.

아리타 도자기는 일본에서 높은 평가를 받았을 뿐만 아니라 네덜란드 동인도회사에 의해 유럽 각국에 수출항 이름을 딴 '이마리'라는 브랜드로 수출되어 왕족과 귀족들이 경쟁적으로 수집하는 귀중품이 되었다. 17세기 말에 이르러서는 당시 세계 최고의 성가를 누렸던 명나라의 청화와 붉은 그림 도자기, 청자·백자를 압도했으며, 19세기까지 질과 양에서 모두 유럽의 자기 시장을 지배했다. 이리하여 19세기 초 우치야마지구는 「아리타천헌有田千軒(아리타에 1천 채의 집이 있음)」이라 불릴 만큼 번성했다. 사가번과 아리타 사람들은 1867년 파리 세계박람회에 도자기를 출품하기도 했으며, 메이지유신● 직후 사가번의 관리체제가 무너지면서 품질도 가격도 유지하기 어려워져 아리타 요업이 위기에 빠졌을 때는 전신용 애자의 생산 등 새로운 분야를 개척했다. 1875년에는 서양의 「컴퍼니」를 본뜬 조직으로 전환을 시도해 「고란샤香蘭社」를 설립했으며, 1879년 진보적인 도공들에 의해 그로부터 「세이지가이샤精磁會社」가 갈라져 나와 활동하는 등 아리타는 진취의 기풍이 넘쳤다.

아리타의 마을은 1931~1932년경 큰길이 확장되면서 집들의 부지 중 길에 면한 앞마당이 잘려나갔고 건물도 이동되거나 개축됐다. 그 결과, 길을 따라 벽면이 가지런해졌고, 그 시점의 전통적 기술을 이용해 가로 전체가 일본과 서양의 디자인이 조화를 이룬 경관을 갖게 됐다.

중요 전통적 건조물군 보존지구는 큰길을 따라 조성된 시가지 중에서 17세기 이후 설치됐던 가로의 동쪽 끝 초소(국가 지정 천연기념물인 이즈미야마 큰 은행나무 앞 구치야번소터口屋番所跡)에서 서쪽 끝 초소(지금의 메가네교眼鏡橋 부근)까지 약 2km의 좁고 긴 구역이다. 전통적 건조물로는 큰길가의 상점주택, 요업을 영위하는 주택, 신사와 사찰 건축 등 박공면 진입방식과 긴 전면 진입방식의 일본식 건물부터 서양식 건물까지 다양한 건물이 있다.

동부 이즈미야마에는 1828년의 대화재 때 유일하게 큰 피해를 면한, 요업을 생업으로 하는 이케다가池田家의 본채가 있다. 중앙부에는 19세기 후반에서 20세기 전반에 걸쳐 지어진 박공면 진입방식의 비교적 전면 폭이 좁은 상점주택들이 모여 가로를 이루고 있다. 이케다가주택 바로 옆에 선 큰 은행나무로부터 안쪽으로 난 골목

이즈미야마지구의 돈바이담
이즈미야마의 큰 은행나무에서 안쪽으로 골목과 뒷길 변에 많이 설치됐다. 헌 가마에서 나온 내화벽돌 등을 재활용해 쌓은 담이다.

과 뒷길을 따라서는 가마벽에 사용되었던 내화벽돌과 가마도구를 붉은 흙과 함께 쌓아 만든 '돈바이담'이라고 불리는 토담이 있어 아리타 역사의 한 단면을 엿볼 수 있다.

후다노쓰지● 네거리의 서쪽에는 서양식 건물도 많다. 1876년 건설된 아치형 창과 발코니를 갖춘 목조 2층 건물로 의양풍 건축擬洋風建築[6]인 옛 다시로가田代家 서양관(아리타이인관有田異人館. 중요문화재), 1905년 건설된 고란샤 전시장, 1933년 건설된 후카가와제자회사深川製磁會社 전시장 등이 있다. 그 서쪽 아카에마치에는 오래된 일본식 상점주택군이 있는데, 이마이즈미 이마에몬[7]가今泉今右衛門家의 본채는 대화재 직후인 1830년에 건설됐다. 또한 서쪽의 나카노하라中の原와 이와타니가와치岩谷川内지구에도 오래된 박공면 진입방식의 대형 상점주택이 많다.

---

6 주로 1870~80년대에 일본의 목수가 지은 서양식 건축●. 목조, 회반죽 마감 벽, 비늘판벽 등으로 서양식 외관을 흉내냈다. 일본과 서양이 혼합된 디자인 모티브와 독특한 균형미를 갖추었으며, 옥탑이나 발코니를 설치한 경우도 많다.

7 대대로 같은 이름을 세습하는데 전 주인 13대(1926~2001)는 1989년, 현 주인인 14대(1962~)는 2014년에 중요무형문화재「색회자기」보유자(인간문화재)로 선정됐다.

◀ 옛 다시로가 서양관
「아리타이인관」. 메이지시대 초기에 도자기를 매입하러 온 외국인을 접대하는 용도로 지어졌다. 후카가와제자회사 전시장 건물 너머로 본 모습. 2016~2018년에 복원, 수리됐는데 사진은 수리 전 모습이다.

▼ 검은 회벽● 점포와 고란샤 전시장이 늘어선 가로(오다루大樽지구)

▶ 후카가와제자회사 전시장
목조 3층 건물, 스크래치 타일 마감. 1934년 건축. 오른쪽 뒤로 19세기 후반에 건설된 목조, 비늘판 마감의 사무소 건물이 보인다.

▲ 이와오자기岩尾磁器 건물
목조 3층, 비늘판 마감.(가미코히라上幸平지구)

이마이즈미 이마에몬 전시장 건물
낮은 이층, 박공면 진입방식 건물로, 전면 폭이 넓다. 1830년 건축.(아카에마치)

아리타 자기의 시조가 된 조선인 도공들

하기와라 메구미

16세기까지만 해도 일본에는 점토를 구워 만든 도기는 있었으나 결이 치밀하고 아름다운 자기는 중국 경덕진 것이나 고려청자 등 극소수 수입품만 있을 뿐이었다. 당시 패권 싸움을 반복하던 각 지방 영주들은 재원 확보책으로 자신의 영지 안에서 독자적으로 자기를 제작하고 싶어했는데 때마침 도요토미 히데요시*가 임진·정유왜란을 일으키자 함께 출정한다. 전쟁 뒤 한반도에서 철수할 때 그들은 도공들을 포로로 데리고 와서 영지 안에 가마를 열게 했다. 임진·정유왜란이 일명 '도자기 전쟁'이라고 불리는 까닭이다.

나중에 사가번 영주가 된 나베시마 나오시게도 수많은 도공들을 데리고 갔는데 그 가운데 한 명이 이즈미야마에서 자기를 만드는 데 적합한 고령토를 발견, 1616년 우치야마지구에 이주해 본격적인 자기 생산 체제를 확립했다. 그 결과 번 재정에 크게 기여한 공으로 그는 출신지로 추정된 마을에서 따온 일본 이름 가네가에 산베에 金ヶ江三兵衛를 하사받았다. 서민이 성씨를 갖지 못했던 당시 일본사회에서 성과 패검을 허락받은 것은 무척 명예로운 일이었다. 그는 이삼평으로 알려져 있는데, 여러 문헌에서 '이름이 李라는 자', '두 명 가운데 參平이라 하는 한인'이라고 쓰여 있는 인물을 후세의 연구자가 하나의 이름으로 합쳐 쓴 것으로 그의 본명이 무엇이었는지는 알 수 없다.

그 뒤 눈부신 번영의 시대를 거쳐 아리타 사람들은 그를 '도조陶祖'로 부르고 은인으로 생각하게 된다. 1916년 요업 창시 300년을 맞아 기념사업으로 기림비 건립 계획이 추진되어 이듬해인 1917년 그를 신으로 모시는 스에야마陶山신사 뒷산에 '도조 이삼평 비'가 세워졌고 이후 매년 도자기축제가 열리는 시기인 5월 4일 이 비석 앞에서 '도조제陶祖祭'를 치른다. 또한 이즈미야마자석장 부근의 이시바石場신사에는 백자로 된 이삼평 좌상이, 덴구다니요지 근처의 시라카와白川 묘지에는 이삼평의 묘가 있다.

본명을 알 수 없는 만큼 그의 출신지 또한 알려지지 않았다. 다만 옛 문헌에 기술된 '金ヶ江'라는 표기에서 추정된 충남 공주 계룡산 도요지 인근에 1990년 한일 양국 관계단체가 공동으로 '일본자기 시조 이삼평공 기념비'를 세웠다. 공주시는 2016년, 대전과 공주를 잇는 도로에서 계룡산 자락의 동학사 쪽으로 접어드는 지점에 이삼평공원을 조성, 기념비를 그곳에 옮겼고 2020년에는 이삼평을 '10월의 역사인물'로 선정하는 등 홍보활동을 하고 있다.

그러나 그의 4대손 때인 18세기 중반, 제품 제조에 실패해 안타깝게도 요업을 그만두게 됐다. 그리고 오랜 세월이 흘러 1980년대에 13대손이 이대로 도자기를 빚지 못하면 조상에게도 후손에게도 미안하다며 다시 자기 제작을 시작해 현재는 14대 이삼평 가네가에 산베에 씨가 그 전통을 이어받아 새로운 도전을 계속하고 있다.

한편 일명 백파선百婆仙이라고 불리는 여성 역시 남편 후카우미 소덴深海宗傳(본명 김태도)과 함께 끌려온 조선인 도공이다. 아리타의 이웃마을인 다케오에 있었는데 1618년 남편이 죽자 아리타로 이주해 아들과 함께 자기 제조를 계속했고 많은 도공들로부터 존경을 받으면서 96세까지 장수했다고 한다. 그의 50주기인 1705년에 증손자가 세운 '백파선법탑'이 호온지報恩寺에 남아 있다. 그를 주인공으로 삼은 무라타 기요코村田喜代子의 소설 『용비어천가龍秘御天歌』, 『백년가약百年佳約』이 출간되기도 했다. MBC 드라마 「불의 여신 정이」(2013)에서 문근영이 연기한 주인공 유정은 그를 모델로 한 인물이다. 그의 후손은 현재 도자기 제작용 안료와 유약 등을 제조 판매하는 후카우미상점深海商店을 운영하고 있다.

아리타 외에도 임진·정유왜란의 포로인 조선인 도공이 시조가 된 도자기 산지는 가라쓰 도기唐津燒(사가현 동부, 나가사키현 북부), 사쓰마 도자기薩摩燒(가고시마현鹿兒島縣), 아가노 도기上野燒(후쿠오카현福岡縣 다가와군田川郡), 다카토리 도기高取燒(후쿠오카현 노가타시直方市), 하기 도기萩燒(야마구치현山口縣 하기시萩市) 등이 있다.

6-2

나가사키시 히가시야마테

_나가사키현

중요 전통적 건조물군 보존지구
약 7.5ha, 1991년 선정

규슈九州의 북서부에 위치하는 나가사키시長崎市는 나가사키반도와 니시소노기西彼杵반도의 일부로 구성된다. 중심 시가지는 이 두 개의 반도가 갈라지는 지점에서 깊숙이 들어간 나가사키만에 면하고 있다. 나가사키에서는 오래전부터 중국과 교역이 이루어졌는데, 1571년에는 일본 최초의 기독교인 지방 영주[8]인 오무라 스미타다大村純忠[9]가 포르투갈과의 무역을 위해 나가사키를 개항했다. 그 뒤 나가사키는 도요

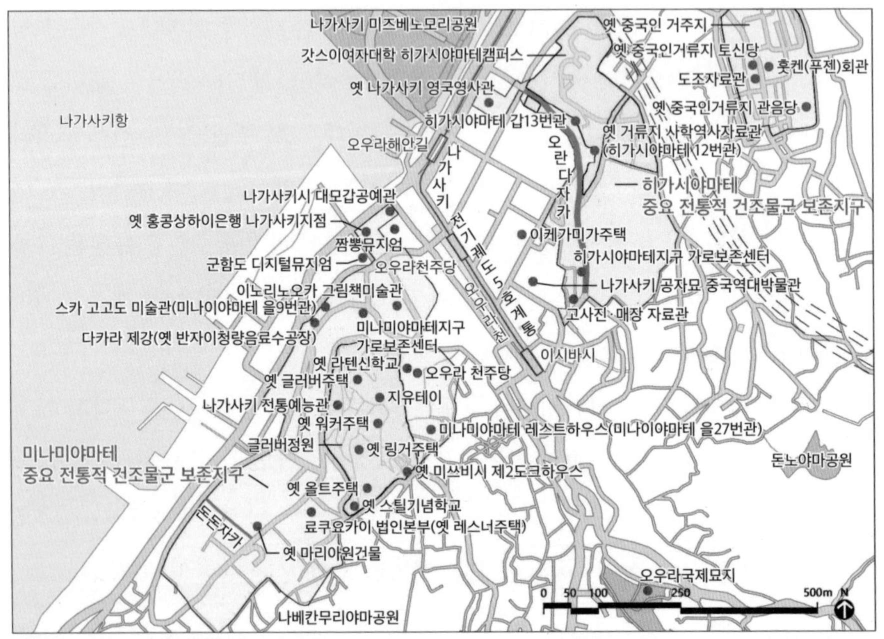

토미 히데요시•에게 몰수되어 나가사키 봉행•의 지배 아래 무역항으로 발전한다. 1634년부터 2년에 걸쳐 포르투갈 상인을 관리하기 위해서 부채꼴의 인공 섬인 데지마•를 축조했다. 에도막부•는 쇄국• 체제를 완성하고 이 데지마에서만 무역활동을 허용했기 때문에 나가사키의 시가지는 네덜란드와 중국과의 독점 무역으로 더욱 발전했다.

1858년 막부•는 미일수호통상조약•을 맺었다. 이에 따라 나가사키는 요코하마橫浜, 하코다테箱館(函館), 효고兵庫(고베神戸), 니가타新潟와 함께 개항했으며, 외국인 거류지•가 건설됐다.

조약 체결 직후에 데지마 남쪽의 오우라천大浦川을 사이에 둔 구릉인 히가시야마테東山手와 미나미야마테南山手가 거류지로 설정됐다. 이어 오우라 해안, 사가리마쓰下り松 해안 등이 매립되었고 해안을 따라 이어지는 번드bund라고 부르는 길이 건설되면서 1870년에 나가사키 거류지가 완성됐다. 거류지는 해안가의 상급지, 그 뒤의 중급지, 산쪽의 하급지로 분류돼 등급별로 임대료를 받고 거류민에게 임차됐다. 또 거류지에는 「시의회」, 「상업회의소」라고 불리는 거류 외국인의 자치조직기구가 설립됐다. 거류지 제도는 1899년 일본이 불평등조약[10]을 개정하는 데 성공함에 따라 폐지됐다.

히가시야마테의 거류지는 오우라 해안가의 상관商館이 내려다보이는 고지대에 있었고 영국, 포르투갈, 프러시아 등의 영사관이 세워져 영사관의 언덕이라 불렸다. 그곳에는 외국인의 주택들도 즐비했다. 거류지 제도가 폐지되자 영사관터는 기독교계 사립학교의 부지가 됐다.

히가시야마테 전통적 건조물군 보존지구는 옛 히가시야마테 거류지의 대부분과

---

8 1549년 일본에 들어와 처음으로 기독교를 전파한 가톨릭교회 예수회 선교사 프란시스코 데 하비에르Francisco de Xavier 등의 포교에 의해 기독교 신자가 된 지방 영주. 총 10명인데, 신앙뿐 아니라 무역을 통한 이익 확보를 목적으로 한 사람도 있었다. 17세기 초에 기독교 금지령이 내려짐에 따라 사형을 당하거나 개종을 해서 기독교인 지방 영주의 맥이 끊어졌다.

9 1533~1587. 현재의 나가사키현 오무라시大村市 일대의 영주였다. 1562년 이후 포르투갈 상인과 예수회 선교사와 접촉하면서 기독교 신자가 됐다. 독실한 신자로, 1582년에는 다른 지방 영주와 함께 4명의 소년 사절을 유럽에 파견해 스페인 국왕과 로마 교황 등을 알현하도록 했다.

10 1854년의 미일화친조약(가나가와조약)을 비롯해 일본이 영국, 프랑스, 러시아, 네덜란드와 맺은 조약은 거류지 설치를 인정하고 치외법권과 영사재판권을 외국에 허용하는 불평등한 조약이었다.

해안가의 매립지인 오우라마치大浦町의 옛 영국영사관을 포함하는 범위다. 지구 안에 있는 주택들은 일식기와집으로, 외벽은 비늘판벽에 페인트 마감을 하고 개방적인 베란다를 갖추었다. 중요문화재인 히가시야마테12번관은 1868년에 건립된 히가시야마테에서 가장 오래된 서양식 건물이다. 목조 단층의 일식기와집으로, 외벽은 비늘판벽이며 서쪽 바다쪽에 베란다를 설치했다. 당초 러시아영사관이었으며, 이후 미국영사관, 선교사 주택으로 사용됐다. 이 건물은 1941년 대학에 양도된 뒤 1976년 나가사키시에 기증됐다. 현재는 「옛 거류지 사학역사자료관」으로 공개되고 있다. 히가시야마테갑甲13번관(등록유형문화재)은 1894년경 건축되었는데, 1920년대와 30년대에 프랑스 영사관, 그 뒤에는 주택으로 사용됐다. 목조 2층, 우진각 일식기와지붕의 서양식 건물로, 외벽은 비늘판벽이며 항구를 내려다보는 서쪽에 베란다를 설치했다. 무료휴게소 · 카페로 활용되고 있다.

히가시야마테 서양식 주택군이라고 이름 붙여진 7채의 서양식 건물은 1890년대쯤 지어진 것들로 내외의 의장과 마감, 구조가 거의 동일하다. 임대용 주택이었던 것으로 추정되는데, 현재는 가로보존센터와 고사진 · 매장埋藏자료관 등으로 공개, 활용된다.

옛 나가사키 영국영사관은 1908년 영국인 기사의 설계에 따라 일본인이 시공했다. 벽돌조 2층 건물인 본관 외에 부속채, 직원 주택, 대문, 담이 남아 있다. 의장과 조형이 우수할 뿐만 아니라 역사적 · 경관상으로 귀중한 건물인데, 2025년까지 수리를 마칠 예정이다. 이 밖에 히가시야마테에는 오란다자카オランダ坂[11]의 돌포장 길과 돌담, 돌도랑, 표지석 등 거류지의 모습을 말해주는 것들이 많다.

---

11 해안가 오우라마치에서 고지대의 주택지로 이어지는 언덕길. 당시 나가사키 사람들이 모든 서양 사람들을 '오란다(네덜란드)씨'라고 불렀기 때문에 이런 이름이 붙었다고 한다.

히가시야마테12번관
히가시야마테지구에서 가장 오래된 서양식 건물이다.

오란다자카
앞쪽 오르막길이 오란다자카. 오른쪽 뒤의 파란 건물이 히가시야마테갑13번관인데, 휴게소와 찻집이 있다.

갓스이학원活水學院의 학교건물군
오란다자카 위에 기독교계 대학의 건물들이 우뚝 서 있다. 본관은 보겔Joshua H. Vogel의 설계로 1926년 준공. 이후 보리즈● 건축사무소에서 증축했다.

옛 나가사키 영국영사관 본관
중요문화재.

히가시야마테 서양식 주택군 7채
가로보존센터, 고사진자료관 등으로 활용되고 있다.

6-3

나가사키시 미나미야마테

_나가사키현

중요 전통적 건조물군 보존지구
약 17ha, 1991년 선정

나가사키시長崎市 미나미야마테南山手지구는 데지마*의 남쪽, 오우라천大浦川 남쪽 구릉에 있다. 항구를 바라보는 조망이 좋은 이곳은 히가시야마테東山手와 같은 시기에 외국인 거류지*로 조성됐다. 그러나 19세기 후반, 외국 무역의 무대는 점차 나가사키에서 요코하마横浜와 고베神戸로 옮겨가 서양 상인들이 차차 빠져나갔고, 이후 이곳에는 화교들이 진출했다. 1899년 불평등조약[12]이 개정됨에 따라 거류지 제도가

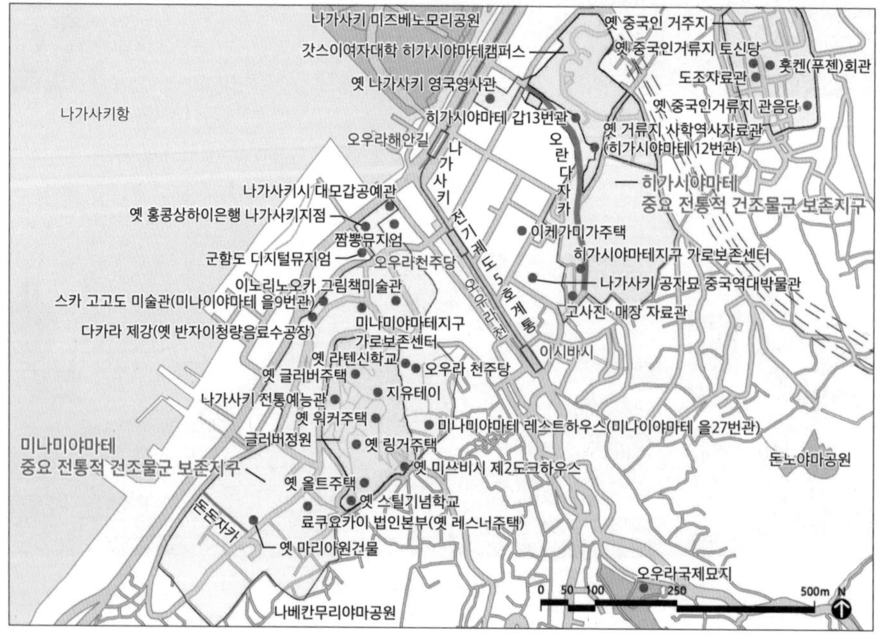

오우라천주당
세계유산「나가사키 지역의 은둔 기독교 유적지들」의 구성요소다.

철폐되어 이 지역의 모습도 점차 변화했지만 지금도 거류지 시절에 지어진 건물들이 남아 있다. 나가사키시 미나미야마테 전통적 건조물군 보존지구는 미나미야마테의 옛 거류지 대부분과 해안 쪽에 위치한 마쓰가에마치松が枝町의 일부 역사적 건조물을 포함한 구역이다.

미나미야마테의 북쪽으로 돌계단을 올라가면 나오는 오우라천주당은 1864년 프랑스인을 위한 교회로 건립됐다. 프랑스인 선교사의 지도 아래 일본인 도편수가 처음으로 맡아 지은 서양식 건축[•]이다. 일본에 현존하는 가장 오래된 기독교 교회 건물인 이 오우라천주당은 국보로 지정됐다. 이와 인접해 옛 라텐羅典(라틴)신학교(중요문화재, 1873년), 나가사키교구 대주교관(중요문화재, 1914년)이 있다. 이 건물군은 미나미야마테지구 입구의 경관을 구성하는 중요한 요소다.

오우라천주당 등에 이어 남서쪽에 목조 콜로니얼양식[•]의 옛 글러버Thomas Blake Glover주택(1863년)을 비롯해 목조 건축인 옛 링거Frederick Ringer주택(1868년경), 목골 석조 단층 건물인 옛 올트William John Alt주택(1865년) 등 외국 상인들의 서양식 주택이 있다. 이 주택들은 모두 중요문화재로 지정됐다. 그리고 이것들 주위에 옛 워커Robert Neill Walker주택, 옛 스틸 기념학교Steele Memorial Academy, 지유테이自由亭, 옛 미쓰비시 제2도크 하우스 등 나가사키 시내에 있던 비슷한 시기의 건물을 이축해 전체를「글러버정원Glover garden」으로 조성했다. 1974년에 문을 연 이 야외 박물관은 연간 입장객이 약 100만 명에 달한다.

---

12 1854년의 미일화친조약(가나가와조약)을 비롯해 일본이 영국, 프랑스, 러시아, 네덜란드와 맺은 조약은 거류지 설치를 인정하고 치외법권과 영사재판권을 외국에 허용하는 불평등한 조약이었다.

글러버정원 안 옛 글러버주택
세계유산 「일본의 메이지 산업혁명 유산: 철강, 조선 및 탄광」의 구성요소다.
글러버는 영국의 상인으로, 19세기 후반 일본에 와서 조선, 채탄採炭, 제다製茶 무역업에서 활약했다.

글러버정원 안 옛 올트주택
토스카나풍 열주의 중앙에
박공지붕의 현관. 올트는
영국인으로, 제다와 차 무역에서
활약했다.

옛 마리아원 건물
아동양호시설이었는데 앞으로 호텔로 활용할 예정이다.

돈돈자카

▲ 옛 나가사키세관 사가리마쓰파출소
나가사키시 대모갑공예관으로 공개.

◀ 옛 홍콩상하이은행 나가사키지점
당당한 코린트식 열주가 특징이다.

글러버정원의 남쪽은 조용한 주택가로 서양식 주택들이 산재하는데, 이것들을 돌계단과 돌 포장 비탈길이 이어주어 독특한 정서를 자아낸다. 글러버정원의 남서쪽에 있는 옛 마리아원 건물은 1868년에 건축된 벽돌조 3층 건물이다. 그 서쪽에서 북서방향으로 바다를 향해 내려가는 돌 포장 비탈길은 '돈돈자카どんどん坂'라고 불린다. 길 양쪽 수로로 빗물이 흐르면 쿵쿵하는 소리가 들려서 그 소리를 일본어로 '돈돈'이라고 표현하기 때문에 이런 이름이 붙었다고 한다.

해안가 지역은 여러 차례 매립되어 양상이 바뀌었지만, 마쓰가에마치에는 중요문화재 건물 두 채가 남아 있다. 하나는 옛 나가사키세관 사가리마쓰下り松파출소(1898년)이다. 단층 벽돌조의 작은 건물로, 19세기 말 이후 세관 시설의 모습을 전한다. 현재는 「나가사키시 대모갑玳瑁甲공예관」으로서, 대모갑 공예품과 세관 관련 자료를 전시하고 있다. 대모갑은 남쪽 바다에 서식하는 매부리바다거북(대모)의 등딱지를 말한다. 일본 근해에 없는 이 거북의 등딱지를 데지마를 통해 수입할 수 있었던 나가사키에서 가공기술이 발달했다. 멸종위기 동식물의 국제거래를 금지한 워싱턴협약에 따라 1992년 이후 수입을 못하게 되었으나 그 이전에 수입한 원료 등을 사용해 전통 가공기술을 계승하고 있다. 일본 국내 거래는 규제 대상이 아니어서 제품을 구매할 수는 있으나 외국에 반출할 수 없으니 주의가 필요하다.

또 하나는 「옛 홍콩상하이은행 나가사키지점」(1904년)이다. 벽돌조 3층 맞배지붕 건물로, 정면에 코린트식● 열주를 세워 페디먼트[13]를 지지하는 그리스 신전풍의 당당한 외관을 가지고 있다. 이 건물은 일본에 현존하는 시모다 기쿠타로下田菊太郎● 의 유일한 작품으로, 현재는 역사 전시를 하는 기념관으로 이용되고 있다.

---

13 서양 고전건축 의장의 중요한 부분인 삼각형 박공벽. 조각이나 다른 장식을 한 것이 많다.

6-4

나가사키시 나카지마천 석교군

_나가사키현

나가사키시長崎市의 나카지마천中島川은 시가지의 북동부에서 시내 중심부를 거쳐 나가사키만의 옛 데지마• 부근으로 흐르는 작은 하천이다. 1571년 나가사키항에서 중국을 포함해 포르투갈, 네덜란드 등과 남만南蠻 무역[14]이 시작됐다. 그때 외국배의 화물은 다시 작은 배에 실려 나카지마천을 거슬러 올라가 천변 마을들에서 뭍으로 운반됐기 때문에 그 마을들이 매우 번성했다. 이 시기 중국인들이 다리 놓는 기

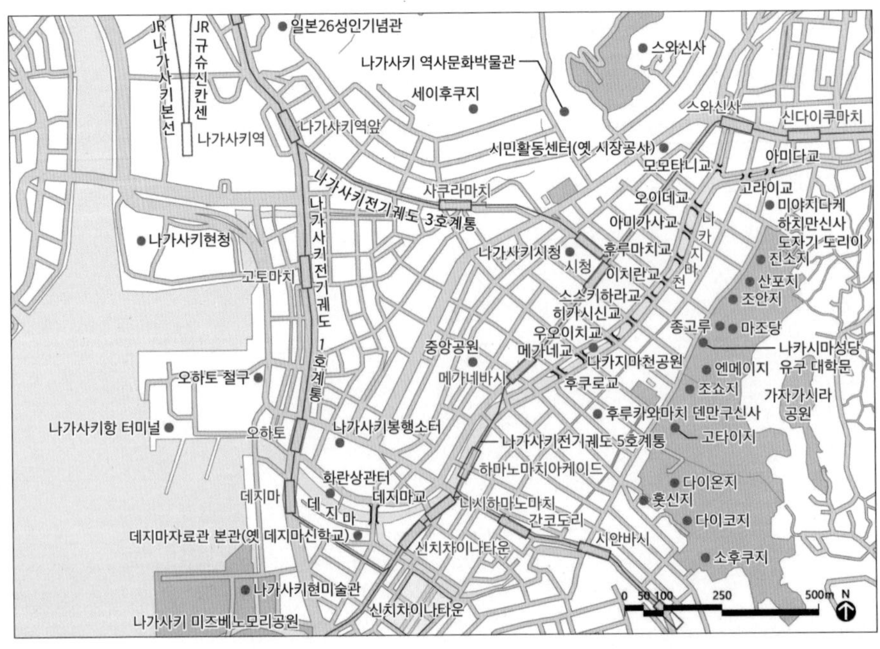

▶ 나카지마천에 놓인 메가네교
길이 22m, 폭 3.65m. 중요문화재.

▼ 메가네교 부근의 경관
징검돌이 놓여 있고 잉어가 노는
도심 속의 오아시스 같은 공간이다.

술을 전해주었고 1634년에 중국인 승려가 최초의 다리인 메가네교眼鏡橋를 놓았다고 한다. 교각이 아치 두 개로 이루어진 이 다리는 석조 아치교로는 일본에서 가장 오래됐다. 그 뒤 승려와 통사通事[15] 등 중국 출신자, 일본 무역상인, 그리고 그 밖의 많은 사람들이 기부한 자금으로 나카지마천에는 20개에 이르는 석교가 놓였다. 이 기술은 점차 규슈九州 각지에 전파되어 곳곳에 다양한 석교가 건설됐다. 나카지마천의 석교군은 일본 석교의 원점이라 할 수 있다.

---

14 1540년대부터 약 1세기 동안 당시 남만인이라 불렀던 포르투갈, 스페인 사람들과 일본 상인 사이에 전개된 상거래. 수입품은 총포·화약, 중국산 명주실, 동남아산 피혁 등이었고 수출품은 주로 은이었다. 1639년 쇄국● 정책이 시행됨에 따라 중단됐다.

15 17세기 이후 외국무역을 위해 히라도平戶(나가사키현 히라도시)와 나가사키에 배치된 통역 겸 상무관.

나카지마천 공원
우오이치교, 메가네교,
후쿠로교의 우안 지하수로 상부는
산책로와 공원으로 정비됐다.

나카지마천의 석교
메가네교의 상류에도 석교가 계속 놓였다. 앞쪽은 후루마치교古町橋, 멀리 보이는 것은 이치란교一覧橋, 오른쪽은 고에이지光永寺.

1982년 나카지마천은 기록적인 집중호우로 범람해 석교군은 유실되거나 반파되는 등 큰 피해를 입었다. 메가네교도 반파됐지만 유실은 면했다. 피해가 컸던 석교는 콘크리트교로 교체할 계획이었지만 「나카지마천을 지키는 모임」 등 시민들의 강력한 보존운동에 힘입어 네 개가 원래대로 아치 석교로 복구됐고 두 개는 콘크리트 구조에 외부에 돌을 붙인 다리로 교체됐다. 이들 다리는 하천의 흐름을 막아 범람의 원인이 됐다는 지적을 받았기 때문에 물이 막힘 없이 빠져나갈 수 있도록 아치의 윗부분이 양쪽 도로면보다 높게 설계됐다. 하류 구역의 우오이치교魚市橋, 메가네교, 후쿠로교袋橋 부근의 양안에는 홍수에 대비해 지하 우회 수로가 계획되어 우안 쪽은 1988년, 좌안 쪽은 2006년에 준공됐다. 우안 우회 수로의 상부는 나카지마천 공원으로 정비되어 시민과 관광객에게 사랑받고 있다.

6-5

다케토미초 다케토미섬

_오키나와현 야에야마군

중요 전통적 건조물군 보존지구
약 38.3ha, 1987년 선정

오키나와현沖縄縣 다케토미초竹富町는 일본 최남단의 지자체로, 야에야마제도八重山諸島에 속하는 크고 작은 16개 섬(무인도 7개 포함)으로 이루어져 있다. 오키나와 본섬에서 남서쪽으로 수백 킬로미터 떨어진 야에야마제도의 섬들은 기초자치단체인 다케토미초, 이시가키시石垣市, 요나구니초与那国町에 속한다. 이시가키시와 요나구니초는 섬 하나(각각 이시가키섬, 요나구니섬)가 한 지자체이며, 사람이 사는 나머지 9개

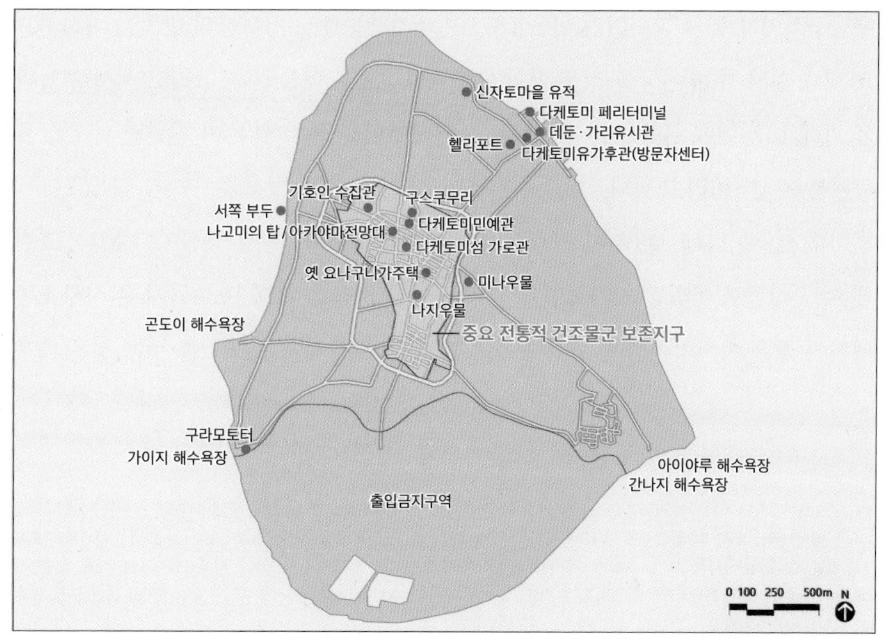

섬들은 다케토미초에 포함된다. 변방에 위치한 이곳 섬들은 항상 지배당하는 처지에 놓였고 무거운 인두세人頭稅 등으로 주민들은 20세기에 이르기까지 계속 고통을 겪었다.

다케토미섬은 야에야마제도의 중심지인 이시가키섬의 남서쪽 약 6km 지점에 있는데, 이시가키항에서 정기선으로 약 10분이면 도착한다. 산호석회암이 융기한 평탄한 작은 섬으로, 둘레는 약 9km이고 가장 높은 곳이 해발 20m에 불과하다. 과거 다케토미섬에는 여섯 곳에 마을이 있었는데, 현재는 섬의 중앙부에 위치하는 아이노타東, 인노타西와 나지(나카스지仲筋) 등 세 개 마을이 남아 있을 뿐이다.

다케토미섬 출신의 니시토西塘는 25년 동안 오키나와 본섬에서 류큐琉球[16]왕을 섬겼다. 1500년 야에야마제도가 류큐 왕국의 지배 아래에 들어갔고, 1524년 그는 다케토미섬에 지방관으로 귀향해 야에야마의 모든 섬을 다스렸다. 그 뒤 1609년 류큐 왕국은 일본 사쓰마번薩摩藩•(지금의 가고시마현鹿兒島縣)에 침략당해 사쓰마번 속국 취급을 받았다.

19세기 중엽 서구 열강들이 류큐 왕국에 와서 침략하려는 움직임을 보이자 에도막부•에서 정권을 이어받은 메이지 신정부는 그들을 견제하고 또 하나의 종주국인 청나라의 영향을 배제해 류큐를 일본 영토로 편입하고자 했다. 정부는 에도시대의 행정구역이자 통치 장치였던 번을 1871년 폐지했는데도 청나라의 반발을 피하려고 1872년 일단 류큐 왕국을 정부 직할지인 류큐번으로 만들었다. 그리고 서서히 압박을 가해 1879년에 류큐번을 폐지하고 오키나와현을 설치했다. 이 일련의 과정을 류큐처분琉球處分이라고 한다.

1914년에 다케토미촌이 성립해 다케토미섬은 촌의 행정 중심지가 됐다. 그런데 여러 섬들로 이뤄진 지자체인 만큼 주민들의 편리를 위해 1938년에 촌 사무소를 배편이 좋은 이시가키섬에 두었다. 이렇게 다른 지자체에 사무소를 두는 것은 매우

---

16 1429년부터 1879년까지 450년간 오늘날 가고시마현에 속하는 아마미군도奄美群島와, 오키나와제도, 야에야마제도 등을 지배한 왕국. 전성기의 총인구가 약 17만 명인 작은 나라였지만 중국 및 동남아시아와 교역했다. 1609년 일본 사쓰마번의 침공으로 인해 아마미군도를 빼앗겼지만 사쓰마번과 청나라 양쪽에 종속되어 있으면서 독자적인 문화를 계속 발전시켰다. 현재의 오키나와현 나하시那覇市에 슈리성首里城을 두었다. 2000년 「류큐 왕국의 구수쿠城 유적지와 관련 유산」이 세계유산에 등재됐다.

드문 일인데, 앞으로 다케토미초 안 이리오모테섬西表島[17]에도 청사를 설치할 계획이다.

역사가로는 앞에서 말한 다케토미섬의 세 마을 전역에 걸쳐 있다. 마을은 섬의 중심부에 모여 있으며, 주위는 작은 숲과 농지, 보안림, 모래사장, '이노(초호礁湖를 말하는 오키나와 방언)', 리프(reef, 암초)가 동심원 모양으로 둘러싸고 있다. 그리고 그 바깥으로 바다가 펼쳐지는 독특한 형태의 공간구조다. 각 마을의 입구에는 나무와 그 주위에 돌담을 쌓은 '슨마샤'라고 불리는 액막이 구조물이 있다. 도로는 대개 폭 3m로, 바닥에 하얀 산호초 모래가 두껍게 깔려 있다.

다케토미섬의 부지와 가옥에 대해서는 1737년부터 1850년대에 걸쳐 류큐 정부로부터 여러 차례 제한령이 내려졌으며 이런 제한은 1889년까지 계속됐다. 부지 규모는 사방 27m 이하로 하고 그곳에 '후야'(본채)와 '도라'(취사채)를 따로 건축했다. 지붕도 새지붕으로 제한됐다. 이 섬에서 기와집은 1906년에 처음 지어졌다고 한다. 현재는 대부분의 가옥에 오키나와 특유의 붉은 기와를 이었는데, 강풍에 대처하기 위해 기와를 회반죽으로 고정한다.

택지들은 대부분 남쪽에 입구를 두고 동서로 여러 가구의 부지가 늘어서 하나의 구획을 이룬다. 각 부지는 주변에 산호석회암 '굿쿠'(돌담)를 1.5m 안팎의 높이로 쌓아 구획하고 부지 주위에는 복나무福木 등을 심었다. 부지의 중앙부에 후야(본채)를 짓고 그 서쪽에 도라(취사채)를 배치한다. 후야는 처마가 낮은 우진각지붕의 단층 건물로 가로로 긴 사각형에 가까운 평면 구성이다. 남쪽의 방 세 개는 동쪽부터 '이치반자一番座', '니반자二番座', '산반자三番座', 북쪽의 방 세 개는 '이치반우라자一番裏座', '니반우라자二番裏座', '산반우라자三番裏座'로 불린다. 이치반자에는 '도코'[18]와 불단이 놓인다. 외벽은 비늘판벽으로 마감하고, 개구부에는 덧문(아마도雨戸)을 설치한다. 후야와 입구 사이에 '마에야시' 또는 '마이야시'라고 부르는 시선 차단용 돌담을 설치한다.

---

17 이리오모테삵으로 대표되는 고유종, 멸종위기종 동식물이 풍부하다. 그 생물 다양성이 평가되어 2021년 오키나와섬 북부, 가고시마현의 아마미오시마奄美大島섬, 도쿠노시마徳之島섬과 함께 세계유산(자연유산)에 등재됐다.

18 일본 본토에서는 도코노마●라고 한다.

우진각·붉은기와지붕의 단층집들
집 주위에는 굿쿠를 둘렀다.

굿쿠와 흰색 산호초 모랫길
남쪽 섬의 햇살이 눈부시다.

다나두이의 민속춤 발표
섬 주민과 이 행사를 위해 귀성한 섬 출신 사람들이 많이 참가한다.

다케토미섬 가로관竹富島まちなみ館
섬의 마을회관이다. 가로에 대한 정보 전달의 장으로 2000년에 신축됐다. 섬의 단체들이 각종 행사와 가로 보존에 관한 협의의 장으로 활용하고 있다.

옛 요나구니가주택
굿쿠로 둘러싸인 부지의 정면에 후야(본채), 왼쪽에 도라(취사채)가 있다. 입구와 후야 사이에는 마에야시라고 부르는 돌로 쌓은 시선 차단용 담이 있다.

아이노타마을에 있는 옛 요나구니가与那国家주택 역시 굿쿠로 둘러싸여 있다. 본채인 후야는 1913년에 건축된 우진각지붕의 목조 단층 건물로 붉은기와지붕에 전통적인 공간구성을 갖추었다. 부지 안에는 취사채인 도라와 돼지우리도 있다. 2003년부터 2005년까지 해체수리를 했으며, 다케토미섬의 근대 주거형태와 생활형태를 잘 보여주어 2007년에 중요문화재로 지정됐다.

마을 안에는 후야·도라 등 전통 건조물 외에 마을의 공동우물인 '가'가 여러 곳에 있다. 또한 마을 안팎의 여기저기 약 30곳에 작은 숲을 형성한 '우타키御嶽'는 섬 사람들의 신앙의 장소이자 축제의 장이다.

천혜의 아열대 자연에 둘러싸인 다케토미섬은 공예와 예능 등 수준 높은 문화자원도 풍부하다. 매년 음력[19] 9월에 이틀 동안 '다나두이'라고 부르는 종자취제種子取祭

서쪽 부두의 풍경
고하마섬小浜島, 이리오모테섬 쪽을 본 모습.

를 한다. 80여 가지의 민속춤과 노래를 신에게 봉납하는 축제인데 국가 중요무형민속문화재*로 지정됐다. 섬 주민을 비롯해 도쿄나 오사카, 이시가키시 등 섬 밖에 거주하는 섬 출신자로 구성된 친목회인 향우회郷友會의 회원이 각지에서 열심히 연습해 다나두이 때에 섬에 모여 민속춤과 노래 등을 펼친다. 일본 유수의 아름다운 자연과 마을의 모습을 보유하고 있는 다케토미섬은 섬 주민들이 예로부터의 전통을 계승해 마을 만들기에 활용하고 있는 매력 있는 지역이다.

---

19 일본은 1873년 양력으로 바꿀 때까지 음력을 사용했지만, 오키나와에서는 지금도 명절 등 전통 행사와 제사를 대부분 음력으로 치른다.

옮긴이의 말

작업을 마무리하며

2018년 봄 저는 『오래된 도시의 골목길을 걷다』 일본어판을 출간했는데 그 책의 번역작업을 통해 저자인 한필원 교수님과 인연을 맺게 됐습니다. 그리고 그해 크리스마스 날에 한 교수님으로부터 한국에서 번역 출판하고 싶은 일본 책이 있다는 연락을 받고 일본 원어민의 도움이 필요한 부분은 제가 맡겠다고 한 것이 기억납니다. 저에게 뜻밖의 크리스마스 선물이 된 셈입니다. 결국 우여곡절 끝에 그 책의 번역 대신 가리야 박사님께서 한국 독자들을 위해 직접 원고를 작성해 주시기로 했습니다. 그렇게 시작한 4년반이라는 시간 동안 계속된 작업은 길고 힘든 일이기도 했지만 분명 즐거움이기도 했습니다.

저는 걷는 것을 좋아하긴 하지만 원래 인도어파여서 그런지 집 근처를 산책하는 것 말고는 적극적으로 외출하거나 여행을 즐겨 다니는 편이 아닙니다. 실제로 『오래된 도시의 골목길을 걷다』에 소개된 한국의 아홉 도시 가운데 제가 가본 적이 있는 도시는 다섯 곳, 그것도 대부분 관광명소만 잠깐 구경하고 스쳐지나갔을 정도이고 골목 골목까지 찾아 다녀본 도시는 강경과 전주 두 곳뿐입니다. 그런 제가 그 책을 일본어로 번역해서 출간하려고 마음먹은 것은 비록 실제로 다녀보지 못해도 책을 통해서 그 도시의 매력을 생생하게 느껴볼 수 있어서였고 또 그런 즐거움을 저 혼자 독차지하기엔 너무 아까워 일본 독자들에게도 전해주고 싶어서였습니다.

제가 이 책 『일본의 가로를 걷다』를 한국에서 출판하고 싶다는 한 교수님의 의향에 적극 도와드리겠다고 응한 것은 한국 독자들도 저와 같은 경험을 하면 좋겠다고 생각했기 때문입니다. 그리고 작업을 진행하는 동안 코로나 팬데믹으로 제대로 여행을 다니지 못하는 시기에 책을 통해서나마 각 도시마다 다양한 가로들의 매력을 접할 수 있다는 것이 얼마나 중요한 일인지 재확인하게 돼서 더욱 힘이 되었습니다.

고백하건대 이 책에 소개된 가로들 가운데 제가 실제로 가본 적이 있는 곳은 얼마 안 됩니다. 그런데도 번역과 지도 작성 작업을 통해 자기 나라의 역사와 지리에 대해 여태 몰랐던 것을 많이 배우게 됐습니다(지금까지 제가 얼마나 게으름뱅이였는지의 증명이기도 하네요). 그런 배움의 기회를 제게 주신 저자 가리야 유가 박사님과 한필원 교수님께 깊이 감사드립니다.

그리고 이 책을 출간하기 위해 바쁘신 일정 속에서 열과 성을 다해 복잡하고 쉽지 않은 번역과 편집, 교정 작업을 진행하시는 중에도 직접 출판사까지 차리신 한필원 교수님의 열정에 감동을 받고 경의를 표하는 바입니다.

이 책은 단순한 읽을거리가 아니라 실제로 그곳을 찾아가 가로를 걸을 때 매우 유용한 가이드북이라고 단언할 수 있습니다. 코로나도 안정되어서 여행하기 좋은 시기가 다시 찾아왔습니다. 이 책을 손에 들고 일본의 가로를 걸어 보시기 바랍니다.

2023년 봄날 도쿄 교외에서 직박구리 울음소리를 들으면서

하기와라 메구미

용어 해설

(가나다 순)

가게모리影盛　귀면기와의 둘레, 귀면기와와 용마루의 접합부를 회반죽으로 돋운 것, 또는 그 돋운 부분을 기와로 덮어 이중 구조로 된 귀면기와.

가나모리 나가치카金森長近　1524~1608. 오다 노부나가●와 도요토미 히데요시●를 섬기며 전공을 세워 활약한 무장. 1575년에 에치젠오노越前大野(지금의 후쿠이현福井縣 오노시大野市)를 오다 노부나가에게서 부여받았고, 1585년에 히다타카야마(지금의 기후현岐阜縣 다카야마시高山市)를 도요토미 히데요시로부터 부여받아 다카야마성과 성하마을●을 건설했다. 그리고 1600년에는 고즈치번上有知藩●(지금의 기후현 미노시美濃市) 등도 차지해 1605년에 오구라야마성小倉山城을 건설하고 성하마을을 조성했다.

가마야竈屋　민가에서 본채와 별도로 마련한 취사 전용 건물 혹은 취사 전용 공간.

가미가타上方　에도시대(1603~1868) 천황이 사는 교토를 「가미上」라고 한 데서 비롯되었으며, 정치의 중심인 에도에 대해 오랜 경제·문화의 중심지를 가리키는 말로 사용됐다. 교토, 오사카, 나라奈良, 시가滋賀 등을 가리킨다.

가부키문冠木門　두 개의 굴립주堀立柱(땅속에 박아 세운 기둥) 상부에 인방冠木을 걸고 그 아래에 문짝을 단 문의 형식. 지붕은 없다.

가쇼부네過書船　에도시대(1603~1868) 화물이나 승객을 싣고 교토의 후시미伏見와 오사카를 오르내린 배. 보통 쌀로 환산해 20~30석●을 실을 수 있는 크기였다.

간기雁木　계단 또는 그것과 비슷한 형상을 가진 구조물. 민가에서는 아오모리현青森縣과 니가타현新潟縣 등 눈이 많이 오는 지방에서 도로 쪽에 폭 1.8m 가량 처마를 달아내 방설 통로로 삼은 것을 말하는데, 이는 17세기경부터 나타난다. 고미세●라고도 한다. 또한 항만의 선착장 등에서는 조수 간만에 대응해 뱃짐 등을 원활히 하역할 수 있도록 설치한 돌계단을 말한다. 기러기가 비스듬히 줄지어 날아가는 모습이 계단 모양으로 보이기 때문에 이렇게 부른다.

간논비라키觀音開き　쌍여닫이창문의 일종으로, 좌우의 문짝이 중앙에서 양쪽으로 열리도록 만든 것. 문짝

을 열었을 때 좌우의 문짝이 각각 두 번 접히는 것을 말하기도 한다. 관음보살을 모시는 함의 문에 흔히 쓰이는 형식이어서 이런 이름이 붙었다.

간판건축看板建築 주로 도쿄나 간토關東지방 주변에서, 관동대지진● 뒤에 상점 등에 사용된 외관 디자인의 양식. 건물 전면을 간판처럼 처마가 없이 수직으로 올리고 모르타르와 동판, 타일 등 내화 소재로 덮어 서양식으로 디자인한다.

거류지居留地 정부가 외국인의 거주와 경제활동을 위해 대여한 지역. 1858년의 미일수호통상조약● 등 구미 5개국과 맺은 조약에 따라 개항장에 설치했으며 1899년 조약이 개정될 때까지 존속했다.

검은 회벽黑漆喰 흰 회반죽에 소나무를 태울 때 나는 그을음을 섞어 벽에 바른 것. 덜 말린 상태에서 흙손이나 맨손으로 닦으면 아름다운 광택이 생겨 회벽의 고급 마무리로 사용된다.

게야下屋 주요 건물의 외벽에 붙여 만든 한쪽 경사 지붕, 또는 그 아래 부분.

경장經藏 불교사원에서 종교의 교리를 설파한 중요한 서적인 경전이나 그 밖의 불교 관련 서적을 보관하는 건물.

고딕양식 로마네스크에 이은 예술양식으로, 12세기 중엽 북프랑스에서 일어나 르네상스양식이 등장하는 15세기 말경까지 유럽 각지에서 주로 건축에 사용됐다. 위가 뾰족한 아치(첨두아치), 뼈대로 보강한 곡면천장(리브볼트), 버팀벽(버트레스) 등이 특징이다.

고마요세駒寄せ 교토 등지의 마치야●에서 살문이나 담장 앞에 설치해 차나 동물 등으로부터 건물을 보호하기 위한 1~1.5m 높이의 낮은 나무 울타리.

고미세小見世, 小店 아키타현秋田縣, 아오모리현青森縣 등지의 마치야● 정면에 설치한 덧댄 지붕. 사람들이 그 아래로 통행할 수 있다. 덧댄 지붕의 기둥 사이에 문을 달기도 한다. 눈이 쌓였을 때 특히 편리하며, 아오모리현 구로이시시黑石市 나카마치中町에는 연속되는 고미세가 남아 있다. 니가타현新潟縣이나 돗토리현鳥取縣 등지에서는 간기●라고도 부른다.

고시야네越屋根 지붕 용마루의 일부에 연기 배출, 환기, 채광을 위해 설치한 개구부를 덮는 작은 지붕. 기와지붕인 경우가 많다. 민가에 설치한 것은 지방에 따라 야구라櫓라고 부르기도 한다.

고이노보리鯉のぼり 5월 5일 단오절에 남자 아이의 건강을 기원해 장식하는 잉어 모양의 깃발.

고카이도五街道 에도시대(1603~1868) 에도, 곧 현재의 도쿄를 기점으로 각지와 연결된 5개 주요 도로.

고케라부키柿葺 지붕 형식의 하나로, 삼나무나 화백나무 등을 3mm 정도 두께로 얇게 켠 판(고케라柿)을 겹쳐 이은 것. 경쾌하고 아름다운 곡선이 만들어진다.

고테에鏝繪 회반죽을 발라 입체적으로 만든 그림과 문양의 총칭. 도조●의 박공벽 등에 가문의 문장, 화재를 막기 위한 주술적 의미를 담은 용竜·수水 같은 문자나 세한삼우(소나무·대나무·매화) 등의 그림을 미장이가 흙손으로 그렸다. 란마●(교창)와 편액, 천장, 내벽, 도조의 문짝에 이르기까지 곳곳에 적용한다.

관동대지진關東大震災 1923년 9월 1일에 발생한 대지진. 간토關東 남부 지역과 인접지에서 큰 피해를 입었다. 190만 명이 피해를 당했고 10만 5천여 명이 사망하거나 실종됐다.

교토교엔京都御苑 메이지시대(1868~)가 될 때까지 천황가 등의 황족, 귀족층의 저택 약 140채가 늘어선 구역이었다. 수도가 도쿄로 옮겨 간 뒤에 이들 저택은 철거되고 공터가 됐으며, 그 뒤 공원으로 정비되어 시민들에게 개방됐다. 현재는 남북 1300m, 동서 700m의 구역이다.

구루와曲輪, 郭 성곽에서 토루土疊 · 돌담 · 해자 등으로 둘러싸인 획지. 보통 성곽은 두 개 이상의 구루와로 구성되는데, 혼마루* · 니노마루* · 산노마루三の丸 등으로 불린다.

그을림 판벽燒杉板壁 내구성을 높이기 위해 삼나무널의 표면을 그을린 것.

기리요케霧除け 창문 등의 위에 설치된 간단한 차양.

기무스코木虫籠 단면을 사다리꼴로 가공하고 그 넓은 쪽을 밖으로 향하게 설치함으로써 안쪽에서 보는 시야를 확보하면서 바깥에서는 안이 잘 보이지 않도록 고안된 창살.

나가야문長屋門 지방 영주 등 지위가 높은 무사의 저택에서 볼 수 있는 대문 형식의 하나. 가신의 거처인 나가야와 대문이 결합된, 전면 폭이 넓은 행랑채다. 민가에서는 하인의 방과 헛간으로 사용된다.

나무대문木戶 시가지의 요충지나 마을의 경계에 설치된 방호 문. 이바라키현茨城縣 사쿠라가와시桜川市 마카베真壁의 중심부는 이 문과 울타리로 둘러싸여 있었고 야간에는 폐쇄됐을 것으로 추측된다.

나카센도中山道 에도시대(1603~1868) 에도, 곧 현재의 도쿄를 기점으로 각지와 연결되는 5개 주요 도로인 고카이도* 가운데 하나. 역시 에도와 교토를 잇는 도카이도*가 주로 태평양 연안 지역을 거쳐 가는 데 비해 나카센도는 비교적 험한 산길 등 내륙을 거치는 가도다. 약 526km 거리에 67곳의 역참이 있다.

네 칸 구성(요마도리)四間取 민가의 평면 형식 가운데 하나로, 네 개의 방을 전자田字형으로, 또는 두 개씩 어긋맞게 배치한 형식.

누리야塗屋 방화를 위해 건물의 기둥이나 처마 등 목재 부분을 포함해 외벽을 두껍게 흙으로 발라 피복한 건물. 누리야구조는 누리고메구조라고도 한다.

니노마루二の丸 성에서 두 번째로 중요한 구역으로, 돌담과 해자로 둘려있다. 성 밖에서 혼마루*에 이르는 길목에 위치한다. 성주의 거주공간인 어전御殿 등이 배치된다.

니시마와리 항로西回り航路 에도의 상인 가와무라 즈이켄河村瑞賢이 1672년에 확립한, 일본 서쪽 해안을 도는 항로. 야마가타현山形縣의 사카타酒田를 출발해 니가타현新潟縣의 사도佐渡섬, 이시카와현石川縣의 노토能登, 야마구치현山口縣의 시모노세키下關를 거쳐 오사카까지 간 뒤 다시 와카야마현和歌山縣 · 미에현三重縣의 기이紀伊반도를 돌아 에도로 향했다. 사카타를 출발해 홋카이도와 혼슈 사이의 쓰가루津輕 해협을 돌아 태평양 연안을 들르면서 에도로 가는 히가시마와리東廻 항로도 있었다.

다다미 겉 돗자리疊表 일본의 주택에 쓰이는 전통적인 바닥재인 다다미의 표면에 대는 것. 골풀의 한 종인 이구사藺草의 줄기 등을 삼실로 짜서 만든다. 다다미는 건조한 볏짚을 세로 약 1.8m, 가로 약 0.9m, 두께 5cm 정도로 삼실로 꿰매 만든 매트 위에 겉 돗자리를 대서 만든다.

다쓰노 긴고辰野金吾 1854~1919. 19세기 후반~20세기 초 일본의 대표적인 건축가. 메이지유신* 이후 정부가 1871년에 창설한 기술자 양성 기관인 고가쿠료工學寮에서 영국인 건축가 조사이아 콘도르Josiah

Conder에게 건축을 배웠다. 1884년 고부工部대학교(현재의 도쿄대학 공학부)의 교수가 됐다. 1886년 일본건축학회의 전신인 조가학회造家學會의 창립에 참여했고 그 뒤 30년에 걸쳐 건축아카데미의 지도자가 됐다. 대표작으로 일본은행 본점, 같은 은행의 오사카지점과 교토지점, 도쿄역, 오사카시 중앙공회당, 옛 조선은행 본관(현 한국은행 화폐금융박물관) 등이 있다.

다이도코로 부엌으로 사용하는 마루를 깐 방. 내부 마당과의 사이에는 칸막이 없이 완전히 개방되어 있다. 다이도코로에 화로를 설치한 경우가 많다.

다케다 고이치武田五一 1872~1938. 아르누보 등 유럽의 디자인과 함께 일본의 전통적 건축수법에도 조예가 깊어 많은 건축작품을 남긴 건축가·학자. 호류지法隆寺와 뵤도인平等院 등 고건축의 복구에도 종사했다. 또한 교토공예섬유대학과 교토대학 등에 건축학과를 설립하는 데 힘썼고 교수를 역임했다.

다키구미瀧組 일본 전통 정원의 조경 기법 가운데 하나로 여러 개의 돌을 짜맞춰서 상징적으로 만든 폭포. 실제로 물이 흐르게 만든 다키瀧와 물 없이 돌로만 된 가레타키枯瀧가 있다. 다키이시*조瀧石組라고도 한다.

다키이시滝石 자연을 재현한다는 사상을 담은 일본 정원에서 폭포 모양을 만들거나 폭포수 낙하지점 주변에 설치한 돌.

당초모양唐草模樣 식물 문양의 일종으로, 잎이나 줄기 또는 덩굴식물이 자라고 휘감긴 모양을 도안화 한 것.

당파풍唐破風 박공(파풍破風)의 중앙부가 반원형으로 솟고 좌우 양끝이 S자형을 그리며 휘어져 내려온 것. 주로 사찰이나 성곽의 현관 지붕이나 대문 등에 설치된다. 격식과 장식성을 지닌다.

대벽조大壁造 기둥 등 구조재를 벽 안에 넣고 마감해 겉으로 드러나지 않도록 한 구조 형식.

덧지붕置き屋根 도조*에서 두꺼운 흙으로 바른 지붕 위에 방화와 단열을 위해 별도의 구조로 이중으로 얹은 지붕. 화재 시에는 제거할 수도 있다.

데고시出格子 마치야* 일층 정면에 30~45cm 정도 돌출시켜 세로로 나무 살창을 설치한 구조물. 좌우 양쪽 모퉁이에 기둥을 세워 지탱한다.

데지마出島 나가사키長崎의 나카지마천中島川 하구 근처를 매립해 1634년부터 1636년까지 조성한 면적 약 1.5헥타르의 부채꼴 인공섬. 천주교 포교를 막으려고 당시 시내에 흩어져 살던 포르투갈인을 수용하기 위해 조성했으나 1639년 포르투갈인을 추방하고 네덜란드 상관商館 등을 세웠다. 그 뒤 1859년까지 네덜란드와 교역이 계속되었고, 쇄국* 정책을 편 일본에서 서구에 열린 유일한 창으로 기능했다. 19세기 말에서 20세기 초의 항만 개량공사 등으로 부채꼴 섬이 완전히 자취를 감추었는데 1922년에 「데지마화란상관터出島和蘭商館跡」로 사적으로 지정됐다. 1996년부터 나가사키시가 건물과 해자 등을 계속 복원하고 있다.

도네강利根川 군마현群馬縣과 니가타현新潟縣의 경계 부근 산에서 발원해 여러 하천과 합류하고 분류하면서 간토關東지방을 누비고 지바현千葉縣 조시시銚子市에서 태평양으로 흘러드는, 일본에서 유역면적이 가장 너른 대하천.

도리이鳥居 신사의 참배로 입구에 세워 신역神域을 표시하는 일종의 문. 규모가 큰 신사는 여러 개의 도리이를 설치하는 경우도 많다.

도요토미 히데쓰구豊臣秀次 1568~1595. 도요토미 히데요시●의 조카로, 젊은 나이에 출세해서 1585년 오미하치만近江八幡에 하치만산성을 쌓았다. 1591년 도요토미 히데요시의 양자가 되어 후계자로 지목됐으며 큰 영지를 얻어 오미하치만을 떠났다. 1593년에 도요토미 히데요시에게 후사가 생기면서 도요토미 히데요시와 불화가 생겨 1595년 자살을 명령받았다.

도요토미 히데요시豊臣秀吉 1537~1598. 가난한 농민 출신인데 오다 노부나가●를 섬긴 후 슬기로운 술책으로 신임을 얻어 출세를 거듭했다. 오다 노부나가가 죽은 뒤에는 많은 무장들을 복속시켜 일본 전국을 통일했다. 1592년과 1597년 두 차례에 걸쳐 한반도를 침략했다.

도조土藏 일본 전통 건축양식의 하나로 나무뼈대 위에 흙을 두껍게 바른 뒤 회반죽으로 마감한 창고 건물. 내화성, 내습성을 높이고 도난 방지를 위한 것으로 벽체의 두께는 보통 30cm 정도며 최소한으로 설치한 개구부의 문짝도 벽체와 같은 재료로 만든다. 점포를 겸하는 것을 미세구라●라고 한다. 사이타마현埼玉縣 가와고에시川越市, 도치기현栃木県 도치기시, 지바현千葉県 가토리시香取市 사와라佐原지구 등은 미세구라가 즐비한 가로로 유명하다.

도카이도東海道 에도, 곧 현재의 도쿄를 기점으로 각지와 연결되는 5개 주요 도로인 고카이도●의 하나. 에도의 니혼바시日本橋가 기점이며 태평양 연안 지역을 거쳐 교토의 산조대교三条大橋에 이르는 가도다. 약 490km 거리에 53곳의 역참이 있었다. 대부분 지금의 국도1호선에 해당하며 도카이도신칸센 등 여러 이름이 쓰이고 있다.

도코노마床の間 주택 등의 응접실인 자시키●의 맨 안쪽에 한단 높은 마루를 설치하고 그곳에 장식물과 꽃병 등을 놓고 벽면에는 서화 등을 걸어 꾸민 장식공간. 마주 앉은 손님이 장식을 정면으로 볼 수 있게 주인은 이곳을 등지고 앉는다.

도쿠가와 이에미쓰徳川家光 도쿠가와 이에야스●의 손자이자 에도막부●의 제3대 장군(1604~1651, 재직 1623~1651). 닛코日光 도쇼구東照宮의 대규모 개축에 막대한 자금을 투입했다. 유언에 따라 린노지輪王寺에 묻혔고 그 사당인 다이유인大猷院이 1653년 준공됐다.

도쿠가와 이에야스徳川家康 1543~1616. 군웅할거 시대에 활약한 무장으로 전국을 통일한 도요토미 히데요시● 세력과 대립, 일본이 동서 두 세력으로 갈라져서 패권을 다툰 세키가하라 전투●에서 승리했다. 1603년 에도막부●를 열어 1867년까지 15대에 걸쳐 권세를 누린 에도시대의 기초를 다졌다.

동일본대지진 2011년 3월 11일에 발생한 도호쿠東北지방 태평양 해역 지진의 재해와 이에 따른 후쿠시마 제1원자력 발전소 사고로 인한 재해. 전통적 건조물군 보존지구에서는 이바라키현茨城縣 사쿠라가와시桜川市 마카베真壁의 피해가 가장 컸지만 지바현千葉県 가토리시香取市 사와라佐原, 도치기현栃木県 도치기시 가우에몬嘉右衛門지구 등지도 큰 피해를 입었다.

라이 산요頼山陽 1781~1832. 역사가, 사상가, 한시인漢詩人. 주 저서인 『일본외사日本外史』는 무가의 역사를 한문으로 저술한 22권에 이르는 대작이다. 사후 1836년경에 간행되어 인기를 끌었고 당시 천황을 공경하는 사상에도 큰 영향을 주었다.

라쿠이치라쿠자樂市樂座　16세기 후반에 오다 노부나가* 와 도요토미 히데요시*, 그리고 지방 영주들이 추진한 성하마을*의 경제 진흥책. 그때까지 상업인 동업조합(자座*)이 가지고 있던 특권이나 독점 판매 등을 금지한 한편 개인에 대한 과세 면제 등으로 좀 더 자유로운 경제활동을 촉진해 성하마을의 번영을 도모했다. 라쿠자樂座는 독점권을 푼다는 뜻이고 라쿠이치樂市는 그렇게 해서 개인의 시장 출점을 용이하게 한다는 뜻이다.

란마欄間　문상방이나 상인방과 천장 사이 벽의 일부에 통풍·채광을 위해 설치한 나무 부재. 정교한 조각이나 세밀한 격자무늬로 장식하는 경우가 많다.

류큐사절琉球使節　류큐국琉球國은 일본의 가장 남서쪽, 현재의 오키나와현沖縄縣에 1429년부터 1879년까지 존재했던 독립 왕국이다. 1609년 에도막부*의 허가 아래 사쓰마번薩摩藩*(지금의 가고시마현鹿児島縣)이 류큐를 정복한 이후 속국으로 삼았지만 왕국으로서의 지위는 그대로 유지시킨 채 류큐왕이나 에도막부*의 장군이 교체될 때 의무적으로 사절단을 에도에 파견하게 했다.

마스가타枡形　성이나 역참마을의 진입부에 돌담이나 둑으로 벽을 사각형으로 쌓고 앞뒤에 어긋나게 출입구를 설치해 외적 등이 진입하기 어렵게 한 장치.

마치야町家　상공인이 거주한 일본의 전통 도시주택. 도로에 면해 미세店(見世), 곧 상점을 두어 주거기능과 함께 상점기능을 갖는 집이 많다. 마치야는 상공인들이 도시 안에서 독립된 생활을 하게 된 8~12세기에 성립되고 이후 점차 발달했다. 에도시대(1603~1868)에 주거지의 밀도가 점차 높아짐에 따라 마치야는 좁고 긴 제한된 대지로 말미암아 이층 건물인 도시주거유형으로 발전했다.

마쿠이타幕板　건축에 쓰이는 가로로 긴 판재의 총칭. 부재 사이의 보강이나 칸막이, 장식의 용도로 쓰인다.

막부幕府　원래 조정을 보좌하는 군부 관아였지만 12세기 이후 정치권력을 장악해 사실상 일본 최고권력자가 된 「세이이타이쇼군征夷大將軍」을 우두머리로 하는 무가정권이 됐다. 조정은 막부가 정권을 장악한 뒤에도 교토에서 형식적으로 명맥을 이어갔고 메이지유신* 이후로도 천황제는 유지됐다.

메이지유신　1868년 도쿠가와德川씨의 무가정권에서 메이지 천황으로 정권이 이양되고 새 정부가 수립된 일. 이로써 봉건제에서 자본제로 이행해 근대 일본의 출발점이 됐다.

면피주面皮柱　윤을 낸 삼나무 통나무의 네 모서리는 껍질을 남긴채 둥글게 살리고 네 면을 켜서 나뭇결을 드러낸 기둥. 아름다움과 우아함을 겸비해 주로 다실의 기둥 등으로 사용된다.

모르타르씻기 마감　잔자갈을 섞어 반죽한 콘크리트나 모르타르를 바른 벽·바닥의 표면이 말라 굳어지기 전에 와이어 브러시와 물을 이용해 씻어내고 잔자갈을 노출시켜 표면을 마무리하는 공법.

목골벽돌조木骨煉瓦造　기둥과 보 등 주요 구조체를 목재로 짜고 목재 부재들 사이를 벽돌로 쌓는 건축수법.

못가리개　건축 금속장식의 하나로, 인방(벽을 가로질러 기둥 사이를 수평으로 잇는 부재)이나 문짝에 박은 못의 대가리를 가리기 위해 사용된다.

묘자대도苗字帯刀 성姓(일본어로 묘지苗字)을 일컫고 허리에 칼을 찰 권리. 15세기 말에서 16세기 말까지의 전란기에는 농민들이 임시로 병사로 동원되는 일이 많아 일반적으로 무기를 소지했다. 전국 통일을 진행하던 도요토미 히데요시*가 1588년 도수령刀狩令을 내려 농민의 무장을 막은 이후 무사가 지배계층임을 과시하기 위해 농민, 상공인 등 서민계층이 칼을 소지하는 것을 금지하는 제도가 서서히 정비됐다. 서민계층은 원래 성을 가지지 않았는데, 지방 영주 등이 공로에 대한 포상으로 일부 농민에게 특별히 성과 칼을 가지도록 허락해 지배자 의식을 심어줌으로써 지역 지배를 강화하는 데 이용했다.

무가주택武家屋敷 무사가 주군으로부터 하사받아 거처한 집. 무사의 지위에 따라 부지와 건물의 규모는 다양하며, 격식과 접객기능을 중요시해 공간을 구성했다. 본래 상급무사의 주거를 무가주택이라고 하고 중·하급무사의 주거는 사무라이집侍屋敷이라고 하는데, 모든 무사의 집을 무가주택이라고 말하기도 한다.

무나카도棟門 대문 형식의 하나로, 보조기둥 없이 본 기둥 2개가 맞배지붕을 지지하는 문. 고쇼御所, 귀족계층이나 무사의 주택, 사찰이나 신사 등의 대문에 사용됐다. 무네몬, 무나몬이라고도 한다.

무시코구조蟲籠造 낮은 이층에 무시코창*을 설치한 민가의 형식. 근세의 교토·오사카 지방의 마치야*에서 시작돼 일반화되었다.

무시코창蟲籠窓 이층 건물을 짓는 것이 통제됐던 에도시대(1603~1868), 교토, 오사카, 나라奈良 등지의 마치야*에서 창고로 사용하기 위해 낮은 이층을 설치했는데 그곳에 햇빛 확보와 통풍을 위해 벽에 세로살을 설치해 낸 작은 창문. 창살 모양이 벌레 바구니蟲籠 같다고 이런 이름이 붙었다.

미나모토노 요리토모源頼朝 1147~1199. 1192년 처음으로 간토關東지방인 현재의 가나가와현神奈川縣 가마쿠라시鎌倉市에 막부*를 수립, 장군으로 취임함으로써 교토에 있는 조정에서 정치적 실권을 빼앗아 무가 정권의 시대를 연 무장이자 정치인.

미세구라店(見世)蔵 17세기 중반부터 만들기 시작한 도조*구조 점포. 외벽을 두꺼운 토벽으로 바르고 회반죽으로 마감한다. 일반적인 회벽 마감 건물보다 내화성이 있다. 보통 이층 건물인데, 일층 앞에는 흙 대문을 달고 다른 개구부에도 모두 두꺼운 흙 문짝을 단다.

미쓰비시 재벌 스미토모住友, 미쓰이三井와 함께 일본의 3대 재벌 가운데 하나. 도사번土佐藩*(현재의 고치현高知縣)의 가장 낮은 무사 신분 출신인 이와사키 야타로岩崎彌太郎(1835~1885)가 창립한 미쓰비시상회三菱商會를 기반으로 발전해 해운, 조선, 광업, 철도, 무역 등 다양한 방면에 진출했다. 제2차 세계대전 후에 재벌해체 대상이 됐으나 미쓰비시상사, 미쓰비시UFJ은행, 미쓰비시중공업 등의 기업그룹(미쓰비시그룹)으로 존재하고 있다.

미야다이쿠宮大工 신사나 불전의 건축이나 수리에 종사하는 목수.

미일수호통상조약 1854년의 미일화친조약(가나가와조약)에 이어 1858년 에도막부*와 미국이 맺은 통상조약. 이 조약에서는 화친조약으로 개항한 시모다下田, 하코다테箱館에 더해 효고兵庫, 곧 고베神戸를 포함한 6개 항구의 개항이 결정됐다. 이 조약의 체결을 둘러싸고 일본 내에서 격렬한 논쟁과 항쟁이 벌어졌다.

방수총放水銃 고압의 물을 지붕 위 등에 대량으로 발사하는 장치. 문화재 건조물 등에 주위의 불길이 옮겨

붙는 것을 방지한다.

번藩 에도시대(1603~1868)에 중앙정부인 막부●로부터 영지를 하사받은 지방 영주의 지배 지역 혹은 그 지배체계. 일정한 자립적인 정치·경제·사회의 틀을 지니고 작은 국가처럼 기능했다. 일본 전국에 약 250개 번이 있었다.

벤가라弁柄 적갈색 산화철 안료. 도자기의 그림이나 칠기의 옻칠, 건물 외부 등의 도장에 사용된다.

별원別院 일본 불교의 일부 종파에서 중심사찰, 곧 본산本山에 준하는 위상을 갖추고 다른 지역에 설치된 사찰.

보리즈William Merrell Vories 1880~1964. 미국 태생으로 1905년 오미하치만시近江八幡市 시가현립滋賀縣立 상업학교의 영어교사로 부임한 뒤 많은 건축설계와 사회사업, 전도 등의 활동을 했다. 1941년 귀화해서 히토쓰야나기 마키코一柳滿喜子와 결혼해 히토쓰야나기 메레루一柳米来留라는 일본 이름을 지었다. 보리즈는 많은 건축물을 설계했는데, 지정문화재나 등록문화재가 된 것이 많다. 보리즈가 설계한 고베여학원神戸女學院대학 12채의 건축군이 2014년에 중요문화재로 지정됐다. 보리즈가 설립한 건축사무소는 '이치류샤一粒社 보리즈 건축사무소'라는 이름으로 그의 정신을 이어받아 현재도 운영되고 있다.

본진本陣 에도시대(1603~1868)의 역참마을에 설치된 막부● 지정 시설로, 지방 영주나 황족, 주지, 귀족 등의 숙박이나 휴식에 사용됐다. 통상적인 살림채 외에 격식을 차린 응접실 등을 갖춘 대규모 건물이다.

봉행奉行 무가사회에서 중앙정부인 막부●의 명을 받아 각 부문의 행정을 담당한 집행관.

부지 분할 수로背割水路 부지의 후면 경계선은 두 집이 서로 등진 자리에 있다고 해서 세와리선背割線이라고 하는데 이 선을 따라 설치된 수로. 생활 하수를 흘려 보내는 데 이용했다.

비와코琵琶湖 시가현滋賀縣에 있는, 일본에서 가장 큰 호수. 남북 약 63km, 최대폭 약 23km, 최소폭 약 1.5km로 시가현 면적의 1/6을 차지한다. 전통 현악기인 비파琵琶와 모양이 닮았다 해서 이런 이름이 붙었다. 예로부터 식수의 공급원으로 또 수운 수송로로 중요한 역할을 했다.

사계절 양조四季醸造 추운 겨울뿐 아니라 일년 내내 사케를 빚는 것. 전통적인 양조장이 아닌 온도 조절이 가능한 근대식 양조공장에서의 양조법.

사이초最澄 767~822. 일본 천태종의 창시자인 불교승려. 785년 히에이산比叡山에 들어가 초가 암자를 짓고 수행을 시작했다. 간무천황桓武天皇의 명을 받아 804년에 당나라로 건너가 천태교학天台教學을 배우고 전적典籍을 필사해 805년 귀국했다. 806년, 천태종 개창을 허가 받았다. 이후 불교의 새 종파는 모두 사이초의 문하에서 나왔다.

사찰마을寺內町 15세기 초부터 17세기 초까지 혼슈本州의 중앙부와 간사이關西지방에서 주로 정토진종●계의 사원을 중심으로 건설된, 자위를 위한 자주적인 종교 도시. 지금도 나라현奈良縣 가시하라시橿原市 이마이초今井町와 오사카부 돈다바야시시富田林市 돈다바야시지구(4-25 참조) 등에서 그 모습을 볼 수 있다.

사토보里坊 산사의 승려 등이 인가가 있는 마을에 조성한 주거.

산문山門 사찰 정면의 대문. 일반적으로 이층 구조로, 이층에 석가상, 나한상 등을 안치한다. 본래 선종 사찰의 정문을 가리키는 말이었는데 삼문三門이라고 표기하기도 한다.

산인도山陰道 고대부터 교토와 혼슈本州 서부 지방을 잇는 가도. 17세기 이후에는 교토에서 단바丹波지방(현재의 효고현兵庫縣 북부와 중부)을 지나 현재의 야마구치현山口縣 동부에 이르는 가도였다.

상지령上知令 메이지유신● 이후 1871년과 1875년 두 차례에 걸쳐 오랫동안 사찰과 신사가 보유해 온 토지를 몰수하도록 발포된 명령.

서양식 건축洋風建築 18세기 후반 개국부터 제2차 세계대전까지 일본에서 건설된, 서양 건축양식을 사용한 건물. 양관洋館이나 서양관이라고도 한다.

석石 곡식 등의 부피를 잴 때 쓰는 단위로 약 180리터에 해당한다. 쌀이 녹봉으로 이용되면서 그 만큼의 쌀을 수확할 수 있는 면적을 나타내는 단위로도 사용됐다. 지역의 경제력이나 영주의 세력을 보여주는 지표다.

성하마을城下町 낮은 산 또는 평평한 땅 위에 쌓은 성곽 주변에 무가주택지구, 사찰과 신사, 상공인지구 등을 배치해 조성한 마을.

세가이구조 에도시대(1603~1868)의 민가에서 외주부 기둥의 상부에 가로대를 돌출시켜 작은 천장을 설치하고 깊은 처마를 만드는 것. 건물의 격식이나 수준을 표현한다. 가시키구조, 다시게타구조出桁造 등 다양한 명칭이 있다.

세세션 19세기 말~20세기 초에 걸쳐 독일, 오스트리아에서 성행한 예술의 혁신운동으로 분리파라고 번역된다. 일본에서는 1920년 도쿄제국대학 졸업생인 이시모토 기쿠지石本喜久治, 호리구치 스테미堀口捨巳, 모리타 게이이치森田慶一, 야마다 마모루山田守 등이 분리파 건축회를 조직해 활발하게 건축작품전과 강연회, 작품집 출판 등을 했다.

세키가하라 전투關ケ原戰鬪 1600년에 기후현岐阜縣의 세키가하라에서 도쿠가와 이에야스●를 중심으로 한 동군과 이를 토멸하려고 이미 고인이 된 도요토미 히데요시●를 받드는 서군이 천하 패권을 다툰 전투. 결국 동군 승리로 끝났고 15세기 말엽부터 100년 이상 이어진 전란의 시대에 종지부를 찍었다. 도쿠가와 이에야스는 1603년 에도막부●를 세워 이후 250년 넘게 도쿠가와 일족의 치세가 이어졌다.

세토내해瀬戸内海 일본 혼슈本州와 시코쿠四国・규슈九州로 둘러싸인 내해. 크고 작은 약 3,000개의 섬들이 산재하는데, 천연의 미관을 자랑하며 연안에는 좋은 항구가 많아 예로부터 해상교통이 활발하다.

소가마에惣構, 総構え 성을 둘러싼 해자 외에 성하마을● 전체를 에워싼 해자와 그 안쪽 토성 등 방어시설을 가리킨다. 이런 방어방식을 채택한 성하마을이 많은데, 가나자와성金沢城 성하마을에는 1599년에 안 소가마에, 1611년에 바깥 소가마에 등 안팎 이중의 소가마에가 만들어졌다. 처음에는 해자의 폭이 14~16m, 토성은 폭과 높이 모두 6~9m 규모였다.

소데구라袖藏 마치야●에서 점포 옆에 있는 창고용 도조●로, 박공면이 정면을 이룬다. 본채의 방화벽 역할도 한다.

쇄국鎖國 에도막부●가 기독교 국가인 스페인과 포르투갈 사람들의 입항과 일본 출입국을 금지하고 무역을 관리, 통제한 정책. 1639년 포르투갈선의 입항 금지로부터 1854년 미일화친조약(가나가와조약)으로 개국하기까지의 기간을 말한다.

수경修景 역사지구에서 일반 건조물을 주변의 역사적 건조물과 조화되도록 외관을 개수, 개조해 정비하는 일. 또한 공터와 황폐지에 담·울타리를 설치하거나 나무를 심음으로써 경관을 정비하는 일.

수레(야타이)屋臺 제례 때 끌거나 메는 연출물. 꽃과 인형 등으로 화려하게 장식한다. 지방에 따라 호칭이나 형식이 달라 히키야마曳山, 다시山車, 호코鉾 등으로도 부른다.

숙방宿坊 주로 불교사찰이나 신사 등에서 승려나 신자, 참배자들을 위해 만든 숙박시설. 각지의 큰 사찰이나 신사, 그 주변에 숙방이 만들어졌고 각 숙방마다 담당하는 지역이 정해져 있었다. 나중에는 일반 참배자나 관광객도 묵었다.

슈겐도修驗道 일본에서 예로부터 내려온 산악신앙에 근거한 불교 종파. 원래 산중에서 수행해 주술력을 획득하는 것을 목적으로 했는데, 후세의 교의에서는 자연과 일체가 됨으로써 저승으로 떠난 뒤가 아닌 살아 있는 상태로 궁극의 깨달음을 얻고 부처가 되는 것을 중시한다. 12세기부터 16세기에 걸쳐 천태종계天台宗系와 진언종계眞言宗系의 집단이 세력을 다투었다. 토착 산악신앙에 근거해 성립된 만큼 신토神道의 요소를 상당히 지닌다.

스다레 대나무나 갈대 등을 엮어서 햇빛이나 시선을 가리기 위해 매단 발.

스미노쿠라 료이角倉了以 1554~1614. 교토의 큰 상인으로, 베트남과 무역을 하면서 교토의 다카세가와高瀨川(교토시 중심부를 흐르는 가모가와천鴨川 서쪽에 나란히 만든 수로), 오이가와大堰川(교토 시내를 흐르는 가쓰라가와천桂川의 별칭으로 관광지로 유명한 아라시야마산嵐山 부근을 가리킴)를 비롯한 많은 하천과 운하를 팠다.

스미토모가住友家 미쓰비시三菱, 미쓰이三井와 함께 일본의 3대 재벌 가운데 하나. 1590년에 구리와 은을 분리하는 구리 제련 기술을 개발해 대대로 「이즈미야泉屋」라는 상호로 동은 제조 판매업을 했다. 오카야마현岡山縣 다카하시시高梁市 후키야吹屋의 요시오카吉岡 구리광산과 아키타현秋田縣, 에히메현愛媛縣 등지에서 구리광산을 경영해 일본 제일의 동광업자가 되었으며, 농지 개간, 탄광, 운수·금융업 등에도 진출했고 무역회사를 설립하기도 했다. 제2차 세계대전 뒤 재벌 해체 이후에도 각 사업부문은 제휴 관계를 유지해 지금도 거대한 기업집단을 구성하고 있다. 현재 스미토모그룹의 총매출액은 일본 GDP의 약 10%를 차지한다고 한다.

스키야구조數寄屋造 스키야는 16세기 중반, 검소함을 중시하는 다도인 「와비차侘茶」가 완성됨에 따라 그에 부합하도록 설계된 다실의 양식이다. 그러한 분위기를 주택이나 점포에 살린 것이 스키야풍 혹은 스키야구조인데, 검소하면서도 세련된 아름다움을 지향한다. 현재는 고도의 기술을 이용한 고급 일본식 건축의 대명사로 사용된다.

시모가모신사下鴨神社 정식 이름은 가모미오야賀茂御祖신사. 교토시 사쿄구左京區에 있는 신사로 가미가모上賀茂신사(4-18참조)와 함께 교토에서 가장 오래된 신사다. 8세기 이전부터 조정의 숭경을 받았다. 많은 국보와 중요문화재를 보유하고 있으며 경내는 사적으로 지정됐다. 세계유산 「고대 교토의 역사 기념물」

의 구성요소다.

시모다 기쿠타로下田菊太郎 1866~1931. 1885년부터 지금의 도쿄대 건축학과인 고부工部대학교 조가학과造家學科에서 공부하고 1889년에 미국으로 건너가 건축설계사무소에서 근무했다. 1898년 귀국해 설계사무소를 개설했다. 1901년 요코하마에 외국인 전문 설계 시공회사를 설립했으며, 1909년에 상하이로 이주해 활동했다. 국제파 일본인 건축가이자 이색적인 건축가로 알려져 있다.

시모미세下店 교토나 오사카 등지의 민가에서 앞문에서 뒷문을 거쳐 뒷뜰로 나갈 수 있는 흙바닥 공간의 도로쪽 모퉁이에 설치한 방. 보조적인 상점 공간 혹은 수납공간으로 쓰인다.

시키다이式台 주택의 공식 출입구인 현관에서 방으로 올라가기 전에 방보다 한 단 낮게 판자를 깐 부분. 무가와 상층의 상점주택, 농가 등에 설치됐는데, 집안의 격식에 따라 그 형식이 다르다.

시토미문蔀戶 주로 중세 귀족층 저택의 건축양식인 신덴조寢殿造에서 기둥 사이에 끼워 사용한 위아래 두 장의 문짝. 평상시에 아래 문짝은 끼워 놓고 위 문짝은 외부 혹은 내부로 들어올려 매달아 걸쇠에 고정시켰다. 아래 문짝을 제거하면 기둥 사이를 완전히 개방할 수 있다. 현재는 주로 사찰과 일부 마치야●에 남아 있다.

신불분리령神佛分離令 일본 토착의 신토神道를 국교화 하는 정책을 수립한 메이지 정부가 1868년 발포한 일련의 포고, 통고. 신불혼효神佛混淆, 곧 신토와 불교가 혼동 혹은 동일시되는 상황을 금지하고 그런 사찰의 승려에게 환속을 명령했다. 이를 계기로 전국적으로 불경·불상·불구佛具 등 불교 시설이나 물품을 훼손하는 '폐불훼석廢佛毁釋 운동'이 일었다.

신전新田 새로 논이나 밭 등으로 개간한 농지 또는 그 지명. 16세기 후반부터 17세기 이후 무사나 농민들이 쌀 증산 등을 위해 호수나 개펄을 매립하거나 구릉이나 높은 땅을 개간해 일본 전역에서 신전이 생겨났다. 습지 등을 통째로 매립해 거대한 농지로 바꾸고 마을을 새로 조성하는 대규모 신전 개간도 많았다.

쓰이지베이築地塀 양쪽에 널빤지를 세우고 안에 흙을 채워 다져 만든 담. 위에 기와나 판자 등을 이어 작은 지붕을 얹는다. 사찰이나 신사, 저택의 주위를 둘러싸는 경우가 많다.

쓰키야마築山 일본 정원이나 공원 등에 감상이나 놀이를 위해 인공적으로 만든 작은 산.

쓰키야마치센築山池泉 일본 전통 정원의 양식 가운데 하나. 못, 야리미즈遣り水(밖에서 끌어들인 물로 만든 작은 물줄기), 쓰키야마●, 다실, 숲, 전원 등의 요소를 유기적으로 구성한다.

아케치 미쓰히데明智光秀 15??~1582. 오다 노부나가●를 섬기며 그의 천하통일을 도왔지만 1582년 교토 혼노지本能寺에서 오다 노부나가를 습격해 할복 자살하도록 하고(혼노지의 변) 천하를 손에 넣었으나 10여 일만에 도요토미 히데요시●에게 죽임을 당했다.

아테마게当て曲げ 16세기 일본의 전란 시대에 외부의 침입을 막기 위해 가로가 교차하는 곳에서 가로폭의 일부를 어긋나게 해 직진하기 어렵게 만든 길.

야사카신사八坂神社 일본 전국 약 2,300 곳에 있는 야사카신사의 총본사. 656년 고구려의 사신 이리지伊利之가 백제 우두산에 내려온 스사노오노미코토素戔嗚尊 신을 모셔온 것이 그 시초라는 설도 있다. 메이지시대(1868~) 이전에는 기온샤祇園社라고 하여 신사와 사찰이 일체화된 신불혼효神佛混淆의 종교시설이었지만 1868년 신불분리령●이 발포됨에 따라 이름을 야사카신사로 바꾸고 신사가 됐다. 넓은 경내에 국보로 지정된 본전과 중요문화재 건조물 총 29채가 있으며 교토 시가지에 오타비쇼御旅所라고 하는 경외사가 세 채(모두 중요문화재) 있다. 유네스코 인류무형문화유산 수레행사인 기온마쓰리祇園祭는 바로 야사카신사의 제례다.(4-7 참조)

야쓰무네구조八棟造 원래 신사의 본전 형식의 하나였으나 에도시대(1603~1868) 들어 민가를 호화롭게 지을 때 지붕 양식으로 차용됐다. 휘어진 큰 지붕에다 여러 개의 작은 지붕을 얹고 각 지붕의 박공을 화려하게 장식한다.

야쿠이문藥醫門 무가와 귀족계층의 주택에 설치한 대문 형식의 하나로, 본 기둥 뒤편에 보조기둥 두 개를 세우고 맞배지붕을 설치한 대문. 용마루가 본 기둥과 보조기둥 중간보다 앞쪽에 위치한다.

에도막부江戸幕府 도쿠가와 이에야스●가 에도(현재의 도쿄)에 둔, 1603년부터 1867년까지 이어진 막부●. 도쿠가와씨가 장군직을 세습하였으므로 도쿠가와막부라고도 한다.

엔타시스 배흘림. 원기둥의 주신이나 탑 등에서 중간 부분이 곡선형으로 부푼 것을 가리킨다. 그리스, 로마, 르네상스의 건축에서 볼 수 있으며 일본에서도 아스카飛鳥시대(592~710년)의 건축에서 볼 수 있다.

오다 노부나가織田信長 1534~1582. 1571년 거대한 영지와 군사력을 보유해 적대했던 히에이산比叡山 엔랴쿠지延曆寺를 불로 공격하고 1573년 장군 아시카가 요시아키足利義昭를 교토에서 추방해 235년 동안 집권해 온 무로마치室町 막부●를 멸망시켰으며, 1576년 아즈치성安土城을 쌓고 천하통일을 추진했다. 1582년 교토의 혼노지本能寺에서 아케치 미쓰히데●에게 습격당하자 할복 자결했다.

오모테야구조表屋造 주로 긴키近畿지방에 지어진 마치야● 형식의 하나. 큰 길에 면해 점포(오모테야), 그 안쪽에 거주용 건물을 배치하며 그 사이에 중정을 두고 좁은 현관채로 이들을 연결한 형식. 오모테구조表造라고도 한다.

오미 상인近江商人 시가현滋賀縣의 옛 이름인 오미近江지방 출신의 상인. 특히 17세기부터 행상을 하거나 상점을 개설해 전국에 진출했다. 조직적인 영업과 각고의 노력으로 알려져 있다.

오야석大谷石 다공질 응회암으로, 도치기현栃木縣 우쓰노미야시宇都宮市의 오야마치大谷町 일대에서 채석된다. 부드럽고 가공이 쉬워 예로부터 건물의 구조재, 치장재로 사용됐다. 우쓰노미야시 주변에는 오야석을 사용한 건물들이 모여 있는 마을이 남아 있다. 프랭크 로이드 라이트Frank Lloyd Wright가 도쿄의 제국호텔 옛 본관(1923년 건립. 그 중앙현관 부분이 1976년 아이치현愛知縣 이누야마시犬山市의 건축 박물관 메이지무라明治村에 이축됨)에 오야석를 사용하면서부터 그 독특한 재질감이 널리 알려졌다.

오이시부가쿠류大石武學流 정원 조경 양식의 한 유파로, 쓰가루번津輕藩●을 중심으로 19세기 전반 무렵에 성행해 현재까지 많이 남아 있다. 오이시 부가쿠라는 인물이 창시자라는 설도 있지만 정확한 연유는 알려지지 않았다. 인근 산에서 옮겨온 크고 거친 돌을 역동적으로 배치하며 지천회유식 정원●과 달리 자시키에 앉아 감상하는 것을 전제로 설계한다.

오테도리大手通(오테마치大手町, 오테스지도리大手筋通) 성의 정문에 해당하는 오테몬大手門에서 뻗은 길. 전국 여러 성하마을*에 지명으로 남은 곳이 많다. 에도성江戶城 오테몬 바로 앞에 위치한, 도쿄역의 북서쪽 지구인 오테마치(2-10 참조)를 비롯해 이 책에 소개한 성하마을 중에도 사이타마현埼玉縣 가와고에시川越市, 도야마현富山縣 다카오카시高岡市, 이시카와현石川縣 가나자와시金沢市, 교토시 후시미구伏見區 등지에 오테마치 또는 오테초라는 지명이 있다.

와카和歌 일본의 전통적인 정형시로 고전문학에 속한다. 여러 형식이 있었는데 대표적인 것이 음절 수를 5-7-5-7-7로 설정한 단카短歌이다. 현재는 단카 형식의 와카만 만들어진다.

요시즈 갈대를 실로 엮어서 처마 끝 등에 세워두어 햇빛이나 시선을 가리는 데 사용하는 발.

우다쓰卯建 민가 등의 맞배지붕 양끝에 설치한, 작은 지붕을 씌운 돌출 벽. 지붕 위로 돌출한 혼우다쓰本卯建와 처마 아래에서 마무리한 소데우다쓰袖卯建가 있다. 방화, 방풍의 기능과 함께 집의 격식을 나타내는 장식 기능이 강하다.

우마다시馬出 인마人馬의 출입을 적으로부터 감추기 위해 성문 앞에 쌓은 토성. 공격의 거점이 되기도 한다.

우카이鵜飼 가마우지를 길들여 은어 등을 잡는 어법. 5세기 말~6세기 전반의 고분 토용土俑에 우카이의 모습이 표현됐을 정도로 그 역사가 오래됐다. 10세기 초에는 기후현岐阜縣 기후시의 나가라강長良川 변에 7채의 우카이 집이 있어 당시의 천황에게 은어를 바쳤다는 기록도 있다. 지금도 일본 각지에서 관광사업으로 행해지고 있는데, 나가라강 우카이가 특히 유명하다. 우카이 용구가 중요유형민속문화재로 지정되었고 우카이 어법 기술은 중요무형민속문화재*로 지정됐다.

유이結い 주로 작은 마을이나 자치조직 단위의 공동작업 제도. 많은 비용이나 시간, 노력이 필요한 작업을 주민끼리 서로 도와서 하는 상호부조 시스템이다. 기후현岐阜縣 시라카와고白川鄕에서는 새지붕 교체를 비롯해 다양한 행사나 환경유지 작업이 이 시스템으로 운영되고 있다.

「이로하마루」 침몰사건「いろは丸」沈没事件 천황을 받들고 신정부를 수립하자는 세력이 운영했던 증기선 「이로하마루」가 1867년 5월 도쿠가와 이에야스*의 직계 후손이 다스리는 기슈번紀州藩*의 배와 충돌해 침몰한 사건. 운항 책임자였던 사카모토 료마坂本龍馬(1836~1867)가 총, 금덩이 등 막대한 짐을 잃었다고 주장, 만국공법에 의거해 기슈번의 과실을 추궁하며 거액의 배상금을 요구했다. 사카모토 료마는 그 파란만장한 생애 때문에 소설, 영화, TV드라마 등의 주인공으로 반복적으로 그려지는 인기 있는 인물로 이 사건 또한 그의 호담한 일화 중 하나로 손꼽힌다. 결국 그는 배상금을 받기 전인 같은 해 12월에 암살당했다. 1988년 침몰한 배가 발견됐고 이후 여러 번 조사했으나 그가 주장했던 고가의 물품들은 전혀 발견되지 않았다.

이쓰키 히로유키五木寛之 1932~ . 소설가, 수필가. 『안녕히, 모스크바 불량배』, 『청춘의 문』, 『신란』 등 많은 화제작을 썼다. 부인의 출신지인 가나자와金沢에 잠시 거주한 인연으로 1969년 가나자와시에서 주최하는 이즈미 교카* 문학상의 설립에 관여했으며 그 뒤 심사위원을 맡고 있다. 또한 『21세기 불교로의 여행』이라는 시리즈에서는 한국의 절을 방문해 에세이를 썼고, 법정스님과의 대담은 TV프로그램으로 방영되기도 했다.

이즈미 교카泉鏡花 1873~1939. 소설가, 희곡 작가. 『고야산 스님』, 『부계도婦系圖』, 『초롱불 노래』 등 많은 작품을 남겼다. 이시카와현石川県 가나자와시金沢市 태생. 가즈에마치主計町와 인접한 시모신초下新町에 있는 생가터에 「이즈미 교카 기념관」이 있다.

이토 추타伊東忠太 1867~1954. 일본 근대의 대표적인 건축가·건축사가 중 한 명으로 도쿄제국대학 교수를 역임했다. 당시 architecture는 '조가造家'라고 번역됐는데 그 대신 '건축'이라는 용어를 제창한 인물로 일본건축사의 비조로 불린다. 쓰키지혼간지築地本願寺(1934년, 중요문화재)를 비롯해 많은 건축물들을 독특하게 설계했다.

일국일성령一國一城令 1615년에 에도막부[●]가 제정한 법령으로, 하나의 영지에 성을 하나만 두도록 제한했다. 지방 영주에 대한 통제책의 하나였다.

일양절충양식和洋折衷樣式 일본과 서양 양식을 적절히 조합해 사용한 양식. 하코다테函館에서는 개항 이래 일층이 일본식, 이층은 서양식 외관을 가진 목조주택이 많이 지어졌다. 구조는 모두 일본식 기법을 사용했다.

일향일규一向一揆 15세기 후반에서 16세기 후반, 불교 교단인 정토진종[●] 혼간지本願寺 교단에 의해 조직된 승려, 무사, 농민, 상공업자 등의 종교적 자치조직이 기성 지배체제에 무력으로 저항해 영지를 빼앗은 사건. 혼간지 교단이 당시 일향종一向宗으로 불린 데서 이런 이름이 붙었다. 일규는 농민항쟁을 의미한다.

입빈식 염전入濱式鹽田 물이 얕은 해안에서 만조수위보다 낮은 곳에 제방을 쌓고 그 안으로 바닷물을 끌어들이고 태양열로 수분을 증발시켜 농축 해수로 만든 다음 이를 졸여서 소금을 생성했다. 이 제염 방법은 17세기부터 1950년대 말까지 사용됐다.

자座 12세기~16세기, 상공업자나 연예인이 귀족이나 사찰·신사, 유력 무사 등에게 금전 등을 내는 대가로 비호를 받아 결성한 동업조합. 그 업종의 영업 독점권을 인정받았다.

자시키座敷 과거 일본 집에서 마루가 아닌 다다미를 깔고 격식을 차려서 주로 손님을 응접할 때 사용한 방. 나중에는 용도와 관계없이 그냥 다다미방을 지칭하게 된다.

자야茶屋 시대에 따라 여러 가지 기능과 명칭을 가졌는데, 이 책에서는 외부에서 파견된 게이샤와 배달받은 음식으로 손님을 대접하는 유흥 시설·건물을 말한다.

장원莊園 9세기~16세기 말경 존속한 토지 소유 형태로, 조정이 농지 개간 장려책으로 새로 개간한 농지의 사유를 인정함에 따라 유력자들이 갖게 된 토지를 말한다. 주로 귀족, 지방 호족, 유력 사찰이나 신사, 무사가 소유, 운영했다. 관인의 출입을 통제하거나 조세가 면제되는 등 특권이 있었다.

재향마을在鄕町 시장경제의 발전에 따라 성하마을[●] 이외의 가도변이나 농촌 지역에서 성장한 상점가. 상공업자 외에 농민들도 많이 거주했다. 영지 내 유통의 결절점으로서 상공업 기능을 담당했으나 행정적으로는 시가지가 아닌 농촌으로 취급됐다.

정토신앙淨土信仰 부처나 장차 부처가 될 보살이 사는 청정한 세계를 동경하는 신앙. 일본에서는 8세기부터 존재했으며, 특히 10세기부터 성행해 사후에 정토에서 다시 태어나기를 바라는 민중과 귀족의 신앙이 됐다. 12세기 후반부터 정토종, 뒤이어 정토진종● 등 정토신앙에 바탕을 둔 종파가 생겨났다.

정토진종淨土眞宗 정토신앙●에 바탕을 둔 일본 불교의 종파. 12세기 말~13세기 중엽의 승려인 신란親鸞이 정토왕생을 설파한 진리의 가르침을 추구한다. 초기에는 각지에 간소한 염불도량을 설치하고 가르침을 전파했는데 이후 크게 발전함에 따라 여러 갈래로 분파했다. 일본 불교 종파 중 사찰과 교인 수 모두 가장 많다.

조류 대기 항구潮待ちの港 세토내해●에는 하루에 두 차례 조수 간만이 있는데, 조류의 방향이 배의 항행에 적합할 때까지 배를 정박하고 기다리는 항구. 세토내해 연안의 항로에는 일정한 간격을 두고 이러한 조류 대기 항구가 있었고 백강전투(663), 임진왜란(1592~1598), 조선통신사(1429~1811) 등 한일간 사건들과 연관된 배들도 이 항로를 이용했다.

조리제條里制 6세기 말엽부터 시작되어 7세기 후반~8세기 중반에 걸쳐 일본 전국에서 실시된 토지구획 제도. 경작지를 6정六町(약 654m)마다 가로, 세로로 나누어 그 한 구획을 리里, 리를 동서로 연결한 것을 조條라고 부른다. 그것을 따라 수리시설과 농로를 정비함으로써 농업 발전과 안정에 크게 기여했다.

조몬시대繩文時代 일본열도의 시대구분 가운데 하나로, 대체로 기원전 14,000년~기원전 10세기경을 가리킨다. 사람들이 조몬, 곧 표면에 새끼를 굴려서 만든 무늬가 있는 토기를 사용했던 시대. 수혈주거竪穴住居(지면에 얕은 구덩이를 파고 화로 혹은 아궁이를 만들고 지붕을 얹은 주거)에 사람들이 정착해 사는 마을이 발달했다.

조선통신사朝鮮通信使 15세기 초부터 19세기 초까지 조선왕조가 일본에 파견한 외교사절. 에도시대(1603~1868) 이전의 5차례를 전기 통신사, 임진왜란을 거쳐 악화된 양국 관계를 회복하려고 에도시대 들어 도쿠가와 이에야스●가 초대해 다시 시작한 12차례를 후기 통신사로 나눈다. 에도막부●의 장군이 바뀔 때 일본을 방문해 학문과 문화의 교류가 이루어졌다. 2017년 일본과 한국에 남아 있는 에도시대 조선통신사에 관한 외교 자료가 「조선통신사에 관한 기록」으로 유네스코 세계기록유산에 등재됐다.

중문구조中門造 북일본北日本 서쪽 해안에서 중부에 이르는, 적설량이 많은 지방에서 볼 수 있는 새지붕 민가 형식. 중문, 곧 용마루와 직각으로 돌출한 부분을 갖춘 구조다. 통로와 마구간, 변소로 이루어진 채를 달아 낸 마구간 중문구조 외에 자시키●, 침실, 부엌 등을 돌출시킨 중문구조도 있다. 중문 부분은 몸채로 가는 통로가 되어 눈이 쌓였을 때 편리한 형식이다.

중요무형민속문화재重要無形民俗文化財 의식주, 생업, 신앙, 연중행사 등에 관한 풍속습관, 민속예능, 민속기술과 같이 사람들이 일상생활 속에서 만들어내고 계승해 온 무형의 민속문화재 가운데 특히 중요해 국가가 지정한 것(일본 문화재보호법 제78조).

지천회유식 정원池泉回遊式 庭園 에도시대에 발달한 일본 정원 구성방식으로, 연못과 그 주위를 둘러싼 산책로를 중심으로 정원을 조성한다. 일본 3대 정원이라 불리는 이바라키현茨城縣 미토시水戸市의 가이라쿠엔偕楽園, 이시카와현石川縣 가나자와시金沢市의 겐로쿠엔兼六園, 오카야마현岡山縣 오카야마시의 고라쿠엔後楽園 모두 이 형식으로 조성됐다.

진벽조眞壁造 일본식 목조건축에 사용되는 전통적인 벽체 구법의 하나. 기둥과 기둥 사이에 기둥과 보가 바깥으로 드러나도록 벽을 설치해 건물을 만드는 방법.

진옥陳屋 에도시대(1603~1868)에 성을 갖지 않은 작은 번●의 영주가 설치한 관사 혹은 다른 지역에 영지를 둔 지방 영주가 현지에 설치한 출장소. 에도막부●가 임명한 지방관들이 임지에 설치한 관공서나 관사를 일컫기도 한다.

천수天守 15세기 이후 일본 봉건영주들이 영지의 핵심부에 지은 성 부지 안의 우뚝 솟은 건물. 집무실과 거주공간이 있는 어전御殿과 달리 높은 곳에서 영지를 내다봄으로써 영주의 권위를 과시하는 상징적 의미와 함께 유사시에는 망을 보고 성을 지키는 요새 역할을 했다. 토성처럼 규모가 작아 아예 천수가 없는 것까지 포함해 일본 각지에 수만 개의 성이 지어졌으나 천수가 현존하는 성은 12개이며 근현대기에 천수를 복원 또는 재건한 성은 27개 정도이다.

천조파풍千鳥破風 지붕 경사면 위에 정면을 향해 설치한 삼각형의 박공. 신사 사전社殿의 정면 또는 성의 천수●나 망루櫓에 정교하게 조합되어 장식으로도 많이 사용됐다.

초町 오사카에서는 남북방향의 길을 스지筋, 동서방향의 길을 도리通라고 부르고, 도리의 양쪽 집들을 포함해 길을 중심으로 한 공동체를 '초'라고 부른다. 마을의 규모는 「n스지 N초」로 나타낸다.

코린트식 그리스 고전건축의 세 가지 양식 중 하나. 고대 코린트에서 비롯되었는데 다른 두 양식, 곧 도리아식과 이오니아식보다 나중에 성립됐다. 아칸서스 잎을 모티브로 한 화려한 주두가 특색이다.

콜로니얼양식 17~18세기 영국, 스페인, 네덜란드의 식민지에서 나타난 건축이나 공예의 양식을 서구에서 일컫는 말. 이 양식의 건물은 정면에 설치한 포치, 큰 창과 베란다가 특징이다. 일본에서도 하코다테函館, 나가사키長崎, 고베神戸 등의 외국인 거류지 주택에서 볼 수 있다.

탑두塔頭 규모가 큰 사찰의 부지 안에 있는 작은 절. 본사를 지키는 승려와 가족이 거주한다.

투병透塀 신사나 사당 등의 담장에서 가운데를 창살이나 투조透彫로 만들어 내부가 들여다보이도록 한 것. 도치기현栃木縣 닛코日光의 도쇼구東照宮 담장 등.

특정비영리활동법인NPO (Non-Profit Organization) 法人 1998년 제정된 특정 비영리활동 촉진법에 따라 사회공헌도를 인정받아 법인격을 부여받은 비영리 시민사회단체. 회원들의 자원봉사에 의지하는 시민단체와 달리 유급 직원을 두어 확고한 활동기반을 가질 수 있고 사회적 신용도도 높일 수 있다. 법인 설립의 절차가 일반 법인만큼 까다롭지 않으면서 세금 혜택을 받을 수 있어 법인과 시민단체의 유리한 점을 접목한 단체다. 그 대신 일반 시민단체에 부과되지 않는 각종 신고와 세무가 발생한다.

판적봉환版籍奉還 1869년 전국의 번● 영주가 그때까지 영유하던 토지와 인민을 천황에게 반환한 것. 일본의 봉건정치를 종결하고 천황의 의한 중앙집권 체제로 만들기 위한 대변혁이었다.

폐번치현廢藩置縣 1871년에 중앙집권 체제를 수립하기 위해 메이지 정부가 단행한 정책으로, 에도시대

(1603~1868)의 행정구역이자 통치 장치였던 번●을 폐지하고 부府와 현縣을 설치했다.

하코무네箱棟 지붕의 최상부 용마루를 목제 상자로 만든 것. 보통 그 꼭대기에 기와를 얹고 측면은 기와나 회반죽으로 덮는다.

하타고야旅籠屋 여행자가 숙박하는 장소. 가도변에 있으며, 주로 일반 서민이나 공용 여행 이외의 무사가 이용했다.

한신 아와지 대지진阪神淡路 大震災 1995년 1월 17일에 발생한, 아와지섬을 포함 효고현兵庫縣을 중심으로 오사카부와 교토부에 큰 피해를 입힌 규모 7.3의 도시직하형都市直下型 강진. 고베시神戸市 등지에서 건물 붕괴와 파괴, 고속도로 붕괴, 배관과 통신망 절단, 대화재가 발생해 약 6,400명이 사망하고 약 44,000명이 부상을 입은 대재해였다.

합장조合掌造 기후현岐阜縣 시라카와고白川郷와 도야마현富山縣 고카야마五箇山 지방에서 특징적으로 볼 수 있는 맞배 새지붕 민가. 급경사 지붕의 용마루 부분이 깍지를 낀 사람의 손처럼 보인다고 해서 붙여진 이름이다. 지붕 아래 공간을 적극적으로 활용할 수 있는 구조다.

해삼벽海鼠壁 건물 외벽 마감방식의 하나로, 사각형 평기와를 벽에 붙이고 회반죽 줄눈을 해삼형(반원형)으로 돋운다. 성곽이나 무가의 담벼락, 민가에서 본채나 도조● 등의 화방벽을 보호하기 위해 또는 의장용으로 사용된다.

헤이안쿄平安京 794년에서 1869년까지 지금의 교토시 중심부에 자리했던 일본의 도읍. 『주례周禮』「동관冬官 고공기考工記」에 제시된 중국 고대의 도성제를 따라 도시공간이 격자형으로 구성됐다. 천황의 거처인 도읍은 그 존재가 확인된 6세기 말 이후 8세기 말까지 현재의 간사이關西지방의 여러 곳을 전전했는데 헤이안쿄 천도 이후 1100년 가까이 이곳에 정착해 독특한 문화가 형성됐다.

현어懸魚 박공의 중앙에 걸어 마룻대나 도리의 끝을 가리는 장식 판.

협본진脇本陣 에도시대(1603~1868)의 역참에 설치된 본진●의 예비 시설. 본진에 지장이 생겼을 경우에 이용됐다. 때로 일반 손님들이 숙박하기도 했다.

호분胡粉 조개껍질을 태워서 만든, 탄산칼슘이 주성분인 흰색 안료. 일본화, 목공품, 건축 등에 사용된다.

호쿠리쿠도北陸道 7세기 중반부터 존재한 옛길로, 고대 일본의 수도였던 나라奈良나 교토와 현재의 니가타현新潟縣을 연결했다. 에도시대(1603~1868) 이후 홋코쿠北國가도라고도 불린다. 도야마현富山縣 다카오카高岡에서는 갈고리 모양으로 구부러져 성하마을●의 중심부를 통과했다.

혼마루本丸 일본 성의 핵심 구역으로, 돌담과 해자로 둘러 있다. 영주의 거점으로 도시부에 건립된 성의 혼마루에는 높이 솟은 천수●와 성주의 저택인 어전御殿이 있는 경우가 많다.

화제지火除地 화재가 번지는 것을 방지하고 피난로를 확보하며, 소방 활동의 편의를 목적으로 설치한 공터. 에도막부●가 1657년의 에도 대화재를 계기로 설치했으며 피난소의 역할도 했다. 공터 둘레에 둑을 쌓은 경우도 있다.

회국개장回國開帳 개장이란 사찰·신사에서 평상시에는 직접 보지 못하는 비불祕佛·본존상 등을 어느 특정기간 동안만 불감의 덮개나 문을 열어 일반인들에게 공개하는 것을 말한다. 사찰 · 신사 안의 원래 자리에서 보여주는 것을 거개장居開帳, 본존상 등을 다른 지역으로 모셔가 보여주는 것을 출개장出開帳 또는 회국개장이라고 했다. 참배와 관광을 겸한 기회인 개장 행사 때에는 많은 신자들이 참배하러 왔고 기부, 보시하는 사람도 많아 사찰 · 신사의 건조물을 복구하는 비용을 마련하는 데도 기여했다.

후다노쓰지札の辻 과거 금지령이나 법규 등을 적은 팻말을 세운 곳으로 사람이 많이 오가는 마을 중심부에 위치한다. 「쓰지辻」는 일본에서 만든 한자로, 길을 나타내는 「착辶(쉬엄쉬엄 갈 착辵)」이 「십十」자형인 곳, 곧 네거리를 의미한다. 오늘날까지 곳곳에 지명으로 남아있다.

후지와라노 사다이에(통칭 데이카)藤原定家 1162~1241. 일본의 전통 정형시 와카*의 뛰어난 작가로 알려진 귀족으로 가성歌聖이라고 불린다.

후쿠시마 마사노리福島正則 1561~1624. 어려서부터 도요토미 히데요시*를 모시고 많은 군공을 세웠다. 그런데 각 무장들의 합종연횡 끝에 세키가하라 전투* 직전 도쿠가와 이에야스*의 동군에 참여해 활약했다. 그 공과 이후 활약상이 인정되어 히로시마성주가 됐지만 1619년에 히로시마성을 무단 수축修築한 죄로 영지를 몰수당하고 근신형을 받아 칩거했다.

히가시코야가도東高野街道 예전에 교토에서 불교 성지의 하나인 고야산高野山으로 가는 참배로로 이용된 가도.

히나인형 3월 3일 삼짇날에 여자아이의 건강과 성장을 빌며 장식하는 인형. 옛 귀족의 생활상을 형상화한 여러 개의 인형과 미니어처 세간들, 복스러운 상징물로 구성된 장식품을 빨간 천을 깐 계단식 진열대에 규칙에 따라 장식한다. 크게는 7단 15개 인형을 갖춘 것도 있지만 지방이나 형편에 따라 생략하고 간편하게 차리거나 줄에 묶어 매달기도 한다.

히다 장인飛驒匠人 7세기 후반 이후, 천황을 중심으로 하는 정치체제 아래에서 조세의 일환으로 노역을 제공하기 위해 히다지방에서 조정에 출사한 목공 노무자. 1년 교대로 관청 등의 건축에 종사했는데 높은 목공 기술을 지녔다고 한다.

일본의 가로를 걷다

초판 1쇄 발행 2023년 8월 25일

지은이 가리야 유가
옮긴이 하기와라 메구미 · 한필원
펴낸이 강서혜
펴낸곳 애트애드
출판등록 2021년 11월 25일 제 2021-25호
주소 34832 대전광역시 중구 대전천서로 467-1
전화 042-222-8030
이메일 at_book_coffee@daum.net

값 34,000원

ISBN 979-11-98037-31-2 03910

* 애트애드는 애트의 출판부문 브랜드명입니다.